DIE FALSCHSPIELER

Hermann Franzis

Die Falschspieler

Amerika: die große Zumutung

H

HOHENRAIN – TÜBINGEN

Die Deutsche Bibliothek - CIP-Einheitsaufnahme

Franzis, Hermann:
Die Falschspieler :
Amerika: die große Zumutung / Hermann Franzis.-
Tübingen ; Zürich ; Paris :
Hohenrain-Verl., 2002
ISBN 3-89180-066-5

ISBN 3-89180-066-5

Gedruckt in Deutschland

Inhaltsverzeichnis

Einleitung

Im Mittelpunkt dieses Bandes stehen die Perspektiven Deutschlands, die sich aus der von den Vereinigten Staaten beziehungsweise den in ihrem Rücken agierenden ›Insidern‹ betriebenen Ablösung Europas als ›Nabel der Welt‹ ergeben. Der Verfasser setzt damit seine 1998 im Hohenrain-Verlag erschienene Arbeit[1] unter deutschland-, europa- und geopolitischen Gesichtspunkten fort. Der vorliegende Band ist ein eigenständiges Buch; zwecks zusätzlicher Informationen oder Belege haben wir unter ›Fr. I. + S.‹ Verweise auf den anderen Band eingebunden.

Ein Wort vorab zur Klärung der Begriffe: Die Bezeichnung ›Insider‹ wird in unserem Zusammenhang für die Angehörigen einer relativ kleinen, aus den USA operierenden ›liberalen Elite‹ verwendet. Der Begriff wurde von dem amerikanischen Historiker Gary ALLEN übernommen, der dem Thema eine gleichnamige, auch in deutscher Übersetzung erschienene Studie widmete. ALLEN charakterisiert dort eine anonyme Einflußhierarchie internationalen Zuschnitts, die die westliche Welt praktisch kontrolliert (s. Fr. I, S. 183 ff.).[2] Nach einer vom seinerzeitigen Mitglied des US-Senatsausschusses für Auswärtige Angelegenheiten James WARBURG 1950 abgegebenen Erklärung streben diese ›Insider‹ eine autoritäre Weltregierung »durch Unterwerfung oder Übereinkunft« an.[3]

Das neue Jahrtausend wird Deutschland und Europa wenig Freude bringen. Der von dem Harvard-Professor Samuel HUNTINGTON prognostizierte »Clash of Civilizations« (Kampf der Kulturen) wird von ihm – gestützt auf die Prognosen der Rand Corporation – für die Zeitspanne von 2010–2020 erwartet (s. Fr. I., S. 313). Seine ›Vorwehen‹ sind von den Anrainern der Seidenstraße bis nach Fernost bereits zu spüren. Die USA haben mit ihrer Reaktion

---

[1] Hermann FRANZIS, *Die Zerstörung des politischen Standorts Deutschland. Schritte zur Auflösung der Nation*, Tübingen 1998.

[2] *Der Insider* (Pretoria), Ausgabe vom 15. 9. 2000, informiert detailliert über die Zusammensetzung dieser von der Freimaurerei und zahllosen anderen Organisationen (New Age Bewegung, Club of Rome, Weltbank, IWF usw.) flankierten Machtstruktur (siehe nächste Seite).

[3] Gary ALLEN, *Die Rockefeller-Papiere*, S. 100, nach: *Unabhängige Nachrichten* 4/86, Sonderdruck 984, S. 7.

KLAUS VAQUE's INTERNATIONALER INFORMATIONSDIENST UND FINANZRATGEBER

DER INSIDER

Hintergründe, Analysen, Meinungen - Vertrauliches aus Politik, Wirtschaft und Kirche

Nr. 15/00 15. September 2000 11. Jahrgang

Lieber INSIDER-Leser!
Wir werden immer wieder gefragt, welche Gruppen oder Mächte hinter dem Streben nach WELTHERRSCHAFT stehen. Hier folgt nun eine kurze Zusammenfassung der wichtigsten Elitegruppen der Hochfinanz, die diesen Plan - unter Einbeziehung der Weltfreimaurerei - und mit Hilfe zahlloser anderer Organisationen (New Age Bewegung, Club of Rome, Weltbank, IWF, usw.) seit vielen Jahren verfolgen:

***Die BILDERBERG-Gruppe**: Der Name stammt von dem Bilderberg-Hotel in Holland, in dem sich erstmals 1954 führende Persönlichkeiten aus den USA und Europa unter dem Vorsitz Prinz Bernhards der Niederlande zur ersten konstituierenden Sitzung trafen. Die internationalistische Gruppe hat eine rotierende Mitgliedschaft von mehreren hundert Teilnehmern, die sich aus einer Elite der mächtigsten und einflußreichsten Persönlichkeiten aus den Bereichen der Hochfinanz, Industrie, Medien und Politik zusammenstellen. Sie treffen sich unter größter Geheimhaltung einmal jährlich an verschiedenen Orten der Welt, oftmals auf Besitztümern, die entweder der amerikanischen Rockefeller- oder der europäischen Rothschild-Familie gehören. Der Rothschild-Clan, der sich die Macht mit den amerikanischen Rockefellers teilt, ist die führende europäische Kraft innerhalb der Gruppe.*

***Die TRILATERALE KOMMISSION**: Sie wurde 1973 von dem amerikanischen Milliardär David Rockefeller (Chase Manhattan Bank) gegründet. Ihre jährlichen Sitzungen sind für die unabhängige Presse und Öffentlichkeit gesperrt. Ihre Mitgliedschaft besteht aus mehreren hundert Persönlichkeiten aus den Vereinigten Staaten, Kanada, Westeuropa und Japan und hat zum Ziel, die drei Regionen Nordamerika, Europa und Asien ideologisch, wirtschaftlich und politisch so zu verbinden, daß aus diesen drei Blöcken eine Weltregierung entstehen kann.*

***Der COUNCIL ON FOREIGN RELATIONS (CFR)**: Der CFR wurde 1921 von einer Rockefeller-Stiftung gegründet und gilt als der amerikanische Zweig des britischen Royal Institute on International Affairs (RIIA). Das RIIA wurde von dem englisch/südafrikanischen Milliardär Cecil Rhodes (Gründer der Rhodes-Stipendien) ins Leben gerufen. Sein Ziel war die Vereinigung des britischen Imperiums mit den USA und Weltherrschaft. (Prominente Schüler eines Rhodes-Stipendiums - mit dem Ziel der Vorbereitung einer Weltregierung - waren u.a. Tony Blair und Bill Clinton.) Sitz des CFR ist New York und seine Mitglieder bestehen ausschließlich aus amerikanischen Persönlichkeiten. Die Sitzungen sind streng geheim. Obwohl einflußreiche Vertreter großer Systemmedien (Washington Post, New York Times, usw.) manchmal an den Treffen teilnehmen, wird über die Beratungen und Beschlüsse strengstes Stillschweigen bewahrt. Es werden jedoch Seminare veranstaltet, sowie Berichte im vierteljährlichen CFR-Journal "Foreign Affairs" veröffentlicht, die der Allgemeinheit zugänglich sind, - wahrscheinlich um von dem konspirativen Charakter der Organisation abzulenken. Seit Gründung des Council on Foreign Relations sind so gut wie alle Präsidenten der Vereinigten Staaten, sowie alle führenden Mitglieder der amerikanischen Regierung, ehemalige Mitglieder des CFR gewesen. Da sowohl die Republikanische wie auch die Demokratische Partei Amerikas von CFR-Leuten besetzt und kontrolliert werden, ist es für die heimlichen Planer globaler Herrschaft letztlich egal, ob ein Demokrat oder Republikaner zum Präsidenten gewählt wird. Es wird in jedem Falle ein CFR-Mann sein, der die Ziele der mächtigen, internationalen Finanzelite gewissenhaft weiter vorantreibt.*

Ihre INSIDER-Redaktion

auf die Anschläge vom 11. September 2001 ihren Beitrag dazu geleistet.

Auch im Nahen Osten stehen unruhige Zeiten bevor, einerlei, ob es um Land, um Öl oder Wasser geht. Da immer mehr Staaten über Atomraketen verfügen, ist eine bis nach Zentraleuropa reichende nukleare Verstrahlung im Falle künftiger atomarer Auseinandersetzungen keine Utopie mehr. Wenig Zeit bleibt den EU-Ländern überdies, um sich auf den Kollaps der Europäischen Währungsunion (EWU) vorzubereiten; Wirtschaftsexperten in aller Welt sagen ihr keine große Zukunft voraus.

Was Deutschland angeht, so währt sein Abgang als europäische Führungsmacht nun schon rund 60 Jahre. Bereits Bundeskanzler Konrad ADENAUER hat Deutschland faktisch verraten, als er 1955 auf der zweiten Genfer Konferenz mit den vier Siegermächten den »EDEN-Plan« unter den Tisch fallen ließ. Dabei handelte es sich um das Projekt eines ›Sicherheitsvertrages‹ mit der Sowjetunion als Gegenleistung für eine Wiedervereinigung in den Grenzen von 1937, die ADENAUER allerdings – wegen ihrer ›preußischen‹ und ›protestantischen‹ Implikationen – ablehnte.

So kam unter Mitwirkung ADENAUERS, der Kanzler und Außenminister in Personalunion war, ein Geheimvertrag über die Wiedervereinigung zustande, allerdings ohne die Ostprovinzen. Die britischen Unterhausabgeordneten ELLIOT, ROBINS und Richard CROSSMAN berichteten später, daß die Zurückziehung des EDEN-Plans ausschließlich auf den deutschen Bundeskanzler zurückging. Dieser habe veranlaßt, daß der Plan, der eine »echte Chance hatte«, zurückgezogen wurde.[4]

Dem französischen Präsidenten Charles DE GAULLE gegenüber gestand ADENAUER dann noch Paris die Führungsrolle im deutsch-französischen Verhältnis zu. Sein politischer ›Enkel‹ Helmut KOHL hat diese Politik Jahrzehnte später fortgeführt, als es darum ging, Frankreichs Zustimmung zur Teilvereinigung Deutschlands (s. S. 227) gegen den massiven Widerstand von Präsident François MITTERRAND zu erlangen und zusätzlich noch einen deutschen Standort für eine bedeutende europäische Institution herauszuschlagen. Konkret ging es um die Europäische Zentralbank, deren Sitz schließlich nach Frankfurt am Main verlegt wurde.

Auch die rot-grüne Bundesregierung unter SPD-Kanzler Gerhard SCHRÖDER gibt Frankreich gegenüber – zum Beispiel im Jahre 2000 bei den EU-Vertragsverhandlungen in Nizza – stets klein bei.

---

[4] Carl HAIDN, *Volk und Kirche*, Uelzen 1998, S. 176 f.

Abgesehen von der durchsichtigen Absicht der USA, keine deutsche und natürlich auch keine starke europäische Währung als ernsthafte Konkurrenz neben dem US-Dollar entstehen zu lassen, hat sich die Währungspolitik auch aus französischer Sicht – insbesondere im deutsch-französischen Verhältnis – politischen Vorstellungen unterzuordnen. Für die Deutsche Bundesbank, als sie noch eine Instanz mit Rang und Einfluß war, rangierte die Währungsstabilität vor dem Wachstum. Deshalb verweigerte sich 1990 der ehemalige Bundesbank-Präsident PÖHL der Europäischen Währungsunion und trat zurück. Sein Nachfolger SCHLESINGER bot zwei Jahre später sogar den Amerikanern die Stirn. Wird die Nachfolge des amtierenden Präsidenten Wim DUISENBERG von einem Franzosen angetreten, ist damit zu rechnen, daß die ohnehin fehlkonstruierte Europäische Währungsunion (EWU) zusammenbricht.[5]

Wenig Sicherheit verheißt auch die Entwicklung an den Börsen, die bis zur gegenwärtigen Stagnationsphase einen bemerkenswerten Run auf die Aktie mit ihren außergewöhnlichen Kursgewinnen zu verzeichnen hatten. Doch damit ist es infolge der von zahlreichen Experten prognostizierten und dann auch eingetretenen Abwärtsbewegung auf dem hochspekulativen amerikanischen und infolgedessen auch auf dem deutschen Börsenmarkt wieder vorbei. Die Abkühlung erklärt sich aus der berechtigten mittelfristigen EURO-Skepsis der um ihre Ersparnisse besorgten Anleger.

Ein französischer Nationalökonom verglich die haussierenden Portfolios der Wertpapiersparer einmal mit Weinkellern, deren Flaschen nur teilweise voll sind. Da sich der von der Politik betrogene Bürger auch auf die Sicherheit seiner Rente nicht mehr verlassen kann, ist er sensibel geworden. Richtig dürfte er sich verhalten haben, als er seine Ersparnisse aus Sorge, sie zu verlieren, zeitweilig in Anleihen und Obligationen ›parkte‹, um nach Beendigung des Kursgewitters wieder an die Aktienbörse zurückzukehren. Die zeitweilig festere Notierung des Euro ist eine Folge dieses Anlegerverhaltens und kein Anzeichen für eine Stabilisierung der EWU.

Im folgenden sollen – in Fortsetzung des ersten Bandes der hier vorgelegten Standortanalyse – weitere detaillierte Informationen sowie umfangreiches Quellenmaterial zu einem mittel- und langfristigen Mosaik verzahnt werden, das Zusammenhänge erken-

---

[5] *Fuchs Kapital*, »Euro-Schwäche: Von der falschen ›Elite‹ gewollt, Ausgabe vom 7. 9. 2000.

nen läßt und Perspektiven aufzeigt. Auf die Tagespolitik der Regierungen von ADENAUER bis SCHRÖDER ist dabei nur insofern einzugehen, als sie den nachfolgenden Generationen Wirkungsfaktoren mit erheblichen Folgen für den Standort Deutschland hinterlassen hat oder noch hinterläßt. Tagespolitische Details fallen dabei als Standortfaktoren weniger ins Gewicht. Interessanter ist die Frage, wie es im Einzelfall möglich war, daß sich deutsche Politiker immer wieder dafür hergaben und das deutsche Volk über Jahrzehnte hinweg ihrem Doppelspiel aufgesessen ist.

Die 16 Jahre währende Amtszeit von CDU-Bundeskanzler Helmut KOHL als Bundeskanzler begann mit dem Versprechen, eine »geistig-moralische Wende« herbeizuführen. In welche Richtung diese Wende gehen würde, konnte der Wähler 1982/83 noch nicht ahnen. Die Leistungen auch dieses »Kanzlers der Alliierten« (so wurde Konrad ADENAUER von SPD-Chef Kurt SCHUMACHER bezeichnet) wurden von Joachim NOLYWAIKA in seinem Buch *Die Ära Kohl* dokumentiert.[6] Als deren wesentliche Ergebnisse werden dort genannt:

1. KOHL machte mehr Schulden als alle Kanzler vor ihm zusammen. Und das in den meisten Fällen nicht zugunsten Deutschlands und seiner Interessen.
2. Er unternahm als Kanzler einer sich ›christlichen‹ nennenden Partei nichts gegen die Zerstörung der Familie und die zunehmende Zahl von Abtreibungen.
3. Er machte Deutschland faktisch zum Einwanderungsland im Sinne des »HOOTON-Plans« zur Umvolkung der deutschen Nation (s. Fr. I, S. 252 ff. und dortiger Anhang 4 mit Originalkopie).
4. KOHL war ein Verzichtspolitiker. Im Zuge der Teilvereinigung verschenkte er ganz Ostdeutschland an die ehemaligen Vertreibernationen. Er unternahm nicht den leisesten Versuch, historisches deutsches Siedlungsgebiet dem deutschen Volk zu erhalten (s. hierzu S. 263 f., sein Gespräch mit Michail GORBATSCHOW).
5. Die Teilvereinigung der beiden deutschen Staaten betrieb KOHL, will man den inzwischen vorliegenden Dokumenten glauben, auf Veranlassung der USA, weil diese mit der NATO dichter an die sowjetischen Rohstoffquellen vorzurücken beabsichtigten und dafür erst einmal Mitteldeutschland in die NATO einbeziehen mußten, ohne allerdings Deutschland dadurch zu stärken.

[6] Joachim NOLYWAIKA, *Die Ära Kohl. Wende abwärts,* Kiel 1999.

6. Im Sinne der Trilateralen Kommission (s. S. 95, Fußnote, u. Fr. I, S. 215 KISSINGER-Intervention) bemühte sich KOHL in Mitteldeutschland mit Erfolg, ein Wirtschaftswunder nach westdeutschem Vorbild zu verhindern, und zwar unter anderem durch die Sanktionierung kommunistischer DDR-Verstaatlichungen. Zu diesem Zweck trug er Sorge, das in den Westen Deutschlands geflüchtete unternehmerische Potential von der Rückkehr in die mitteldeutschen Betriebe abzuhalten, während altgediente DDR-Funktionäre gleichzeitig im Amt und als Seilschaften weiterwursteln konnten.
7. KOHL betrieb die Auflösung Deutschlands und seiner Währung zugunsten eines multikulturell deformierten, globalisierten europäischen US-Protektorats (s. S. 165 , Feststellung Zbigniew BRZEZINSKIS) mit Festschreibung besonderer Tributpflichtigkeit der von ihm vertretenen Bevölkerung.

Zusammengefaßt läßt sich sagen: KOHL agierte unter massiver Verletzung seines Amtseides als 100prozentiger ›Insider‹-Vasall. Den Schaden aus 16 Jahren KOHL hatte das eigene Land, das eigene Volk. Unterstützt wurde er dabei von einem mutmaßlichen Perspektiv-Agenten des DDR-MfS, der dort unter dem IM-Decknamen ›Tulpe‹ geführt wurde. Es handelt sich um den ostentativen Polenfreund und ausgewiesenen Verzichtspolitiker Hans-Dietrich GENSCHER.

KOHL war alles andere als ein »Kanzler der Einheit«. Ständige Desinformation, die ihm diesen Nimbus zu verleihen versucht, vermag daran nichts zu ändern, sondern die gerechte historische Wertung allenfalls zu verzögern. Deutschland und das deutsche Volk werden an den Folgen der KOHL-Ära freilich noch lange zu tragen haben.

Das gilt auch für Hans-Dietrich GENSCHERS Wirken, der nach wie vor noch bei jeder passenden Gelegenheit vor den Bildschirm gelassen wird. Dabei scheinen manche Punkte in der Biographie des langjährigen Außenministers noch immer ungeklärt; etwa die Frage nach dem ›Topspion‹ in der engsten Umgebung GENSCHERS. Wer oder was verbirgt sich hinter dem plötzlichen Rücktritt des Ministers im Mai 1992? GENSCHER war nach dem Krieg in der sowjetisch besetzten Zone zum Jurastudium zugelassen worden und dann im Westen in der FDP zum Vollblutpolitiker aufgestiegen.

Eine Information in dem auf nachrichtendienstliche Erkenntnisse spezialisierten Londoner *Soviet Analyst* besagt: »Der frühere deutsche Außenminister Hans-Dietrich GENSCHER soll vom sowjetischen Chef der Einflußagenten Moskaus, Alexander BESSMERTNYCH, geführt worden sein.« In Deutschland haben sich *Focus, Der Spiegel* und *Die Welt* bereits nach dem Rücktritt GENSCHERS bemüht, der Klärung dieses Gerüchts nachzugehen. Immerhin: Von den Gesprächen zwischen US-Präsident George BUSH und Bundeskanzler Helmut KOHL in Camp David im Februar 1990 über Fragen der Teilvereinigung Deutschlands war GENSCHER ausdrücklich ausgeschlossen worden, weil der US-Regierung die ›Neue Deutsche Ostpolitik‹ des Außenministers, in der Egon BAHR nach der zitierten Quelle mit zwei KGB-Generalen konspirierte, nicht vertrauenswürdig schien, ohne daß die CIA freilich konkrete Verdachtsmomente zu benennen wußte.

Hochrangige Mitglieder der US-Administration brachten dieses Mißtrauen im Begriff ›Genscherismus‹ zum Ausdruck. Als Grund für seinen ungewöhnlichen Ausschluß von den Gesprächen in Camp David (KOHL erhielt dort von der amerikanischen Seite jene Weisungen zum Kurs der westlichen Deutschlandpolitik, über deren Inhalt die Sowjets nicht vorher Kenntnis erlangen sollten) hieß es offiziell, die beiden Regierungschefs wollten unter vier Augen miteinander sprechen. Allerdings: Der amerikanische Außenminister James BAKER war dann doch immer zugegen.[7]

Szenenwechsel. Die Mehrheit der bundesdeutschen Wähler hält die SPD nicht erst seit den Unregelmäßigkeiten in Niedersachsen und Nordrhein-Westfalen für mindestens ebenso sehr von Affären und Finanzskandalen belastet wie die CDU mit ihrem Parteispendenskandal. Dennoch waren die Sozialdemokraten über Jahre hinweg im Vorteil. Da waren zum Beispiel sechs Millionen Mark an FLICK-Geldern illegal in die Parteikasse der Bundes-SPD geflossen. Davon sollte – wie später bei der CDU-Affäre, als Altbundeskanzler Helmut KOHL die Rolle des alleinigen Mitwissers zufiel – lediglich der bereits verstorbene SPD-Schatzmeister Alfred NAU gewußt haben.

Ein in seinen Folgen noch ungleich gravierenderer Politskandal wurde offenbar, als an die Öffentlichkeit drang, daß es dem langjährigen Parlamentarischen Geschäftsführer der SPD-Bundestagsfraktion und informellen Mitarbeiter des DDR-Ministeriums für Staatssicherheit (MfS) Karl WIENAND 1972 gelungen war, einen

[7] Gerhard LÖWENTHAL, »Wer ist der große Unbekannte? Mutmaßungen einer britischen Zeitschrift über einen Meisterspion im Auswärtigen Amt«, in *Das Ostpreußenblatt,* 14. 10. 2000.

Bundestagsabgeordneten der CDU/CSU-Fraktion mit DM 50 000.- aus Stasi-Kassen zu bestechen. Damit war der Versuch des CDU/CSU-Fraktionsvorsitzenden Rainer BARZEL, die Regierung Willy BRANDT mit einem konstruktiven Mißtrauensvotum abzulösen, vereitelt worden.

Nun mögen die Einzelheiten dieser und anderer Polit-Affären dem deutschen Michel bei seiner Verärgerung über die CDU-Spendenaffäre zwar nicht lange gegenwärtig bleiben. Da sich vergleichbare Vorfälle jedoch über die Parteigrenzen hinweg häufen, bleibt unterschwellig dennoch etwas im Gedächtnis haften. Hinzu kam zum Nachteil der Union, daß sich die CDU-Führung bei der Bewältigung der Spendenkrise außerordentlich hilflos präsentierte und überdies stur an Ex-Bundeskanzler Helmut KOHL festhielt.

Sowohl die fruchtlose Arbeitsmarktpolitik der rot-grünen Regierung, die man getrost als Umverteilungspolitik bezeichnen kann, als auch die Nominierung des erfolgreichen bayerischen CSU-Ministerpräsidenten Edmund STOIBER zum Kanzlerkandidaten der Union verhalfen den Christdemokraten dann jedoch ausgerechnet im Wahljahr 2002 zum Aufschwung aus der Talsohle. Inzwischen liegt für die nächste Legislaturperiode eine Unionsregierung als politische Alternative nicht mehr im Bereich des Unmöglichen. Die CDU ist von CSU-Chef Edmund STOIBER buchstäblich aus ihrer von Helmut KOHL hinterlassenen Konzeptlosigkeit gerettet worden. Allerdings muß sie jetzt verstärkt konservatives Denken für sich wiederentdecken.[8]

Die Regierung SCHRÖDER ist 1998 mit beschäftigungspolitischen Versprechungen und hochtrabenden sozialen Verheißungen angetreten. Unter dem Strich jedoch haben sich Steuern und Sozialabgaben unter Rot-Grün erhöht, und von der Neuregelung der Renten bis hin zur Gesundheitsreform bestach die Regierung weder durch Sachverstand noch durch handwerkliches Geschick. Generell wirkt Rot-Grün in der Rückschau etwas glücklos. Bereits in der ersten Hälfte der Legislaturperiode wurden acht Ressortchefs der Regierungskoalition verschlissen.

Einer der peinlichsten ›Erfolge‹ von Bundeskanzler SCHRÖDER – peinlich für ihn wie für Deutschland – bestand darin, daß ausgerechnet seine Regierung den auf deutsches Betreiben hin geschlossenen EU-›Stabilitätspakt‹ ausgehebelt hat, indem sie mit Mühe

[8] Alois GLÜCK, »Die Union muß das konservative Denken wieder entdekken. Grundlagen eines schlüssigen Sozialkonzepts sind die Familie, die Nachhaltigkeit und die Subsidiarität«, in *Die Welt*, 9. 2. 2000.

durchdrückte, daß im Frühjahr 2002 der sogenannte ›Blaue Brief‹ aus Brüssel nicht abgeschickt wurde. Die Bundesregierung muß aber bis zum Jahre 2004 einen ausgeglichenen Haushalt vorweisen, was jedoch nach Finanzminister Hans EICHEL nur bei einem Wachstum von 2,5 Prozent möglich ist.[9] Davon ist nicht nur die Bundesregierung zur Zeit noch weit entfernt; vor allem auch bestimmte Länderregierungen müssen als Hauptverursacher der Misere angesprochen werden.

Hinzu kommt, daß die von Rot-Grün vorangetriebene EU-Osterweiterung zu weiteren finanziellen Belastungen Deutschlands führen wird, das ohnehin seit langem größter Netto-Beitragszahler der EU ist. Die deutschen EU-Beiträge werden auch in Zukunft das bisherige Niveau nicht unterschreiten, während gleichzeitig die Rückflüsse aus Brüssel erheblich spärlicher ausfallen werden als bislang. Sachsens Wirtschaftsminister Kajo SCHOMER warnt, er könne seinen Landeskindern den »Nutzen« der Europäischen Union bei Wegfall der meisten Zuschüsse kaum mehr erklären.[10] Bei objektiver Betrachtung ist das auch aus gesamtdeutscher Sicht nicht möglich.

Das Problem der Regierung SCHRÖDER liegt nicht nur in der verbreiteten Mittelmäßigkeit des sozialdemokratischen Parteivolks, sondern auch in der Abhängigkeit vom bündnisgrünen Koalitionspartner. Zum Vergleich: Die Regierung Helmut SCHMIDT bewahrte sich dadurch die Bodenhaftung, daß sich der Kanzler im Koalitionspartner FDP auf ein gewisses Gegengewicht zum wirren linken Flügel der eigenen SPD-Genossen stützen konnte. In der Regierung SCHRÖDER liegen die Dinge genau umgekehrt: Der linke SPD-Flügel wird durch den bündnisgrünen Koalitionspartner so gestärkt, daß sich in der Regierungspolitik relativ leicht ideologische Wunschvorstellungen gegen die Grenzen des ökonomischen Möglichen durchsetzen können. Zwei Beispiele:

1. Die rot-grüne Umweltpolitik kommt einer Art MORGENTHAU-Plan (s. S. 88 f.) gleich. Gleichzeitig wird in Gestalt einer extrem liberalen Einwanderungs- und Asylpolitik praktisch der HOOTON-Plan (s. S. 88 f.) verwirklicht. Beide Extremlösungen schließen einander jedoch gegenseitig aus. Die erstere ist wachstumshemmend und demzufolge tendenziell nicht in der Lage, auch nur die in Deutschland lebende Bevölkerung zu beschäf-

---

[9] ZDF, *Tagesthemen*, 13. 2. 2002.

[10] Hans HECKEL, »Kommentar: Noch dicker«, in *Das Ostpreußenblatt*, 9. 2. 2002.

tigen. Vor diesem Hintergrund jährlich zusätzliche Massen von in der Regel wenig qualifizierten Wirtschaftsflüchtlingen in die bundesdeutsche Gesellschaft integrieren zu wollen, ist ein Unding, zumal das rot-grüne Zuwanderungskonzept jede Kosten-/Nutzenabwägung für die deutsche Volkswirtschaft von sich weist. Wenn man dann noch bedenkt, daß die Bundesregierung mit einer Erweiterung des Betriebsverfassungsgesetzes hin zu noch mehr innerbetrieblicher Mitbestimmung die industriell-gewerbliche Wirtschaft weiter zugunsten der Gewerkschaften be- statt entlastet, wird diese Politik volkswirtschaftlich noch fragwürdiger. Schließlich muß Deutschland innerhalb und außerhalb der Europäischen Union wettbewerbsfähig bleiben, wenn es nicht vom Sog der kollabierenden EU-Wirtschaft mitgerissen werden will.

2. Die Verbraucherschutzpolitik wurde in der Bundesrepublik lange Zeit vernachlässigt. Das wurde im Januar 2001 durch die Schaffung eines Ministeriums für Verbraucherschutz, Ernährung und Landwirtschaft korrigiert. Im europäischen Alleingang läßt sich die bundesdeutsche Verbraucherschutzpolitik, der eine grundsätzlich richtige Absicht zugrunde liegt, jedoch nicht wettbewerbsneutral umsetzen. Dazu müßte die Bundesregierung auf ein möglichst starkes Durchsetzungsvermögen im Rahmen der Europäischen Union bauen können. Doch gerade darauf hat sie in Nizza erneut großzügig verzichtet, obwohl sowohl die demographischen Fakten als auch die Höhe der Beitragsleistungen eindeutig zugunsten einer stärkeren Gewichtung der Deutschen in der EU sprächen. Damit wurde nicht nur die rot-grüne Verbraucherschutzpolitik, sondern letztlich die Zukunft der Union überhaupt in Frage gestellt, vor allem, wenn man sich vor Augen hält, daß die großen Probleme mit der anstehenden Erweiterungsrunde erst noch kommen.

Personelle Unzulänglichkeiten kommen hinzu. In der Person von Bundesfinanzminister Hans EICHEL verfügt die Regierung SCHRÖDER nicht über einen Finanzpolitiker, sondern eher über einen statisch denkenden ›Erbsenzähler‹, der freilich ein für Sozialdemokraten typisches Maß verkörpert.[11] Mittlerweile steht EICHEL auf ganzer Linie vor der Pleite seiner Politik. »Da er bisher verhindert

[11] Hans HECKEL, »Das Versagen des Erbsenzählers. Hilflos in die Rezession: Reformunwillen und Phantasielosigkeit der Politik rächen sich nun«, in *Das Ostpreußenblatt,* 27. 10. 2001.

hat, daß der Konjunkturmotor wieder anspringt, bleiben die Steuermilliarden aus. Nach den jüngsten Steuerschätzungen verlieren Bund, Länder und Gemeinden in den beiden Jahren (2002 und 2003) 32 Milliarden Mark an Einnahmen, der Bund allein davon 9 Milliarden.«[12]

Wie vertrauenswürdig Kanzler SCHRÖDER bei alledem bleibt, steht abzuwarten. Nach dem Londoner *Soviet Analyst* gibt es eine »begründete Annahme dafür, daß... Gerhard SCHRÖDER unter der Leitung oder gar direkt von Vladimir PUTIN rekrutiert worden ist, als dieser in der ehemaligen DDR für die sowjetische Geheimpolizei KGB tätig war«.[13] Das böte eine Erklärung dafür, weshalb der Bundeskanzler im Gegensatz zu seinem Fraktionsvorsitzenden und inzwischen Verteidigungsminister Peter STRUCK Innenminister Otto SCHILY den Rücken stärkt, der sich vehement gegen eine Freigabe der in der Gauck-Behörde lagernden Stasi-Akten über Personen der Zeitgeschichte wendet (s. S. 244).

SCHRÖDER trägt damit nicht nur seinem eigenen politischen Vorleben Rechnung, sondern auch demjenigen vieler seiner Weggefährten, die den langen Marsch der 68er durch die Institutionen erfolgreich absolviert haben.[14] Sowohl in der 68er-Führungsriege der rotgrünen Bundesregierung selbst als auch in Justiz und Verwaltung verfügen ehemalige DDR-Kollaborateure nach wie vor über erheblichen Einfluß. Nach den von Hans D. SANDER herausgegebenen *Staatsbriefen* wirkten neben dem vorerwähnten langjährigen Bundesaußenminister GENSCHER folgende Spitzenpolitiker der Bundesrepublik als informelle Mitarbeiter (IMs) für die Staatssicherheit der ehemaligen DDR:

Jutta LIMBACH (SPD), bis vor kurzem Präsidentin des Bundesverfassungsgerichts,

Josef Martin FISCHER (Bündnisgrün), Außenminister im Kabinett SCHRÖDER,

---

[12] *Privat-Depesche,* 46/32, 14. 11. 2001.

[13] Gerhard LÖWENTHAL, aaO. (Anm. 7).

[14] Allerdings entspricht der Bundesinnenminister damit auch dem Wunsch Helmut KOHLS, möglichst wenig Licht in seine Amtsführung als »Bimbeskanzler« zu bringen. Und was diesbezüglich vom bündnisgrünen Koalitionspartner zu halten ist, läßt das politische Vorleben vieler seiner im 68er-Lager beheimateten Führungskader erahnen. Im Zuge des vielzitierten ›Marsches durch die Institutionen‹ unter sozialdemokratischen Ministerpräsidenten ist in der Bundesrepublik eine ›kulturelle Machtergreifung‹ durch die Linke erfolgt, der Deutschland heute seinen soziokulturellen und wirtschaftlichen Niedergang verdankt.

Otto SCHILY (SPD), Bundesinnenminister,
Oskar LAFONTAINE (SPD), Ex-Bundesfinanzminister.[15]

Wegen ihrer Erpreßbarkeit sind solche Leute für interessierte Kreise überaus wertvoll. Diesbezüglich sei nur auf die reibungslose Ablösung des Polit-Emporkömmlings LAFONTAINE verwiesen (s. S. 190 f.).

Es ist bezeichnend für die Regierung SCHRÖDER, daß Gestalten wie Jutta LIMBACH, Oskar LAFONTAINE, Joschka FISCHER und Otto SCHILY trotz des von ihnen ausgehenden Sicherheitsrisikos in ihren herausgehobenen Positionen tragbar sind beziehungsweise (im Falle LAFONTAINES[16]) waren. Jutta LIMBACH etwa erwies sich für Kanzler SCHRÖDER als derart unentbehrlich, daß sie nach ihrem Ausscheiden als Präsidentin des Bundesverfassungsgerichts sogleich auf den Präsidentenposten des Goethe-Instituts gehievt wurde. Man kann getrost davon ausgehen, daß bei Bedarf auch Gregor GYSI (PDS) – wie derzeit im SPD-geführten Senat von Berlin – trotz aller anderslautenden Versicherungen im Herbst 2002 als Koalitionspartner einer neuerlichen Regierung SCHRÖDER in Frage käme.

Horst MAHLER, politischer Weggefährte SCHRÖDERS in der gemeinsamen Kampfzeit während der 68er-Revolution, schrieb dem Kanzler Anfang 2000 – nach langjährigem HEGEL-Studium zur Einsicht gelangt – einen Offenen Brief zu dessen politischer Zuverlässigkeit:

»Lieber Gerhard Schröder, da ich diese Zeilen in freundschaftlicher Absicht an Dich richte, vermeide ich es, Dich mit Deiner Amtsbezeichnung anzusprechen. An dieser kannst Du unmöglich Freude haben, denn Du führst eine Vasallenregierung – und Du weißt, daß ich es weiß... Wir waren uneins in der Frage, ob, wenn Du Dein Ziel, Bundeskanzler zu werden, je erreichen würdest, Du das Schicksal unseres Volkes auf parlamentarischem Wege – mit den Parteien wie sie nun einmal sind – zum besseren wenden könntest. Du warst zuversichtlich, daß Dir das gelingen würde. Heute weißt Du, daß Du Dich geirrt hast.« MAHLERS abschließende Empfehlung nach einer Reihe von Ratschlägen: »Tritt zurück, und mache deutlich, daß Du nicht länger bereit bist, der Diener frem-

[15] Hans Dietrich SANDER, in *Staatsbriefe*, Nr. 4/5-1999.

[16] Demzufolge wurde Oskar LAFONTAINE bei der Hauptverwaltung Aufklärung im DDR-Ministerium für Staatssicherheit unter dem Operationsnamen »Saar-XX 2 / 7« geführt. (ebenda).

der Mächte zu sein!... Ich schließe in Sorge um unser Volk und in wehmütigen Gedanken an einen Freund. Dein Horst Mahler.«[17]

Daß Außenminister Josef Martin FISCHER vom Bundeskanzler für eines seiner besten Kabinettsmitglieder gehalten wird, obwohl ihn seine Vergangenheit um die Jahreswende 2000/2001 eingeholt hat (s. S. 238 ff.), veranschaulicht den moralischen Werteverlust Deutschlands – und nicht nur seiner Regierungsmannschaft – auf bezeichnende Weise. Offenbar fällt niemandem der schreiende Widerspruch ins Auge, der darin liegt, immer jüngere Menschen wegen lediglich verbaler Delikte, die freilich als ›rechtsradikale‹ Straftaten erfaßt werden, zu verurteilen und gleichzeitig einem ehemaligen militant-gewalttätigen Anarchisten, der im Alter von 25 Jahren durchaus strafmündig war, die ›Jugendsünden‹ seiner ›Sturm und Drang‹-Jahre nachzusehen. Zugegebenermaßen hat FISCHER sein Erscheinungsbild durch das Tragen von Designeranzügen inzwischen gründlich verändert. Niemand sieht ihm seine Wurzeln in der linksradikalen Szene an, was ihn sogar als Vizekanzler hoffähig macht.

Alle im Bundestag vertretenen politischen Parteien zeichnen sich durch Führungsschwäche aus. Längst sind Unregelmäßigkeiten in der deutschen Parteienlandschaft systemimmanent. Dem Wähler bleiben allerdings wenig Alternativen. Deshalb wenden sich immer mehr Wahlberechtigte von den etablierten Parteien ab. Die Nicht(mehr)wähler sind inzwischen stärkste Meinungsfraktion. Die politische Klasse läßt sich dadurch jedoch wenig beeindrucken und schwebt über dem Volk, das sie angeblich repräsentiert. Von Ausnahmen abgesehen, ergeht sie sich in ›Political Correctness‹, beugt den Rücken vor dem Ausland und widmet sich vorzugsweise ihrer Eigenversorgung. Sie sucht ihre Privilegien in alle Zukunft festzuschreiben, indem sie denkbare Alternativen propagandistisch und rechtlich ausgrenzt.

Hinzu kommt, daß sich diese politische Klasse – wie auch das ihr vorgeschaltete öffentlich-rechtliche Mediensystem – immer deutlicher als nicht reformfähig erweist. Selbst wenn das Ausland – und insbesondere jene Mächte, die bei Gründung der Bundesrepublik Pate standen – ihr Einverständnis gäben, bliebe alles, wie es ist. Etwa im Falle einer längst überfälligen Neuordnung des föderalen Systems, die freilich auf eine Beschneidung bestehender Pfründe hinausliefe. Ein Neuzuschnitt der Bundesländer so-

[17] G. SCHMALBROCK, »Offener Brief Horst Mahlers«, *Ihr Programm*, Nr. 369, IKC Presse Gladbeck, 5. 2. 2001, S. 7 f.

wie eine nicht nur kosmetische Verkleinerung der Anzahl der Abgeordneten von Bund und Ländern ist hoch an der Zeit; Gleiches gilt für die Festsetzung der Abgeordnetendiäten durch eine unabhängige Kommission. Es gibt kein namhaftes Land der Erde, das sich so viele hauptamtliche Volksvertreter - gemessen an der Bevölkerungszahl - leistet wie Deutschland und diese in der Regel auf Lebzeiten durchfüttert.

Erster Teil

Imperialismus made in USA

Europa – nicht mehr Nabel der Welt

»Die Welt unterwerfen« – Das geopolitische Globalkonzept der USA

Nachdem die Vereinigten Staaten von Amerika Ende 1782 im Pariser Vorfrieden und am 3. November 1783 im Frieden von Versailles mit Hilfe Frankreichs (französisches Hilfsheer unter General LAFAYETTE) ihre Unabhängigkeit erlangt und sich 1788 mit ihrer heute noch gültigen Verfassung als Bundesstaat konstituiert hatten (s. Abbildung 1), schufen sie durch ihr Vorgehen gegen die indianische Urbevölkerung die Voraussetzung für eine dauerhafte Besiedlung des ›Wilden Westens‹. Welche Menschenrechts-Vorstellungen dabei zugrunde lagen und wie konsequent bei dieser Auseinandersetzung vorgegangen wurde, daraus machte schon der zweite Präsident der USA, John ADAMS, kein Hehl. Er schrieb 1812:

Abbildung 1. Quelle: *Neue Solidarität*, 8. 9. 1999, S. 7.

»Wir sehen kaum einen Indianer mehr im Jahr... Noch ein Sieg, und er wird sie für immer zum Schweigen bringen (*quiet them for ever*). Das wird ein großer Segen sein für sie und uns.«[18] Die Deutschen kennen diesen »Segen«, den sie den ›Befreiern‹ nach zwei von diesen betriebenen Weltkriegen verdanken, aus eigener Erfahrung recht gut. Bereits vor ADAMS hatte Lord AMHERST angeraten, mit Bettlaken Seuchen unter den Indianern zu verbreiten und andere Methoden anzuwenden, um diese »verdammte Rasse« auszurotten. Es sei zu schade, »britische Soldaten gegen dieses Ungeziefer einzusetzen«. Wenig später brachen dann unter den Indianern in Ohio erwartungsgemäß die schwarzen Pocken aus.[19]

Begonnen hatte die europäische Besiedlung Nordamerikas mit der Landung der puritanischen ›Pilgerväter‹. Diese hatten im Lande der nordamerikanischen Indianer Asyl gesucht, weil ihnen in England die Glaubensfreiheit vom König verwehrt wurde. Mit 102

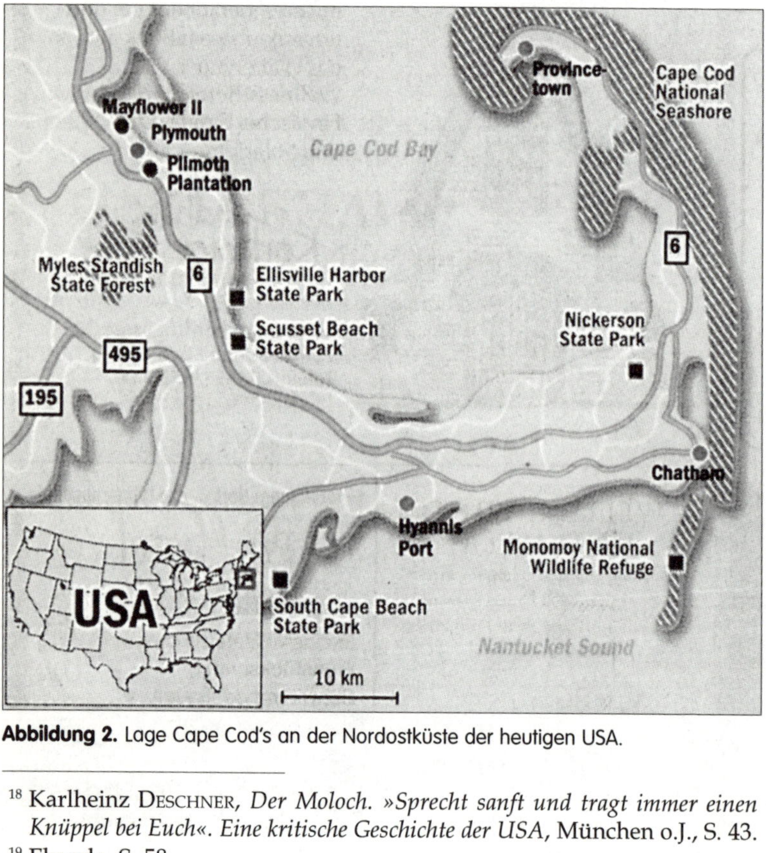

Abbildung 2. Lage Cape Cod's an der Nordostküste der heutigen USA.

[18] Karlheinz DESCHNER, *Der Moloch. »Sprecht sanft und tragt immer einen Knüppel bei Euch«. Eine kritische Geschichte der USA*, München o.J., S. 43.
[19] Ebenda, S. 58.

Siedlern an Bord der ›Mayflower‹ hatten sie in 15 Wochen den Atlantik überquert, bis sie am 21. Dezember 1620 vor Cape Cod (s. Landkarte Abbildung 2) ankern und wenig später ihre erste ständige Siedlung in der Neuen Welt gründen konnten.

Die Ankunft im Winter läßt erkennen, daß die Reise sehr schlecht geplant worden war. Die Hälfte der Neuankömmlinge erlebte das Frühjahr nicht, obwohl die Indianer die Asylanten aus Europa freundlich empfingen. »Sie bringen Mais (und) im Walde wachsende Beeren«, heißt es in einer zeitgenössischen Quelle. Daß sich die Neusiedler nicht im Lande integrieren, sondern es in Besitz nehmen wollten, wurde den Indianern erst bewußt, als sie letzteres nicht mehr verhindern konnten. In der Folge landeten weitere Schiffe an, die die Zahl der Siedler auf 250 anwachsen ließ. Nach einer guten Ernte beschlossen sie, im November 1621 ein ›Thanksgiving‹ (Erntedankfest) zu feiern. Von den Indianern hatten sie gelernt, den wilden Truthahn zu erlegen, der - zwischenzeitlich domestiziert - seither in Nordamerika alljährlich zum Erntedankfest verzehrt wird. Zu ihrem ersten ›Thanksgiving‹ luden die ›Pilgerväter‹ auch den Indianerhäuptling Massasoit ein, der 90 Stammesbrüder und fünf erlegte Hirsche mitbrachte.

Nach den religiösen ›Fundamentalisten‹ der ersten Welle wanderten zunehmend auch Kriminelle und politisch Verfolgte in die Neue Welt ein; abgesehen von Wirtschaftsflüchtlingen, wie man heute sagen würde, also in der Regel Menschen, die - wie bei den heute in Deutschland anerkannten Asylanten - in ihren Herkunftsländern aus den verschiedensten Gründen ebenfalls nicht immer gute Karten haben.

Wie den Indianern die freundliche Aufnahme der Zuwanderer gedankt wurde, ist bekannt. Denjenigen, die heute in Deutschland politisch korrekt die sogenannte ›multikulturelle Gesellschaft‹ anpreisen, oder ihren Nachkommen steht eine solche Erfahrung noch bevor. Wer das nicht wahrhaben will, kennt die Geschichte des einst christlichen Oströmischen Reiches nicht (s. Fr. I, S. 15 u. 303).

Nachdem es den Vereinigten Staaten 1803 gelungen war, das westliche Louisiana von Frankreich und 1819 Florida von Spanien käuflich zu erwerben, richteten sich ihre Blicke auf Lateinamerika. Als Rechtfertigung der neuen Begehrlichkeit wurde am 2. Dezember 1823 von US-Präsident James Monroe eine nach ihm benannte Doktrin verkündet. Dabei handelt es sich um die Kodifizierung jenes Grundsatzes, wonach ausschließlich die Vereinigten Staaten für den ›Schutz‹ der aufständischen spanischen Kolonien in

Mittel- und Südamerika vor Einmischungsabsichten europäischer Mächte verantwortlich seien, nach dem Grundsatz: »Amerika den Amerikanern«. In seiner Jahresbotschaft führte der US-Präsident dazu aus: »Der amerikanische Doppelkontinent ist von nun an nicht mehr als Gegenstand künftiger Kolonien europäischer Mächte in Betracht zu ziehen.«

Was vordergründig die ehemaligen Besitzungen europäischer Großmächte schützen sollte, entwickelte sich um die Jahrhundertwende 1899/1900 unter Präsident Theodore ROOSEVELT zum »Freibrief für den US-Imperialismus.«[20] »Jüngstes Beispiel dafür ist das Streben der USA nach einer Freihandelszone von Alaska bis Feuerland.« Ein Fünftel der US-Exporte gehen schon heute nach Lateinamerika. Brasilien, wo die Hälfte der 300 Millionen Südamerikaner lebt, ist (neben Argentinien) besonders von diesem Neo-Kolonialismus betroffen. Es hatte sich 1822 von Portugal gelöst, um ein selbständiges Kaiserreich zu errichten. Diesem Bestreben haben die Vereinigten Staaten mit ihrer imperialistischen Lateinamerikapolitik einen Riegel vorgeschoben. »Hauptpropagandainstrument sind (dabei) – wie in Mitteleuropa – die (US-kontrollierten) Medien.«[21]

Als es 1999 zur Berufung des SOROS-Fondsmanagers (New York) Arminio Fraga NETO an die Spitze der brasilianischen Zentralbank kam, wurde dieser vom Führer der linken Opposition, Luis Ignacio DA SILVA, als »Spekulant ersten Ranges« bezeichnet. Außerdem wurde die Maßnahme als »Unterwerfung des Präsidenten Fernando Henrique CARDOSO vor den internationalen Banken« kritisiert. Der Gouverneur des Bundesstaates Minas Gerais, Itamar FRANCO, stellte fest, Brasilien habe nun George SOROS als Zentralbankpräsidenten.[22]

Zuvor hatte SOROS bereits Argentinien zur Operationsbasis der US-›Insider‹ gemacht (s. Fr. I, S. 320). Das Land hatte daraufhin seine Währung an den US-Dollar gekoppelt und ist heute als Folge seiner Währungs- und Wirtschaftspolitik sowie ungezügelter Korruption bankrott. Im Frühjahr 2002 mußte sich Argentinien unter Inkaufnahme von Milliardenverlusten für seine Bürger wieder aus

---

[20] Sven Felix KELLERHOFF, »Unser Haus ist unsere Burg«, in *Die Welt*, 2. 12. 1998.

[21] Michael PAULWITZ, »Die Conquista der Glücksritter. Die Weltwirtschaftskrise am Beispiel Brasiliens«, in *Das Ostpreußenblatt*, 5. 12. 1999.

[22] *Frankfurter Allgemeine Zeitung* (im folgenden abgekürzt: *FAZ*), »Brasiliens Zentralbankchef kommt aus Soros' Stall«, 4. 2. 1999.

der Dollar-Bindung lösen. Bundeskanzler Gerhard SCHRÖDER hat Argentinien anläßlich seines Besuchs im Lande 2002 versprochen, ein gutes Wort beim Internationalen Währungsfonds (IWF) für neue Finanzhilfen an Argentinien einzulegen (s. S. 316). Das dürfte jedoch nicht mehr als ein Trostpflaster sein.

Zur neuen Globalstrategie der amerikanischen Außenpolitik wurde jene seit 1947 von US-Präsident Harry S. TRUMAN vertretene Linie, die nach ihm als ›TRUMAN-Doktrin‹ bezeichnet wird. Aus ihr wird deutlich, worum es den im Hintergrund des neuen Imperialismus wirkenden ›Insidern‹ seit dem Zweiten Weltkrieg geht: »Die Kontrolle über die gesamte Erde zu erreichen. . . Ein kleiner Krieg ist immer gut fürs Geschäft.« Den Anlaß für solche »kleinen Kriege« boten in der Vergangenheit häufig Diktaturen, die zuvor mit US-Geldern aufgebaut wurden – wie zum Beispiel Adolf HITLER, die Präsidenten von Panama, Daniel NORIEGA,[23] des Irak, Saddam HUSSEIN, oder Zaires, Laurent KABILA. Zuletzt kam die Reihe an den serbischen Präsidenten von Rest-Jugoslawien, Slobodan MILOSEVIC.

Auch der seit dem 11. September 2001 von Washington als »gefährlichster Mann der Welt« titulierte Osama BIN LADEN wurde von der CIA aufgebaut, um in Afghanistan eine führende Rolle im Guerillakrieg gegen die Sowjets zu spielen.[24] Wenn es sich um US-Rohstoffinteressen handelt und/oder »das amerikanische Militär darauf drängt, neue Waffen am lebenden Leib auszuprobieren, wird sich immer ein Anlaß finden«, schrieb der renommierte amerikanisch-jüdische Biochemiker Erwin CHARGAFF in der *FAZ* und bezeichnete die NATO dort als »Schlacht- und Schießgesellschaft«. Zu CHARGAFFS Person muß freilich angemerkt werden, daß seine Schriften in den achtziger Jahren die deutsche Friedensbewegung nachhaltig beeinflußten. Mit Blick auf das US-NATO-Vorgehen auf dem Balkan fährt CHARGAFF fort: »Von MILOSEVIC weiß ich fast

---

[23] Dieser sowie nahezu alle lateinamerikanischen Militärdiktatoren mit Ausnahme Fidel CASTROS wurden zusammen mit dem Stabsoffizierskorps ihrer Regime in einer dafür in den USA eingerichteten Militärschule speziell für das Vorgehen gegen Befreiungsbewegungen ausgebildet. Die dortige Schulung ist sehr breitgefaßt: Sie schließt den Unterricht über die Menschenrechte ebenso ein wie diverse Unterdrükkungspraktiken und Foltermethoden. (Quelle: US-Reportage »Kolumbien am Abgrund«, WDR-Sendung, 5. 6. 2000, 23:15–24:00 Uhr)

[24] Hans B. v. SOTHEN, »Der gefährlichste Mann der Welt. Osama bin Laden: Wie die Amerikaner ihre Feinde produzieren«, in *Das Ostpreußenblatt*, 18. 11. 2000.

nichts. Wir werden mit Lügen gefüttert, mit gefälschten Bildern (und) erlogenen Nachrichten.«[25]

Auch der mit den KENNEDYS verschwägerte und mit Jimmy CARTER und dem seinerzeitigen US-Vizepräsident Al GORE verwandte Schriftsteller Gore VIDAL macht aus seiner kritischen Distanz zum Vorgehen Washingtons kein Hehl. In der *Süddeutschen Zeitung* dachte er laut nach und schrieb in einem Gastkommentar: »Mich wundert, daß die Deutschen so naiv sind, daß sie nicht einmal merken, was wir da tun. Glauben sie im Ernst, daß wir MILOSEVIC hassen?«[26]

An anderem Ort stellt VIDAL fest: »Die Grundrechte werden stetig ausgehöhlt. Amerika ist heute ein Polizeistaat.«[27] Eine geradezu prophetische Feststellung, wenn man bedenkt, welche Palette an Überwachungsmaßnahmen in den USA nach dem 11. September eingeführt wurde, welche Bürgerrechte gestrichen und welche demokratischen Freiheiten nachhaltig eingeschränkt wurden.

Dazu muß man wissen, daß die ›Insider‹, die im Rücken der USA tätig sind, die ›Globalisierung‹ nicht nur den ›Verbündeten‹ Washingtons aufzuzwingen versucht, sondern ebenso den breiten Massen des eigenen Landes. Diesen muß daher frühzeitig (wie in den beiden Weltkriegen, im Koreakrieg oder während des Vietnam-Abenteuers) die Bereitschaft zu persönlichen und materiellen Opfern suggeriert werden – aus welchen vorgeschobenen nationalen Gründen auch immer. So überraschte es nicht, daß sich die Konkurrenten im Kampf um die CLINTON-Nachfolge rechtzeitig vor den im Februar 2000 begonnenen ›Primaries‹ (Vorwahlen) »auf ein in früheren Wahlschlachten eher vernachlässigtes Thema: die außenpolitischen Beziehungen« konzentrierten. Präsident George W. BUSH jr. artikulierte das, als er noch republikanischer Präsidentschaftskandidat war, mit den Worten:

»Die USA dürfen sich nicht von der weltpolitischen Bühne zurückziehen, da sonst ein gefährliches Vakuum entstehen würde.«[28]

Solche Gedanken sind nicht neu. Bereits 1850 hatte der seinerzeitige Senator von Illinois, James SEMPLE, den amerikanischen Anspruch, »die Welt zu unterwerfen«, noch deutlicher zum Ausdruck gebracht.

---

[25] Erwin CHARGAFF, »Aufschrei des einzelnen. Die Schlacht- und Schießgesellschaft«, in *FAZ*, 15. 5. 1999, S. 41.

[26] Peter FISCHER, »Parallelen«, in *Das Ostpreußenblatt*, 19. 6. 1999.

[27] *Spiegel*-Gespräch, »Amerika ist ein Polizeistaat«. Gore VIDAL über den Prozeß gegen Bill CLINTON, die Gefährdung der Bürgerrechte und die Zukunft der Vereinigten Staaten, in *Der Spiegel*, Nr. 6/1999.

[28] »US-Außenpolitik wird Wahlkampfthema«, in *Handelsblatt*, 2. 12. 1999.

Das erste Opfer – die spanischen Kolonien

Während sich die nationale Konsolidierung des amerikanischen Bundesstaates (s. Abbildung 3) – eingeschlossen den unter anderem zu diesem Zweck vom Zaun gebrochenen Sezessionskrieg (1861–1865) – noch auf dem nordamerikanischen Subkontinent abspielte, greifen die 1890 in dem Buch *Der Einfluß der Seemächte auf die Geschichte, 1600–1783* vorgetragenen Thesen des US-Admirals und Historikers Alfred Thayer MAHAN[29] sowie ihre Umsetzung in die offizielle Washingtoner Außenpolitik bereits weit auf geopolitisches Terrain aus. Diese beinhalten zum einen die Feststellung, daß die Vereinigten Staaten nur sicher seien, wenn ihre Flotte allen anderen Kriegsflotten der Erde überlegen sei. Zum anderen wird von MAHAN vorgeschlagen, die zum damaligen Zeitpunkt noch in spanischem Besitz befindlichen Karibikinseln sowie Hawaii und die Philippinen zu annektieren.

Die Strategie dafür schlägt der Absolvent der US-Marineakademie und Geheimdienstoffizier William Warren KIMBALL in seiner 1896 veröffentlichten Studie vor. Mit seinen Überlegungen zur »Planung, Vorbereitung und Durchführung« eines entsprechenden

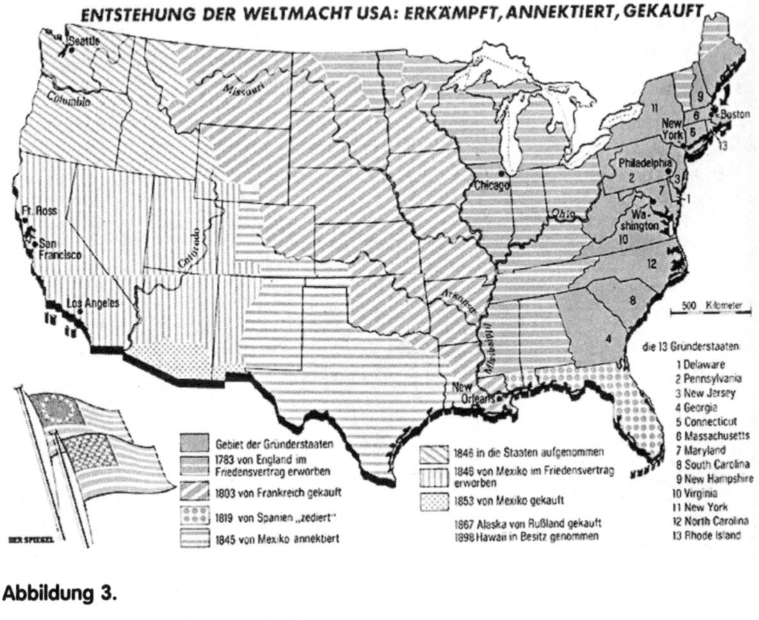

Abbildung 3.

[29] Alfred Thayer MAHAN, *The Influence of Seapower Upon History, 1660–1783,* 1897 (MAHAN gilt neben CORBETT und W. WEGENER als einer der drei Klassiker der Seekriegsgeschichte.)

Angriffskrieges solle das Rüstzeug zur Realisierung der strategischen Empfehlungen MAHANS geschaffen werden. Neben einer Seeblockade Havannas (s. zeitgenössischen Stich, Abbildung 4) regt KIMBALL unter anderem die Provokation eines Zwischenfalls auf See an, um die eher pazifistisch gestimmte amerikanische Bevölkerung davon zu überzeugen, daß man sich im Verteidigungsfall einem auswärtigen Aggressor gegenüber befinde. In Übereinstimmung mit diesen Planungen wurde 1898 das gepanzerte US-Schlachtschiff ›Maine‹ auf eine ›Goodwill-Mission‹ nach Havanna entsandt. Als innenpolitischer Vorwand für den Einsatz des Kriegsschiffes mußte der Schutz vermeintlich bedrohter US-Bürger in dem von inneren Unruhen heimgesuchten Kuba herhalten. Am 15. Februar 1898 explodierte die ›Maine‹ im Hafen von Havanna (s. Abbildung 5). Dabei fanden 266 amerikanische Seeleute den Tod.

Ohne die Untersuchung des Vorfalls abzuwarten, beschuldigte die amerikanische Regierung Spanien, für die Explosion der ›Maine‹ verantwortlich zu sein. Nach dieser politischen Vorgabe gelangte ein Untersuchungsausschuß zu der Erkenntnis, daß die Explosion durch eine Mine ausgelöst worden sei und es sich demnach um keinen Unfall handle. Tatsächlich jedoch wurden die Ursachen der Katastrophe nie restlos aufgeklärt. Historiker gehen neuerdings davon aus, daß die Explosion durch eine von den Ame-

Abbildung 4. Havanna, Blick auf die Hafenfestung El Moro. Zeitgenössischer Stich aus dem Jahre 1842.

Abbildung 5. Die Versenkung der ›Maine‹. Der Zwischenfall löste ein derartiges Aufsehen aus, daß Präsident McKinley ihn als Kriegsgrund benutzte. Aus: Mansur Khan, *Die geheime Geschichte der amerikanischen Kriege*, Tübingen ²2001.

rikanern selbst gelegte Seemine verursacht wurde. Theodore Roosevelt, Abteilungsleiter im US-Marineministerium und späterer Präsident, bewertete die Katastophe dagegen als »dreckigen Verrat der Spanier«. Das übrige besorgten die Boulevardblätter, wie William Randolph Hearsts *New York Journal* oder auch Joseph Pulitzers *New York World*, um die Stimmung nach jenem Muster anzuheizen, wie das später auch vor den amerikanischen Kriegseintritten 1917 und 1941 praktiziert wurde.

Wie eng Presse und Kriegstreiber zur Erzeugung der gewünschten Propaganda zusammenwirkten, belegt folgende Episode auf geradezu schlagende Weise: »Als der Illustrator von Hearst's Blättern, Fredrik Remington, am Montag vor Kriegsausbruch aus Havanna in die USA zurückkehren wollte, weil die Lage ruhig sei, antwortete ihm Hearst: ›*Please remain. You furnish the pictures and I'll furnish the war.*‹ (Bitte bleib. Du lieferst die Bilder, und ich liefere den Krieg.)«[30]

[30] Alfred v. Arneth, »Spanisch-amerikanischer Krieg: Morgenröte einer Weltmacht. Vor genau hundert Jahren schossen sich die USA den Weg zur globalen Vorherrschaft frei«, in *Das Ostpreußenblatt*, 9. 5. 1998.

Die hier geschilderte Kombi-Strategie von Imperialismus und Täuschung der eigenen Bevölkerung ist seither Leitmotiv der rohstofforientierten Expansionspolitik Washingtons geworden und offenbarte sich bis heute im Abspielen immer unverfrorener Variationen. So wurde nach der gleichen Kriegsvorbereitungspolitik 1915 die ›Lusitania‹ mit 1198 Passagieren (davon 120 US-Bürger) und Seeleuten (s. Fr. I, S. 171, Fußnote) sowie 1941 in Pearl Harbor die Pazifikflotte und Luftwaffe der Vereinigten Staaten mit rund 3500 getöteten Angehörigen geopfert (s. Fr. I, S. 174 ff.)[31]

Auch der Vietnamkrieg (1965–1973), der keine von westeuropäischen Mächten gehaltenen überseeischen Besitzungen berührte, wurde von den USA durch einen ›Zwischenfall‹ auf See inszeniert. Nach Aufgabe Französisch-Indochinas (1954 Niederlage von Dien Bien Phu und Teilung Vietnams auf der Genfer Indochinakonferenz) waren die USA zum bestimmenden Machtfaktor in Südvietnam geworden. Während der Amtszeit von Präsident Lyndon B. Johnson stießen am 2. August 1964 der US-Zerstörer ›Maddox‹ und Schnellboote des von China und der UdSSR unterstützten Nordvietnam im Golf von Tonkin aufeinander. Nachdem Johnson den Kongreß drei Tage zuvor wahrheitswidrig darüber informiert hatte, daß vietnamesische Schnellboote die ›Maddox‹ am 4. August erneut attackiert (beschossen) hätten und zurückgeschlagen worden sei, wurde ihm der Eintritt in den Vietnam-Krieg mit zwei Gegenstimmen genehmigt (»Tonkin-Resolution«).

Das war jedoch eine zur Rechtfertigung des Angriffskrieges erfundene Unwahrheit. Dieser Krieg kostete die Vereinigten Staaten 58 134 gefallene und 303 000 verwundete Soldaten. Im Verlauf des Krieges wurde Nordvietnam mit 7,8 Millionen Bomben ›in die Steinzeit‹ zurückgebombt. Dazu gehörten Entlaubung und Vergiftung riesiger Flächen des Landes sowie der massive Einsatz von Napalm- und Splitterbomben. Nach fast einem Jahrzehnt der Verwüstung wurden die Kampfhandlungen dieses nie erklärten zweiten Indochinakrieges mit dem Rückzug der USA aus Südvietnam und dem Pariser Waffenstillstandsabkommen von 1973 beendet. Dem folgten dann noch langwierige und zähe Verhandlungen, bis Ende Januar 1973 der Friede in Kraft treten konnte.

---

[31] Die US-Verluste beim japanischen Angriff auf Pearl Harbor beliefen sich auf Seiten der USA auf 8 Schlachtschiffe und 11 andere Kriegsschiffe, die jeweils versenkt oder schwer beschädigt wurden, sowie 177 zerstörte Flugzeuge mit zusammen etwa 3500 Toten, nach *Brockhaus Enzyklopädie,* [17]1972, Bd. 14. Diese Verluste waren es der US-Regierung wert, die Vereinigten Staaten in den Zweiten Weltkrieg zu führen.

Das militärische Engagement der USA in Vietnam umfaßte 1968, auf dem Höhepunkt der amerikanischen Militäraktion gegen das kleine Entwicklungsland, 543 000 Soldaten. Die USA haben für diesen Überfall 212 Milliarden Dollar verausgabt.[32 u. 33] Als Präsident CLINTON im Rahmen des letzten Staatsbesuches während seiner Amtszeit im November 2000 das seit dem 2. Juli 1976 wiedervereinigte Vietnam aufsuchte, hielt er es trotz seiner beabsichtigten Versöhnungsgeste nicht für erforderlich, sich für die infolge des amerikanischen Angriffskrieges zu beklagenden über drei Millionen vietnamesischen Kriegsopfer zu entschuldigen[34] oder gar Wiedergutmachungsleistungen anzubieten. Diese Haltung sollten sich jene deutschen Ergebenheitspolitiker zum Vorbild nehmen, von denen auch nach einem halben Jahrhundert amerikanischer Besatzung und Ausbeutung stets von neuem die Zustimmung zu weiteren Entschädigungs- und Tributleistungen des deutschen Volkes verlangt wird - an welche Adresse, spielt inzwischen kaum mehr eine Rolle.

Zurück zum spanisch-amerikanischen Krieg. Die US-Seeblockade Havannas wurde vom späteren Sieger auf den 21. April 1898, das heißt nach dem ›Zwischenfall‹, zurückdatiert. Auf der Grundlage dieser Tatsachenverfälschung - wie später zur Rechtfertigung ihrer »Planung, Vorbereitung und Durchführung« der beiden Weltkriege - war eine Kriegserklärung Spaniens provoziert worden, woraufhin die lediglich mit veralteten, noch von Segeln getriebenen Holzschiffen anrückenden Erben der einstigen stolzen Armada[35] geschlagen wurden. Die spanischen Besitzungen in der Kari-

---

[32] Fritz WIRTH, »Eine Lüge, die 58.134 Amerikaner das Leben kostete. Die USA und die Spätfolgen des Vietnamkrieges: Auch 25 Jahre nach dem Friedensvertrag von Paris ist der Alptraum nicht gelöscht«, in *Die Welt*, 22. 1. 1998.

[33] *Lexikon Dritte Welt*, Reinbek b. Hamburg 1984, S. 596 f.

[34] ZDF, *Nachrichten des Tages*, 18. 11. 2000.

[35] Das spanische Weltreich war bereits 1588 mit dem Sieg der britischen Flotte unter HOWARD und DRAKE im Ärmelkanal über die vom Herzog von Medina SIDONIA geführte stolze Armada erschüttert worden. Der Habsburger König PHILIPP II. von Spanien wollte die Herausforderung ELISABETHS I. durch die »Piraten Ihrer Majestät« mit der Zerstörung der britischen Flotte und einer Invasion der Insel beenden. Hinzu kam, daß die englische Königin, zugleich Oberhaupt der Anglikanischen Kirche, ihre katholische Cousine MARIA STUART hatte hinrichten lassen, die Freibeuter Francis DRAKE und Walter RALEIGH geadelt und den Heiratsantrag PHILIPPS II. abgelehnt hatte.

bik, Kuba und Puerto Rico, sowie die Kolonien Guam, Hawaii und die Philippinen auf der anderen Seite der Erdkugel wurden annektiert. Danach wurde Kuba ab dem 10. Dezember 1898 zunächst einer amerikanischen Militärverwaltung unterstellt (später, im Falle Deutschlands, war das nicht nur als vorübergehende Maßnahme, sondern als Dauerzustand vorgesehen). Sanktioniert wurde diese »Planung, Vorbereitung und Durchführung eines Angriffskrieges« zur Annexion Kubas und der anderen spanischen Überseebesitzungen im späteren Frieden von Paris (10. Dezember 1898). Mit dem daraufhin 1899 erfolgten Verkauf der Karolinen, der restlichen Marianen (ohne das von den USA annektierte Guam) und der Palau-Inseln an das Deutsche Reich[36] zog sich Spanien ganz als Kolonialmacht aus der Südsee zurück.

Von den Spanien abgenommenen überseeischen Besitzungen halten die USA heute noch Puerto Rico, Guam und Hawaii. Zum 100. Jahrestag der Annexion von Hawaii wurde auf Honolulu gegen die amerikanische Fremdherrschaft demonstriert. Dabei äußerte Mililani TRASK von der für die Unabhängigkeit eintretenden Organisation Ka Lahui, die Kundgebung markiere den Neuanfang der Bewegung für Souveränität und für ein neues politisches Verhältnis zwischen der Tropeninsel und den Vereinigten Staaten.[37] Viel Erfolg dürfte dieser Bewegung jedoch kaum beschieden sein. Dafür ist Hawaii für Washington strategisch einfach viel zu bedeutend.

Die ›Freiheit der Meere‹ – und was dahintersteckt

England hat Deutschland die von BISMARCK herbeigeführte Gründung eines ›kleindeutschen‹ Reiches (1871) niemals verziehen. Nicht zuletzt ihretwegen trat Großbritannien 1914 in den Krieg gegen Deutschland ein. Zwischen 1871 und 1914 konnte England sein Imperium durch den Erwerb folgender Ländereien beachtlich erweitern (s. Auflistung Abbildung 6):[38]

---

[36] Karlheinz GRAUDENZ, *Die deutschen Kolonien – Geschichte der deutschen Schutzgebiete in Wort, Bild und Karte,* München ²1982, S. 269.

[37] ap-Meldung, *Handelsblatt,* 14. 8. 1998.

[38] John Robert SEELEY, *Die Ausbreitung Englands,* Berlin, nach: Erich KERN (Hg.), *Verheimlichte Dokumente,* München, S. 11 f.

Territoriale Erwerbungen Großbritanniens in der Zeit von 1871 bis 1914

1871 Basutoland	1888 Weihnachts-Inseln
1874 Goldküste	1888 Nord-Borneo
1874 Fidschi-Inseln	1888 Cook-Inseln
1876 Sokotra	1888/98 Salomon-Inseln
1878 Cypern	1889 Rhodesien
1878 Walfischbai	1890 Sansibar
1882 Phönix-Inseln	1892 Ellice-Inseln
1882/98 Sudan	1892 Gilbert-Inseln
1884 Papua	1898 Weihaiwei
1885 Betschuanaland	1899 Tonga-Inseln
1885 Nigeria	1902 Transvaal
1886 Brit. Ostafrika	1902 Oranje-Freistaat
1887 Bagrein-Inseln	1906 Swasiland

Dieser britische Expansionismus wurde von den Vereinigten Staaten mit Sorge beobachtet. Schließlich trachteten sie danach, die westeuropäische Vorherrschaft in der Welt durch eine amerikanische abzulösen. Da sie, um dieses Ziel zu erreichen, nicht allein mit militärischen Mitteln vorgehen wollten und konnten, schürten die USA mit Hilfe der Propaganda recht erfolgreich die Bereitschaft der Westeuropäer zur kriegerischen Auseinandersetzung untereinander, ja man vergab dafür sogar Kredite an die potentiellen Gegner Deutschlands, Österreichs und der Türkei.

Der US-Kriegspropaganda kam entgegen, daß der britische Imperialismus auf dem europäischen Festland auf den Erhalt der ›Balance of Power‹ (Machtgleichgewicht) bedacht war. Das galt weniger für den militärischen Bereich, wo einerseits die Briten keinerlei Gebietsansprüche auf dem Kontinent verfolgten und andererseits das Reich keinerlei Ambitionen hatte, ein Landungskorps gegen England zu entsenden. Bis 1870 war Deutschland fast ausschließlich Agrarland, dessen Bevölkerungsüberschuß nicht in der Landwirtschaft absorbiert werden konnte. Die Folge: Hunderttausende von Auswanderern nach Amerika. Auch wirtschaftlich stellte das Reich deshalb keine Konkurrenz für Großbritannien dar. Das wurde anders nach dem Deutsch-Französischen Krieg 1870/71 und der Reichsgründung.

Mit Frankreich bestand weder wegen der Exportprodukte noch wegen der Kolonialpolitik Rivalität. Trotzdem waren französische

Chauvinisten nach dem von Frankreich erklärten und dann von ihm verlorenen Krieg 1870/71 stets bemüht, Reichskanzler Otto von Bismarck der eigenen Öffentlichkeit gegenüber als einen Machtmenschen hinzustellen, der ständig auf dem Sprung sei, seine Ulanen und Grenadiere erneut in Frankreich einmarschieren zu lassen. Die Wahrheit ist, daß in der jahrhundertelangen deutsch-französischen Geschichte solche Expansionen stets von Frankreich ausgegangen waren. In einer in Paris lange vor dem Ersten Weltkrieg veröffentlichten Schrift wird allerdings hierzu festgestellt: »In Wirklichkeit hatte er [Bismarck] nur das eine Bestreben, die Deutschen nach englischem Vorbild zu einem Industrievolk zu machen.«

So kam es in Deutschland zu einem ersten ›Wirtschaftswunder‹, wie man heute sagen würde. Eine leistungsfähige Infrastruktur entstand, mit Fernstraßen, Eisenbahnlinien und einer immer ansehnlicheren Hochseeschiffahrt, die Rohstoffe nach Deutschland transportierte und Fertigwaren in die ganze Welt lieferte. Gerade der letztere Faktor beunruhigte weniger Frankreich als vielmehr die Briten. Um die Einfuhr deutscher Produkte zumindest im Empire zu erschweren, verlangte das Vereinigte Königreich, daß alle Waren deutscher Herkunft mit ›Made in Germany‹ gekennzeichnet sein mußten. Allerdings war die Verärgerung in britischen Fabrikantenkreisen um so größer, als man feststellte, daß die so gekennzeichneten Fabrikate besonders geschätzt wurden; das heißt, die Deutschen vermochten offensichtlich billigere und bessere Erzeugnisse auf die bislang konkurrenzlos von England beherrschten Märkte zu bringen.

Von Deutschen wurden Kolonien gegründet, Eisenbahnen durch China gelegt, Bergwerke in Südamerika ausgebeutet, und 1903 wurde in dem von Großbritannien als besonderes Interessengebiet betrachteten Osmanischen Reich mit dem Bau der rund 2000 Kilometer langen Bagdadbahn begonnen (Fertigstellung 1940).[39]

Als Gegenreaktion bemühte sich die britische Regierung, Deutschland durch ein politisches Bündnissystem einzukreisen und in Europa weitgehend zu isolieren, um es so im Ernstfall von militärischer Hilfe und Krediten abzuschneiden. Die Bündnispolitik der Reichsregierung reagierte darauf nach Bismarcks Abgang (1890) sehr ungeschickt. So wurde der geheime Rückversiche-

[39] Manfred Höft, »Der Erste Weltkrieg – ein lange vorbereiteter Wirtschaftskrieg«, in *Pommersche Zeitung*, 18. 3. 2000.

rungsvertrag mit Rußland nicht verlängert, was es Frankreich ermöglichte, neben Großbritannien auch Rußland, Rumänien und Serbien mit seiner Kreditpolitik in ein gegen das Reich gerichtetes Paktsystem einzubeziehen und die Polen und Tschechen zu Gefolgsleuten zu machen. Zu allem Überfluß kamen verbale Ungeschicklichkeiten Kaiser WILHELMS II. der Propaganda der sich gegen das Reich zusammenschließenden westlichen Allianz entgegen, etwa seine berühmte Äußerung, mit der er das deutsche Flottenbauprogramm kommentierte: »Der Dreizack gehört in unsere Faust!«

Die Geschichtsschreibung läßt bei ihrem Urteil über WILHELMS provokante Kraftausdrücke, die die englischen Vettern mit ihrer ungleich stärkeren Flotte herausfordern mußten, in der Regel außer acht, daß der Kaiser mit einem klassischen ›Milieuschaden‹ behaftet war, der auf fehlende Mutterliebe zurückging.

Das ist besonders den britischen Kriegspropagandisten vorzuwerfen, entstammte WILHELMS Mutter doch der englischen Royal Family und hatte ihrem Sohn wegen seines von Geburt an verkrüppelten linken Armes die mütterliche Zuneigung versagt, deren auch ein Kronprinz in seiner Kindheit bedarf. Der spätere Kaiser litt deshalb besonders unter dieser Behinderung und versuchte sie sowohl bei öffentlichen Auftritten (zum Beispiel durch Abstützen des linken Armes auf den Knauf seines Säbels) zu kaschieren als auch durch einen handfesten Minderwertigkeitskomplex zu kompensieren, dem sie seine naßforschen Sprüche verdankten. (Abbildung 6) Sein großes Bedürfnis nach Anerkennung[40] wurzelte in diesem Milieuschaden. Die dem Hohenzollern-Kronprinzen widerfahrene, bei den ›Royals‹ indes nicht ungewöhnliche Gefühlskälte offenbarte sich einer breiten Öffentlichkeit noch ein Jahrhundert später, als Königin ELISABETH II. bei der Rückkehr von einer längeren Auslandsreise den etwa vier Jahre alten Prinz CHARLES, der sie am Bahnhof erwartete, kaum beachtete. Das Fernsehen wies mehrfach darauf hin, ebenso auf die unterkühlte Behandlung der Lady DIANA durch die Queen.

Im Rahmen seiner Konfrontationspolitik näherte sich Großbritannien 1903 wieder Frankreich an, überließ ihm als Basis für die gegen Deutschland gerichtete ›Entente cordiale‹ Marokko, söhnte sich durch Konzessionen in Persien und auf dem Balkan mit Rußland aus, versuchte Italien aus dem Dreierbund mit Deutschland und Österreich-Ungarn zu lösen und schürte den Haß in türki-

[40] Wihelm FINK, Leserzuschrift, in *Die Welt*, 27. 9. 1999.

Abbildung 6. Kaiser WILHELM II. schreitet bei seiner Visite der Freien und Hansestadt Lübeck am 8. August 1913 in Begleitung des regierenden Bürgermeisters ESCHENBURG (Großvater des Autors!) die Front einer Ehrenkompanie des Lübecker Regiments ab.

schen Armeekreisen gegen das Reich. So erhielt die jungtürkische Offiziersbewegung Geld und Ratschläge aus London und setzte Sultan ABD ÜL-HAMID II. ab, während dessen Herrschaft (1876–1909) die Deutsche Bank 1888 die Konzession für den Bau der Bagdadbahn erhalten hatte. Zudem intensivierte es seine Rüstungsanstrengungen. Modernste Großkampfschiffe, die sogenannten Dreadnoughts, wurden auf Kiel gelegt (18 000 t Wasserverdrängung, 34 cm-Geschütze mit einer Reichweite von 9000 m). Zu allem Überfluß wurde die britische Hochseeflotte auch noch zu einem Seemanöver zusammengezogen, um die Seeblockade des Ärmelkanals zu üben. Der Reichsregierung blieb das nicht verborgen. Sie reagierte ihrerseits mit einem Flottenbauprogramm, das darauf abzielte, Großbritannien auf dem Meer Paroli bieten zu können.[41]

Deutschland hatte 1902 versucht, eine Finanzallianz mit Frankreich ins Leben zu rufen, um unter anderem die für den Bau der Bagdadbahn benötigten Mittel aufzubringen. Hierfür wurde ein deutsch-französisches Syndikat gegründet, das eine diplomatische Annäherung unvermeidlich machte. Dies sorgte in Großbritannien für erhebliche Unruhe. Wenn es zu einer Übereinkunft Frankreichs

[41] Manfred HÖFT, aaO. (Anm. 39).

mit dem Reich käme, war die britische Überlegenheit nicht nur industriell, sondern auch auf dem Finanzsektor aufs äußerste bedroht. Deshalb stattete der britische König EDUARD VII. 1903 Frankreich einen Staatsbesuch ab, bei dem die seit NAPOLEONS Niederlage bei Belle-Alliance (Waterloo) zwischen beiden Ländern verbliebenen Differenzen endgültig beigelegt wurden. Am Tage nach der Abfahrt des Königs verkündeten die Finanzagenturen, daß sich Frankreich aus dem Bagdadbahn-Konsortium zurückgezogen und das Finanzsyndikat aufgekündigt habe.[42]

Damit hatte die Propaganda der USA ihre erhoffte Wirkung erreicht und den Weg für die Ablösung Europas als Nabel der Welt freigemacht. Es kam, wie es kommen mußte: Schlagartig wurde infolge des ›Lusitania‹-Zwischenfalls, der 120 amerikanische Passagiere das Leben kostete – ein stillschweigend in Kauf genommenes ›politisches‹ Opfer –, der Eintritt der Vereinigten Staaten in den Ersten Weltkrieg innenpolitisch durchsetzbar.[43] 1917 trat Amerika in die Kampfhandlungen ein. »Während das Motiv für den weltfremden Moralisten [US-Präsident Thomas Woodrow] WILSON zur Beteiligung am Kriege hauptsächlich ideeller Natur gewesen ist, nämlich ›Die Welt für die Demokratie sicher zu ma-

[42] Manfred HÖFT, ebenda.

[43] Nachdem der deutsche Botschafter in Washington 1915 (gezielt) Kenntnis davon erlangt hatte, daß von US-Stellen – mit Amerika befand sich das Reich nicht im Krieg – völkerrechtswidrig Kriegsmaterial beigeladen worden war, warnte er die Regierung in Washington davor, das britische Fahrgastschiff mit seinen 1959 Passagieren und der illegalen Beiladung nach Großbritannien auslaufen zu lassen. Da die Warnung nicht beachtet wurde, erhielt U-20 den Befehl, den britischen Dampfer vor der irischen Küste zu torpedieren. Dabei wurde die ›Lusitania‹ schwer beschädigt und sank mit 1198 der eingeschifften Passagiere (darunter 120 US-Amerikaner). Nach BEMIS gab es »eine zweite Explosion«, deren Ursache noch ungeklärt ist. Interessant ist, daß die ›Lusitania‹ neben den britischen und US-amerikanischen Passagieren – wie BEMIS spezifiziert – »Senfgas und Schießbaumwolle« an Bord genommen hatte. Von dieser Kombination müssen sich die Initiatoren der illegalen Beiladung eine besonders überzeugende Wirkung für die heimische Propaganda versprochen haben. Nach einer anderen Meldung soll die Beiladung jedoch nicht explodiert und noch im Rumpf des auf dem Meeresgrund liegenden Wracks vorhanden sein. Die Spezifizierung der Beiladung ist ein neues Detail, das BEMIS zur Diskussion über die ›Lusitania‹-Hintergründe beisteuert. Wie im Sommer 2000 der Boulevardpresse zu entnehmen war, will der US-amerikanische Geschäftsmann F. BEMIS (71) das Heck der 30.400 BRT verdrängenden ›Lusitania‹ mit einem ferngesteuerten U-Boot entdeckt haben.

chen‹, . . . [ist] es den maßgeblichen wirtschaftlichen und politischen Strategen in Washington . . . in Wahrheit um etwas ganz anderes gegangen.«[44]

Hinzu kam, daß die USA noch unmittelbar vor ihrem Eintritt in den Krieg in einer wirtschaftlichen Rezession steckten, die sich zu einer großen Krise auszuwachsen drohte. Der von den ›Insidern‹ betriebene Krieg in Europa bescherte der amerikanischen Wirtschaft – der Schwer- und chemischen Industrie und speziell den Werften und der Rüstungsindustrie sowie auch der Nahrungsmittelindustrie – einen ungeheuren Nachfrageschub. Als Folge einer Verdoppelung der Nahrungsmittellieferungen nach Frankreich (von 1914 bis 1918 insgesamt 8,42 Mio. Tonnen) verdreifachte sich beispielsweise der Getreidepreis. Der US-Exportüberschuß verdoppelte sich von Kriegsjahr zu Kriegsjahr. Als dafür die Gold- und Devisenreserven der westeuropäischen Gegner Deutschlands nicht mehr ausreichten, bedurfte es umfangreicher amerikanischer Kredite.

Dies war die Stunde des Ostküsten-Kapitalkollektivs. Nach heftigen Auseinandersetzungen um die Vorherrschaft unter verschiedenen Konkurrenten gelang es dem Bankhaus J. P. Morgan, das Kreditgeschäft unter seine Kontrolle zu bringen und dadurch zum größten Finanzkonzern der Welt aufzusteigen. Dabei sind von diesem Bankimperium derart hohe Risiken eingegangen worden, daß es nicht nur sich selbst, sondern die gesamte Wirtschaft der westlichen Allianz in den Ruin treiben mußte, wenn diese den Krieg nicht gewinnen und Deutschland mit Reparationsleistungen nicht würde belegen können.[45] Der Eintritt der USA in den Ersten Weltkrieg mußte deshalb ungeachtet großer Widerstände – insbesondere auch seitens der Deutschamerikaner (s. Fr. I, S. 171) – innenpolitisch durchgesetzt werden. Und das nicht nur für den Fall, daß die westeuropäischen Alliierten ohne die Hilfe der USA zu schwach waren, die Mittelmächte zu besiegen. Den USA beziehungsweise ihren ›Insidern‹ lag nämlich »daran, durch ein nicht zu frühes, aber auch nicht zu spätes Eingreifen in das Kriegsgeschehen zu vereiteln, daß Großbritannien als See- und Handelsmacht zu bedeutend wird. Mit anderen Worten: Die USA fürchteten, daß im Falle eines Alleinsieges der europäischen Westmächte ohne Beteiligung Nordamerikas die ›Freiheit der Meere‹ gefährdet sei und damit die Wirtschaftsinteressen der USA«.

---

[44] Sisley HUDDLESTONE, *In my time,* New York 1937/1938, nach Hugo FISCHER, *Pershing II kapituliert vor Jericho,* Aachen 1983, S. 45 f.

[45] Karlheinz DESCHNER, aaO. (Anm. 18), S. 170–186.

Das auf den europäischen Kriegsschauplatz entsandte amerikanische Expeditionskorps unter General John L. PERSHING, das etwa 1,7 Millionen Soldaten umfaßte, sollte sofort eingreifen, falls sich ein Sieg der Mittelmächte abzeichnen würde. Obwohl dieser Fall nach der US-Landung in Frankreich immer unwahrscheinlicher wurde, wartete PERSHING mit seiner Armee auf Anweisung von Präsident WILSON ein Jahr lang an der französischen Küste ab, ohne ins Kriegsgeschehen einzugreifen. Das Mißtrauen der Vereinigten Staaten gegenüber Großbritannien belegt der hier zitierte HUDDLESTONE u.a. mit Aussagen mehrerer US-Diplomaten jener Zeit, darunter Botschafter und Präsidentenberater.[46]

[46] Sisley HUDDLESTONE, aaO. (Anm. 44).

Das Versailler Diktat – made by USA

Joe KENNEDY (Vater des späteren US-Präsidenten JFK), während des Zweiten Weltkrieges amerikanischer Botschafter in London, erstattete am 30. September 1939 US-Präsident ROOSEVELT einen Bericht über die Lage Großbritanniens und die englische Deutschlandpolitik aus US-amerikanischer Sicht. Darin führt er unter anderem aus:

»... Ich nahm die Ausgaben der *Times* vom 5. August 1914 vor und verglich sie mit jener vom 4. September 1939, und sie sind praktisch identisch, abgesehen von dem Ersatz des Wortes ›Nazi‹ für ›Junker‹. Ungeachtet des entsetzlich furchtbaren Verhaltens der Nazis ist es sicher Tatsache, daß die Engländer nicht gegen HITLER, sondern gegen die Deutschen kämpfen, gerade so, wie sie vor fünfundzwanzig Jahren gegen sie kämpften, weil fünfundvierzig Millionen Briten, die die größte, weitestausgedehnte Seemacht der Welt kontrollieren, und achtzig Millionen Deutsche, die das Kontinentaleuropa beherrschen, nicht gelernt haben, miteinander in Frieden zu leben.« (s. Fr. I, S. 58)

Mit solchen Langzeitperspektiven gelang es den angloamerikanischen Wirtschaftskreisen aus einsichtigen imperialistischen Gründen, ihre Allianzen gegen das Deutsche Reich sowohl für den Ersten Weltkrieg als auch für seine Fortsetzung 1939 zusammenzubringen. Auf britischer Seite hat Winston CHURCHILL bereits vor dem Ersten Weltkrieg propagandistisch sein Lebenswerk, die Zerstörung des Deutschen Reiches, betrieben. Frankreichs Motive, sich diesem Kurs anzuschließen, erklären sich aus dem bis in die Gegenwart beanspruchten europäischen Führungsanspruch. Dem ›Erbfeind‹ Deutschland gegenüber kam noch das Ziel hinzu, ihm schrittweise Gebietsteile im Westen seines Territoriums abzunehmen (s. Fr. I, S. 24).

Aus diesen Motiven hatte sich Frankreich schon am Dreißigjährigen Krieg 1618–1648 beteiligt, der jeden dritten Deutschen das Leben kostete.[47] Wegen der in ständiger Zersplitterung gehaltenen und politisch nur lose, später von Wien aus unter den Habsburgern zusammengehaltenen deutschen Ländereien funktionierte die französische Expansionspolitik seit dem Mittelalter mehr oder weniger reibungslos. Ihren Höhepunkt erreichte sie unter NAPO-

[47] Markus FIEDERLING, »Dem Fenstersturz folgen 30 Jahre Schrecken – Jeder dritte Deutsche stirbt im Dreißigjährigen Krieg – Reformierte gleichgestellt – Kaiser geschwächt«, in *Die Welt*, 7. 8. 1999.

LEON I., der Frankreichs Herrschaft auf Italien und Spanien und 1812 sogar kurzfristig bis nach Rußland (Moskau) auszudehnen vermochte.

Die Abschüttelung der französischen Fremdherrschaft in den Befreiungskriegen (1812–1813) und noch mehr die 1870 erlittene Niederlage mit der Reichsgründung in ihrem Gefolge (1871, allerdings nur als ›kleindeutsche Lösung‹ ohne Österreich) hatte Frankreich den Deutschen nie verziehen. In gewissen Kreisen saß das noch nach 80 Jahren so tief, daß die Lehrkraft einer der Pariser Sorbonne angeschlossenen Sprachschule für Ausländer dem Verfasser gegenüber 1952 unverhohlen die Auffassung vertrat, es gebe überhaupt kein Deutschland, sondern nur deutsche Stämme. Wenn diese sich (zu einem Einheitsstaat) ›zusammenrotten‹, sei das für Frankreich ein Kriegsgrund. Aus dieser Sicht erklärt sich die zehn Jahre später von Präsident Charles DE GAULLE vor dem französischen Kabinett – und nicht etwa im Wahlkampf abgegebene – Verlautbarung, die von allen seinen Nachfolgern bislang unwiderrufen geblieben ist:

»Für Frankreich ist Europa das Mittel, um wieder das zu werden, was es seit Waterloo zu sein aufgegeben hat: die erste Weltmacht.« (s. Fr. I, S. 119)

Wohlgemerkt: Solche Ziele einer der großen europäischen Mächte stehen weiterhin im Raum und damit jeder EU-Konzeption entgegen, die nicht nur der Niederhaltung Deutschlands dient.

Als Rechtfertigung solcher Traumvisionen – auch die britische Politik der ›Balance of Power‹ gehört hierher – dient nach wie vor die moralische Krücke einer deutschen Alleinschuld am Ausbruch beider Weltkriege. Dafür ist man jenseits des Rheins – allerdings weniger leidenschaftlich als jenseits des Ärmelkanals – auch bereit, sich den USA als NATO-Satellit unterzuordnen, etwa auf dem Balkan. Bei der jüngsten Afghanistan-Intervention des Westens handelte es sich sogar um eine anglo-amerikanische Gemeinschaftsoperation, in die Deutschland mit 3900 Mann hineingezogen wurde (s. S. 283).

Vor dem Ersten Weltkrieg ist es dem britischen Empire im Bunde mit den USA und Frankreich gelungen, eine große Allianz gegen das Deutsche Reich zusammenzubringen und es in einem vier Jahre währenden Ringen zu besiegen. Die Niederlage der Mittelmächte wurde 1919/1920 mit den Pariser Vorortverträgen, die deutsche mit dem demütigenden Friedensdiktat von Versailles (1919) besiegelt. Dieses verurteilte Deutschland zur Abtretung großer ganz oder mehrheitlich deutsch besiedelter Teile seines

Territoriums, zu astronomischen Reparationsverpflichtungen in Höhe von 123 Milliarden Goldmark und zur Preisgabe seiner Verteidigungsfähigkeit (zugestanden wurden nur leicht bewaffnete Streitkräfte in einer Stärke von 100 000 Mann). Die moralische Rechtfertigung dafür bot die in Artikel 231 des ›Vertrages‹ festgeschriebene alleinige Kriegsschuld des Besiegten.

Gerade sie wurde jedoch schon vier Jahre nach Unterzeichnung des Vertrages unter anderem von dem US-Senator Robert L. Owen in einer Rede vom 18. Dezember 1923 vor dem Senat in Frage gestellt:

»Die Berichte und Protokolle, auf die ich die Aufmerksamkeit des Senats gelenkt habe, ergeben offensichtlich, daß die deutschen militärischen Herrscher den Krieg nicht gewollt (haben), daß sie versucht haben, ihn zu vermeiden, und daß sie zum Krieg geschritten sind nur aus der Überzeugung, daß die dauernde Mobilisationen (Mobilmachung) in Rußland und Frankreich die Entschlossenheit dieser Länder zum Krieg bedeuteten und heimlich als eine Kriegserklärung seitens Rußlands und Frankreichs gegen Deutschland gemeint waren.«

Die zitierte Quelle bezieht sich auf eine deutsche Veröffentlichung, die unter dem Titel *Reden über die Kriegsschuldfrage, mit*

Abbildung 7: Die Versailler Friedenskonferenz. Clemenceau mit dem hängenden Schnauzer sitzt rechts im Bild neben Lloyd George, dessen Blick an die Decke gerichtet ist. Wilson, der nachdenklich blickende Mann, befindet sich zu seiner Linken. Das Diktat schrieb genau das fest, was Wilson in seinen Prinzipien nicht gewollt hatte. Der französische Standpunkt bzw. Revanchegedanke setzte sich durch.

Dokumenten, bereits 1925 erschien. Der Historiker Arthur ROSENBERG (Jahrgang 1889, Schüler von Eduard MEYER) schreibt dazu in seinem Werk über die »Entstehung der Weimarer Republik« 1928 (Nachdruck 1961): »WILHELM II., seine Reichskanzler von Leo Graf VON CAPRIVI bis Theobald VON BETHMANN HOLLWEG und seine nähere Umgebung haben niemals den Krieg gewollt. Aber sie haben Deutschland durch ungeheuere Fehler... in die Situation hineinmanövriert, die zum Juli 1914 führte.«

Auch der britische Premier LLOYD GEORGE kam der Wahrheit näher, als er 1920 die Auffassung vertrat, daß die »an der Spitze der Geschäfte Stehenden« in den Krieg »hineinschlitterten, oder vielmehr stolperten und strauchelten... Englands Mitschuld am Weltkrieg« sei durch eine »Prüfung der amtlichen Veröffentlichungen, besonders der englischen Aktenstücke,« frühzeitig nachgewiesen worden. Schließlich hat der Versailler Vertrag, der die Handschrift des greisen französischen Ministerpräsidenten Georges CLEMENCEAU trägt, nicht nur das Reich unangemessen belastet, sondern auch in anderen Ländern zu einer derartigen Destabilisierung der Lage geführt, daß bereits 1920 von einem unabhängigen Beobachter der ›Friedenskonferenz‹ in einer umfangreichen Veröffentlichung darlegt werden konnte, daß infolge der Pariser Vorortverträge ein weiterer Weltkrieg vor der Tür stand;[48] der Erste Weltkrieg war eben nur der Erste Akt eines neuerlichen Dreißigjährigen Krieges gegen Deutschland (s. hierzu John MAJOR, Fr. I., S. 114. Auch Winston CHURCHILL bekannte in einem Brief vom 20. Februar 1944 an STALIN freimütig: »Ich betrachte diesen Krieg gegen die deutsche Aggression als Ganzes und als einen 30jährigen Krieg von 1914 an.«[49]

Die USA beteiligten sich an der Ausformulierung der Bedingungen des Versailler Diktats überaus aktiv. Präsident Thomas Woodrow WILSON (1913–1921) nahm selbst an der Pariser Friedenskonferenz teil. Dort bemühte er sich nach Kräften um die Errichtung eines Völkerbundes. Allerdings gab er meist dem Drängen der Franzosen nach einem Gewaltfrieden nach. Am Ende umfaßte der Versailler Vertrag 440 Artikel in 15 Teilen. Die einzelnen Forderungen reihten sich schlecht geordnet aneinander. »Der Aufbau ist so unübersichtlich«, stellt ein zeitgenössischer Beobachter

---

[48] Jürgen BAETZNER, Leserzuschrift, in der auf umfangreiches Quellenmaterial hingewiesen wird, in *General-Anzeiger* (Bonn), 12. 12. 1998.

[49] H.W., »Der 30jährige Krieg des 20. Jahrhunderts«, in *Die Pommersche Zeitung,* 30. 4. 1988.

fest, »daß der Gedanke naheliegt, nicht nur in der Häufung der Forderungen, Drohungen und Strafen, sondern auch in der mangelhaften Klarheit stecke ein Hintergedanke, nämlich die Absicht, dem Vertragsinhalt jede gewünschte Auslegung zu geben.«[50] Der amerikanische Senat lehnte den Versailler Vertrag einschließlich der Völkerbundsakte ab.

Diese Ablehnung war politisch begründet und ließ die Frage offen, wie die von dem US-Bankenimperium den Briten, Franzosen und Italienern gewährten Kriegsdarlehen getilgt werden sollten. Die Bilanzen der Kreditgeber waren insofern geschönt, als ihre Ausgeglichenheit auf der Fiktion beruhte, die Kreditnehmer würden ihre Kriegsschulden mit den dem besiegten Deutschland auferlegten Reparationen zurückzahlen können. In den Hinterzimmern von Versailles hatten Vertreter der US-Finanzoligarchie unter Führung des Bankhauses J. P. Morgan zusammen mit den Bankern ihrer europäischen Kreditnehmer ausgerechnet, welche Summen innerhalb einer festgelegten Laufzeit dem Deutschen Reich dafür abzuverlangen seien. Natürlich war auch das mächtige ROTHSCHILD-Bankenimperium mit von der Partie.[51]

Jedoch blieben bei dieser Milchmädchenrechnung zentrale weltwirtschaftliche Fragen wie etwa die deutsche Leistungsfähigkeit unberücksichtigt. Die Versailler Bedingungen, die Deutschland nicht nur demütigten, sondern schlechterdings unerfüllbar waren, veranlaßten den britischen Außenminister Lord George CURZON zu dem Urteil, der Vertrag »sei kein Friedensvertrag. Er ist einfach eine Unterbrechung der Feindhandlungen«. Und der britische Premier David LLOYD GEORGE führte unumwunden aus:

»Wir haben ein schriftliches Dokument, das uns Krieg in 20 Jahren garantiert. Wenn Sie einem Volk Bedingungen auferlegen, die es unmöglich erfüllen kann, dann zwingen Sie es dazu, entweder den Vertrag zu brechen oder Krieg zu führen.«[52]

---

[50] Albert STRÖHLE, *Der Vertrag von Versailles und seine Wirkungen für unser deutsches Vaterland,* Selbstverlag, Stuttgart 1921, S. 6.

[51] Mansur KHAN, *Die geheime Geschichte der amerikanischen Kriege. Verschwörung und Krieg in der US-Außenpolitik,* Tübingen 1998, S. 132.

[52] Ebenda, S. 137.

[53] In einer *ARD-Report*-Sendung vom 26. 2. 2000 wurden Teile des Lehrinhalts der Waldorf-Schulen angegriffen, weil in der Sendung gezeigte Beispiele aus Schulheften (keinen Schulbüchern) unterer Klassen nach Auffassung interviewter Mütter nicht den heute vorgegebenen multikulturellen Vorstellungen entsprachen.

Aus deutscher Sicht charakterisierte 1919 der als Begründer der Anthroposophie und der Waldorf-Schulen[53] bekannte Rudolf STEINER (1861–1925) das Versailler Diktat mit den Worten:

»Die führenden Persönlichkeiten arbeiten an der Zerstörung Europas; die führenden Persönlichkeiten ersinnen als ein Stück ›Friedenswerkes‹ etwas, aus dem Maßnahmen hergeleitet werden, welche zu der wirtschaftlichen Zerstörung die völlige seelische Selbstvernichtung des deutschen Volkes herbeiführen sollen.«[54]

Möglicherweise kannte der politisch hellwache STEINER den 1915 (also mitten im Krieg) in Deutschland veröffentlichten Plan zur Zerstörung Europas, für den der 1894 von Posen nach Berlin übersiedelte und dort in der zionistischen Bewegung tätige Mitbegründer des World Jewish Congress (1932), Nahum GOLDMANN, verantwortlich zeichnete, der später zum Präsidenten der zionistischen Weltorganisation (1956) aufsteigen sollte:

»Man kann den Sinn und die historische Mission unserer Zeit in einem zusammenfassen: Ihre Aufgabe ist es, die Kulturmenschheit neu zu ordnen, an die Stelle des bisher herrschenden gesellschaftlichen Systems ein neues zu setzen. . . Alle Um- und Neuordnung besteht nun in zweierlei: in der Zerstörung der alten Ordnung – und dem Neuaufbau der neuen. Zunächst müssen alle Grenzpfähle, Ordnungsschranken und Etikettierungen des bisherigen Systems beseitigt und alle Elemente des Systems, die neu geordnet werden sollen, als solche, gleichwertig untereinander auseinandergelegt werden. Sodann erst kann das zweite, die Neuordnung dieser Elemente, begonnen werden. So besteht denn die erste Aufgabe unserer Zeit in der Zerstörung: Alle sozialen Schichtungen und gesellschaftlichen Formungen, die das alte System geschaffen hat, müssen vernichtet, die einzelnen Menschen müssen aus ihren angestammten Milieus herausgerissen werden; keine Tradition darf mehr als heilig gelten; das Alter gilt nur als Zeichen der Krankheit; die Parole heißt: Was war, muß weg. Die Kräfte, die diese negative Aufgabe unserer Zeit ausführen, sind: auf dem wirtschaftlich-sozialen Gebiet der Kapitalismus, auf dem politisch-geistigen die Demokratie. Wieviel sie bereits geleistet haben, wissen wir alle; aber wir wissen auch, daß ihr Werk noch nicht ganz vollbracht ist. Noch kämpft der Kapitalismus gegen die Formen der alten, traditionellen Wirtschaft, noch führt die Demokratie einen heißen Kampf gegen alle Kräfte der Reaktion. Vollenden wird das Werk der militaristische Geist. Sein Uniformierungsprinzip

[54] *Stimme des Gewissens* (LSI), Nr. 3/98.

wird die negative Aufgabe der Zeit restlos durchführen; wenn erst alle Glieder unseres Kulturkreises als Soldaten unseres Kultursystems uniformiert sind, ist die erste Aufgabe gelöst. Dann aber erhebt sich die andere größere und schwierigere Aufgabe: der Aufbau der neuen Ordnung. Die Glieder, die nun aus ihren alten Verwurzelungen und Schichtungen herausgerissen sind und ungeordnet, anarchistisch herumliegen, müssen zu neuen Formungen und Kategorien geschlossen werden... ein neues pyramidales, hierarchisches System muß errichtet werden.«[55 u. 56]

Das Diktat von Versailles und die anderen auf die mitteleuropäische Neuordnung bezogenen Pariser Vorortverträge von 1919/1920 entsprechen genau der Konzeption des sogenannten GOLDMANN-Plans (s. hierzu S. 77, Congrès maçonnique international du Centenaire von 1889), der natürlich nicht von seinem Schöpfer allein entworfen wurde. Sie haben die Zerstörung des Abendlandes mit seinen gewachsenen Kulturen und Strukturen zugunsten einer »neuen Ordnung« sowie eines neuen »pyramidalen, hierarchischen Systems« eingeleitet.

Auch in der darauffolgenden Zeitspanne von der Finanzierung der russischen Revolution über die ›Machtergreifung‹ Adolf HITLERS bis hin zur Aufstachelung der westlichen Kriegsalliierten, im Zweiten Weltkrieg Seite an Seite mit dem Weltkommunismus selbstzerstörerisch das Deutsche Reich zu zerschlagen, finden sich diese ›Insider‹-Konzeptionen wieder. Konsequent wird der verbliebene Deutschlandtorso bis in die Gegenwart hinein militärisch besetzt, damit sein Niedergang unter Kontrolle gehalten werden kann. So wird sichergestellt, daß dem deutschen Volk schrittweise seine nationale, ethnische und kulturelle Identität verlorengeht oder, richtiger gesagt, genommen und Deutschland plangemäß über die Preisgabe seiner Währung in der EU aufgelöst wird. Die nächsten Schritte sind absehbar: Wenn das ›Herz‹ Westeuropas nicht mehr schlägt, sollen und werden auch seine Einzelglieder – sozioökonomisch wie ethnisch-kulturell längst globalisiert – absterben.

Allerdings. Ohne ›willige Helfer‹ innerhalb Deutschlands und bei den tonangebenden westeuropäischen Bündnispartnerm wäre die so betriebene Beschleunigung des »Untergangs des Abendlandes« (Oswald SPENGLER) nicht möglich. Nicht nur in Deutschland, sondern auch jenseits von Rhein und Ärmelkanal sowie in

---

[55] Nahum GOLDMANN, *Der Geist des Militarismus*, Stuttgart–Berlin 1915, S. 37 f.

[56] *Stimme des Gewissens*, aaO. (Anm. 54).

den übrigen EU-Mitgliedsländern sind die ›Insider‹-kontrollierten Medien so einflußreich, daß viele Menschen hier und dort immer noch nicht erfassen, welches Spiel in der Regel nicht direkt, sondern von ›Insider‹-Kollaborateuren mit ihnen, ihrer Zukunft und ihrer Identität gespielt wird, und dies zunehmend unverfrorener.

Nur ein Beispiel: Als Anfang des Jahres 2000 in Österreich eine Regierung aus ÖVP und Freiheitlichen (FPÖ) zustande kam, war die verordnete Aufregung groß. Prompt wurde die Alpenrepublik wegen der Regierungsbeteiligung der als politisch unkorrekt empfundenen FPÖ von allen übrigen EU-Mitgliedstaaten isoliert und außenpolitisch geächtet. Das läßt erahnen, was die 14 dafür verantwortlichen EU-Regierungen unter jener ›Freiheit‹ verstehen, die sie ansonsten ikonengleich vor sich hertragen. Und das alles, während gleichzeitig niemand an der Zusammenarbeit mit kommunistischen Parteien (in Deutschland in Sachsen-Anhalt, Berlin und Mecklenburg-Vorpommern mit der SED-Nachfolgepartei PDS) oder an der Hofierung Fidel CASTROS Anstoß nimmt, der vom spanischen König in Havanna aufgesucht und von Bundeskanzler SCHRÖDER zur Weltausstellung nach Hannover eingeladen wurde.

Momentaufnahmen wie diese sind freilich nur Teilaspekte einer viel umfassenderen Krise der bundesdeutschen ›Bimbes-Republik‹, in der die Demokratie längst zu einem Scheinprinzip verkommen ist. Die Umsetzung des bald 100 Jahre alten GOLDMANN-Plans zur Zerstörung der alten Ordnung schreitet mit Siebenmeilenstiefeln voran, um an die Stelle des bisher herrschenden gesellschaftlichen Systems ein neues zu setzen.

Der erste Teil des GOLDMANN-Konzepts – die Zerstörung der bestehenden Ordnung – mit seinen unten noch näher ausgeführten Strategieanweisungen findet nach dem Maastricht-Vertrag und der dort festgelegten Osterweiterung der EU seine Krönung, denn damit ist nicht nur die faktische Auflösung Deutschlands, sondern Westeuropas überhaupt beschlossene Sache. Selbst wenn es Nahum GOLDMANN und seinen als Reprint vorliegenden Essay vom Jahre 1915 nicht gäbe, bleiben alle hier erwähnten Schritte hinsichtlich ihrer Konsequenz und Logik ohne einen Generalplan (›Masterplan‹) unerklärlich.

Daß diese Kampfansage mehr ist als eine Kampfansage des religiös fundierten Judentums an die Christenheit, beweisen die zahlreichen Aussöhnungsbemühungen nicht nur der herangewachsenen Generation auf beiden Seiten. Hingewiesen sei an dieser Stelle nur auf die »Anwältin der Stummen«, Freda UTLEY (s. S. 103). Allerdings wird dieser Aussöhnungsprozeß immer wieder von

Störmanövern durchkreuzt, als deren Urheber sich häufig fanatische Zionisten ausmachen lassen. Die *Frankfurter Allgemeine Zeitung (FAZ)* etwa zitierte in ihrer Ausgabe vom 13. März 1994 die Äußerung eines Rabbi Schneur SALMAN:

»Die Seelen der Goijim sind von ganz anderer, minderer Art. Alle Juden sind von Natur gut, alle Goijim von Natur böse. Die Juden sind die Krone der Schöpfung, die Goijim ihr Abschaum.«[57]

Gesetzt den Fall, es handelt sich bei solchen Auslassungen nicht um eine böswillige Unterstellung - was bei der *FAZ* nicht anzunehmen ist: Was soll man von solchen Feststellungen halten? Pure Provokation?

Tatsache bleibt, daß in der Politik nichts zufällig geschieht. Das gilt auch für das auf diesen Seiten beschriebene Zeitgeschehen. Die Annahme eines ›Generalplans‹ macht vieles schlüssiger und läßt Zusammenhänge erkennen, die ansonsten unbeachtet blieben. Die Umsetzung dieses Plans wird auch dadurch nicht in Frage gestellt, daß gelegentlich Initiativen zur Erreichung von Teilzielen auf der Strecke bleiben. Das ist zum Beispiel beim sogenannten »Multilateralen Abkommen für Investitionen« (MAI) der Fall. Dieses sah für Investitionen, für den Transfer von Fach- und Führungskräften (auch ohne die ›Green card‹ des Bundeskanzlers!) sowie von Waren und Dienstleistungen globale Freizügigkeit vor, was gewissermaßen auf eine Meistbegünstigung nicht nur anderer Länder, sondern jedes ausländischen Investors überhaupt hinausgelaufen wäre. Die Folge wäre eine faktische Gleichstellung beliebiger Wirtschaftsstandorte rund um den Globus gewesen, mit der Konsequenz, daß der Investor die Wettbewerbsbedingungen und den Vergleichsmaßstab vorgegeben hätte, unbehindert durch nationale Standards, Schutzzölle usw. Inzwischen ist es um das MAI und seine Verabschiedung wieder recht still geworden. Die Monatszeitung *Neue Solidarität* geht davon aus, daß es sich beim MAI wohl um einen »provokatorischen Versuchsballon« gehandelt habe, um die Reaktionen auf die »Globalisierung und Beseitigung jeglicher staatlicher Souveränität« zu testen.[58] Allerdings läßt das Konzept auch erkennen, in welche Richtung der Globalisierungszug fährt - GOLDMANN läßt grüßen.

Noch einmal zurück zum Diktat von Versailles. Der französische Staatspräsident CLEMENCEAU hatte damals (1919) vor Offizieren der Militärakademie Saint-Cyr gesagt: »Dieser Friede garan-

[57] *Notizen (18)*, Winterthur, 31. 7. 1999.

[58] *Neue Solidarität*, »Was wurde aus MAI?«, Ausgabe vom 16. 2. 2000.

tiert Ihnen Jahre voller Zusammenstöße.« Für LENIN war Versailles ein »Frieden von Wucherern und Würgern, ein Frieden von Schlächtern«. Auch der italienische Ministerpräsident Francesco NITTI erhob 1923 den Vorwurf, daß dieses Diktat »darauf ausging, Deutschland zu erwürgen und zu zerstückeln«.[59]

Die ›Reparationspolitik‹, die 1919 ihren Anfang nahm, verlangte vom Deutschen Reich unter anderem die Begleichung einer Schuld von 138 Milliarden Goldmark. Diese Summe war in Jahresraten von zwei Milliarden Goldmark zuzüglich von 26 Prozent der deutschen Exporterlöse zu tilgen. Da die Reichsregierung ab 1933 alle Folgelasten aus dem Versailler Diktat abwehrte, hat die Bundesrepublik Deutschland in der Rechtsnachfolge des Reiches diese Schulden übernehmen müssen und seit der Teilvereinigung vom 3. Oktober 1990 wieder Zahlungen geleistet.

Wie das Bundesministerium der Finanzen nach einer Quelle vom 11. Februar 2000 auf Anfrage mitteilte, wurden bislang an Zinsen DM 6,9 Milliarden und für die Tilgung rund DM 3,3 Milliarden gezahlt. Der bundesdeutsche Steuerzahler muß also immer noch für Versailles an die ›Befreier‹ und zwischenzeitlich ›befreundeten Bündnispartner‹ Reparationen vom Jahre 1919 abführen. Eigenartig ist dabei schon die Tatsache, daß die Bundesregierung diesen Sachverhalt nicht öffentlich kundtut; erst recht unverständlich ist es, wie auf dem Fundament einer derartigen Erblast ein Europa freier und souveräner Nationen geschaffen werden soll.[60] Viel wichtiger, als Ex-Bundeskanzler Helmut KOHL nach den Quellen seiner ›schwarzen Kassen‹ zu fragen, wäre es, ihn über diese Reparationsleistungen auszuquetschen. Deutschlandpolitisch hat KOHL ungeheure Schuld auf sich geladen – und ist dabei selbst nicht zu kurz gekommen.

Frankreich konnte in Versailles durchsetzen, daß seine gegen Deutschland geltend gemachten Reparatiosansprüche in Gold beglichen werden müßten. Da das Deutsche Reich dieses Gold nicht aus eigenen Exporterlösen aufbringen konnte, mußte es sich dafür bei den USA verschulden. Der gegen den hartnäckigen Widerstand der Franzosen 1924 durchgesetzte DAWES-Plan[61] und sein

[59] Peter FISCHER, »Und ewig fließen die Gelder – Seit 1990 werden wieder Schulden aus dem Versailler Diktat beglichen«, in *Das Ostpreußenblatt*, 26. 2. 2000.

[60] Ebenda.

[61] Der DAWES-Plan sah Zahlungen von jährlich 2,4 Mrd. Goldmark vor und scheiterte an den Transferschwierigkeiten.

Nachfolger, der YOUNG-Plan[62] (1930), hatten nicht dazu geführt, daß die ›Umleitung‹ der dem Reich gewährten US-Investitionskredite über Frankreich merklich heruntergefahren werden konnte. Der US-Wirtschaft gelang es deshalb nicht, Deutschland für amerikanische Erzeugnisse in gewünschtem Maße aufnahmefähig zu machen, was mit den Krediten beabsichtigt war. Infolgedessen kam auch kein beschäftigungspolitisch relevanter Handel mit dem Reich zustande. Während der großen Depression wäre ein solcher Austausch dringend vonnöten gewesen. Es wird noch zu zeigen sein, daß amerikanischen Bankenkreisen (nicht der Regierung WILSON) deshalb daran gelegen war, auf dem Wege einer internationalen Finanzierung von der ›Machtergreifung‹ HITLERS u. a. Frankreich zur Räson zu bringen.

HITLERS ›Machtergreifung‹ – international finanziert?

Im Rahmen der etablierten Geschichtsschreibung, die sich der alliierten Nachkriegs-Umerziehung verdankt, wird gemeinhin ausgeblendet, daß Adolf HITLERS ›Machtergreifung‹ von 1923 bis 1933 unter Führung US-amerikanischer Finanzkreise aus dem Lager der späteren Kriegsgegner Deutschlands international finanziert worden ist. Langfristiges Ziel war es dabei, nicht nur Deutschland zu zerschlagen und schließlich aufzulösen, sondern letztlich ganz Europa zu vasallisieren. Ersteres wurde im Band I anhand dort zitierter Veröffentlichungen der US-Historiker Charles C. TANSILL (s. Fr. I, S. 40) und Jakob CHAITKIN (s. Fr. I, S. 78) belegt.

Auch der US-Autor F. William ENGDAHL widmet im sechsten Kapitel seines Buches *Mit der Ölwaffe zur Weltmacht – Der Weg zur neuen Weltordnung* unter der Überschrift »Britisch-amerikanischer Schulterschluß« ganze elf Seiten dem »Projekt Hitler«, d. h. der Finanzierung seiner ›Machtergreifung‹ seitens internationaler Finanzkreise, die ENGDAHL in seinem Werk ausführlich nennt.[63] Auf ENGDAHLS Buch wird später noch einzugehen sein.

Tatsache ist: Die Initiative, seine Bewegung und ihren Aufstieg zur unumschränkten Macht in Deutschland von ausländischen Finanziers sponsern zu lassen, ging nicht von HITLER selbst aus, der geopolitisch völlig unerfahren war. Vielmehr wurde diese In-

---

[62] Der YOUNG-Plan sah vor, die Zahlungen der Kriegsreparationen 40 Jahre lang aufrechtzuerhalten.

[63] F. William ENGDAHL, *Mit der Ölwaffe zur Weltmacht*, Böttiger, Wiesbaden [3]1997, S. 120 ff.

itiative von transatlantischen Finanzkreisen ergriffen, was Sidney WARBURG in seinem Bericht aus dem Jahre 1933 über seine von 1928 bis 1933 geführten »Drei Gespräche mit HITLER« schildert. Wie in den meisten vergleichbaren Fällen, wenn etwas nicht dem volkspädagogisch gewünschten Geschichtsbild (Golo MANN) entspricht, so wird die Echtheit auch dieser lange verschollenen Aufzeichnung angezweifelt.

Allerdings: Auch den Nationalsozialisten lag aus gutem Grund daran, daß der in der Aufzeichnung festgehaltene Sachverhalt von des »Sängers Höflichkeit« verschwiegen wird.[64] Der Verfasser dieser Zeilen hält den Bericht des amerikanischen Bankiers jedoch schon allein wegen des dort erwähnten US-Presseechos für so interessant, daß das Wesentliche seines Inhalts hier nicht unterschlagen werden soll. Im übrigen wurde die Tatsache der Finanzierung der ›Machtergreifung‹ Adolf HITLERS aus dem Ausland unter amerikanischer Federführung vom erwähnten Charles C. TANSILL bereits 1956 in seinem in deutscher Übersetzung erschienenen Werk *Hintertür zum Kriege*[65] (Originaltitel: *Back Door to War*) unter Verwendung einer Fülle historischer Quellen zweifelsfrei nachgewiesen. Der ›Wiederentdeckung‹ eines zwischenzeitlich angefertigten historischen ›Romans‹ hätte es dazu nicht bedurft.

Dem Vorwort des auch in deutscher Sprache vorliegenden Berichtes ist zu entnehmen, daß der niederländische Verlag, der das Dokument 1933 veröffentlicht hatte, durch einen im Auftrag der WARBURG-Familie handelnden Amsterdamer Rechtsanwalt gezwungen worden sei, den Text aus dem Verkehr zu ziehen. Auch den Nationalsozialisten habe daran gelegen, das Buch verschwinden zu lassen.[66] Nach seiner Wiederentdeckung wurde es 1994 aus dem Niederländischen ins Deutsche übersetzt. In den einleitenden Bemerkungen des Übersetzers des englischen Originals ins Niederländische (also aus der Sicht des Jahres 1933) wird Sidney WARBURG als deutschsprechender »Sohn des größten Bankiers in den Vereinigten Staaten, Anteilhaber des Bankhauses Kuhn, Loeb & Cy., New York« bezeichnet (Bei KUHN und LOEB handelte es sich um deutsch-jüdische Bankiers.) Über WARBURG merkt der Über-

---

[64] »Das verschweigt des Sängers Höflichkeit« ist der Kehrreim des Liedes, »Des Dichters Höflichkeit«, dessen Verfasser unbekannt ist.

[65] Charles Callan TANSILL, *Die Hintertür zum Kriege – Das Drama der internationalen Diplomatie von Versailles bis Pearl Harbor*, Düsseldorf 1956.

[66] Sidney WARBURG, *So wurde Hitler finanziert* (Anm. 208), S. 58 f. u. 62, nach: Mansur KHAN, aaO. (Anm. 51), S. 149.

setzer ferner an: Seine »Worte geben möglicherweise die Erklärung, . . . warum er der Welt mitteilen wollte, wie der deutsche Nationalsozialismus finanziert wurde. Er hat dabei seine eigene Rolle als Mitschuld nicht verschwiegen, sondern über sein persönliches Mitwirken [nicht etwa als Bewunderer Adolf HITLERS, sondern aus seinem damaligen Bewußtsein des Unmoralischen] ein aufrichtiges Bekenntnis abgelegt«.[67] WARBURG berichtet:

»Im Juli 1929 bekam ich eine Einladung, am nächsten Tag das Büro der Guarantee Trust in New York zu einem Gespräch mit CARTER, dem kommissarischen Präsidenten dieser Bank, aufzusuchen. . . . CARTER und ROCKEFELLER gaben (dabei) den Ton an, die anderen lauschten und nickten. Nach CARTERS Worten war die Angelegenheit, um die es ging, recht einfach – jeder war sich darüber klar, daß es nur ein Mittel gab, um Deutschland aus dem finanziellen Zugriff Frankreichs zu lösen: eine Revolution. Diese Revolution konnte durch zwei verschiedene politische Gruppierungen ausgelöst werden. Zuerst kam die Gruppe der deutschen Kommunisten in Betracht; aber sollte eine kommunistische Revolution in Deutschland gelingen, würde der Einfluß Sowjetrußlands innerhalb Europas verstärkt und die bolschewistische Gefahr für den Rest der Welt vergrößert werden.[68] Übrig blieb eine Revolution durch eine Gruppe deutscher Nationalsozialisten. . . ROCKEFELLER hatte selbst in einer deutsch-amerikanischen Zeitung einen

---

[67] J. G. SCHOUP, Einleitung (*Wie alles begann*) seiner Übersetzung von Sidney WARBURGS *Die Geldquellen des Nationalsozialismus. Drei Gespräche mit Hitler*, s. dort.

[68] Nach Andreas WIRSCHING (*Vom Weltkrieg zum Bürgerkrieg? Politischer Extremismus in Deutschland und Frankreich 1918–1933/39. Berlin und Paris im Vergleich*, München 1999) bestand ein »unmittelbarer Zusammenhang« zwischen HITLERS Aufstieg und der Furcht vor dem Kommunismus. Trotz mancher inhaltlicher Kritik, die WIRSCHING an NOLTE seinerzeit zum »Historikerstreit« führenden Theorie übt, bestätigt er dessen Forschungsansatz ausdrücklich und betont: »Das Grundempfinden der Bedrohung durch den Kommunismus, wieder und wieder geäußert, privat und öffentlich, wurde zu einer bewegenden Kraft«. (Zitiert nach: Volker KRONENBERG, »Hitler und die Angst vor dem Bürgerkrieg«, in *General-Anzeiger* [Bonn], 21. 10. 1999.) Deutschlands Bedrohung durch den Kommunismus läßt sich auch dem ersten Teil der Prognose aus dem Jahre 1933 des (seit 1930) Unterstaatssekretärs im britischen Foreign Office VANSITTART entnehmen: »Wenn HITLER scheitert, wird sein Nachfolger der Bolschewismus sein; wenn er Erfolg hat, wird er innerhalb von fünf Jahren einen europäischen Krieg bekommen. (s. Fr. I, S. 43)

kurzen Bericht über die nationalsozialistische Bewegung unter Führung dieses HITLERS gelesen. [Er sprach den Namen aus wie ›HEITLER‹.] In der vorherigen Sitzung war beschlossen worden, mit ›that man HITLER‹ Kontakt aufzunehmen, um herauszufinden, ob er für amerikanische Finanzhilfe zugänglich war. . . In den Verhandlungen mit HITLER mußte vor allen Dingen Nachdruck darauf gelegt werden, daß von ihm eine aggressive Auslandspolitik erwartet wurde und in diesem Zusammenhang das Schüren des Rachegedankens an Frankreich. Hiervon erhoffte man sich eine Einschüchterung der französischen Seite und als Folge daraus ein größeres Entgegenkommen der französischen Regierung in internationalen Fragen, im Tausch gegen eventuelle amerikanische und englische Unterstützung bei einem möglichen Angriff durch Deutschland. . . Es wurde beschlossen, daß ich HITLER wegen der Höhe des Betrages, den er meinte nötig zu haben, um die deutsche Staatsordnung vollkommen umzukrempeln, auf den Zahn fühlen sollte. Sobald ich dies wußte, sollte ich im Geheimcode der Guarantee Trust CARTER telegraphieren, worauf der Betrag nach Billigung auf meinen Namen bei einer europäischen Bank zur Verfügung gestellt würde, von wo ich dann die Weiterleitung an HITLER bestimmen konnte.«[69]

Natürlich verfolgten die verschiedenen internationalen und, in deren Fahrwasser, nationalen Geldgeber Adolf HITLERS nicht alle die gleichen Ziele. Der hier zitierte Auszug aus WARBURGS Bericht veranschaulicht jedoch, wie HITLER, für welche Drittinteressen auch immer, instrumentalisiert wurde.

Ohne an dieser Stelle auf die Einzelheiten der Kontaktaufnahme mit HITLER im Jahre 1929 einzugehen: Die erste Mission WARBURGS endete mit einer Forderung HITLERS in Höhe von 100 Millionen Mark. Bekommen hat er daraufhin 10 Millionen Golddollar, also rund 80 Millionen Mark. Der US-Dollar bestand 1929 noch aus 9/10 Feingold mit einem Gewicht von 25,8 grains (1 grain = 0,06 g). Die Abwertung des US-Dollars durch die Herabsetzung seines Gewichts um 59,06 Prozent erfolgte erst am 31. Januar 1934.

WARBURG berichtet weiter: »Es ist eine Tatsache, daß ich einige Wochen nach meiner Rückkehr aus Europa in den HEARST-Blättern [s. S. 55] ein besonders großes Interesse an der neuen Partei in Deutschland bemerkte.« Selbst in der *New York Times*, der *Chicago Tribune*, der *Sunday Times* usw. wurden regelmäßig kurze Abhandlungen über HITLERS Ansprachen veröffentlicht. Während

[69] Sidney WARBURG, *Die Geldquellen*, aaO. (Anm. 67), S. 378.

man früher kaum Interesse an der deutschen Inlandspolitik zeigte, wurde nun das Programm der HITLER-Bewegung in langen Artikeln besprochen und oft bewundert. Im Dezember 1929 erschien sogar eine ausführliche Studie über die nationalsozialistische Bewegung in Deutschland in einem Monatsblatt der Harvard-Universität. Darin wurde HITLER als Retter dieses Landes gepriesen und ihm erstmals der Titel ›The coming man of Europe‹ (Der kommende Mann Europas) verliehen.[70]

1931 wurde Sidney WARBURG ein zweites Mal nach Berlin entsandt. Hierbei ließ HITLER seinen Gast aus den Vereinigten Staaten wissen: »Die Revolution kostet eine halbe Million Mark, die Umstellung kostet zweihundert Millionen Mark. . . Wie werden sich Ihre Auftraggeber entscheiden?«[71] Bekommen hat er daraufhin 15 Millionen US-Dollar.[72] Das waren damals ungefähr 60 Millionen Mark. Zuvor hatte Adolf HITLER unter anderem auf die Programmpunkte 3 bis 7 des nationalsozialistischen Programms hingewiesen:

»Die Entfernung der Juden und aller Nicht-Deutschen von allen verantwortlichen Posten des öffentlichen Lebens. Die Immigration von Ostjuden und anderen minderwertigen Ausländern wird nicht mehr zugelassen. Lästige Juden und Ausländer können des Landes verwiesen werden. Jeder, der kein Deutscher ist, kann höchstens als Gast im deutschen Staat leben und untersteht dem Ausländergesetz. Die Rechte und Interessen der Deutschen stehen über den Rechten und Interessen von Angehörigen fremder Völker.«[73]

Die dritte Mission WARBURGS fand 1933 statt. Sie erfolgte erstmals auf Ersuchen HITLERS. WARBURG – bereits in Deutschland – berichtet hierzu: »Ich bin fast froh, daß ich zum drittenmal den Auftrag zu einem Gespräch mit HITLER angetreten habe. Hier in diesem Lande geschehen Dinge, die uns sonst höchstens aus der Geschichte der Völker bekannt sind. Dabei zu sein, mittendrin zu stehen, mit dem Initiator reden zu können und seine tiefsten und geheimsten Beweggründe vernehmen zu dürfen, ist wahrscheinlich nur den wenigsten vergönnt.«[74]

HITLER »schäumte vor Wut über die Kommunisten, die den Reichstag in Brand gesetzt hatten; beschuldigte die Sozialdemo-

---

[70] Sidney WARBURG, ebenda, S. 383.
[71] Ebenda, S. 391.
[72] Ebenda, S. 394 f.
[73] Ebenda, S. 395.
[74] Ebenda, S. 399.

kraten, ihre Hände mit im Spiel zu haben«. Dann äußerte sich HITLER zu seiner Partei, in der er größere Säuberungen vornehmen mußte. Verschiedene Elemente, sogar auf höheren Posten, seien unzuverlässig geworden. Er habe nur noch wenige Tage bis zur Wahl. »Die Schlacht müssen wir gewinnen. Durch die Wahl oder mit Gewalt.[75] Mein Plan ist fertig, um, falls der Ausgang der Wahl ungünstig sein sollte, HINDENBURG, seinen Sohn, VON PAPEN, VON SCHLEICHER und BRÜNING auszuhebeln und in einer Festung zu inhaftieren. Auch die führenden Köpfe der Sozialdemokraten werden wir gefangennehmen... Aber die Hälfte unserer Sturmtruppen verfügen gerade einmal über Gummiknüppel, und viele Mannschaften haben veraltete Karabiner... Unser Geld ist aufgebraucht.«

Ferner sei die »Judenfrage« für HITLER der »Kern, um den es für das deutsche Volk geht... Er begann tatsächlich, dieses Problem in Deutschland mit dem Negerproblem in Amerika zu vergleichen!« Schließlich teilte HITLER WARBURG mit: »Ich benötige mindestens einhundert Millionen Mark.« Bekommen hat er daraufhin sieben Millionen US-Dollar,[76] also rund ein Fünftel seiner Forderung.

»Die zahlreichen Unterstützer aus dem (US-)amerikanischen Establishment machten sich sicherlich keine Illusionen über Adolf HITLERS Bewegung. Führende Wallstreet-Kreise und Regierungsmitglieder in den USA waren von Anfang an am ›Projekt Hitler‹ beteiligt. Noch vor dem fehlgeschlagenen Putsch im Bürgerbräukeller und dem anschließenden ›Marsch auf die Feldherrnhalle‹ von 1923 ließ sich Robert MURPHY, der ständige Vertreter der US-Regierung in München, durch General VON LUDENDORFF persönlich mit HITLER bekannt machen.«

MURPHY war von der US-Armee zusammen mit Truman SMITH, einem anderen hohen Regierungsbeamten, als Nachrichtendienstler nach München abgestellt worden. SMITH führte nach seiner dortigen Ankunft Ende 1922 mehrstündige Interviews mit HITLER und äußert sich dazu: »Ich habe damals in München Tagebuch

---

[75] Dieser Ausspruch – allerdings lediglich deutschlandbezogen – klingt fast so wie die am 17. 2. 1950 vom Mitglied des US-Senatsausschusses für Auswärtige Angelegenheiten James WARBURG vor diesem Gremium abgegebene Erklärung: »Wir werden zu einer Weltregierung kommen, ob Sie es wollen oder nicht – durch Unterwerfung oder Übereinkunft.« (s. Fr. I, S.198). Wie wir heute, fünf Jahrzehnte später, erleben, glauben die ›Insider‹ nunmehr, mit ihrer ›Globalisierung‹ und der Satellitisierung Westeuropas kurz vor der Verwirklichung ihrer Ziele zu sein.

[76] Sidney WARBURG, aaO. (Anm. 67), S. 402 ff.

geführt, woraus hervorgeht, daß ich damals sehr von HITLERS Persönlichkeit beeindruckt war und damit rechnete, daß er eine bedeutende Rolle in der deutschen Politik übernehmen würde.«

Im November 1922 erstattete SMITH nach Washington Bericht über seine Einschätzung der damals noch unbedeutenden HITLER-Gruppierung und führt darin aus: »Sein Hauptziel ist es, den Marxismus zu überwinden . . . und seine Arbeiterbewegung für die nationalsozialistische Staats- und Eigentumsideale zu gewinnen. . . Der harte Zusammenstoß der Parteiinteressen zeigt, wie unmöglich Deutschland sich mit demokratischen Mitteln von seinen gegenwärtigen Schwierigkeiten wird erholen können. HITLERS Bewegung zielt darauf ab, eine nationalsozialistische Diktatur auf nichtparlamentarischem Weg einzuführen. Hat er dieses Ziel erreicht, wird er verlangen, daß die Reparationen auf ein vernünftiges Maß herabgesetzt werden. . . (und) will (sie) dann bis auf den letzten Pfennig bezahlen. . . Zu diesem Zweck muß er als Diktator einen umfassenden Reparationsdienst einführen und diesen mit der gesamten Staatsmacht durchdrücken.«[77]

Wie bereits bei der Finanzierung der alliierten Kriegsmaschinerie des Ersten Weltkriegs nahm dabei nach WARBURG die Morgan-Bank – also vornehmlich plutokratisches Interesse – wieder die zentrale Rolle ein. Möglicherweise aus anderen Motiven als die Morgan-Bank spielte bei der Finanzierung des Nationalsozialismus jedoch auch der Gouverneur der Bank of England, Montagu NORMAN, eine zentrale Rolle. Dieser »damals einflußreichste Bankier der Welt . . . haßte nach Darstellung seines Privatsekretärs drei Personengruppen besonders, die Franzosen, die Katholiken und die Juden«.

Zwischen Hjalmar SCHACHT[78] und Montagu NORMAN hatte sich seit ihrer ersten Begegnung 1924 eine feste Freundschaft entwik-

[77] F. William ENGDAHL, aaO. (Anm. 63), S. 129.

[78] Der 1877 in Schleswig geborene Bankkaufmann Horace Greely Hjalmar SCHACHT kam von der Dresdner Bank und war 1916 Direktor der späteren Darmstädter und Nationalbank geworden. 1923 war er Reichswährungskommissar, von 1924 bis 1929 und – nicht ohne Zutun von Montagu NORMAN – von 1933 bis 1939 Reichsbankpräsident sowie von 1934 bis 1937 zugleich Reichswirtschaftsminister, nachdem er von 1930 bis 1932 die Harzburger Front und dann die Bildung der Regierung HITLER gefördert hatte. Wegen seiner späteren oppositionellen Haltung kam er 1944/45 ins KZ. Im Nürnberger Schauprozeß bestanden die Sowjets auf seine Hinrichtung. Die westlichen Alliierten sorgten jedoch 1946 für seinen Freispruch. (Nach: *Der große Brockhaus*, Ausgabe 1956)

Abbildung 8: Sitzungssaal der Konferenz von Locarno (Oktober 1925). Den ›Pakt von Locarno‹‹ bezeichnete Ludendorff als »Dokument der Schande und Unehre«. Stalin selber erkannte: »Wenn der Dawes-Plan den Keim einer Revolution in Deutschland in sich trägt, so trägt Locarno den Keim eines neuen Krieges in Europa in sich.«

kelt, die bis zu Normans Tod im Jahre 1945 anhielt.« Als dessen Freund hatte er vor der Machtergreifung die internationale finanzielle und politische Unterstützung für Hitlers Nationalsozialistische Deutsche Arbeiter-Partei (NSDAP) organisiert. Hieran hatten sich auch international verflochtene deutsche Bankhäuser – zum Beispiel die Kölner Privatbank J. H. Stein des Barons Kurt von Schröder – beteiligt.[79]

Die britische Politik verfolgte damals im Gefolge US-amerikanischer Finanzkreise generell das ›Projekt Hitler‹. »Oberst David Stirling, der Gründer der britischen Eliteeinheit Special Air Service (SAS) (gestand) in einem privaten Gespräch gut ein halbes Jahrhundert später ein: ›Der größte Fehler der uns Briten unterlief, war der, anzunehmen, wir könnten das Deutsche Reich gegen Rußland ausspielen, in der Hoffnung, beide würden dabei verbluten‹. Die britische Unterstützung für Hitler reichte bis in die höchsten Kreise... Auch Lord Beaverbrook, der britische Pressezar der damaligen Zeit, zu dessen Imperium unter anderem das Boulevardblatt *Daily Express* und der *Evening Standard* gehörte, stellte sich hinter Hitler.«[80]

[79] F. William Engdahl, aaO. (Anm. 63), S. 130 + 2. Abbild. XIII.

[80] Ebenda, S. 128.

Was soll man von alledem halten? Zunächst: Wer zahlt, schafft an. Demnach ließe sich mit guten Gründen der Standpunkt vertreten, daß für Adolf Hitlers Taten und Untaten vor allem diejenigen verantwortlich sind, die seine ›Machtergreifung‹ – aus welchen Motiven auch immer – propagiert und finanziert haben. Und wenn dem deutschen Volk vorgeworfen wird, es habe sich später mehrheitlich für ihn begeistert, so wird dabei übersehen, daß

a) die von der US-Finanzoligarchie unter Führung des Bankhauses J. P. Morgan als Gläubigerbanken der britischen und französischen Kriegführung 1919 in Versailles vorgegebenen unerfüllbaren Reparationsforderungen sowie

b) die von der Finanzoligarchie der USA herbeigeführte und durch die Kündigung von kurzfristigen amerikanischen Wiederaufbaukrediten 1929 auf Deutschland übertragene Weltwirtschaftskrise[81] dem Reich sechs Millionen hungernde Arbeitslose beschert hatte.

US-Präsident F. D. Roosevelt hat in seiner Kongreßbotschaft vom 6. Januar 1941 »vier Freiheiten« gefordert:

1. Freiheit der Rede und der Äußerung überall in der Welt
2. Jedermann soll Gott nach der eigenen Überzeugung verehren dürfen
3. Freiheit von Mangel und
4. Freiheit vor Furcht.

[81] Die Federal Reserve Bank hatte in den Jahren 1923 und 1929 den US Dollar stark inflationiert. Die US-Versorgung mit ›leichtem Geld‹ war um 62 Prozent ausgeweitet worden. Die Nachfrage nach umfangreichen, kurzfristig gewährten Darlehen hatte spekulative Gründe. Die Darlehen wurden zu einem großen Teil in Wertpapieren angelegt, um an der wiederum deswegen haussierenden Börse Gewinne zu machen. Als dann vom Gouverneur der Bank of England, Montagu Norman, Besorgnisse über die Stabilität des Dollars geäußert wurden, reagierte der Federal Reserve-Ausschuß, das Direktorium der US-Zentralbank, mit einer Erhöhung des Diskontsatzes. Das führte zu einer Baisse auf dem US-Aktienmarkt. Die in Erwartung weiter haussierender Aktienkurse aufgenommenen 24 Stunden-Abrufdarlehen wurden zurückgefordert, worauf der große ›Run‹ auf die Börse einsetzte und am 24. 10. 1929, dem ›Schwarzen Freitag‹, zu ihrem historisch noch nicht dagewesenen Einbruch führte, der Millionen zu Spekulanten gewordene Anleger ruinierte. Lediglich die Bankinsider traf das nicht. Sie hatten rechtzeitig vorher verkauft und konnten sich nun an der total eingebrochenen Börse günstig bedienen. (Gary Allen, *Die Insider – Baumeister der »Neuen Welt-Ordnung«* (None Dare Call it Conspiracy), Wiesbaden, Bd. 1, [11]1971, S. 72 ff.)

Diese Botschaft, die in ihrer Wortwahl verdächtig nach den heute vielstrapazierten ›Menschenrechten‹ klingt, richtete sich gegen die Achsenmächte und bereitete – ganz anders als aus dem Text zu erwarten – die Waffenhilfe für Großbritannien vor. Diese wurde vier Tage später mit dem Pacht-und-Leihgesetz (*Lend-Lease-Bill*) beantragt.[82] Zitiert wird sie hier nicht wegen ihrer Scheinheiligkeit, sondern weil später in den Vereinigten Staaten gelegentlich zu hören war, wenn man die damals besonders stark unter Hunger leidenden Massen Südostasiens vor die Wahl stellen würde, sich für diese vier Freiheiten oder vier belegte Brötchen zu entscheiden, sie letztere vorziehen würden. Nicht nur aus christlicher Sicht ist das verständlich – schließlich rangiert auch im Vaterunser die Bitte um ›unser täglich Brot‹ noch vor der Bitte um Vergebung der Sünden.

Im übrigen: Daß das Heer der während der Weltwirtschaftskrise unter großen Entbehrungen leidenden deutschen Arbeitslosen (7 Millionen, Stand 31. Januar 1933) als Folge der erfolgreichen Beschäftigungspolitik des Dritten Reiches (1,1 Millionen Arbeitslose, Stand 31. Januar 1938) eine ähnliche Entscheidung getroffen haben könnte, wird – weil es sich um Deutsche handelt – ›*political-ly correct*‹ ausgeblendet. Natürlich ist es für satte Wohlstandsbürger dies- und jenseits des Atlantiks leicht, mit billigen Pauschalurteilen eine menschliche Verhaltensweise zu diffamieren, die schon im Mittelalter sprichwörtlich geworden war:

»Wes Brot ich eß', des Lied ich sing.« Das Lied war damals das Horst-WESSEL-Lied.[83]

Zudem war die Machtergreifung am 30. Januar 1933 ohne parlamentarische Mehrheit, lediglich im Rahmen eines vom Parlament tolerierten Präsidialregimes, erfolgt, nachdem Adolf HITLER Reichspräsident VON HINDENBURG versichert hatte, er werde als Führer eines rechtsnationalen Präsidialkabinetts streng verfassungsgemäß regieren. Auch die Wahl zum Siebten Reichstag (6. November 1932) hatte keine klaren Mehrheitsverhältnisse gebracht und Reichskanzler Franz VON PAPEN veranlaßt, das Parlament, das ihm die Unterstützung zu seinen Notverordnungen verweigerte, aufzulösen und Neuwahlen anzusetzen.

---

[82] *Der Große Brockhaus*, 1957, Bd. 12, S. 194.

[83] Kampflied der Nationalsozialisten, das nach der Machtergreifung als inoffizielle Nationalhymne eingeführt und nach der ersten Strophe des Deutschlandliedes mit gleichfalls erhobenem rechten Arm abgesungen wurde.

Wieder konnte keine Partei die parlamentarische Mehrheit erringen. Im Vergleich zu den Wahlen vom 6. November 1932 hatte HITLERS Nationalsozialistische Deutsche Arbeiter-Partei (NSDAP) erhebliche Stimmeneinbußen hinnehmen müssen (33,1 Prozent gegenüber vorher 37,4), stellte mit 196 Sitzen aber immer noch die stärkste Fraktion im Reichstag.[84] Auf diese Weise war bereits die Regierung MÜLLER (SPD, bis März 1930) zustande gekommen. Vor allem im Bereich der Beschäftigungspolitik waren die letzten vier Vorgänger Adolf HITLERS gescheitert.[85] Eine solche Art der Regierungsbildung war deshalb in der Notstandssituation der Republik allmählich zur Gewohnheit geworden, ohne daß sich der Normalbürger, der ohnehin mit seinem eigenen Überleben vollauf beschäftigt war, noch allzu sehr darüber wunderte.

In der eher wertkonservativ eingestellten Heimat des Verfassers konnten die Nationalsozialisten bei den Landtagswahlen 1928 nur ganze 1,5 Prozent der Stimmen gewinnen (s. Abbildung 9). In seinem Landkreis Neustettin etwa war ihr Stimmenanteil von 3501

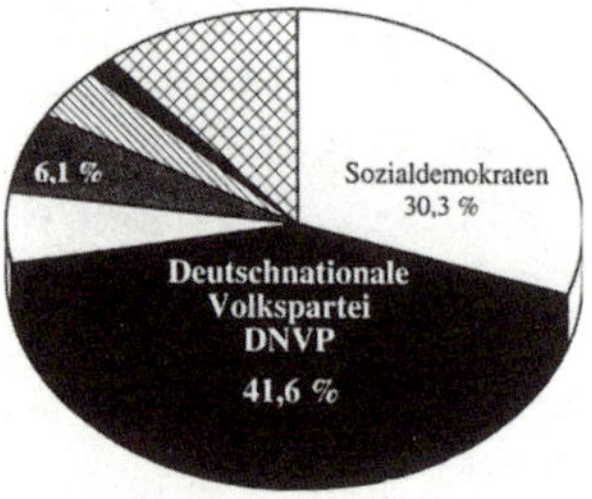

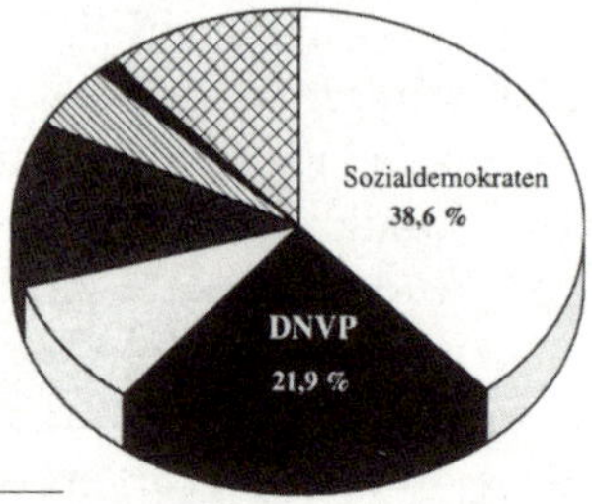

[84] Philipp HÖTENSLEBEN, »Das historische Kalenderblatt: 6. November 1932 – Kampf um die Regierungsbildung. Auch die Wahl zum Siebenten Reichstag brachte keine klaren Mehrheitsverhältnisse«, in *Das Ostpreußenblatt,* 6. 11. 1999.

[85] Hierbei handelte es sich um (Notstands-)Regierungen mit der Autorität des Reichspräsidenten unter parlamentarischer Duldung der nicht an den Regierungen beteiligten SPD. (Nach: *Der große Ploetz. Auszug aus der Geschichte,* [30]1986)

(1924) auf ganze 172 (1928) gesunken.[86] Trotzdem gehörte Pommern - wie bereits während des Dreißigjährigen Krieges 1618 bis 1648 - erneut zu jenen deutschen Provinzen, denen 1945 die größten Opfer abverlangt wurden.

HITLER vermochte nicht nachzuvollziehen, daß seine ›Machtergreifung‹ durch Zuwendungen internationaler Finanzkreise ermöglicht worden war, die ihn und seine ›Bewegung‹ nicht bewunderten, sondern für ihre Zwecke instrumentalisierten. Im US-Magazin *Time* war er schon 1936 wie gesagt als »Mann des Jahres« bezeichnet worden.[87] Seine Perspektive war gewissermaßen auf jenen Horizont begrenzt, den er als Meldegänger während des Ersten Weltkrieges zu meistern und zu überblicken hatte. Geopolitische Zusammenhänge waren ihm so fremd wie, nebenbei bemerkt, auch seinen von Hause aus sehr viel besser vorgebildeten Gegnern aus dem deutschen Widerstand (siehe etwa die Feststellung Eugen GERSTENMAIERS, Fr. I, S. 20). Sein ›Feldherrngeist‹ war ideologischer Natur. So soll er nach einer Aussage des 1942 abgesetzten und 1944 ins KZ verbrachten Chefs des Generalstabs des Heeres, Generaloberst Franz HALDER, 1942 - als bereits der Kampf um Stalingrad begann - auf den Vorschlag, die sich zahlreich meldenden Freiwilligen in erster Linie dem Heer für die Auffüllung der Verluste an der Ostfront zuzuführen, mit den Worten reagiert haben:

»Wer sich heute freiwillig meldet, ist begeisterter Nationalsozialist. Er will nicht in ein konservatives Heer, sondern dahin, wo nationalsozialistischer Geist herrscht, zur SS[88] und zur Luftwaffe,

---

[86] Michael HAMMERMEISTER, »Landtagswahlen in Pommern 1928: rotes Stettin, konservatives Land«, in *Pommersche Zeitung*, 31. 7. 1999.

[87] Es wäre eine reizvolle Aufgabe, in dieser *Time*-Ausgabe nachzulesen, welche Begründung das US-Magazin dafür angibt. Dem Verfasser ist es bisher jedoch nicht gelungen, ein Exemplar der Ausgabe einzusehen.

[88] Die Waffen-SS bestand aus Verbänden von SS-Reitern bis hin zu Gebirgsjägern, d.h., sie entsprach in der Vielfalt ihrer Truppenteile dem Heer. Sie ging sogar darüber hinaus, indem sie auch über Fallschirmjägereinheiten verfügte. Nach und nach sickerte HITLERS Absicht durch, daß er nach dem Kriege das »konservative Heer« aufzulösen und - soweit aus seiner Sicht zuverlässig - in die Waffen-SS einzugliedern beabsichtigte. HITLERS von HALDER zitierte Reaktion sowie HALDERS persönliches Schicksal lassen das große Mißtrauen des ›Führers‹ erkennen, das dieser dem Heer entgegenbrachte. Wie Staat und Wirtschaft wurde auch die Wehrmacht - und hier besonders das Heer - »durch einen feinmaschigen Polizeiapparat überwacht«. (Zit. nach *Der neue Brockhaus,* 1968, Bd. 5) Eine Entwicklung, die nicht erst nach dem fehlgeschlagenen Attentat vom 20. 7. 1944 einsetzte.

– abgesehen von ein paar Abenteurern, die gern aufs Wasser gehen.«[89]

Die Wirklichkeit sah anders aus. So berichtet ein ehemaliger Heimschüler, der ab Frühjahr 1943 als Luftwaffenhelfer mit eingeschränktem Schulbesuch eingesetzt war, zum Beispiel über die Stimmung an einem seinerzeit vom Verfasser besuchten Berliner Gymnasium:

»Zur SS ging ein Schüler des AGD normalerweise nicht (weil die SS u.a. als Konkurrenzunternehmen zum Heer gesehen wurde). Um dies zu verhindern, meldeten wir uns freiwillig zur Marine, zur Luftwaffe oder zu bestimmten Infanterieregimentern. Ich werde nie vergessen, wie eines Tages ein hoher SS-Offizier kam, um uns zum Eintritt in die SS zu bewegen. Als sich keiner meldete, fragte er: ›Seid ihr feige oder sind vielleicht eure Eltern dagegen?‹ Letzteres hätte kritisch werden können. Unser Batteriechef merkte die Gefahr und fragte: ›Wer hat sich freiwillig gemeldet? Drei Schritte vortreten!‹ Woraufhin alle Luftwaffenhelfer des AGDs vortraten.«[90] So hatte zum Beispiel der jüngere Bruder des Verfassers, der 1945 als 15jähriger die Vertreibung aus Hinterpommern nicht überlebte, bereits in diesem Alter den Annahmeschein jenes pommerschen Infanterieregiments in Händen, bei dem schon sein älterer Bruder 1943 als Reserveleutnant an der Ostfront gefallen war.

Nun hatten seine internationalen Geldgeber HITLER sicherlich unterschätzt, aber ansonsten die ›richtige‹ Wahl getroffen. Von einem Mann wie ihm wurde keine ernsthafte Gefahr für die Seewege erwartet, die die USA von Europa trennten und die letztlich kriegsentscheidend werden mußten. Es ist bekannt, daß die Kriegsmarine immer HITLERS Stiefkind blieb (s. Fr. I, S. 31). Jene amerikanischen Finanzkreise, die am bevorstehenden Waffengang verdienen wollten, mußten bemüht sein, den Atlantik im Kriegsfall möglichst störungsfrei zu halten. Einen wirklich kompetenten Seekriegsstrategen, der rechtzeitig ein auf diese Herausforderung abgestimmtes Unterwasser-Flottenbauprogramm aufgelegt und durchgesetzt hätte, gab es bis zur Übernahme des Oberkommandos der Marine durch Großadmiral Karl DÖNITZ (Januar 1943) in HITLERS Umgebung nicht. Zu diesem Zeitpunkt freilich war der Krieg – zumal ohne einen erhofften, aber nicht zu erwartenden Waffenstillstand mit den USA – bereits verloren.

---

[89] Franz HALDER, *Hitler als Feldherr,* München 1949, S. 11.

[90] Wolf-Dietrich VON ERDMANNSDORF, »Aus der Arndt-Schule«, in *Dahlemer Blätter,* Sept. 1998, S. 26.

Die Alliierten und das Dogma von der deutschen Kriegsschuld

1936 hatte Winston CHURCHILL – der bis bis 1939 allerdings noch kein Regierungsamt innehatte – zur Vorbereitung des Waffenganges mit Deutschland erklärt:

> »Wir werden HITLER den Krieg aufzwingen, ob er will oder nicht« (s. Fr. I, S. 71).

Zwei Jahre später,1938, wurde er präziser:

> »Was wir wollen, ist die restlose Vernichtung der deutschen Wirtschaft.« (s. Fr. I, S. 72)

Und 1941 sagte er klipp und klar:

> »Ich führe keinen Krieg mit HITLER, sondern ich führe Krieg mit Deutschland.« (s. Fr. I, S. 21)

Im Sinne dieser Generallinie war im August 1939 auch der als Beistandserklärung Großbritanniens bezeichnete britisch-polnische Beistandspakt abgeschlossen worden. Er sah formal den britischen Beistand im Falle eines deutschen Angriffs auf Polen vor,[91] ermunterte damit aber das expansionssüchtige Polen, das Reich mit geeigneten Maßnahmen zu einem solchen Schritt zu provozieren. Schon »im Jahre 1921 wurden in Polen Flugblätter folgenden Inhalts verteilt:

Chef des Emigranten-Aufstandes und des
Ausrottungskommandos für Großpolen

Wer noch im Juli 1921 da ist von dem deutschen Gesindel, wird ohne Ausnahme niedergemacht, und die größten Hakatisten werden mit Benzin, Petroleum oder Teer begossen, angesteckt und verbrannt ... Jetzt kommt Ihr alle dran ... Ärzte, Pastoren, Rechtsanwälte, Domänenpächter, Ansiedler, Besitzer aller Art, wer Deutscher oder Jude ist!«[92]

1935 hatte der Staatssekretär im polnischen Außenministerium, Graf Jan SZEMBEK, dem US-Diplomaten William C. BULLITT berichtet:

»Wir sind Zeugen einer Angriffspolitik der Welt gegen HITLER, mehr noch als einer aggressiven Politik HITLERS gegen die Welt.«[93]

---

[91] Bolko Frhr. v. RICHTHOFEN, Reinhold R. OHEIM, *Polens Marsch zum Meer. Zwei Jahrhunderte Teilung und Expansion,* Kiel 1984, S. 234.

[92] Rolf TRENKEL, *Polens Schuld am II. Weltkrieg 1920–1939,* 1978 nach: Bolko Frhr. v. RICHTHOFEN, Reinhold R. OHEIM, ebenda, S. 208.

[93] Ebenda, S. 194.

Und im April 1939 sagte der als US-Botschafter in Paris akkreditierte BULLITT: »Der Krieg in Europa ist beschlossene Sache.« (s. Fr. I, S. 42)

Dem Versailler Diktat zufolge hatte Deutschland den sogenannten ›Korridor‹ an Polen abzutreten – ohne Volksabstimmung und obwohl die überwiegende Mehrheit der rund zwei Millionen Menschen zählenden Bevölkerung deutsch war. Es setzte eine Vertreibung ein, deren Methoden nach 1945 wieder aufgenommen wurden und die zur Entdeutschung aller Ostgebiete bis zur Oder-Neiße-Linie führen sollte. Der *Manchester Gardian* berichtete bereits im Dezember 1931:

»Die Minderheiten in Polen sollen verschwinden. Die polnische Politik ist es, die dafür sorgt, daß sie nicht nur auf dem Papier verschwinden. Diese Politik wird rücksichtslos vorwärtsgetrieben und ohne die geringste Beachtung der öffentlichen Meinung der Welt auf internationale Verträge oder auf den Völkerbund. Nicht nur der in Versailles vom Deutschen Reich abgetrennte, mehrheitlich deutsch besiedelte Polnische Korridor, sondern auch die Ukraine ist unter polnischer Herrschaft zur Hölle geworden. Von Weißrußland kann man dasselbe mit noch größerem Recht sagen. Das Ziel der polnischen Politik ist das Verschwinden der nationalen Minderheiten, auf dem Papier und in Wirklichkeit.«[94]

Dieser Politik war bis zum Krieg immerhin etwa die Hälfte der deutschen ›Zwangspolen‹ (s. Fr. I, S. 40 f.) ausgeliefert. Kongreßpolen verfügte schon 1918 über ein Konzentrationslager in Szcypiorno (Posen) sowie über ein weiteres 1919 in Stalkwo (Posen). Rund 16 000 Deutsche wurden in diese Lager eingewiesen. Es waren die ersten KZs in Europa westlich der Sowjetunion.[95] Weitere KZs wurden 1926 in Brest und Bereza (Galizien) sowie 1939 in Chodzen[96] eingerichtet. In diesen wurden vor Ausbruch des Krieges etwa 50 000 Volksdeutsche jeden Alters und Geschlechts interniert und mißhandelt. Nach Abschluß des britisch-polnischen

---

[94] *Manchester Guardian*, »Sonderbericht aus Warschau, 14. 12. 1931«, zit. nach *Das Ostpreußenblatt*, 14. 2. 2000.

[95] *Der Tod sprach polnisch – Dokumente polnischer Grausamkeiten an Deutschen 1919-1949*, Kiel 1999.

[96] Das Lager Chodzen wurde in einer stillgelegten Zuckerfabrik bei Kutno eingerichtet. Im Laufe weniger Wochen wurden rund 7000 Volksdeutsche dorthin geschafft, darunter viele Frauen und Kinder. Bis zu ihrer Befreiung durch deutsche Truppen wurden die Häftlinge schlecht ernährt und mißhandelt. (Ludwig PETERS, *Volkslexikon Drittes Reich. Die Jahre 1933 bis 1945 in Wort und Bild*, Tübingen 1994)

Beistandspaktes wurde diese ethnische Säuberung forciert und artete während des Polenfeldzugs zu »einem tendenziellen Genozid (Völkermord) auf polnischer Seite« aus. Dieser gipfelte am 3. September 1939 im sogenannten ›Bromberger Blutsonntag‹, der Niedermetzelung von 12 500 polnischen Staatsbürgern deutscher Herkunft durch aufgebrachte Polen.[97]

Vor dem Ersten Weltkrieg galt Bromberg als geistiger Vorort des Posener Deutschtums mit einem deutschen Bevölkerungsanteil von 71 Prozent. 1921 waren es noch 27 Prozent deutschstämmiger Polen, deren Anteil bis 1931, bedingt durch Vertreibung und fehlenden Zuzug, auf 16 Prozent gesunken war.[98] Da an dieser Stelle nur kurz auf die Verfolgung der in Polen lebenden Volksdeutschen seit 1919 eingegangen werden kann, sei gegenwärtigen NATO- und EU-Osterweiterungs-Befürwortern empfohlen, Art und Ausmaß der polnischen Menschenrechtsverletzungen an Deutschen in der 1999 erschienenen Dokumentation polnischer Verbrechen nachzulesen (*Der Tod sprach polnisch. Dokumente polnischer Grausamkeiten 1919–1949*). Dort nehmen neben den polnischen Übergriffen seit 1919 in Posen, Westpreußen und Oberschlesien sowie den Ausschreitungen des ›Bromberger Blutsonntags‹ von 1939 auch die Vertreibungsverbrechen und die Quälereien in polnischen Nachkriegs-KZs breiten Raum ein.

Der ehemalige Vorsitzende des Zentralrats der Juden in Deutschland, Ignatz Bubis, der aus Inowroclaw bei Warschau und nicht, wie häufig verwechselt, aus Breslau (Wroclaw) stammte und daher fließend polnisch sprach, gab dem polnischen Fernsehen einmal ein Interview, das nicht so harmonisch verlief wie beabsichtigt. Nach dem *Scheinwerfer* (Ausgabe 2/98) beschuldigte Bubis daraufhin seine Interviewpartner: »Ihr Polen habt meine Angehörigen 1947 umgebracht. Sie sind nicht in einem deutschen KZ gestorben.« Das Interview belegt, daß Polen, das nach offizieller Sprachregelung neuerdings zu Deutschlands ›Freunden‹ zählt, nach 1945 nicht nur im »zurückgewonnenen« deutschen Osten an der dortigen Bevölkerung einen »Deportativen Genozid«[99] verübt hat, sondern über die Raubgebiete hinaus im gesamten großpolnischen Reißbrettstaat auch die traditionelle Judenverfolgung wieder aufgenommen hat. Wer Polen unbedingt in der Europäischen

---

[97] Siehe u.a.: David Irving, *Deutschlands Ostgrenze – weder Oder noch Neiße: Die Rückkehr des deutschen Ostens*, Kiel 1990.

[98] *Der Große Brockhaus,* Ausgabe 1953.

[99] Hans Teubner, »Verharmlost«, in *Das Ostpreußenblatt,* 27. 5. 2000.

Union haben will, wird diesen Zug des polnischen Charakters wohl oder übel akzeptieren müssen – von anderen Eigenwilligkeiten gar nicht zu reden, etwa jenem von LLOYD GEORGE schon 1920 attestierten Unvermögen, sich selbst zu regieren (s. Fr. I, S. 45), dem Talent zur gut organisierten, grenzüberschreitenden Bandenkriminalität und zu guter Letzt der sprichwörtlichen ›polnischen Wirtschaft‹.

Offenbar ist letzterer auch mit großzügigsten Transferleistungen nicht auf die Sprünge zu helfen. Gleich nach der Wende vor mehr als einem Jahrzehnt wurde dem Nachbarland vom damaligen deutschen Bundesaußenminister GENSCHER, einem ausgewiesenen Polenfreund, Schulden in Milliardenhöhe erlassen. Dessen ungeachtet befindet sich Polen heute bereits wieder in einer tiefen Finanzkrise mit einem Haushaltsdefizit in Höhe von umgerechnet 46 Milliarden Mark.[100] »Bereits 1990/91 war Warschau von einem mit einem Gutachten betrauten Schweizer Bankenkonsortium davor gewarnt worden, die deutschen Ostgebiete in seinem Verwaltungsbereich zu belassen. Jeder Quadratkilometer Land bedeute eine ungeheure zusätzliche finanzielle Belastung.«[101]

Unter den osteuropäischen EU-Anwärtern ist Polen zurückgefallen. »Besonders der Agrarsektor ist nach wie vor rückständig. Doch Warschau scheut die nötigen Reformen aus Furcht vor einem Aufstand der Bauern. . . Der erfolgreiche Widerstand gegen die Kollektivierung ist zum Standortnachteil geworden.«[102] Eine Agrarreform, wie sie der Europäischen Union vorschwebt, würde Hunderttausende von Kleinbauern arbeitslos machen.[103] Die deutschen sowie später in gleicher Weise die anderen Befürworter einer Osterweiterung der EU werden sich später einmal nicht beklagen dürfen, wenn massive Transferleistungen nötig sein werden und – durch das Schengener Abkommen begünstigt – neben dem ganz alltäglichen Autodiebstahl oder der steigenden Zahl von Einbruchsdelikten auch der polnische Antisemitismus in Deutschland und der Europäischen Union zum Problem wird. Außerdem ist, einer Meldung in der *Privat-Depesche* zufolge, allein in den ersten 15 Jahren mit vier bis fünf Millionen Zuwanderern aus Polen zu rechnen.[104]

[100] Peter FISCHER, »Ein Defizit von 46 Milliarden Mark – EU-Kandidat Polen in tiefer Finanzkrise«, in *Das Ostpreußenblatt*, 8. 9. 2001.

[101] Ebenda.

[102] Kai PFUNDT, »Ackerbau und Viehzucht – ein problematisches Kapitel«, in *General-Anzeiger* (Bonn), 30. 6. 2001.

[103] Peter FISCHER, aaO. (Anm. 100).

[104] *Privat-Depesche*, »Erweiterung: Millionenstrom von Jobsuchenden überschwemmt Deutschland«, Ausgabe 10/32, 7. 3. 2001.

Daß Polen in bundesdeutschen Verbrechensstatistiken überrepräsentiert sind, ist im übrigen kein billiges Vorurteil. Nicht nur die Polizeistatistiken sprechen eine eindeutige Sprache. Selbst dem Bundeskanzler – der damals freilich gerade im Wahlkampf stand – fiel die Schieflage in den deutschen Kriminalitätsstatistiken auf:

»Man muß das mal sagen, selbst wenn es manche nicht gern hören: Beim organisierten Autodiebstahl sind Polen nun mal besonders aktiv; das Geschäft mit der Prostitution wird dominiert von der Russen-Mafia, Drogenkriminalität kommt besonders häufig aus Südeuropa und Schwarzafrika. Wir dürfen nicht mehr so zaghaft sein bei ertappten ausländischen Straftätern. Wer unser Gastrecht mißbraucht, für den gibt es nur eins: raus, und zwar schnell.« (Gerhard SCHRÖDER, seinerzeit Ministerpräsident von Niedersachsen)[105]

In Anbetracht solcher Einsichten, aber auch vor dem Hintergrund der jüngeren deutsch-polnischen Geschichte ist es zumindest verwunderlich und zeugt nicht gerade von Taktgefühl den Heimatvertriebenen gegenüber, daß SCHRÖDER im Jahre 2001 zum Tag der Deutschen Einheit ausgerechnet den polnischen Staatspräsidenten Aleksander KWASNIEWSKI als Festredner nach Berlin einlud. Die im September 2001 abgewählte bürgerliche Regierung in Warschau hat sich »mit einem wahren Feuerwerk von Korruptionsaffären« verabschiedet. Es gab Schmiergeldzahlungen bei der Vergabe von Rüstungsaufträgen und Telefonlizenzen sowie Betrügereien großen Stils bei der staatlichen Versicherungsanstalt«. Im Bereich der Landwirtschaft ist bisher wenig geschehen, um diese EU-kompatibel zu machen. »Um so intensiver wurde offenbar schon daran gearbeitet, die in Aussicht stehenden Subventionsmilliarden in private Kanäle umzuleiten.«[106]

Die ›europafähigen‹ Polen sind schon zur Gründerzeit vornehmlich ins Ruhrgebiet übergesiedelt. Die zweite Kategorie von Polen emigrierte aus ihrer ›polnischen Wirtschaft‹ in die Vereinigten Staaten, wo sie unter den westeuropäischen ethnischen Gruppen keinen guten Ruf genießen. Die noch im Lande Verbliebenen scheinen wenig kompetent, Polen EU-kompatibel zu machen.

Polen selbst sieht seinen Platz spätestens seit dem Prager Panslawisten-Kongreß von 1848[107] eher im slawischen Osten als im

---

105 »Gerhard Schröder, Zitate – Zitate«, in *Das Ostpreußenblatt,* 11. 4. 1998.

106 Dt., »Sumpfblüten«, in *FAZ*, 5. 11. 2001.

107 1848 rief dieser Slavenkongreß in Prag dazu auf, alle Türken aus Europa, alle Italiener vom Ostufer der Adria, alle Finnen von der karelischen Nase bei Petersburg und alle Deutschen östlich einer Linie Triest-Stettin zu vertreiben. (Nach *Die Pommersche Zeitung,* 18. 11. 2000)

westlichen Abendland. Anders läßt sich wohl kaum erklären, wie es dazu kommen konnte, daß in den geraubten ostdeutschen Gebieten die Masse der christlichen Friedhöfe - ob katholisch oder protestantisch - unter aktiver Beteiligung des polnischen Klerus geschändet wurde; die Totenruhe der dort Bestatteten wurde gestört, um ihre ethnische Zugehörigkeit als Deutsche zu verwischen. Grabsteine wurden umgeworfen, zu Straßenschotter zermahlen oder zur Bestattung eigener Toter umgewidmet (s. Fr. I, S, 106).[108] Auch Gedenkstätten für die gefallenen deutschen Soldaten blieben davor nicht verschont.

Aufschlußreich ist eine Karte des Volksbundes Deutscher Kriegsgräberfürsorge über die wichtigsten deutschen Kriegsgräberstätten in Mittel-, Ost und Südosteuropa; Stand: Juli 2000 (Abbildung 10). Daraus geht hervor, daß in Polen ein halbes Jahrhundert lang so gut wie keine deutschen Soldatenfriedhöfe eingerichtet werden durften. Auch der Unterschied zwischen dem nördlichen und dem südlichen Ostpreußen sticht ins Auge.

Fazit: Polen mag im Kalkül US-amerikanischer Geopolitiker vielleicht die Rolle eines Rohstoffdurchgangslandes spielen. Seine Integration in die westeuropäische Wertegemeinschaft scheint aber unter soziokulturellen Aspekten schwierig bis unmöglich. Letztere würde sich mit der Aufnahme eines Mitgliedslandes Polen selbst in Frage stellen. Was sie dadurch an eigenem Wert verliert, ist mehr, als sie an Beruhigung gewinnt, indem Restdeutschland mit polnischer Hilfe fortan nicht nur von der NATO, sondern auch von der EU eingekreist ist.

Zurück zur amerikanischen Geschichts-Politik, mit der Washington immer wieder Gründe und Vorwände für seinen expansionistischen Kurs schuf. Erinnert sei nochmals an die Zurückverlegung des Datums der Verhängung der Seeblockade von Havanna auf den 21. April 1898 (s. S. 30). Dabei handelte es sich um eine eindeutige Tatsachenverfälschung durch den Sieger, ganz ähnlich jenen zahlreichen Geschichtslügen, die die USA später zur Rechtfertigung ihrer Planung, Vorbereitung und Durchführung der beiden Weltkriege gegen Deutschland in die Welt setzten. Bis in die Gegenwart hinein werden diese Unwahrheiten behauptet, unter anderem, um die polnisch-tschechischen Annexionen nach dem Zweiten Weltkrieg und die damit verbundenen ethnischen

---

108 Brigitte LÄGER-DABEK, »Vermehrt deutsche Themen in polnischen Zeitungen«, *DOD*, 12. 1. 2001.

Abbildung 10. Die wichtigsten deutschen Kriegsgräberstätten in Mittel-, Ost- und Südosteuropa (Stand: Juli 2000) (Quelle: Volksbund Deutscher Kriegsgräberfürsorge e.V.)

Säuberungen auch jener Gebiete zu rechtfertigen, die nach dem Ersten Weltkrieg sowie gemäß dem Münchner Abkommen (1938) noch bei Deutschland verblieben waren. Ständig wird die deutsche Öffentlichkeit dahingehend indoktriniert, daß dieser Verlust der Heimat eine unmittelbare Folge des Angriffskrieges gegen Polen und der Judenverfolgung sei - und damit gerechtfertigt.

Unterschlagen wird dabei, daß Polen bereits 1920 - lange vor der ›Machtergreifung‹ Hitlers - die in Versailles gezogene CURZON-Linie mit seinem Angriff auf die Ukraine durchbrochen, im selben Jahr mit einem Handstreich das Wilna-Gebiet erobert und 1921 versucht hatte, sich bei Annaberg gewaltsam Teile Schlesiens anzueignen. Die in der Reichswehr zusammengefaßten deutschen Verteidigungskräfte - nach Versailler Diktat auf 100 000 Mann mit nur leichter Bewaffnung beschränkt - konnten den Einfall Polens in Schlesien nur mit der Unterstützung deutscher Freikorps abwehren. Diese setzten sich aus beherzten Freiwilligen zusammen, die nach dem Weltkrieg in der Stunde der tiefsten Erniedrigung Deutschlands ohne Sold den Schutz des Reiches übernahmen. Die Abwehr des polnischen Überfalls auf Oberschlesien wie die Niederschlagung kommunistischer Aufstände im Reich wäre ohne die deutschen Freikorps nicht möglich gewesen.[109]

Grund für den 1939 begonnenen deutsch-polnischen Krieg war zum einen die Abwehr eines lange vor der ›Machtergreifung‹ HITLERS geplanten Angriffskrieges Polens auf das Reich, der - mit Ermutigung der Alliierten - ursprünglich bereits für 1933 vorgesehen war (s. Fr. I, Polen als Kriegsgrund, S. 34–41). Wir finden hier jene später zementierte NATO-Doktrin vorgezeichnet, die nach der rot-grünen Regierungsübernahme im Jahre 1998 die US-Regierung Außenminister FISCHER gegenüber ausdrücklich dahingehend bekräftigte, daß im Bedarfsfall sogar ein atomarer Erstschlag nicht ausgeschlossen werden könne.

Zum anderen handelt es sich dabei ziemlich genau um die gleichen Gründe, die die NATO 1999 bei ihrer Intervention auf dem Balkan vorschob: die angebliche Verhinderung ethnischer Säuberungen. 1939 hatte sich das Reich in der Verfolgung seiner nationalen Rohstoffinteressen jedoch nicht in die inneren Angelegenheiten Polens eingemischt, sondern war lediglich bestrebt, Teile des eigenen, zwangspolonisierten Volkes vor der Vertreibung aus seiner angestammten Heimat zu schützen. Einer späteren Inter-

---

[109] Dominique VENNER, *Ein deutscher Heldenkampf. Die Geschichte der Freicorps 1918–1923. Söldner ohne Sold,* Kiel 1989.

pretation der Vereinten Nationen zufolge ist Vertreibung Völkermord.[110]

Eben dagegen ist das Deutsche Reich 1939 eingeschritten, und angeblich deswegen wurde ihm ein bereits im Anschluß an den Ersten Weltkrieg, noch vor der ›Machtergreifung‹ HITLERS, geplanter und vorbereiteter Zweiter Weltkrieg erklärt. In diesem wurde es von einer erdrückenden militärischen Übermacht der Gegner bedingungslos niedergemacht. Nach den Gebietsabtrennungen, die Deutschland bereits als Folge des Dreißigjährigen Krieges (1618–1648) und dann des Ersten Weltkrieges auferlegt worden waren, wurde es jetzt um weitere 114 000 Quadratkilometer[111] beraubt und ausgeplündert und befindet sich bis in die Gegenwart hinein ohne Friedensvertrag im Status der Tributpflichtigkeit und Besatzung.

Zudem unterschlägt die Geschichtsschreibung der Siegermächte, daß Deutschlands heutige polnische ›Freunde‹ in der laut Versailler Vertrag vom Reich abgetrennten Freien Stadt Danzig, die internationalen Status innehatte, völkerrechtswidrig Militär- und Polizeitruppen stationiert hatten. Polen hatte die ihm in den Danzig-polnischen Verträgen zugebilligte Wachmannschaft insgeheim auf rund 210–220 Mann unter Bewaffnung aufgestockt und mit Hilfe widerrechtlich errichteter Befestigungsanlagen militärischen Widerstand organisiert. Dabei handelte es sich um militärische Anlagen auf der ›Westerplatte‹ sowie in anderen Teilen der Stadt wie etwa dem Postgebäude im Hafen, das der polnischen Seite zur Verfügung gestellt worden war.[112]

Polen hatte damit seine Sonderrechte in der Freien Stadt Danzig zur Verletzung der Souveränität eines fremden Völkerrechtssubjekts mißbraucht. Um die auf diese Art schrittweise vorgenommene Annexion Danzigs durch das seit 1920/21 auf Expansionskurs befindliche Polen zu verhindern, erhielt das deutsche Schulschiff ›Schleswig-Holstein‹ den Befehl, am 1. September 1939 die ›Westerplatte‹ unter Beschuß seiner 28 cm-Geschütze zu nehmen. Bei der ›Schleswig-Holstein‹ handelte es sich um ein so veraltetes, noch durch Dampfkolben und Kohlefeuerung angetriebenes

---

[110] »Plakat gegen das Vergessen der Landsmannschaft Ostpreußen: 750 Jahre deutscher Geschichte und Kultur«, in *Das Ostpreußenblatt,* 27. 5. 2000.

[111] Ebenda.

[112] Hans Viktor BÖTTCHER (DOD), »Die Danziger Westerplatte. Polen stationierte völkerrechtswidrig Militär- und Polizeitruppen«, in *Das Ostpreußenblatt,* 2. 10. 1999.

Linienschiff (erbaut 1905–1908), das dem Reich nach dem verlorenen Ersten Weltkrieg belassen worden war, weil es aus der Sicht der Alliierten schrottreif und ohne militärischen Wert war. Ein Vernichtungsinstrument wie etwa die von den USA im Golfkrieg eingesetzten Flugzeugträger war es nicht.

Die völkerrechtliche Basis für das Einschreiten des Reiches in Danzig gegen Polen, das sich schon damals als regelrechter ›Raubstaat‹ gerierte, läßt sich mit jener vergleichen, die die von den USA angeführte Allianz arabischer und westlicher Staaten geltend gemacht wurde, als es 1990 darum ging, eine Annexion Kuwaits durch den Irak zu verhindern. Während Danzig historisch und ethnisch so wenig polnisch war, daß die Siegermächte des Ersten Weltkriegs es zwar vom Reich abtrennen, aber nicht Polen zuschlagen wollten, unterstand Kuwait seit 1829 – allerdings nicht freiwillig – der Oberhoheit des Osmanischen Reiches. Um das deutsch-türkische Entwicklungsprojekt der Bagdadbahn zu verhindern, schloß Großbritannien 1899 mit Scheich Mubarak einen »Schutzvertrag«, in dem sich Kuwait verpflichtete, kein Territorium an andere Staaten außer an das Vereinigte Königreich abzutreten. Im Protektoratsvertrag von 1914 sicherte Großbritannien Kuwait zwar nominell die Selbständigkeit zu, entließ es aber es erst 1961 in die volle Souveränität.

Die im britischen Protektoratsvertrag in Aussicht gestellte Souveränität Kuwaits wurde 1915 auch von dem von König Ibn Sa'ud regierten Königreich Saudi-Arabien (seit 1932) anerkannt. Dieses wurde bald zum politisch zuverlässigsten Partner der an einer Kontrolle der gewaltigen Ölressourcen der Golfregion – unter anderem Kuwaits – interessierten Vereinigten Staaten. Als der Irak 1991 unter dem diktatorisch regierenden Saddam Hussein seine Hand nach dem absolutistischen Feudalstaat Kuwait ausstreckte, um ihn mit dem Irak ›wiederzuvereinigen‹, war das für die USA unter Präsident Bush sen. ein rohstoffpolitischer *casus belli* (Kriegsgrund).

Der Unterschied in der völkerrechtlichen Bewertung beider Konflikte – hier wie dort ging es um die Abwehr von Annexionsabsichten – besteht allerdings darin, daß es sich im Falle Danzigs um Menschenrechte von Deutschen handelte, während im Falle Kuwaits ›nur‹ amerikanische Ölinteressen auf dem Spiel standen, die die USA zu Lasten der Menschenrechte der kriegs- und sanktionsgeschundenen irakischen Bevölkerung durchsetzten.

Der zweite vorgebliche Kriegsgrund, der die Westalliierten nach offizieller Sichtweise in den Krieg gegen Deutschland zwang, soll die nationalsozialistische Judenverfolgung gewesen sein, die im

Antisemitismus Adolf HITLERS wurzelte. Dieser war jedoch in voller Kenntnis seiner Haltung von US-›Insidern‹ ausgewählt worden, und seine ›Machtergreifung‹ war – wie oben dargelegt – unter Führung eines US-Bankmonopolisten international finanziert worden. Ohne diese ›Auslandshilfe‹ wäre HITLER 1933 nicht in der Lage gewesen, an die Macht zu kommen (s. Fr. I, S. 40).

Es kann nicht unwidersprochen bleiben, wenn der nachgeborene US-amerikanische Soziologe und Holocaust-Forscher an der Harvard University Daniel GOLDHAGEN in seiner zum Bestseller hochgejubelten Dissertation *Hitlers willige Vollstrecker. Ganz gewöhnliche Deutsche und der Holocaust* versucht, die Deutschen einschließlich der eher wertkonservativen Wehrmachtsangehörigen für die Judenverfolgung verantwortlich zu machen. GOLDHAGEN stempelt dabei die Deutschen und ihre Streitkräfte – von Ausnahmen abgesehen – insgesamt zu potentiellen Verbrechern. (s. Fr. I, S. 76–82) Allerdings hat GOLDHAGEN mittlerweile prominenten Widerspruch erfahren. Zum einen von seiten des amerikanischen Politologen Norman FINKELSTEIN, der nach eingehender Prüfung der Quellen und Thesen GOLDHAGENS zu der Feststellung gelangte, dieser ignoriere und verdrehe Fakten. Sein Buch sei »einfach Betrug«.[113] Zum anderen findet sich eine entlarvende Richtigstellung auch in den Erinnerungen des führenden Zionisten Nahum GOLDMANN[114], der in seinem 1983 erschienenen Buch *Mein Leben als deutscher Jude* schreibt:

Das deutsche Judentum »hatte im Zeitalter der Emanzipation, das heißt in der zweiten Hälfte des 19. und anfangs des 20. Jahrhunderts, einen meteorhaften Aufstieg genommen. . . Es hatte an dem rapiden wirtschaftlichen Aufstieg des kaiserlichen Deutschland vollen Anteil genommen, viel zu demselben beigetragen und sich eine angesehene Stellung in der deutschen Wirtschaft erobert. Von der wirtschaftlichen Position her gesehen, konnte sich keine jüdische Minderheit in anderen Ländern, ja nicht einmal die amerikanische, mit den deutschen Juden messen. Sie waren mitführend in den Großbanken, wofür es nirgends eine Parallele gab, und durch die Hochfinanz waren sie auch in die Industrie eingedrungen. Ein erheblicher Teil des Großhandels lag in ihren Händen und selbst in Wirtschaftszweigen, die sich sonst kaum in jüdischem Besitz befinden, wie Schiffahrt und Elektroindustrie, waren sie in Deutschland führend. . . Auch ihre Stellung im Geistesleben

113 *Privat-Depesche,* Nr. 33/28, 13. 8. 1997.
114 *Lexikon des Judentums,* Gütersloh 1967.

des Landes war beinahe einzigartig. . . Das Theater lag zu einem erheblichen Teil in ihren Händen. . . Die Tagespresse, vor allem ihr international einflußreicher Sektor, war weitgehend in jüdischem Besitz oder wurde journalistisch von Juden geleitet. . . Die Geschichte der Juden in Deutschland von 1870 bis 1930 - das ist wohl der glänzendste Aufstieg, der einem Zweig des jüdischen Volkes geglückt ist. . . Der Höhepunkt jüdischen Einflusses wurde jedoch in der Weimarer Republik erreicht«.[115]

Auf GOLDMANNS 1915 veröffentlichten Plan zur Zerstörung Europas wurde bereits oben näher eingegangen (s. S. 47). Man kann schwerlich umhin, sich die Frage zu stellen, ob dieser GOLDMANN-Plan, der Deutschland und die Deutschen ja bewußt miteinschloß, wohl der Dank dafür war,

1. daß vielen Ostjuden vom Kaiserreich die Einwanderung nach Deutschland gestattet beziehungsweise im Reich Asyl gewährt worden war und
2. daß es Deutschland war, wo der dort lebenden halben Million Juden (0,77 Prozent der Gesamtbevölkerung) »der glänzendste Aufstieg, der einem Zweig des jüdischen Volkes geglückt ist«, ermöglicht wurde.

Während es immer eine akademische Frage bleiben wird, ob es das Huhn oder das Ei zuerst gegeben hat, liegen die Dinge beim GOLDMANN-Plan ziemlich klar: GOLDMANN stellte seinen Plan 1915 vor, das heißt zu Anfang des letzten Viertels der Phase des »glänzendste(n) Aufstieg(s)« der Juden in Deutschland (1870–1930), während HITLERS politische Aktivitäten bekanntlich erst nach 1918/19 einsetzten. GOLDMANN kann also mit seinem Plan nicht auf den Antisemitismus der Nationalsozialisten reagiert haben. Umgekehrt dagegen ist es sehr wohl möglich, daß HITLERS ausgeprägter, allen Juden geltender Antisemitismus auf dem GOLDMANN-Plan beziehungsweise der ihm zugrunde liegenden Geisteshaltung fußte.

So wissen wir etwa von Ernst NOLTE, daß HITLER 1919 seinem Mentor gegenüber, dem gleichgesinnten Schriftsteller und Herausgeber der Zeitschrift *Auf gut deutsch* Dietrich ECKART (1868–1923), geäußert habe, »mit eigenen Augen das Original einer vor 25 Jahren von Juden herausgegebenen prophetischen Landkarte [dem Revolutions-»Traum« der britischen *Truth* vom 28. Dezember 1890 Abbildungen 11 und 12, S. 78] gesehen zu haben, wo al-

---

[115] Nahum GOLDMANN, *Mein Leben als deutscher Jude,* Frankfurt/M–Berlin 1983, S. 115 ff.

les bereits verzeichnet ist, ›wie wir es jetzt haben‹ – für Rußland ›ein brauner Fleck mit Inschrift ›Russische Wüste‹«.

Mayers Lexikon, Band 7, Spalte 126, Leipzig ^{8}1939, ist zu entnehmen, daß »Des Kaisers Traum« eine verschlüsselte Enthüllung der Beschlüsse des Hundertjahres-Kongresses der internationalen Freimaurerei (Congrès maçonnique international du Centenaire) war, der anläßlich der Hundertjahrfeier der Französischen Revolution kurz zuvor (1889) in Paris stattfand. Diese Beschlüsse könne man »als ein erneutes Bekenntnis zu den Zielen dieser Umwälzung alter Ordnungen« verstehen. Die Festlegung darauf fußender neuer Pläne und Ziele für die Zukunft – wie den Sturz der Monarchien und eine allgemeine Völker- und Weltverbrüderung (Globalisierung)[116] – dürfte Basis für GOLDMANNS Plan gewesen sein.

Beachtenswert ist in diesem Zusammenhang, daß auf der politischen Europakarte des Revolutions-»Traum(s)«, wie er in der britischen *Truth* veröffentlicht wurde, alle Monarchien Europas – auch die britische – bereits als Republiken bezeichnet werden. Und für diese von Rudolf STEINER als »okkulte Brüderschaften« bezeichneten ›Insider‹ hat die britische Monarchie zwei Weltkriege gegen das Reich angezettelt, sich mithin ihren eigenen und nicht nur den Feinden Deutschlands unterworfen. Wenn der Inselstaat zwar deswegen seine Weltgeltung eingebüßt hat, aber bis zum heutigen Tag immer noch nicht Republik geworden ist, so verdankt er letzteres zum einen der Bedeutung, die die Krone für den auch der Machtentfaltung der ›Insider‹ dienlichen Zusammenhalt des Commonwealth hat, und zum anderen der Erhebung vieler ›Insider‹ in den Adelsstand. Als jüngeres Beispiel hierfür kann die als Abwehrreaktion von Königin ELISABETH II. bewertete Erwägung angesehen werden, den britischen Pressezar Conrad BLACK zu adeln, um die Royal Family 1999 aus den Schlagzeilen zu bringen (s. S. 149).

Rudolf STEINER ließ schon am 4. Dezember 1916 seine Zuhörer in einem Vortrag wissen:

»Ich habe Sie darauf aufmerksam gemacht, daß in gewissen okkulten Brüderschaften des Westens, für mich nachweisbar in den neunziger Jahren, von dem gegenwärtigen Weltkrieg die Rede war und daß dazumal die Schüler dieser okkulten Brüderschaften unterrichtet wurden durch Landkarten, auf denen verzeichnet war, wie Europa durch diesen Weltkrieg verändert werden sollte.«[117]

---

[116] Emil SCHLEE, »Deutsche Karten im Spiel der Mächte«, *Deutsche Militärzeitschrift*, Nr. 20 (Beilage), 2000, S. 8 u. 16.

[117] Ebenda, S. 8

Abbildungen 11 u. 12. Kaiser WILHELM II. von der britischen *Truth* vom 26. 12. 1890 unterstellter Revolutions-»Traum« und seine Folgen. Unten: Vergrößerter Ausschnitt. (Quelle: W. SOYKA, *The Kaiser's dream* <Des Kaisers Traum>, 1890, Faksimile-Verlag, Bremen 1992, nach Emil SCHLEE,»Deutsche Karten im Spiel der Mächte«, in *Deutsche Militärzeitschrift,* Nr. 20 (Beilage), 2000.

Die nach der ›Machtergreifung‹ 1933 veröffentlichten Kriegserklärungen internationaler jüdischer Interessenvertretungen – vor allem im *Daily Express*, London, vom 24. März 1933, in der *New York Times* vom 7. August 1933 und im *Jewish Chronicle*, London, vom 8. September 1933 – dürften HITLER bis zum Beginn des Zweiten Weltkriegs in seiner Zielsetzung bestärkt haben, die Abwanderung der Juden aus Deutschland mit allen Mitteln zu fördern. Zur zeitlichen Abfolge sei darauf hingewiesen, daß internationale jüdische Verbände am 24. März 1933 im *Daily Express* zum Wirtschaftskrieg gegen das Deutsche Reich aufriefen und die NS-Propaganda daraufhin am 1. April mit ihrer Boykottaktion gegen jüdische Geschäfte in Deutschland reagiert – die naturgemäß die Falschen traf.[118]

Kommunistische Intellektuelle wie den zeitkritischen, sich später zum jüdischen Messianismus bekennenden Walter BENJAMIN[119] konnte HITLER mit diesem Boykott nicht treffen. Irrig war seine Annahme, er könne mit dieser Reaktion den dem Reich erklärten Wirtschaftskrieg unterbinden. Die deutschen Juden wurden schließlich bewußt dafür geopfert, was im *Centraalblad vorr Israeliten in Nederland* vom 13. September 1939 unverblümt gefordert wurde, nämlich »den Ausrottungskrieg nach Deutschland zu tragen bis zur totalen Vernichtung« (s. Fr. I, S. 66 f.). In einer Walter BENJAMIN gewidmeten Sendung im Deutschlandfunk wurde im Januar 2001 berichtet, daß der Schriftsteller vor seinem Freitod (1940) versucht hatte, in die Vereinigten Staaten überzusiedeln. Das sei ihm jedoch wegen der dortigen »Angst vor dem Kommunismus und zunehmenden Antisemitismus« nicht gelungen, obwohl die späteren Gründer der ›Frankfurter Schule‹, Max HORKHEIMER und Theodor ADORNO, seine Einwanderung unterstützten. Den von ihm angestrebten Arbeitsplatz in ihrem von jüdischen Organisationen getragenen Institut vermochten sie ihm allerdings nicht anzubieten.

Auch die Rolle von Juden im Rahmen des mit der Haager Landkriegsordnung von 1907 unvereinbaren Partisanenkampfes hat sicherlich entscheidend mit dazu beigetragen, daß die Verfolgung der während des Zweiten Weltkrieges im deutschen Machtbereich befindlichen Juden extreme Formen annahm. Unverständlich bleibt aber trotzdem, weshalb HITLER seine teilweise hochdeko-

---

[118] Peter DEHOUST, *So nicht, Herr Bubis,* Coburg 1999, S. 110.

[119] Deutschlandfunk, »Vorstellung *Gesammelte Briefe* Bd. 6 aus den letzten Lebensjahren Walter Benjamins (1938–1940)«, 16:15-Uhr-Sendung *Büchermarkt* vom 14. 1. 2001.

rierten, schwer verwundeten und für ihr Vaterland gefallenen jüdischen Kriegskameraden sowie deren Angehörige nicht von diesen Maßnahmen ausnahm.

Vermutlich hat HITLER auch den Eintritt der Vereinigten Staaten in den Ersten Weltkrieg (1917), das für Deutschland demütigende Diktat von Versailles und die jüdische Rolle bei der britischen Erklärung des Zweiten Weltkriegs (s. S. 79) als Umsetzung des GOLDMANN-Plans und damit als jüdische Machenschaft interpretiert. Schließlich war GOLDMANN nicht irgendwer, sondern schon früh ein einflußreicher Zionist. Er vertrat bereits ab 1929, also vor der ›Machtergreifung‹ HITLERS am 30. Januar 1933, die Jewish Agency beim Völkerbund in Genf.[120 u. 121] Hinzu kam, daß der erklärte Zionist F. D. ROOSEVELT (ROSENFELD) in seiner Jahresbotschaft vom 6. Januar 1942 als US-Präsident ausdrücklich zum Partisanenkrieg aufrief und die »Heckenschützen« mit Waffen belieferte.[122] Tatsächlich handelte es sich bei der russischen Partisanenbewegung jedoch um einen von STALIN langfristig geplanten und aufgerüsteten festen Bestandteil der Sowjetarmee, der vorsätzlich völkerrechtswidrig und besonders grausam vorging.[123] Hierzu gehört

---

[120] *Der Neue Brockhaus*, 1968, Bd. 2

[121] Nahum GOLDMANN wanderte 1933 in die Schweiz aus, 1940 von dort in die Vereinigten Staaten und 1964 nach Israel. 1951 wurde er Vorsitzender des Komitees zur Wahrung jüdischer Wiedergutmachungsansprüche gegenüber Deutschland und 1954 auch eines gleichen Gremiums gegenüber Österreich. (*Brockhaus-Enzyklopädie*, [17]1968, Bd. 7)
Damit schließt sich der Kreis von der Veröffentlichung des GOLDMANN-Plans (1915) über das Diktat von Versailles, die internationale Finanzierung der ›Machtergreifung‹ HITLERS, die 1933 erfolgten Kriegserklärungen internationaler jüdischer Interessenvertretungen, die ungeachtet dessen eingegangene ›unheilige Allianz‹ von Zionismus und Nationalsozialismus und die jüdische Rolle bei der britischen Kriegserklärung 1939 bis zu der nach der Niederwerfung Deutschlands ansatzweise erfolgten Umsetzung des MORGENTHAU-Plans (s. Fr. I, S. 246 ff.) durch den Ausstieg aus der sichersten Kernenergie der Welt, das Transrapid-Drama usw. und des HOOTON-Plans (s. Fr. I, S. 253 ff. u. Anhang 4) sowie die Durchsetzung von Tribut- und Wiedergutmachungsleistungen bis hin zu den Entschädigungsforderungen und Mahnmalaktivitäten der Gegenwart (s. S. 131 ff.).

[122] Georg BANSZERUS, »Prozeß gereicht Siegern von 1945 nicht zur Ehre« (Leserzuschrift zu PRIEBKE-Prozeß unter Bezugnahme auf: *Roosevelt spricht. Die Kriegsreden des Präsidenten*, Stockholm 1945), in *Westfälisches Volksblatt*, 7. 8. 1997.

[123] Franz W. SEIDLER, *Die Wehrmacht im Partisanenkrieg. Militärische und völkerrechtliche Darlegung zur Kriegsführung in Osten*, Selent 1999.

auch der berüchtigte ›Fackelmänner-Befehl‹ STALINS, der bewußt die eigene Zivilbevölkerung in Mitleidenschaft zog.[124] Er sah vor, daß reguläre Rotarmisten und Angehörige von speziellen Partisanen-Divisionen, die in erbeutete Uniformen der Wehrmacht und der Waffen-SS gesteckt wurden, Vernichtungsaktionen in den von deutschen Truppen kontrollierten Gebieten ausübten. Dabei war besonders darauf zu achten, daß Überlebende zurückblieben, die dann über deutsche Greueltaten berichten konnten.[125] Das bei den Aktionen erstellte Bild- und Filmmaterial dient heute Leuten wie REEMTSMA[126] und Guido KNOPP (ZDF) als Beweismaterial für Greueltaten deutscher Soldaten im Rußlandfeldzug. KNOPP, im ZDF zuständig für zeitgeschichtliche Dokumentarfilme, ist sozusagen die personifizierte heutige Geschichtspolitik.

Nicht nur Nahum GOLDMANN konstatierte in seinen Lebenserinnerungen einen »Höhepunkt jüdischen Einflusses in der Weimarer Republik«. Zu einem ähnlichen Befund kommt Michael BRENNER in seinem Werk *Jüdische Kultur in der Weimarer Republik* (C.H. Beck, München 2000). Das ist insofern bemerkenswert, als in den letzten fünf Jahrzehnten nach der Kapitulation der Wehrmacht viele, insbesondere jüdische Historiker, Schriftsteller und Filmemacher jüdisches Leben in Deutschland nur aus der Perspektive der Konzentrationslager heraus betrachten wollen und - so einseitig fixiert - auch nur zu einseitigen Ergebnissen gelangen. Die dem Historiker Heinrich GRAETZ zufolge in der Weimarer Republik entwickelte »jüdische Renaissance von welthistorischem Ausmaß« bleibt dabei ausgeblendet.[127]

Noch ein Aspekt verdient Beachtung: Mit der BALFOUR-Erklärung von 1917 war den Zionisten die von ihnen angestrebte ›Heimstätte‹ in Palästina britischerseits zugesichert worden, wenn sie sich im Rahmen einer Jüdischen Legion am Ersten Weltkrieg gegen die Mittelmächte beteiligten. Die Deklaration hatte folgenden Wortlaut:

---

[124] STALINS »Fackelmänner-Befehl« Nr. 0428 vom 17. November 1941 wird nach folgender Quelle im US-Nationalarchiv, Washington aufbewahrt (Archiv Seite 429, Rolle 461, Generalstab des Heeres, Abtlg. Fremde Heere Ost II H 3/70 Fr. 6439568).

[125] Werner SCHULZ, »Stalins Fackelmänner-Befehl (Leserzuschrift)«, in *General-Anzeiger* (Bonn), 10. 12. 1997.

[126] Vgl. hierzu: Houston WRITES, *Reemtsma. Von der Feldzigarette zur Anti-Wehrmachtsausstellung*, Kiel 2002.

[127] Jacques SCHUSTER, »Michael Brenner erzählt von der Blüte jüdischer Kultur in der Weimarer Republik (Rezension)«, in *Die Welt*, 22. 4. 2000.

»Seiner Majestät Regierung betrachtet mit Wohlwollen die Errichtung einer nationalen Heimstätte für das jüdische Volk in Palästina und wird die größten Anstrengungen machen, um die Erreichung dieses Zieles zu erleichtern, wobei nichts unternommen werden soll, was den bürgerlichen und religiösen Rechten bestehender nichtjüdischer Gemeinschaften oder der staatsbürgerlichen Rechtsstellung der Juden anderer Länder Abbruch tun könnte.«[128]

Nachdem das Osmanische Reich besiegt und gemäß dem Vertrag von Sèvres (1920) Palästina als Mandatsgebiet an Großbritannien gefallen war, wurde diese Zusage jedoch nicht eingehalten, blieb aber im Raume stehen. Für die Gründung des angestrebten Staates Israel bedurfte es nicht nur des Holocaust als »Existenzvoraussetzung der jüdischen Bevölkerung« (Amtsgericht München, AZ: 115 Js 3344/94), sondern auch der – wie oben bei GOLDMANN nachzulesen – besonders tatkräftigen deutschen Juden. Freiwillig wären diese, die in Deutschland integriert und in der Regel alles andere als Zionisten waren, nicht nach Palästina ausgewandert. Zionistische Kreise arbeiteten deshalb ungeachtet der zitierten Kriegserklärungen nach der Machtergreifung eng mit dem deutschen Sicherheitsdienst (SD) zusammen. Die Zionisten begrüßten die nationalsozialistische Judenverfolgung nicht nur aus siedlungspolitischen Gründen, sondern fürchteten auch nichts mehr als ihre Assimilierung in Deutschland.

Selbst in der Gegenwart kann man sich mitunter des Eindrucks nicht erwehren, als sei das Verhalten des Zentralrats der Juden in Deutschland darauf ausgerichtet, die erfolgreiche Assimilierung von Juden in der bundesdeutschen Gesellschaft zu verhindern. In der ersten Hälfte des 20. Jahrhunderts jedenfalls war diese Sorge nicht unbegründet, wenn man bedenkt, daß nach dem Westdeutschen Rundfunk sogar Karl Adolf EICHMANN jüdischer Abstammung war, der ab Oktober 1939 Leiter des Judenreferats in dem aus dem SD-Hauptamt hervorgegangenen Reichssicherheitshauptamt des Reichsführers SS war und in dieser Eigenschaft mit der Deportation von Juden beauftragt war. 1961 wurde er deshalb in Israel hingerichtet.[129 u. 130]

Vielleicht wurde EICHMANN deswegen 1937 vom Chef des SD-Hauptamts, Reinhard HEYDRICH, auf den in Berlin als ›Haganah‹-

---

[128] *Lexikon des Judentums,* aaO. (Anm. 114), S. 70.

[129] *Brockhaus-Enzyklopädie,* [17]1968, Bd. 5.

[130] Westdeutscher Rundfunk (WDR III), Köln, Sendung über das Zusammenleben von jüdischen Emigranten in Argentinien, 30. 4. 1994.

Agent arbeitenden jüdischen Funktionär Feivel POLKES angesetzt und mit einer falschen Identität - als Journalist - nach Palästina beordert, um die Möglichkeit einer Zusammenarbeit zu erkunden.[131 u. 132] Da die zionistische ›Haganah‹ an einer verstärkten legalen oder illegalen Einwanderung von wehrfähigen Juden in das britische Mandatsgebiet Palästina interessiert war, deckte sich ihre Zielsetzung bis zum Beginn des Zweiten Weltkrieges mit dem Auftrag des SD, die Abwanderung der Juden aus Deutschland mit allen Mitteln zu fördern.[133]

Die Spannungen zwischen jüdischen Organisationen und Nationalsozialismus, die 1933 zu den erwähnten zionistischen Kriegserklärungen führten, wurzelten somit nicht in der NS-Rassenpolitik, sondern hatten ganz andere Gründe.

Hier ist an erster Stelle die Abkopplung des deutschen Währungssystems von der Weltfinanz (s. S. 84) zu nennen. Dazu kam es, weil Deutschland einerseits nicht über Goldreserven verfügte - die Weimarer Republik hatte wegen der ihr in Versailles aufgebürdeten Reparationsverpflichtungen keine anlegen können. Andererseits wäre die internationale Kreditaufnahme nach den Erfahrungen von 1929 für das Reich mit dem Risiko der Kündigung verbunden gewesen, dem sich die Regierung HITLER nicht aussetzen wollte. Ihr Finanzminister Hjalmar SCHACHT entwarf deshalb ein Währungssystem, das nicht durch Goldreserven, sondern mit dem Ertrag der deutschen Arbeit abgesichert war. Eine Randbemerkung dazu: Mittlerweile haben die USA und damit sämtliche dem Bretton-Woods-System angeschlossenen Länder gewissermaßen nach dem Modell SCHACHT die Golddeckung ihrer Währungen abgeschafft. Nur sind in diesem System die Währungen einschließlich des Euro nicht mehr durch Gold abgesichert, sondern durch den US-amerikanischen Papierdollar (s. S. 198). Die Weltfinanz kann damit noch besser als zu Zeiten des Goldstandards mitverdienen.

In *Mein Kampf* hatte Adolf HITLER nicht das Kapital, sondern den arbeitenden Menschen und seine Ernährung/Beschäftigung in den Mittelpunkt seiner wirtschafts- und finanzpolitischen Vorstellun-

---

131 »Adolf Eichmann über sein Treffen mit dem jüdischen Funktionär Feivel Polkes«, in *Die Welt*, 20. 8. 1999.

132 Peter WITTE, »Der jüdische Untergrund hatte Kontakte mit Eichmann. Archivquellen belegen die wenig bekannte Episode«, in *Die Welt*, 20. 8. 1999.

133 Ebenda.

Abbildung 13: US-Karikatur mit Lokomotive, deren Führerhaus abgekoppelt ist, erschienen in der *Chicago Tribune*, abgedruckt in *Die Welt*, 13. 12. 1993.

gen gestellt. Im Gegensatz zu dem heute der Welt als ›Globalisierung‹ verkauften rein betriebswirtschaftlichen ›Manchester-Kapitalismus‹ mit seiner ständig intensivierten Wegrationalisierung von Arbeitsplätzen – das ist das ganze Geheimnis des sogenannten ›Synergieeffekts‹ bei Firmenfusionen – als Folge (s. Abbildung 13) wies HITLER den Unternehmen eine volkswirtschaftlich dienende Rolle zu. Ihm ging es nicht um ›*shareholder value*‹, wie es heute auf neudeutsch heißt, sondern um Vollbeschäftigung. Das für die Funktion der Wirtschaft erforderliche Kapital hatte sich dieser volkswirtschaftlichen Zielsetzung unterzuordnen.

Sieht man von der Einbindung der Bundesrepublik Deutschland in das Bretton-Woods- und Welthandelssystem ab, so galt das dem Prinzip nach auch für die noch volkswirtschaftlich ausgerichtete Soziale Marktwirtschaft Ludwig ERHARDS. Mit der Herauslösung der deutschen Wirtschaft aus dem Welthandelsverbund und einem eigenen Austauschsystem ohne konvertierbare Währung war die Beherrschung Deutschlands durch internationale Finanzkreise nicht mehr möglich. Hätte HITLERS Konzept nach seiner ›Machtergreifung‹ weltweit Schule gemacht, wären die mächtigen internationalen Finanzkreise um ihre beherrschende Rolle gebracht und zu nachrangigen Dienstleistern herabgestuft worden.

Hier – und vor allem hier – liegen die Gründe für die abrupte Gegnerschaft, der sich das Dritte Reich unmittelbar nach HITLERS

Machtergreifung gegenübersah. Die erwähnten Kriegserklärungen jüdischer Weltorganisationen gehören genau in diesen Zusammenhang. Und das, obwohl Absichtserklärungen von Politikern im Wahlkampf erfahrungsgemäß nicht bedeuten, daß nachher auch alles genauso konsequent umgesetzt wird. Das Konzept SCHACHT lag ja noch nicht einmal auf dem Tisch. Die internationale Finanzwelt war jedoch durch HITLERS Ankündigungen so alarmiert, daß diese Kriegserklärungen ungeachtet dessen als sofortiger Abwehrreflex erfolgten.

Die nach der ›Machtergreifung‹ von Zionisten und NS-Machthabern einvernehmlich betriebene – auch illegale – Einwanderung deutscher Juden nach Palästina war mit großen Schwierigkeiten verbunden. Ungeachtet der BALFOUR-Erklärung von 1917 (s. S. 85) versuchte die britische Mandatsverwaltung diese mit äußerster Härte zu verhindern. So wurden beispielsweise über 1500 jüdische Flüchtlinge, die im Dezember 1940 ohne Visa an Bord der ›Atlantic‹ aus Deutschland und der Slowakei nach Palästina gelangt waren, nach Mauritius deportiert.

Kein Einzelfall: Die britische ›Patria‹ wurde 1940 im Hafen von Haifa mit 1771 visalosen Palästina-Immigranten an Bord gesprengt. Bilanz: 178 Tote. Die seeuntüchtige ›Struma‹ sank 1942 im Bosporus bei erzwungener Ausfahrt, nachdem sie dort zwei Monate geankert hatte (796 Tote und ein Überlebender). Die ›Exodus‹ transportierte 1947 von Marseille aus 4500 visalose ›Displaced Persons‹ nach Palästina, die in Haifa nicht landen durften und

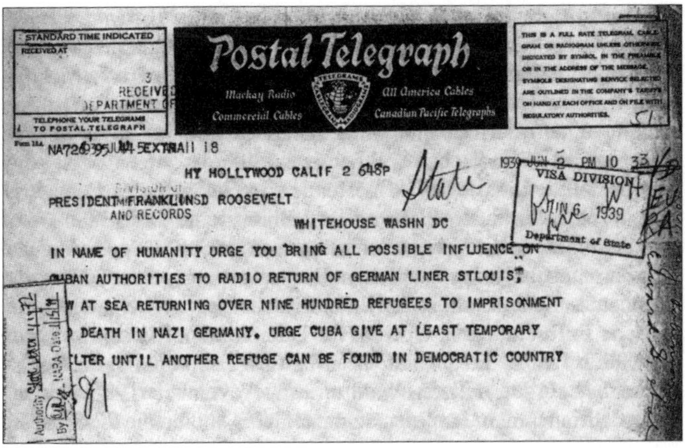
STANDARD TIME INDICATED
RECEIVED AT
TELEPHONE YOUR TELEGRAMS TO POSTAL TELEGRAPH
Postal Telegraph
Mackay Radio · All America Cables · Commercial Cables · Canadian Pacific Telegraphs
NA726 ... EXTRA 11 18
HY HOLLYWOOD CALIF 2 648P
1939 JUN 2 PM 10 33
PRESIDENT FRANKLIN D ROOSEVELT
WHITEHOUSE WASHN DC
IN NAME OF HUMANITY URGE YOU BRING ALL POSSIBLE INFLUENCE ON
CUBAN AUTHORITIES TO RADIO RETURN OF GERMAN LINER STLOUIS
NOW AT SEA RETURNING OVER NINE HUNDRED REFUGEES TO IMPRISONMENT
AND DEATH IN NAZI GERMANY. URGE CUBA GIVE AT LEAST TEMPORARY
SHELTER UNTIL ANOTHER REFUGE CAN BE FOUND IN DEMOCRATIC COUNTRY
VISA DIVISION
JUN 6 1939
Department of State

Abbildung 14: Nicht nur die verzweifelten Passagiere der ›St. Louis‹, sondern auch unzählige Fürsprecher in den USA selbst baten ROOSEVELT, helfend einzugreifen. Der US-Präsident nahm sich nicht einmal die Mühe, auf diese Hilferufe zu antworten. Aus: Georg J. E. Mautner MARKHOF, *Das St. Louis-Drama*, Graz 2001.

von der britischen Mandatsverwaltung auf drei anderen Schiffen nach Deutschland zurückgebracht wurden.[134]

Auch die USA gestatteten jüdischen Emigranten aus Deutschland die Einreise nur selektiv. So mußte z. B. die ›St. Louis‹ der HAPAG, die über 900 deutsch-jüdische Flüchtlinge beförderte und der im Mai 1939 die Landung in Kuba verweigert wurde, nach einer vierwöchigen Odyssee, die auch einen Landeversuch in den Vereinigten Staaten einschloß, nach Europa zurückkehren.[135]

Die ›unheilige Allianz‹ zwischen Nationalsozialisten, die Deutschland von den Juden säubern wollten, und dem internationalen Zionismus, der die deutschen Juden unbedingt für die Besiedlung und den Aufbau des angestrebten eigenen Staates haben wollte, kommentierte *Die Welt* schon am 5. September 1977 mit den Worten:

»Über die radikale deutsche Auswanderungspolitik zeigte man sich in national-jüdischen Kreisen sehr erfreut, weil damit der Bestand der jüdischen Bevölkerung in Palästina so vermehrt wurde, daß in absehbarer Zeit mit einer Mehrheit der jüdischen Bevölkerung gegenüber den Arabern in Palästina gerechnet werden könne.«

Auch Robin DE RUITER widmet in seinem Buch *Die 13 Satanischen Blutlinien* dieser »unheiligen Allianz« unter Verweis auf verschiedene Quellen ein ganzes Kapitel unter der Überschrift »Das geheime zionistische Abkommen mit HITLER«.[136] Danach eröffnete »die Verfolgung der Juden in Deutschland für die Zionisten noch nie dagewesene Möglichkeiten vor allem für die verstärkte Einwanderung nach Palästina«. Der damalige Vorsitzende des Exekutivkomitees der Jewish Agency und zukünftige Premierminister Israels David BEN-GURION habe gehofft, der Sieg der Nationalsozialisten werde den Zionismus zur »fruchtbaren Kraft« werden lassen. Die Zionistenführer seien »über die Verfolgung der deutschen Juden sehr erfreut gewesen, weil dadurch die Auswanderung nach Palästina gefördert wurde«.

Nach dem israelischen Historiker und Journalisten Tom SEGEV sei deshalb nach HITLERS Machtantritt ein nicht näher bezeichneter höherer zionistischer Funktionär nach Berlin gereist, »um mit den Nationalsozialisten über die Emigration deutscher Juden und den

---

[134] *Lexikon des Judentums,* aaO. (Anm. 114), S. 214.

[135] Ebenda. Siehe außerdem Georg J. E. Mautner MARKHOF, *Das St. Louis-Drama,* Graz 2001.

[136] Robin DE RUITER, *Die 13 Satanischen Blutlinien,* Durlach 1998.

Transfer ihres Eigentums nach Palästina zu verhandeln«. Das Ergebnis ihrer Verhandlungen sei das »Haawara-Abkommen«[137] gewesen. Es beruhte auf »einander ergänzenden Interessen der deutschen Regierung und der zionistischen Bewegung« und sah unter anderem die Gründung einer deutschen und einer palästinensischen Treuhandgesellschaft vor. »Bevor die jüdischen Emigranten aus Deutschland ausreisten, deponierten sie ihr Kapital bei der deutschen Treuhandgesellschaft, die mit diesem Geld bei deutschen Lieferanten Waren für den Export nach Palästina kaufte. Wenn in Palästina ein Kunde Waren aus Deutschland bestellte, wickelte er seine Zahlungen über die dortige Treuhandgesellschaft ab, die das Geld ihrerseits in entsprechender Höhe den Juden zurückgab, die in der Zwischenzeit aus Deutschland eingetroffen waren.«[138]

Da die vier Siegermächte nach der bedingungslosen Kapitulation der deutschen Wehrmacht (nicht des Deutschen Reiches) in »deutschen Bibliotheken... Abermillionen von Büchern... geraubt und ins Ausland verbracht oder vernichtet sowie Akten und Archive des Deutschen Reiches in Tausenden von Tonnen geplündert und nach Washington, London, Paris, Warschau, St. Petersburg und Moskau verbracht« haben,[139] ist eine zuverlässige deutsche Aufarbeitung der Zeitgeschichte nicht möglich. Zeitgeschichtlich Interessierte sind somit, was die von der bezüglich der *Welt* als »unheilige Allianz« bezeichnete Zusammenarbeit von Zionisten und Nationalsozialisten angeht, auf ausländische, vornehmlich jüdische Veröffentlichungen angewiesen. Der Verfasser vermag deren Ertrag nicht zu kommentieren und merkt an, daß er insbesondere nicht zu beurteilen vermag, wie seriös diese Treuhandgesellschaften gearbeitet haben. Zudem wird es für Autoren, die sich mit zeitgeschichtlichen Fragen befassen, zunehmend schwieriger, zu beurteilen, was in Deutschland Tabu ist, d. h. trotz grundgesetzlich garantierter Meinungs-, Rede- und Forschungsfreiheit erlaubt oder strafbar ist und zur Indizierung führen kann.

Die Welt hat mit dem zitierten Kommentar für ihre Leser eine Erörterung dieser »unheiligen Allianz« frei gemacht. Sie durfte als ein auf überregionale Wirkung abgestimmtes Blatt ein bis dato gül-

---

[137] *Haawara* ist der hebräische Begriff für ›Umsiedlung‹. Siehe Hans JANSEN, *Der Madagaskar-Plan,* München 1997.

[138] Robin DE RUITER, aaO. (Anm. 136), S. 114 f.

[139] Emil SCHLEE, *Das gebrochene Verständnis der Bundeswehr zur Tradition deutschen Soldatentums,* unveröffentlichte Abhandlung.

tiges Tabu brechen, ohne dafür indiziert zu werden, während sich der bekannte Showmaster Harald SCHMIDT dem *Stern* gegenüber sehr viel vorsichtiger zu dieser rechtlich heiklen Lage äußerte:

»Tabu ist alles, was nur im entferntesten mit dem Thema ›Juden in Deutschland‹ in Verbindung gebracht werden könnte. Seit der WALSER-BUBIS-Debatte ist mir klar, daß da die Hölle losbrechen würde. Ich war mal der Meinung, es müßte möglich sein, einen Witz über die Krawatte von Michel FRIEDMAN zu machen, ohne daß ich als Antisemit abgestempelt werde. Heute ist mir klar, daß da überhaupt nicht daran zu denken ist. Es würde heißen: ›SCHMIDT macht Judenwitze.‹ Solche Schlagzeilen muß ich mir nicht antun.«[140]

Zurück zur »unheiligen Allianz« aus Zionismus und Nationalsozialismus. Es wurde schon erwähnt, daß sich einerseits die völkischen Vorstellungen der Nationalsozialisten vortrefflich mit den nicht weniger völkischen nationalstaatlichen Absichten der Zionisten ergänzten, die deutschen Juden und ihr Vermögen als siedlungspolitische Manövriermasse zu verwenden. Andererseits offenbaren unter anderem die Bombardierungen ziviler deutscher Stadtkerne sowie die Forderung nach bedingungsloser Kapitulation die mit dem Zweiten Weltkrieg verfolgten transatlantischen Ziele der ›Insider‹. Letztere sind bis in die Gegenwart hinein für die amerikanische Deutschland- und Europapolitik kennzeichnend. Der in der US-Presse[141] gewürdigte KAUFMAN-Plan von 1941[142], der 1943 veröffentlichte HOOTON-Plan sowie der MORGENTHAU-Plan aus dem Jahre 1944 zur Zerstörung des vorher verkleinerten und zerstückelten deutschen Lebensraums (s. Abbildungen 15 u. 16 sowie Fr. I, S. 246 ff.) sind nichts anderes als während des Zweiten Weltkrieges ausgearbeitete Strategieanweisungen zur Umsetzung des GOLDMANN-Plans. Von hier erklärt sich auch der den Europäern nach dem Zweiten Weltkrieg von den USA verordnete nationalstaatliche EU-Auflösungsprozeß, der sich hinter der Globalisierung, der Osterweiterung und schließlich noch der EU-Mitgliedschaft der Türkei als weiteren Etappenzielen verbirgt.

---

[140] Zitiert nach *Das Ostpreußenblatt*, 27. 2. 2000.

[141] »Sensational Idea!« (*Time Magazine*), »Provocative Theory-Interestingly Presented« (*Washington Post*), »A Plan for Permanent Peace among Civilized Nations« (*New York Times*), »Frankly Presents the Dread Background of Nazi Soul« (*Philadelphia Record*, nach Radio Islam, http://abbc. com/germany/o1.htm, 17. 3. 2000.

[142] Theodore Nathan KAUFMAN, *Germany Must Perish*, New York 1941.

Abbildung 15. Vollständige Aufteilung Deutschlands nach dem Plan des US-Publizisten Theodore N. KAUFMAN. Quelle: *Germany must perish,* Newark, New Jersey 1941.

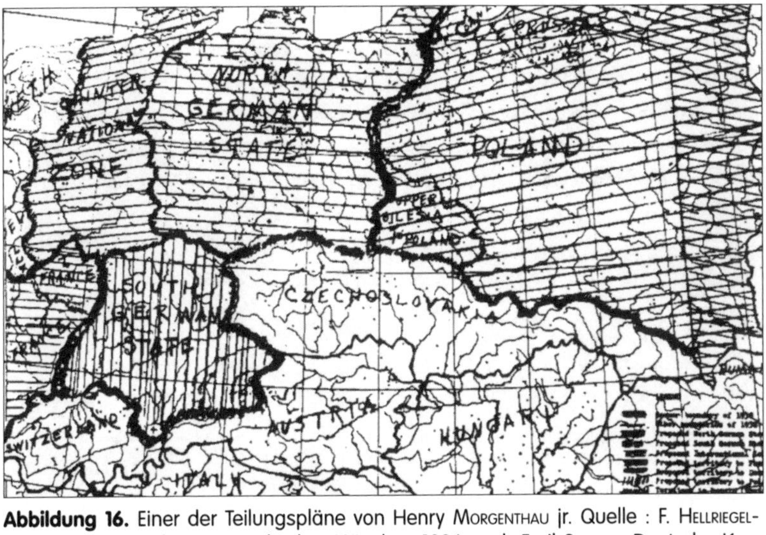

Abbildung 16. Einer der Teilungspläne von Henry MORGENTHAU jr. Quelle : F. HELLRIEGEL-NETZEBAUDT, *Deutscher National-Atlas,* München 1996 nach Emil SCHLEE, »Deutsche Karte. . .«, aaO. (Anm. 116), S. 13.

Das American Committee for a United Europe (ACUE) war US-Hauptinstrument zur Propagierung und Durchsetzung des europäischen Unionsgedankens mit zugehöriger Einheitswährung. Aus mittlerweile an die Öffentlichkeit gelangten Dokumenten gehen die »Namen vieler einflußreicher Amerikaner und Europäer hervor, die als der Bilderberg-Gruppe nahestehend galten und die stets den Gedanken der europäischen Integration nach den von Washington erarbeiteten Richtlinien förderten«.[143] Um aus Europa ein Agglomerat aus US-Protektoraten zu machen, mußten die nichtdeutschen potentiellen EU-Mitglieder erst einmal vor Deutschland geängstigt werden und ihnen die teilweise Aufgabe ihrer Souveränität dadurch schmackhaft gemacht werden, daß sie damit Deutschland ›einbinden‹ und materiell auf Dauer von ihm würden profitieren können.

Es ist das Verdienst des Publizisten Prof. Emil SCHLEE, eine Zusammenstellung bedeutsamer Landkarten Zentraleuropas veröffentlicht zu haben, aus denen die alliierten Zerstückelungs- und Auflösungspläne für das Deutsche Reich seit Ende des 19. Jahrhunderts – und lange vor Adolf HITLERS ›Machtergreifung‹! – hervorgehen.[144] Mit seiner freundlichen Genehmigung werden Teile dieses Kartenmaterials hier aufgenommen. Wenn LENINS Analyse zutrifft, wonach Europa beherrscht, wer Deutschland besitzt, wird verständlich, weshalb Deutschland und die deutsche Nation als ›Leithammel‹ für die Umsetzung des GOLDMANN-Plans auserkoren wurde, um die Karawane der europäischen Nationen ›unumkehrbar‹ in eine Wüste ohne Wasserstellen zu führen. Altbundeskanzler Helmut KOHLS ›Verdienste‹ als Kameltreiber und sein Leitmotiv sind schließlich noch unvergessen: »Die Karawane zieht weiter.«

---

[143] *Vertrauliche Mitteilungen,* Nr. 33733, Zeitfragen, Schweiz, 2. 10. 2000 nach *Unabhängige Nachrichten,* Oberhausen, UN 01/2001.

[144] Emil SCHLEE, aaO. (Anm. 116).

Auswahl alliierter Pläne zur Zerstückelung und Auflösung Deutschlands von 1890 bis 1939.

Abbildung 17. Die Aufteilung Deutschlands nach der britischen *Newsweek*. (Quelle: Archiv E. SCHLEE)

Abbildung 18. Aufteilung Deutschlands nach tschechischen Vorstellungen [nach KUFNER 1912]. (Quelle: H. ECKERT, *Kriegsschuld*, München 1995)

Abbildung 19. Antideutsche Teilungspläne waren in Frankreich vor Ausbruch des Ersten Weltkrieges in Mode. Hier ein Beispiel: »Le partage de l'Allemagne«, Paris 1913 (Quelle: F. Hellriegel-Netzebaudt, Deutscher National-Atlas, München 1996)

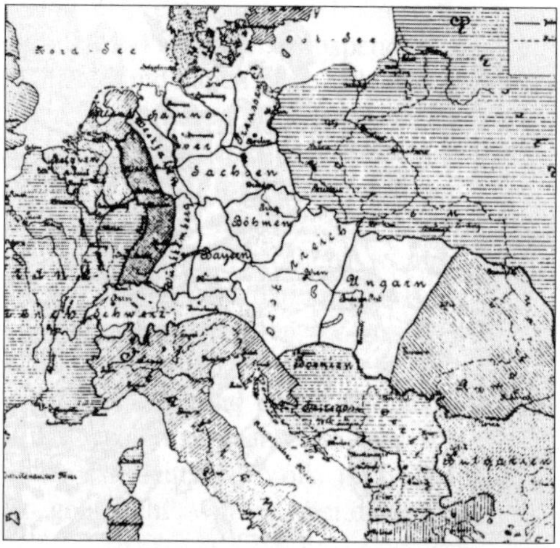

Abbildung 20. Die geplante Zerstückelung Deutschlands nach einer von F. Pigeon im Sommer 1915 erschienenen Karte unter dem Titel »L'Europe future de demain« (›Das Europa von morgen‹) (Quelle: H. Eckert aaO.)

Abbildung 21. Frankreichs Kriegsziel 1914–1918 – Das Verschwinden Deutschlands von der Landkarte. (Quelle: W. Soyka, *The Kaiser's dream . . .*, aaO.)

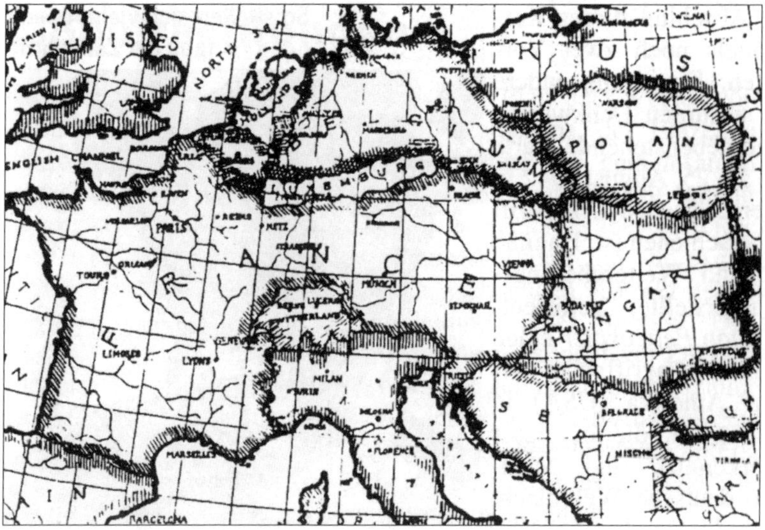

Abbildung 22. Die Auflösung des Reiches nach den Vorstellungen der US-Zeitschrift *Life* aus dem Jahre 1915. (Quelle: F. HELLRIEGEL-NETZEBAUDT, aaO.)

Abbildung 23. Um offensichtlich die amerikanischen Zerstückelungspläne zu untermauern oder die US-Öffentlichkeit auf einen Eintritt in den Ersten Weltkrieg vorzubereiten, log dieselbe Zeitschrift in ihrer Ausgabe vom 10. 2. 1916 vor, Deutschland wolle die USA erobern und aufteilen. Für die Amerikaner bliebe nur eine kleine »Reservation« in New Mexiko (!). Aus: *Vorsicht Fälschung,* München 1991.

Abbildung 24. Im Bunde mit den westlichen Kriegsalliierten kam zur Zeit der Weimarer Republik noch Polen als weiterer Kandidat hinzu, der Gebietsabtretungen vom Reich forderte und mit der Verbreitung entsprechender Flugblätter und Karten auf seine ›historischen Gebietsansprüche‹ aufmerksam machte. Auf diesem seit 1930 vom halbamtlichen polnischen ›Westmarken-Verband‹ verbreiteten dreisprachigen Flugblatt verläuft ›Polens historische Grenze‹ von Stettin bis vor Berlin und Leipzig. Auch der tschechische Raum gehört danach weitgehend zu Polen. (s. Fr. I, S. 37)

Abbildung 25. Dieser im polnischen *Dziennik Poznanskji* vom 26. Juni 1939 geltend gemachte ›historische‹ Grenzanspruch reicht sogar bis Bremen, Hannover, Göttingen, Kassel, Fulda und Nürnberg. (s. auch Fr. I, S. 52 »Elbslawenstaat« und »Lausitzstaat«) (Quelle: F. HELLRIEGEL-NETZEBAUDT, aaO.)

Der Maastricht-Vertrag und die dort vorgesehene Osterweiterung der EU fußen wiederum auf dem ersten Bestandteil des GOLDMANN-Konzepts, der Zerstörung des Bestehenden. Nichts anderes bedeutet die Auflösung nicht nur Deutschlands als Herzstück des westlichen Europas und seiner Währung sowie die Umvolkung der Deutschen und anderer abendländisch geprägter Völker zu einer multikulturell und national entwurzelten Globalgesellschaft. In der Konsequenz dessen haben wir den sozio-kulturellen, wirtschaftlichen und nationalen Untergang des Okzidents zu gewärtigen – ein Schicksal, dem über kurz oder lang auch die Vereinigten Staaten nicht entgehen werden. Wie aus Samuel HUNTINGTONS Prognose abgeleitet werden kann, wird der Westen den »Kampf der Kulturen« nicht bestehen, wenn von amerikanischem Boden aus auch weiterhin eine von eigennützigen ›Insidern‹ betriebene multikulturelle Globalisierungspolitik ausgeht.

Indes: Es gibt in den USA auch anderslautende Stimmen. Sie vertreten die Auffassung, die Vereinigten Staaten hätten besser daran getan, wenn sie das nationalsozialistische Deutschland im Zweiten Weltkrieg nicht bekriegt hätten. Der hier zitierte Autor sieht darin ein »Mißverständnis«. Allerdings vermögen sich solche Stimmen in den USA nicht gegen die jeweils »innerhalb . . . [des offiziösen Polit-Establishments existierenden; d. Verf.] . . . andere(n), geheime(n) Regierung(en)[145] (durchzusetzen), die sogar so mächtig sind, daß sie ihre eigenen Präsidenten beseitigen. . . (können), wenn diese nicht das tun, was von ihnen verlangt wird«.[146] Die ›Nazis‹ hätten nämlich lediglich jene Territorien in Mittel- und Osteuropa erobern wollen, die Deutschland zuvor im Versailler Vertrag völkerrechtswidrig abgenommen worden seien, wodurch keine US-amerikanischen Interessen tangiert worden seien, »bis wir alle [in der von HUNTINGTON als »The West« bezeichneten westlichen Welt; d. Verf.] gegeneinander aufgebracht haben«. Der Holocaust sei sicherlich eine schlechte Sache gewesen, aber nichtsdestotrotz kein Problem, das eine Nation in einen

---

145 Claus LUTTERBECK formuliert das mit den Worten: »Alle Optionen werden ohne große Mehrheit der Bevölkerung, wahrscheinlich selbst der Volksvertreter diskutiert« – und natürlich auch entschieden. (»Die Vorzeige-Nation«, in *Stern*, 6. 2. 2002, S. 64)

146 Jan VAN HELSING, »Geheimgesellschaften und ihre Macht im 20. Jahrhundert oder wie man die Welt nicht regiert. Ein Wegweiser durch die Verstrickung von Logentum mit Hochfinanz und Politik, Trilaterale Kommission, Bilderberger, CFR, UNO«, Rede 1995, hier zit. nach: Mansur KHAN, aaO. (Anm. 51), S. 89.

Krieg hineinziehen sollte. (»*The Holocaust? A bad thing, certainly, but not the kind of problem that should drag a nation into war.*«)[147]

Diese Einschätzung der amerikanischen Kriegspolitik gegen das Reich stammt von keinem Geringeren als dem US-Journalisten und ehemaligen Redenschreiber des Weißen Hauses Pat BUCHANAN, der 1996 neben Bob DOLE und Steve FORBES als Präsidentschaftskandidat der Republikaner in die engste Wahl kam.[148]

Seine politisch überaus unkorrekte Haltung zum Holocaust mag darin wurzeln, daß – wie bereits erwähnt –

1. der Antisemit Adolf HITLER von dubiosen Einflußzirkeln der interventionistisch orientierten amerikanischen Geldaristrokratie auserwählt,
2. die NS-Judenverfolgung keine originär deutsche Erfindung war, sondern auf der Suche nach einem moralischen Grund für die Vernichtung Deutschlands von germanophoben Kräften der späteren westlichen Alliierten des Zweiten Weltkriegs zumindest mitinszeniert wurde,
3. die ›Machtergreifung‹ HITLERS unter Führung der jüdischen Morgan-Bank über internationale Bahnen finanziert wurde,
4. der NS-Antisemitismus nach dem Reichstagswahlergebnis von 1933 mit den Kriegserklärungen der zionistischen Bewegung angeheizt

sowie

5. ungeachtet dieser Kriegserklärungen nachher von zionistischen Kreisen der siedlungspolitische Transfer von Juden nach Palästina in enger Zusammenarbeit mit dem deutschen Sicherheitsdienst (SD) vorangetrieben wurde.

Neben BUCHANANS Darlegung der Schuldfrage bezüglich des Zweiten Weltkrieges gibt es wohl keine kompetentere und kürzere Stellungnahme dazu als diejenige des einstigen britischen Generalanklägers in den Nürnberger Schauprozessen, Sir Hartley SHAWCROSS. Dieser schrieb 1985, kurz vor seinem Tod wohl von Bedenken geplagt:

---

[147] Adam COHEN, »Pat Buchanan, Foreign Policy From the Fringe THE WORLD ACCORDING TO . . .«, in *Time Magazine*, 27. 9. 1999, S. 1, nach: http://www.time.com/timr/magazine/articles/ 0,3266, 31176,00. html

[148] Nach *Fischer-Weltalmanach 1997*, Spalte. 680.

»HITLER und das deutsche Volk haben den Krieg nicht gewollt! Nach den Prinzipien unserer Politik, der ›Balance of Power‹, haben wir, angespornt durch die Amerikaner um ROOSEVELT, Deutschland den Krieg erklärt, um es zu vernichten... Wir haben auf die verschiedenen Beschwörungen HITLERS um Frieden nicht geantwortet... Anstelle eines kooperativen Deutschlands, das er uns angeboten hatte, steht die riesige imperialistische Macht der Sowjets. Ich fühle mich beschämt und gedemütigt, jetzt sehen zu müssen, wie dieselben Ziele, die wir HITLER unterstellt haben, unter einem anderen Namen verfolgt werden und dieselbe Taktik hemmungslos Anwendung findet.«[149]

Bereits das Münchner Abkommen, das am 29. 9. 1938 zwischen HITLER, CHAMBERLAIN, DALADIER und MUSSOLINI abgeschlossen wurde, sollte letzten Endes nicht das Selbstbestimmungsrecht der Sudetendeutschen ermöglichen, sondern den Alliierten Zeit für die Vorbereitung des Zweiten Weltkrieges verschaffen, ohne daß dies deutscherseits erkannt wurde. Der CHAMBERLAIN-Biograph Keith FEILING schreibt dazu:

»Viele haben es ausgesprochen und geschrieben, daß CHAMBERLAINS Hauptgrund, nach München zu gehen, gewesen ist, für einen (aus britischer Sicht) unvermeidlichen Krieg Zeit zu gewinnen! Er wäre in der Tat ein ungeeigneter Premier gewesen, wenn er das nicht im Sinne gehabt hätte.« (s. Fr. I, S. 32). BECKER zitiert weiter den amerikanischen Kriegsminister FORRESTAL: »Ich habe heute mit Joe KENNEDY [US-Botschafter in London; d. Verf.] Golf gespielt. Ich befragte ihn über seine Unterredungen mit ROOSEVELT und Neville CHAMBERLAIN von 1938 an. Er sagte, CHAMBERLAINS Überzeugung 1938 sei gewesen, daß Großbritannien nichts in der Hand habe, um zu kämpfen, und daß es nicht wagen könne, gegen HITLER in den Krieg zu gehen... Weder Franzosen noch Engländer würden Polen zum Kriegsgrund gemacht haben, wenn sie nicht unablässig von Washington angestachelt worden wären... CHAMBERLAIN, sagte KENNEDY, habe festgestellt, Amerika und die Juden hätten England in den Krieg gezwungen (*America and the jews forced England into the war.*)« (s. Fr. I, S. 32 Fußnote).

David HOGGAN weist in seinem Buch *Frankreichs Widerstand gegen den Zweiten Weltkrieg* nach, daß nicht HITLER, sondern Premierminister CHAMBERLAIN und Außenminister Edward HALIFAX den Krieg wollten, während der französische Außenminister Georges BONNET mit allen diplomatischen Mitteln Europa und der Welt den

[149] Fritz BECKER, *Im Kampf um Europa,* Graz 1991, S. 264.

Frieden zu erhalten versuchte.[150] Dazu stellt sich allerdings die Frage, warum das souveräne Frankreich im Kielwasser Washingtons dann doch dem Reich den Krieg erklärt hat.

Als nach Beginn der deutschen Westoffensive CHAMBERLAIN als Premier von Winston CHURCHILL abgelöst wurde (10. 5. 1940), bedurfte es keiner Einflußnahme Dritter mehr, um – mit US-Präsident ROOSEVELT im Rücken – den dem Reich erklärten Vernichtungskrieg ungeachtet verschiedener Friedensbemühungen HITLERS konsequent fortzuführen. HITLER hat den angloamerikanischen Willen, das Reich zu vernichten, lange Zeit ignoriert. Nur so ist zu erklären, warum er zum Beispiel 1940 das britische Expeditionskorps bei Dünkirchen entkommen ließ. Mit dem deutschen Durchbruch bei Abbéville war die britisch-französische Nordarmee (bestehend aus 338 000 Mann, darunter 123 000 Franzosen) abgeschnitten worden. In der Hoffnung, mit Großbritannien zu einer einvernehmlichen Beendigung des Krieges gelangen zu können, wollte HITLER London die Demütigung durch Einkesselung und Gefangennahme des Expeditionskorps ersparen. Er stoppte deshalb den Vormarsch der deutschen Panzer, so daß sich fast alle britischen und französischen Truppen (allerdings unter Zurücklassung ihres gesamten Materials) vom 28. Mai bis 3. Juni 1940, also fast eine ganze Woche lang, mehr oder weniger ungestört einschiffen und über den Kanal zurückziehen konnten.[151]

In seinem 1999 in einer erweiterten deutschen Ausgabe erschienenen Werk *Deutschenangst – Deutschenhaß* weist der französische Zeithistoriker Philippe GAUTIER auf die von einer verantwortungslos manipulierten Presse vor allem in Frankreich und Großbritannien betriebene Panikmache gegen die Deutschen hin, die 1914 ebenso wie 1939 zu den Kriegserklärungen an das Reich geführt habe. Dank der Aussöhnung beider Nationen von 1963 gebe es heute in Frankreich keine »offizielle Germanophobie« mehr. Die »Jahrzehnte. . ., in denen das französische Volk von seiner Presse, dem Kino und seinem Fernsehen mit einem wahnsinnigen Antinazismus überhäuft wurde und wird,« hätten jedoch »schwere Folgen«.[152] Nach GAUTIER war der Nationalsozialismus »in Wirklichkeit. . . der Ausdruck eines radikalen deutschen Nationalismus, der mit unerbittlicher Logik, einer großen Strenge und einer

---

[150] David L. HOGGAN, *Frankreichs Widerstand gegen den 2. Weltkrieg*, Tübingen 1963.

[151] Nach *Brockhaus-Enzyklopädie*, [17]1968, Bd. 5.

[152] Philippe GAUTIER, *Deutschenangst – Deutschenhaß*, Tübingen 1999, S. 241.

Abbildung 26. Antideutsche Karikatur aus dem Ersten Weltkrieg: (»Du läufst oder du krepierst, dreckiges Schwein«). Es gebe zwar keine »offizielle Germanophobie« mehr in Frankreich, doch die Angst der Grande Nation, im künftigen Europa unter Deutschlands Machteinfluß stehen zu müssen, ist überall präsent. Der Tenor von Philippe DELMAS' provozierendem Titel *Über den nächsten Krieg mit Deutschland* (Berlin 2000) lautet: »Deutschland wirkt bedrohlich wider Willen, und nirgendwo mehr als in Frankreich.« Schon Aristide BRIAND äußerte in den zwanziger Jahren: »Die Angst vor Deutschland ist eine der wesentlichen Triebfedern der französischen Politik.«

typisch deutschen Energie in die Wege geleitet, verwirklicht und aufrechterhalten wurde – also eine nahezu unexportierbare Bewegung«.

Auch über HITLERS Programmbuch *Mein Kampf* fällt GAUTIER ein durchaus differenziertes Urteil: »Wie sich angesehene Professoren unterschiedlicher Gesinnung heute im Fernsehen und im Radio« darüber auslassen, sei »einfach verblüffend – und skandalös«. Eines von beiden gelte: »Entweder lügen sie wie gedruckt, um politisch korrekt zu bleiben, . . . oder sie haben das Buch nie ganz gelesen, was in den meisten Fällen wohl zutreffen wird.« Denn für diejenigen, die es gelesen hätten, sei »das Buch kaum ein entsetzliches Programm zur satanischen Verwüstung der Welt, wie so oft zu hören, sondern eher eine Summe von politischen und gesellschaftspolitischen Betrachtungen eines nationalistischen Aktivisten in Haft«. Das Werk werde kritisiert, weil es »genau das Gegenteil« dessen befürworte, »was die Regierungen der westlichen Welt tun«. Die dort dargelegten Moralvorstellungen stünden »in keinem Widerspruch zu den wesentlichen Werten der zehn Gebote: Respekt und Liebe gegenüber der Familie und der Rasse;

Unschuld der Mädchen und Keuschheit der Jungen bis ins heiratsfähige Alter; Kampf gegen die Geschlechtskrankheiten und die Bekämpfung der Prostitution; Aufmunterung der jungen Leute zu heiraten; Verurteilung der ›Engelmacher‹ (Abtreiber) zum Tode; Förderung kinderreicher Familien usw.« Aber so wie die Dinge nun einmal lägen – »nach soviel Lügen, Desinformation und Verwechslungen aller Art seit fünfzig Jahren«, sei »heute jeder der ›Nazi‹, beziehungsweise, was noch schwachsinniger« sei, »der ›Neonazi‹ von jemandem.«[153]

Soweit GAUTIER über den Nationalsozialismus – Aussagen, wie sie dem deutschsprachigen Leserpublikum nach dem verlorenen Kriege nicht allzu häufig unterkommen. So berichtet im Frühjahr 2000 der unfreiwillige Zeuge des Klägers im Londoner IRVING-Prozeß, Donald Cameron WATT, darüber, daß er 1965 beauftragt worden sei, eine auf die wesentlichen Stellen konzentrierte und kommentierte Version von *Mein Kampf* herauszugeben. Er habe dem gern entsprochen, weil es Zugang zu diesem Standardwerk Adolf HITLERS geben müsse, wenn sich die heranwachsende Generation kritisch mit dem Nationalsozialismus auseinandersetzen soll. »Doch in letzter Minute sei die Edition verhindert worden.«[154]

Es ist immer das gleiche: Die politisch überkorrekte Sorge, junge Menschen könnten sich politisch infizieren, ist kontraproduktiv und macht den Inhalt des HITLER-Buches für kritische Geister erst richtig interessant. Das Werk läßt sich schließlich nicht verleugnen. Es ist seinerzeit in 16 Sprachen übersetzt und in über 10 Millionen Exemplaren vertrieben worden. Zudem steht seine Indizierung – wie die jedweder anderer politischer Literatur – im Widerspruch zu dem vor zwei Jahrtausenden von dem römischen Philosophen SENECA geprägten Rechtsgrundsatz:

»Wer etwas beschließt, ohne die andere Partei gehört [in diesem Fall: *Mein Kampf* zum Lesen freigegeben; d. Verf.] zu haben, handelt nicht billig, selbst wenn er Billiges beschlossen hat.«[155]

Zu GAUTIERS *Deutschenangst – Deutschenhaß* sei noch nachgetragen, daß *Die Welt* bereits zum Jahresbeginn 1990 unter der Überschrift »Wider die Angst vor den Deutschen« einen nachdenklich stimmenden Aufsatz des *Boston Herald* abdruckte:

---

153 Ebenda, S. 241–244.

154 Eva MENASSE, »Nennt mich pervers – Wenn ihr mich nur ernst nehmt: Irving präsentiert einen Zeugen«, in *FAZ*, 24. 1. 2000.

155 »Qui statuit aliquid, parte inaudita altera, aequum licet statuerit, haud aequus fuit.«

»Präsident BUSH und Außenminister BAKER nannten nun Bedingungen für eine deutsche Wiedervereinigung: Die Deutschen müssen in der NATO bleiben; sie müssen alle Gebietsansprüche im Osten aufgeben; sie müssen gute Europäer sein, indem sie ihre Souveränität dem sozialistischen Superstaat, dem herannahenden Europa 92, unterordnen. Indem sie einen seit vierzig Jahren loyalen Partner einem moralischen Test unterwerfen wollen, fordern BUSH und BAKER ein neues Rapallo (s. S. 186) heraus. . . Was einst das deutsche Volk den Vereinigten Staaten ganz nahe brachte, war die Berliner Luftbrücke. Amerika riskierte den Krieg mit STALIN, um das Leben von Deutschen zu retten, um die Freiheit der Deutschen zu verteidigen. Wenn wir diesen Geist aufrechterhalten, erhalten wir uns ihre Freundschaft. Wenn wir ihn aber gegen den Geist von Versailles eintauschen, die Pose der Sieger von Versailles einnehmen, werden wir Deutschland verlieren.« (s. Fr. I, S. 194 f.)

Philippe GAUTIER hält nicht nur den Franzosen ihre unbegründete Germanophobie, sondern auch ihren deutschen Nachbarn den Spiegel vor. Den National-Masochismus der deutschen politischen Klasse illustriert er mit einem eklatanten Beispiel:

»Den Weltrekord in Masochismus brach zweifellos die Regierung der Bundesrepublik im Mai–Juni 1994, als diese darum bat, an den Feiern zum fünfzigsten Jahrestag der Landung – oder vielmehr der ›Invasion‹. . . – in der Normandie teilnehmen zu dürfen. Wie konnte eine deutsche Regierung ihre Teilnahme an einer solchen Gedächtnisfeier fordern, ohne sich zu schämen? Eine Schande, weil im ganzen Verlauf des ›Overlord‹-Unternehmens Zehntausende von deutschen Soldaten, oft kaum älter als achtzehn, einen Mut und eine Selbstverleugnung an den Tag legten, die Bewunderung selbst bei den schlimmsten Feinden unter den Alliierten auslöste. Ohne Luftabschirmung, unter einem Bombenregen brachten sie mehrmals die größte und ausgeklügelste Militärlandung aller Zeiten fast zum Scheitern. Alle Militärs und alle, die im Krieg waren, können die Aufopferung der deutschen Soldaten nur respektieren. Im Jahre 1994 hat sich die Regierung dagegen aus Feigheit und Seichtheit selbst in den Schmutz gezogen: Ihr Verhalten war würde- und anstandslos und eine Beleidigung für diejenigen, die ihr Leben geopfert haben.«[156]

Die PDS als Nachfolgerin der SED setzt nach der Teilvereinigung die alte DDR-Tradition fort, den 8. Mai als »Tag der Befreiung« zu feiern und auf sowjetischen – nicht deutschen! – Soldatenfriedhöfen

---

[156] Philippe GAUTIER, aaO. (Anm. 152), S. 264.

Kränze niederzulegen.[157] Das ist kennzeichnend für diese Partei und ihre Mitglieder sowie das Demokratieverständnis derjenigen Nicht-PDS-Politiker und -Parteien, die diese unerschütterlichen ›Volksdemokraten‹ in die sogenannte demokratische Parteienlandschaft einbinden wollen, diese Einbindung tolerieren und/oder gar Volksfrontbündnisse mit ihr eingehen. Und das, obwohl in dem 1998 verabschiedeten und bislang nicht zurückgenommenen »Rostocker Manifest« der PDS unverblümt zum Ausdruck gebracht wird, daß »anstelle erhoffter demokratischer Selbstbestimmung das Diktat durch die herrschende politische und wirtschaftliche Klasse der Bundesrepublik« ausgeübt wird. Die »in den Eigentumsverhältnissen wurzelnden kapitalistisch geprägten Machtstrukturen« müßten überwunden werden.[158]

Vergangenheitsbewältigung und Geschichtsklitterung wird aber nicht nur auf politischer Ebene betrieben. Ein Musterbeispiel für einseitige Geschichtspolitik bietet die Wanderausstellung über angebliche »Verbrechen der Wehrmacht«, die nun in einer überarbeiteten Fassung wieder durch Deutschland tingelt. Die Haltung der Medien zu dieser Bilderschau ist eindeutig, aber nicht weniger bedenklich ist die Haltung von Politikern, die die Zurschaustellung der Ausstellung in öffentlichen Räumen und unter Verwendung von Haushaltsmitteln propagieren. Auch die jugendgefährdenden Anordnungen von Lehrern und ›Pädagogen‹, ganze Schulklassen zum Besuch der Ausstellung zu zwingen, gehört hierher. Winfried MARTINI stellt hierzu in der Einleitung zu seinem Buch *Der Sieger schreibt die Geschichte* fest:

»Es gehört zu den faszinierenden Phänomenen unserer Zeit, in welchem Ausmaß eine militärische Niederlage die Geschichtsschreibung und das allgemeine Geschichtsbewußtsein beeinflußt und der Sieger von moralischen Urteilen verschont bleibt... Nicht allen Historikern gelang es, sich dem Bann zu entziehen, und vor allem die elektronischen Medien und eine gängige Literatur im In- und Ausland können sich nicht von der Version trennen, die der Sieger aufbereitet hat.«[159]

Zu diesen elektronischen Medien zählt das ZDF. Es »bietet unter KNOPP eine Parallelwelt zu REEMTSMA«; und das unter Verwendung

---

[157] Lothar WASSMANN, »Der Haß machte nicht vor Toten halt (Leserzuschrift)«, in *Das Ostpreußenblatt*, 27. 5. 2000.

[158] Vera LENGSFELD, »Vom Feind zum Gegner – Ex-CDU-›Rentenfachmann‹ Blüm übt Brückenschlag zur PDS«, in *Das Ostpreußenblatt*, 12. 8. 2000.

[159] Winfried MARTINI, *Der Sieger schreibt die Geschichte. Anmerkungen zur Zeitgeschichte*, München 1991, S. 17.

von Machwerken, die ihre Entstehung oft genug »osteuropäischen Archiven« – und damit der selektiven Wahrnehmung der Ereignisse verdanken. Die Ergebnisse, mit denen KNOPP seine Zuschauer zur besten Sendezeit berieselt, triefen von »historischer« (!) Einseitigkeit und scheuen auch vor Fälschungen nicht zurück.[160]

Thomas MANN kritisierte die Charakterlosigkeit, die in einer derartigen Aufarbeitung von Geschichte zum Ausdruck kommt, einmal mit den Worten: »Die Tatsache besteht, daß die deutsche Selbstkritik bösartiger, radikaler, gehässiger ist als die jeden anderen Volkes. . . eine zügellose Herabsetzung des eigenen Landes nebst inbrünstiger, kritikloser Verehrung anderer.«[161]

KNOPP richtet sich bei seinen Darbietungen offenbar noch immer nach jener Vorgabe, die unter Nr. 1, Ziffer 7, der Betriebsanweisung für die Presse in der amerikanischen Besatzungszone nach 1945 festgelegt ist:

»Die Veröffentlichung von Leitartikeln und Kommentaren, in denen die allgemeine Politik oder das Wirken der Besatzungsbehörden [d.h. damit auch der US-Kriegspolitik und völkerrechtswidrigen Kriegsführung; d. Verf.] kritisiert wird, ist untersagt.«[162]

Dem unbedarften Leser dieser Anweisung stellt sich die Frage, was sich – unter dem Aspekt der Pressefreiheit betrachtet – durch die ›Befreiung‹ vom Nationalsozialismus eigentlich ändern sollte und was sich heute hinter dem Schlagwort ›Political Correctness‹ verbirgt. Die im ersten Band zitierte Freda UTLEY (s. Fr. I, S. 22 und 194), amerikanische Ehefrau eines Juden aus Rußland, hat sich deshalb 1948 zum »Anwalt der Stummen« gemacht und für Deutschland das Wort ergriffen. KNOPP und seine Auftraggeber hingegen setzen nicht nur das vielbemühte ›Linsengericht‹, sondern sehr viel Geld daran, den Waffengang des Reiches und seiner Soldaten als Angriffskrieg darzustellen und mit dieser Ansicht zahlreichen renommierten Historikern des Auslandes zu widersprechen. Sie verfahren offensichtlich nach dem »geschichtspolitisch« vorgegebenen Grundsatz: Historische Fakten zählen nicht, wenn es um die Ermittlung der ›eigentlich Schuldigen‹ geht. Es sind stets die Deutschen.[163]

---

160 Hans-Joachim VON LEESEN, »Die TV-Welt der bösen Bilder«, in *Das Ostpreußenblatt,* 21. 10. 2000.

161 »Thomas Mann nach Eberhard Bochmann (Leserzuschrift)«, in *Soldat und Volk,* Juli/August 2000.

162 Emil SCHLEE, aaO. (Anm. 139), S. 8.

163 Hans-Joachim VON LEESEN über bundesdeutsche »Geschichtspolitik« (Teil I), in *Das Ostpreußenblatt,* 24. 11. 2001.

Sogar der seit dem Tod von Axel SPRINGER immer zeitgeistkonformer gewordenen *Welt* wird KNOPPS Vergangenheitsbewältigung zu viel. In einer Glosse kommentiert das Blatt KNOPPS fragwürdige Verdienste mit den Worten:

»Muß Vergangenheitsbewältigung nicht viel weiter gehen? Was ist denn zum Beispiel mit HITLERS Tieren? Endlich würden wir darüber aufgeklärt werden, welche Tiere Mitläufer und welche Täter waren. Braunkehlchen, Braunbär und Heckenbraunelle sind natürlich in höchstem Maße verdächtig. Warum gingen die Maulwürfe in den Untergrund? Was wußte HITLERS Schäferhund?«[164]

Freilich: Der geballten Wucht der alliierten Kriegs- und Nachkriegspropaganda wird solche Humorigkeit nicht gerecht. Deren Bösartigkeit und Vorsätzlichkeit vermag sich der unbelastete Betrachter auch heute nur schwer vorzustellen. Eine überaus illustrative Detailaufnahme dazu liefert das Verhörgespräch, das hochgestellte Vertreter der alliierten Kriegs- und Greuelpropaganda im Mai 1945 in Lindau mit dem deutschen Rechtswissenschaftler Friedrich GRIMM führten. GRIMMS Gesprächspartner bekannte: »Seit Monaten betreibe ich das, was Sie richtig geschildert haben: Greuelpropaganda – und damit haben wir den totalen Sieg gewonnen.« GRIMM antwortete: »Ich weiß, und nun müssen Sie (damit) aufhören!« Die Antwort war entlarvend: »Nein, nun fangen wir erst richtig an! Wir werden diese Greuelpropaganda fortsetzen, wir werden sie steigern, bis niemand mehr ein gutes Wort von den Deutschen annehmen wird, bis die Deutschen selbst so durcheinander geraten sein werden, daß sie nicht mehr wissen, was zu tun!«[165]

Das ist mit durchschlagendem Erfolg gelungen. Die ›Political Correctness‹ hat auf ganzer Linie gesiegt. Mario ADORF etwa, weit über Deutschland hinaus bekannter Schauspieler, weiß über seine Amerikaerfahrung zu berichten:

»Der Deutsche wird auch fünfzig Jahre nach Ende des Krieges im Ausland nicht geliebt, er bleibt ungeliebt. Weil er immer noch ein Klischee darstellt. Und die sind bekanntermaßen die härtesten Nüsse.«[166]

---

[164] *Die Welt,* Herbst 2001.

[165] Friedrich GRIMM, *Mit offenem Visier. Aus den Lebenserinnerungen eines deutschen Rechtsanwalts,* bearbeitet von H. SCHILD, Leoni 1961, S. 249; ders., *Politische Justiz, die Krankheit unserer Zeit. 40 Jahre Dienst im Recht. Erlebnis und Erkenntnis,* Preußisch Oldendorf 1974, S. 148, nach Emil SCHLEE, aaO. (Anm. 139), S. 7.

[166] Mario ADORF, in *Die Welt,* 7. 7. 2000.

Dazu muß freilich gesagt werden, das dieses Klischee weltweit eine Funktion (abhängig veränderliche Größe) der jeweiligen Stärke des ›Insider‹-Einflusses ist. So erfuhr der Verfasser 1998 vom Präsidenten der Industrie- und Handelskammer eines ostasiatischen Landes, aus den dortigen Medien – die wie in Deutschland weitgehend ›Insider‹-kontrolliert sind – sei fortwährend zu erfahren, was für schlechte Menschen die Deutschen seien. Solche habe er jedoch in seinem Leben noch nicht kennengelernt.

Schon NAPOLEON I. ließ seine Zeitgenossen wissen:

»Ich fürchte drei Zeitungen mehr als hunderttausend Bajonette. Die Bajonette finden irgendwann einmal in ihre Scheiden zurück, die Zeitungen hetzen aber weiter, hinterhältig wie Heckenschützen. Kein Krieg ist für sie je zu Ende.«[167]

Allerdings: Ständig wiederholte Übertreibungen nutzen sich irgendwann ab. Peter FISCHER stellte hierzu im *Ostpreußenblatt* fest, daß Lächerlichkeit tötet und der Zeitpunkt womöglich nicht mehr fern sei, wo die Propaganda aus dem letzten Jahrhundert, dem »Jahrhundert der Lüge«[168], nicht mehr greife. Die »KNOPPsche Selbstinszenierung als oberster Reichsbetroffenheits-Professor« sei auch von der *Neuen Revue* mit beißendem Spott aufgegriffen worden. Dem Blatt zufolge stelle sich die Frage, ob die geistig-moralische Wende nicht bereits nahe sei. Erste Ermüdungserscheinungen seien zweifelsohne bereits zu registrieren.[169]

In einer Leserzuschrift vom Jahre 1994 zum gleichen Thema hieß es dazu:

»Ein britischer Bekannter konstatierte mir gegenüber. . . etwas hilf- und ratlos: ›Ihr Deutschen werdet für uns Briten immer ein Mirakel bleiben. Jeden Morgen holt ihr eure Toten aus dem Keller, breitet sie auf der Straße aus, staubt sie ab oder wascht sie und haltet Predigten oder Kerzen in den Händen. Wir haben auch Leichen im Keller, aber wir reden nicht darüber. Ich lebe schon seit 20 Jahren in Deutschland, aber noch nie habe ich hier als Ausländer Schwierigkeiten gehabt. Ausländerfeindlichkeit gibt es bei uns auch, und es werden bei uns zum Beispiel Baracken von Pakistani gelegentlich angezündet. Aber bei uns berichtet noch nicht einmal die Lokalpresse darüber; die hält sich an den Ehrenkodex. Ihr

---

[167] Heinrich Jordis VON LOHAUSEN, *Reiten für Rußland. Gespräche im Sattel*, hier zit. nach *Das Ostpreußenblatt*, 19. 8. 2000.

[168] Hugo WELLEMS, *Das Jahrhundert der Lüge. Von der Reichsgründung bis Potsdam 1871–1945*, Kiel ²1989.

[169] Peter FISCHER, »Ermutigung«, in *Das Ostpreußenblatt*, 1. 4. 2000.

dagegen bauscht jede Kleinigkeit groß auf und funkt sie aufgeregt um die ganze Welt. Die deutschen Medien scheinen eine große Befriedigung darin zu finden, wenn sie ihrem Land Schaden zufügen können.‹«[170]

Sechs Jahre später äußerte sich der renommierte US-Historiker und Völkerrechtler Alfred M. DE ZAYAS im gleichen Sinne:

»Wenn mich etwas im heutigen Deutschland stört, ist es die Neigung zu übertriebener Selbstkritik, die für mich bedeutet, daß viele Deutsche den Sinn für Realität, für Geschichte, für Verhältnismäßigkeit verloren haben. Oder schlimmer, daß manche Deutsche anscheinend an einer Megalomanie (Größenwahn) leiden. Sie wollen die größten Verbrecher der Geschichte sein und zugleich die größten Büßer. Dies halte ich für pathologisch.«[171]

Auch Philippe GAUTIER wird in seinem bereits zitierten Werk *Deutschenangst – Deutschenhaß* sehr deutlich, wenn er seine Leser zur Kriegsschuldfrage des Zweiten Weltkrieges wissen läßt:

»Selbst wenn das Attentat vom 20. Juli 1944 auf HITLER erfolgreich gewesen wäre, hätte der Tod des Reichskanzlers höchstwahrscheinlich überhaupt nichts verändert. Der deutsche Generalstab hätte bestimmt sofort um einen Waffenstillstand gebeten, der ihm zum x-tenmal verweigert worden wäre. Es war nämlich schon lange beschlossene Sache, daß die Alliierten die deutsche Macht mitten in Europa. . . unbedingt brechen wollten. Der Krieg hätte bis zur Einnahme Berlins fortgedauert.«[172]

Deshalb vermag sich der Verfasser auch nicht Argumenten aus dem deutschen Widerstand anzuschließen, wie sie noch 1994, kurz vor seinem Tod, Alexander STAHLBERG, zur Zeit des Attentats auf Adolf HITLER persönlicher Ordonnanz-Offizier unter Generalfeldmarschalls Erich VON MANSTEIN, geltend machte. Demnach hätten sich die nach dem 21. Juli 1944 bis zum 6. Mai 1945 zu verzeichnenden deutschen Verluste an Wehrmachtsangehörigen (1 976 000) und Zivilpersonen (2 850 000) – täglich 16 641 Kriegstote – sowie die Anwesenheit feindlicher Besatzungstruppen auf deutschem Boden durch ein gelungenes Attentat auf den ›Führer‹ verhindern lassen.[173] Doch gegen diese Ansicht sprechen allzu viele Fakten.

---

[170] Victor HÖLTERLING, »Aufgebauscht (Leserzuschrift)«, in *Die Welt*, 13. 6. 1994.

[171] Alfred M. DE ZAYAS, »Kommentar«, in *Märkische Zeitung*, hier zit. nach *Privatdepesche*, 19/31, 10. 5. 2000.

[172] Philippe GAUTIER, aaO. (Anm. 152).

[173] Alexander VON STAHLBERG, *Die Verdammte Pflicht. Erinnerungen 1932 bis 1945*, Berlin [10]1999, S. 457 f.

Allein CHURCHILLS Feststellung auf der Konferenz von Jalta (4.–11. Februar 1945) über die unverhohlenen Mordabsichten der Kriegsalliierten gegen das deutsche Volk spricht Bände (s. S. .127).

»Man verhieß. . . Deutschland von allen Seiten keinerlei Nachsicht, sondern vielmehr seine Zerschlagung, seine vollständige Vernichtung und schließlich die Apokalypse. Selbst die lauen, mäßigen Deutschen konnten deswegen als kleineres Übel nur den Sieg Deutschlands wünschen.«[174] Der *Neue Brockhaus*, Ausgabe 1968, übersetzt ›Apokalypse‹ mit »Weltzusammenbruch«. Der Verfasser geht nicht so weit, wenn er in der Zerschlagung Deutschlands, seiner Umvolkung und seiner Auflösung in der EU lediglich jenen selbstzerstörerischen »Untergang des Abendlandes« (SPENGLER) sieht, in dessen Strudel längst auch die Kriegsalliierten diesseits und jenseits des Atlantiks geraten sind. Er wird mit ziemlicher Sicherheit auch die Drahtzieher und ›Macher‹ der Katastrophe treffen. Allerdings steht zu bezweifeln, daß sie sich dieser Konsequenz bewußt sind.

ROOSEVELT hatte bereits 1938 mit STALIN einen gemeinsamen Vernichtungskrieg gegen Deutschland vereinbart. Das geht aus der 1973 vorgelegten Veröffentlichung *National Suicide* (›Nationaler Selbstmord‹) des amerikanischen Forschers Antony SUTTON hervor.

Das Buch zeichnet sich dadurch aus, daß der Autor dem Leser seinen Standpunkt nicht aufnötigt, aber ihn mit erdrückenden Dokumenten konfrontiert. Auf den Seiten 80 und 81 beweist er unwiderlegbar die Existenz eines Geheimabkommens zwischen STALIN und ROOSEVELT. Dieser Vertrag wurde 1938 vorbereitet. SUTTON fand das Dokument Nr. 800.51 W89 USSR/247 des State Department (US-Außenministerium). Es handelt sich um einen Bericht des Botschafters Joseph E. DAVIS vom 7. Januar 1939 über die Beendigung der Arbeiten zur Vorbereitung eines Geheimabkommens. In den USA wußten nur vier Personen von der Existenz dieses Abkommens. Berücksichtigt man die Fähigkeit der Sowjets, Dinge geheimzuhalten, so kann man annehmen, daß der Kreis der eingeweihten Personen auf sowjetischer Seite noch kleiner war.

Die Existenz des von SUTTON ausfindig gemachten Dokuments ist nie geleugnet oder auch nur bezweifelt worden. Damit keine Zweifel auftauchen, informiert SUTTON den Leser über eine Vielzahl von Begleitabkommen, beginnend mit Dokument Nr. 711.00111 des State Department. Es handelt sich dabei um ein im März 1939 unterzeichnetes Abkommen über die Mitwirkung der Vereinigten Staa-

---

[174] Philippe GAUTIER, aaO. (Anm. 152), S. 266 f.

ten am Bau sowjetischer U-Boote. SUTTON zitiert außerdem ellenlange Listen über amerikanische strategische Güter, die in die Sowjetunion geliefert wurden. »Man kann diese Auflistung nur mit jener Liste strategischer Lieferungen vergleichen, die während des Krieges an die Sowjets gingen. Geht man diese Listen durch, so verwischen sich die Unterschiede zwischen den Vorkriegs- und den Kriegslieferungen der USA an STALIN. Das amerikanische Förderband, auf dem Hilfsgüter in die UdSSR transportiert wurden, wurde bereits Anfang der dreißiger Jahre eingeschaltet. Im Januar 1939 begann die Lieferung dann auf Hochtouren zu laufen und hörte bis Kriegsende nicht mehr auf. STALIN hatte in Europa völlige Freiheit – nie wurde mehr als ein ›moralisches Embargo‹ gegen ihn verhängt. STALIN war also auf den Krieg vorbereitet: STALIN versicherte sich der amerikanischen Unterstützung, bevor deutsche Panzer die polnischen Schlagbäume an der Grenze durchbrachen.«[175]

Der nicht nur von deutschen Linken geradezu masochistisch bestrittene deutsche Präventivkrieg gegen die Sowjetunion wird von dem vielzitierten russischen Autor und ehemaligen hochrangigen Offizier des sowjetischen militärischen Geheimdienstes GRU, Viktor SUWOROW, bestätigt. In seinen Büchern *Der Eisbrecher* und *Der Tag M* erbrachte er den Nachweis, daß STALIN für den Sommer 1941 eine Offensive gegen das Deutsche Reich plante (s. Fr. I, S. 87 ff.). Mit der hier als Auszug wiedergegebenen Sekundärquellenanalyse aus *Stalins verhinderter Erstschlag. Hitler erstickte die Weltrevolution* legte SUWOROW im Jahre 2000 eine zeitgeschichtliche Neubewertung vor, mit der es ihm gelungen sein dürfte, auch den hartnäckigsten Geschichtsfälschern die Argumente für Deutschlands angeblichen Überfall auf die friedliebende Sowjetunion zu nehmen. Diesem aufschlußreichen Bericht über das Geheimabkommen ROOSEVELTS mit STALIN ist zu entnehmen, daß gemeinsame amerikanisch-sowjetische Kriegsvorbereitungen gegen das Reich bereits 1938 vereinbart wurden. Das war die Basis für das spätere ›Kondominat von Jalta‹.

»Man müsse, so ROOSEVELT immer wieder, STALIN Vertrauen entgegenbringen und ihm geben, was man im Rahmen der Atlantik-Charta noch gerade eben zubilligen könne, um sein Mißtrauen gegenüber dem Westen abzubauen.«[176]

---

175 Viktor SUWOROW, *Stalins verhinderter Erstschlag. Hitler erstickte die Weltrevolution,* Selent 2000, hier zit. nach *Das Ostpreußenblatt,* 29. 7. 2000.

176 Detlef JUNKER, *Von der Weltmacht zur Supermacht. Amerikanische Außenpolitik im 20. Jahrhundert,* Leipzig–Wien–Zürich 1995, S. 66.

Vor dem Hintergrund dieser Generallinie wurde die amerikanische Deutschlandpolitik in erheblichem Maße zu einer Funktion der US-Politik gegenüber der Sowjetunion. SUWOROW weist weiter nach: »Der sowjetische Plan zum Erstschlag stand zwei Monate vor ›Barbarossa‹ [dem Beginn des Rußlandfeldzugs; d. Verf.]«. Von dieser Erkenntnis unbeeindruckt, glaubte Bundeskanzler Gerhard SCHRÖDER am 60. Jahrestag des Beginns des Rußlandfeldzugs an den »deutschen Überfall« auf die Sowjetunion erinnern zu müssen.[177] Dabei hatte der sowjetische Militärhistoriker Oberst PETROW schon am 8. 5. 1991 in der *Prawda* ausgeführt, daß die Wehrmacht dem Angriff der Roten Armee zuvorgekommen sei. Und sogar STALIN selbst hat kurz nach dem Kriege dem französischen KP-Chef THOREZ erklärt, daß die Rote Armee eigentlich bis Paris [sprich: bis zum Atlantik] marschieren wollte.[178]

Die im ersten Band und hier zitierten Zeitzeugen und Historiker aus den Staaten der früheren Gegner, die in zwei Weltkriegen gegen das Deutsche Reich standen, haben mit ihren Forschungen einen besonderen Beitrag zur Aussöhnung ihrer Völker mit Deutschland geleistet; zweifellos mehr als Deutschlands Medien und die hiesige politische Klasse mit ihrer würdelosen Geschichtsklitterei, ihrer ungebrochenen Tributwilligkeit und ihren einseitigen Schuldbekenntnissen zu allen passenden und unpassenden Gelegenheiten. Die Fairneß der ersteren verdient ausdrückliche Erwähnung, weil inländische Vergangenheitsbewältiger die historischen Tatsachen – etwa im Zusammenhang mit der Kriegsschuldfrage – nach wie vor nach dem von dem US-Publizisten Walter LIPPMANN[179] formulierten Grundsatz unterschlagen, um die Deutschen als immerfort Zahlungswillige auf der Anklagebank zu halten:

»Erst, wenn die Kriegspropaganda der Sieger Eingang gefunden hat in die Geschichtsbücher der Besiegten und von der nachfolgenden Generation auch geglaubt wird, kann die Umerziehung als wirklich gelungen angesehen werden.« (s. Fr. I, S. 84 f.)

Der Literatur-Nobelpreisträger und Holocaust-Spezialist Elie WIESEL läßt uns dazu wissen: »Manche Ereignisse geschehen, sind

177 dpa, »Schröder erinnert an Überfall«, in *Buxtehuder Tagblatt,* 22. 6. 2001.

178 Günther KRATZEL, »Falsche Auffassung (Leserzuschrift)«, in *Buxtehuder Tagblatt,* 21. 7. 2001.

179 Walter LIPPMANN (1889–1974) war Chefredakteur der *New York World* und Kolumnist des *New York Herald Tribune.* Seine Kommentare erschienen zeitweise in über 250 Zeitungen.

aber nicht wahr. Andere wiederum sind wahr, finden aber nicht statt.«[180]

Der als gebürtiger Tscheche und später als Ritter der Ehrenlegion in französischen Diensten stehende Militärschriftsteller Ferdinand Otto MIKSCHE, ein gewiß unverdächtiger Zeuge, äußert sich in seinem Buch *Das Ende der Gegenwart* zur Wirkung dieser Umerziehung auf das deutsche Volk:

»Die auf allen Instrumenten der Massenmedien spielende Geschichtsfälschung und Desinformation bildete die Begleitmusik der alliierten Nachkriegspolitik, die ohne diese weltweite Propaganda ihre Funktion verloren hätte. Systematisch wurde das deutsche Volk zum alleinigen und kollektiven Schuldbewußtsein erzogen, was zum großen Teil gelungen ist.«[181]

Die Folgen dieser Form von Vergangenheitsbewältigung skizziert Botho STRAUSS in seinem Essay *Anschwellender Bocksgesang* wie folgt:

»Die Überlieferung verendet vor den Schranken einer hybriden Überschätzung von Zeitgenossen, verendet vor der politischen Unwissenheit jener für ein bis zwei Generationen zugestopften Erziehungs- und Bildungsstätten, Horste der finsteren Aufklärung, die sich in einem ewig ambivalenten Lock- und Abwehrkampf gegen die Gespenster einer Geschichtswiederholung (nach dem Motto) befinden: ›Wehret den Anfängen!‹«[182] Bekanntlich geht dies inzwischen so weit, daß sich die Deutschen nicht mehr trauen, ihre gefallenen Soldaten und zivilen Kriegsopfer zu betrauern[183], während gleichzeitig deutsche Soldaten – Angehörige der Bundeswehr nicht weniger als solche der ehemaligen Wehrmacht – pauschal und ungestraft öffentlich als Mörder beschimpft werden dürfen. Selbst der Schriftsteller Günter GRASS, nicht eben als Inländerfreund bekannt, beklagte in der *Frankfurter Allgemeinen Zeitung*, daß es »merkwürdig und beunruhigend« anmutet, »wie spät

---

[180] Elie WIESEL, *Legends of Our Time,* New York 1982, S. viii (Einleitung), hier zit. nach *National Journal,* 18/1997.

[181] Ferdinand Otto MIKSCHE, *Das Ende der Gegenwart,* hier zit. nach: Peter FISCHER, »Ermutigung«, aaO. (Anm. 169).

[182] Botho STRAUSS, hier zit. nach: Stefan GELLER, »Gedanken zur Zeit: ›Beunruhigender‹ Mangel – Über Abwehr deutscher Not«, in *Das Ostpreußenblatt,* 14. 10. 2000.

[183] Arnulf BARING, »Die Deutschen trauen sich nicht, die eigenen Verluste zu betrauern. Aus der Rede zur Eröffnungveranstaltung zum Tag der Heimat 2000 in Berlin«, in *Pommersche Zeitung,* 16. 9. 2000.

und immer noch zögerlich an die Leiden erinnert wird, die während des Krieges den Deutschen zugefügt wurden.«[184]

Eine aufmerksame Leserin der *Welt*, Eleonore BÄTHGE, äußerte sich dazu in einem Leserbrief an ihre Zeitung: »Alexander SOLSCHENIZYN hat beim Besuch eines Friedhofs für GULag-Opfer davor gewarnt, die(se) Vergangenheit zu vergessen. Auf jenem Friedhof liegen die Gebeine von etwa 12 000 bis 14 000 Opfern, die in stalinistischen Lagern gestorben sind. Wann hat. . . eine Persönlichkeit unseres Landes aus Politik oder Kultur zuletzt eines der Massengräber bei Neubrandenburg, in Buchenwald bei Weimar oder dergleichen aus STALINS Sonderlagern aus der Zeit von 1945 bis 1950 besucht?«[185]

Was hier nach 1945 geschah, wird der deutschen Öffentlichkeit nach wie vor weitgehend verschwiegen, und die Rote Armee wird nicht nur von der PDS hartnäckig als Befreierin gefeiert. Hierher gehört auch der Umstand, daß sich die Bundesregierung hartnäkkig gegen die Errichtung eines »Zentrums gegen Vertreibung« sperrt, das als Mahnmal der ethnischen Säuberung der ehemaligen deutschen Ostgebiete fungieren könnte. Ex-Kulturstaatsminister Michael NAUMANN (SPD) lehnte das vom Bund der Vertriebenen geforderte Mahnmal ab. Er sah sich dabei im Konsens mit Bundeskanzler Gerhard SCHRÖDER. »Künftig werde es keine Kreuzstichkurse schlesischer Tracht oder Kirmesfahrten der Vertriebenen mehr geben.«[186] Auch NAUMANNS Nachfolger NIDA-RÜMELIN hält an dieser Position fest.

Ein treffendes Wort über die Mentalität bundesdeutscher Vergangenheitsbewältiger prägte der 1944 im Fliegereinsatz gefallene große französische Schriftsteller Antoine DE SAINT-EXUPÉRY:

»Da ich ein Teil von ihnen bin, werde ich niemals die Meinen verleugnen, was sie auch tun mögen. Ich werde nie vor jemand anderen gegen sie predigen. Wenn ich sie verteidigen kann, werde ich sie verteidigen. Wenn sie mich mit Schande bedecken, werde ich die Schande in meinem Herzen verschließen und schweigen. Was ich dann auch über sie denken mag, ich werde nie als Belastungszeuge dienen.«[187]

---

[185] Eleonore BÄTHGE, Hamburg, »Und bei uns? (Leserzuschrift)«, in *Die Welt*, 10. 6. 1994.

[186] cp-Meldung, NAUMANN, »Nein zu Vertriebenen-Stätte – Streit mit Erika Steinbach – Ex-SPD-Geschäftsführer Peter Glotz will im Kuratorium mitwirken«, in *Die Welt*, 21. 9. 2000.

[187] Antoine DE SAINT-EXUPÉRY, *Flug nach Arras*, Reinbek 1956, S. 128.

Ein anderer bedeutender Franzose, der ehemalige Staatspräsident Charles DE GAULLE, identifizierte sich gar mit einem Ausspruch MOLTKES: »Der Charakter eines Volkes zeigt sich daran, wie es nach einem verlorenen Krieg mit seinen Soldaten umgeht.«[188]

Wer heute in den bundesdeutschen Medien, aber auch im Bildungs- und Kultursektor oder erst recht auf politischem Terrain etwas werden will, muß sich der weithin herrschenden ›Political Correctness‹ unterwerfen. Wer dies auf sich nimmt, steht naturgemäß nicht im gleichen Lager wie die zitierten Franzosen, beide offenkundig ›Ewiggestrige‹. Publizisten, Verleger und Politiker, die vergleichbare Meinungen hierzulande äußern, werden in Deutschland diffamiert, diskriminiert und verfolgt, daß sich die Balken biegen.[189]

Im übrigen ist die erwähnte ›Political Correctness‹ auch für Eingeweihte häufig nicht unproblematisch. Nicht nur Normalbürger, sondern auch Intellektuelle haben gelegentlich ihre Schwierigkeiten mit den ›Insider‹-Vorgaben. So ist Antisemitismus augenscheinlich nicht immer Antisemitismus – der Unterschied liegt darin, ob es sich bei seinen Urhebern um Kommunisten oder Nationalsozialisten handelt. So berichtete der ehemalige Gouverneur des Staates New York, Martin H. GLYNN, im *American Hebrew* vom 31. Oktober 1919 – offenbar im Zusammenhang mit dem bolschewistischen Terror gegen die sogenannten Kulaken (Großbauern) in der noch jungen Sowjetunion – über einen bereits so bezeichneten ›Holocaust‹ an Juden in der Ukraine. GLYNN schreibt:

»Sechs Millionen Männer und Frauen sterben; achthunderttausend Kinder schreien nach Brot.« (*»Six million men and women are dying; eight hundred thousand children cry for bred.«*)[190]

Nach dem Zweiten Weltkrieg setzte STALIN diesen »Roten Holocaust«[191] fort, als er ab 1947 – dem Beginn des Kalten Krieges – die sowjetischen Juden verdächtigte, »zionistische Agenten« zu sein. Er startete eine antisemitische Propagandakampagne gegen

---

[188] Friedrich Carl ALBRECHT, Bremen, »Die 10 Gebote für die Kriegsführung (Leserzuschrift)«, in *Das Ostpreußenblatt*, 1. 1. 2002.

[189] Jürgen SCHWAB, *Die Meinungsdiktatur. Wie »demokratische« Zensoren die Freiheit beschneiden*, Coburg 1997, S. 82.

[190] Martin H. GLYNN, »The Crusifixion of Jews Must Stop«, in *The American Hebrew*, 31. 10. 1919, zit. nach: Udo Walendy, *Historische Tatsachen*, Nr. 1, Vlotho 1994.

[191] Horst MÖLLER (Hg.), *Der rote Holocaust und die Deutschen. Die Debatte um das »Schwarzbuch des Kommunismus«*, nach: Manfred Funke, »Politischer Mord im totalitären Zeitalter«, in *General-Anzeiger* (Bonn), 23. 4. 1999.

582 *THE AMERICAN HEBREW* October 31, 1919

The Crucifixion of Jews Must Stop!

By MARTIN H. GLYNN

(Former Governor of the State of N. Y.)

WHITHER ?

From across the sea six million men and women call to us for help, and eight hundred thousand little children cry for bread.

These children, these men and women are our fellow-members of the human family, with the same claim on life as we, the same susceptibility to the winter's cold, the same propensity to death before the fangs of hunger. Within them reside the illimitable possibilities for the advancement of the human race as naturally would reside in six million human beings. *We may not be their keepers but we ought to be their helpers.*

In the face of death, in the throes of starvation there is no place for mental distinctions of creed, no place for physical differentiations of race. In this catastrophe, when six million human beings are being whirled toward the grave by a cruel and relentless fate, only the most idealistic promptings of human nature should sway the heart and move the hand.

Six million men and women are dying from lack of the necessaries of life; eight hundred thousand children cry for bread. And this fate is upon them through no fault of their own, through no transgression of the laws of God or man; but through the awful tyranny of war and a bigoted lust for Jewish blood.

In this threatened holocaust of human life, forgotten are the niceties of philosophical distinction, forgotten are the differences of historical interpretation; and the determination to help the helpless, to shelter the homeless, to clothe the naked and to feed the hungry becomes a religion at whose altar men of every race can worship and women of every creed can kneel. In this calamity the temporalities of man's fashionings fall away before the eternal verities of life, and we awaken to the fact that from the hands of one God we all come and before the tribunal of one God we all must stand on the day of final reckoning. And when that reckoning comes mere profession of lips will not weigh a pennyweight; but deeds, mere intangible deeds, deeds that dry the tear of sorrow and allay the pain of anguish, deeds that with the spirit of the Good Samaritan pour oil and wine in wounds and find sustenance and shelter for the suffering and the stricken, will outweigh all the stars in the heavens, all the waters in the seas, all the rocks and metals in all the celestial globes that revolve in the firmament around us.

Race is a matter of accident; creed, partly a matter of inheritance, partly a matter of environment, partly one's method of ratiocination; but our physical wants and corporeal needs are implanted in all of us by the hand of God, and the man or woman who can, and will not, hear the cry of the starving; who can, and will not, take heed of the wail of the dying; who can, and will not, stretch forth a helping hand to those who sink beneath the waves of adversity is an assassin of nature's finest instincts, a traitor to the cause of the human family and an abjurer of the natural law written upon the tablets of every human heart by the finger of God himself.

And so in the spirit that turned the poor widow's votive offering of copper into silver, and the silver into gold when placed upon God's altar, the people of this country are called upon to sanctify their money by giving $35,000,000 in the name of the humanity of Moses to six million famished men and women.

Six million men and women are dying—eight hundred thousand little children are crying for bread.

And why?

Because of a war to lay Autocracy in the dust and give Democracy the sceptre of the Just.

And in that war for democracy 200,000 Jewish lads from the United States fought beneath the Stars and Stripes. In the 77th Division alone there were 14,000 of them, and in Argonne Forest this division captured 54 German guns. This shows that at Argonne the Jewish boys from the United States fought for democracy as Joshua fought against the Amalekites on the plains of Abraham. In an address on the so-called "Lost Battalion," led by Colonel Whittlesey of Pittsfield, Major-General Alexander shows the fighting stuff these Jewish boys were made of. In some way or another Whittlesey's command was surrounded. They were short of rations. They tried to get word back to the rear telling of their plight. They tried and they tried, but their men never got through. Paralysis and stupefaction and despair were in the air. And when the hour was darkest and all seemed lost, a soldier lad stepped forward, and said to Col. Whittlesey: "I will try to get through." He tried, he was wounded, he had to creep and crawl, but he got through. To-day he wears the Distinguished Service Cross and his name is

ABRAHAM KROTOSHINSKY.

Because of this war for Democracy six million Jewish men and women are starving across the seas; eight hundred thousand Jewish babies are crying for bread.

den »Kosmopolitismus«, der zahlreiche jüdische Intellektuelle zum Opfer fielen.[192] Die Folgen dieses von STALIN geschürten Antisemitismus sind bis in die Gegenwart hinein zu spüren. »Es liegt in der Luft: Man ist bereit, nicht nur in Worten, sondern auch in Taten gegen Juden vorzugehen«, meint der Direktor der jüdischen Schule an der Mayj-Koslowskij-Straße in Moskau. Er und seine Schüler haben Scheu, mit ihrer Kippa, der traditionellen jüdischen Kopfbedeckung, bis zur nächsten Metrostation zu gehen. Obwohl offiziell verboten, kursieren antisemitische Symbole, Filmvideos wie »Der ewige Jude« oder Kassetten mit »Historischer Musik der weißen Rasse« sowie Adolf HITLERS *Mein Kampf* in russischer Übersetzung. Das Nachrichtenmagazin *Focus* zitiert einen Arbeitslosen aus Wolgograd mit der Bemerkung, daß die Juden in der russischen Regierung an seiner Situation schuld seien – eine Äußerung, die gut zehn Jahre nach dem Ende der UdSSR wahrscheinlich die Mehrheitsmeinung im ehemaligen Sowjetreich widerspiegelt. Politiker jüdischer Herkunft verbergen sich deshalb gern hinter russischen Namen. »Tatsächlich haben die Juden überall wichtige Posten erobert, die Zeiten staatlicher Diskriminierung sind vorbei, das jüdische Leben blüht.« Trotz reger Abwanderung auch nach Deutschland, das russischen Juden wie in Zeiten des Kaiserreiches bereitwillig seine Tore öffnet – ohne die für Rußlanddeutschen geltenden Quoten und Sprachprüfungen! – sollen noch eine Million Juden in Rußland leben.[193] Das Attentat eines Jurastudenten der Akademie für Arbeit und soziale Beziehungen auf den jüdischen Funktionär Leopold KAIMOWSKI im Jüdischen Kulturzentrum einer Moskauer Synagoge wurde 1999 vom *Spiegel* als »Gipfel einer Kette von judenfeindlichen Anschlägen« bezeichnet.[194]

Die Themenkomplexe ›Antisemitismus in der UdSSR‹ und ›Sowjetpolitik der Vereinigten Staaten‹ werfen für aufmerksame Beobachter zahlreiche Fragen auf:

1. Warum haben die USA bzw. die in ihrem Rücken agierenden ›Insider‹ von den Sowjettätern und deren Nachkommen bisher nicht in gleicher Weise Wiedergutmachungsleistungen oder zumindest Schuldbekenntnisse gefordert wie von den Deutschen,

---

[192] Alexander BORTSCHAGOWSKI, *Orden für den Mord. Die Judenverfolgung unter Stalin*, Berlin 1977.

[193] Gudrun DOMETEIT, »Gewalt liegt in der Luft – Antisemitismus ist weit verbreitet. Und der russische Staat sieht tatenlos zu«, in *Focus*, 8/2000, 21. 2. 2000.

[194] Uwe KLUSSMANN, »Furchtbarer Feind«, in *Der Spiegel*, Ausgabe 29/1999.

die für ›ihren‹ Holocaust an den Juden noch in der dritten Generation in Kollektivhaft gehalten werden?

2. Warum haben sie die Planung, Vorbereitung und Durchführung von Angriffskriegen – einschließlich Besetzungs- und Umsiedlungsaktionen in Osteuropa (östliches Finnland, Baltikum) –, durch Moskau sanktioniert?
3. Warum hat Washington ungeachtet dessen den Sowjets für ihren Krieg gegen Deutschland kriegsentscheidende Militärhilfe gewährt? Und warum warf und wirft Washington den ›Holocaust‹ nur den Deutschen und nicht auch den Russen vor?
4. Warum hat sich Washington bisher nicht zu den vier Bombenangriffen der US-Luftwaffe auf das KZ Auschwitz während des Krieges bekannt und offengelegt, warum diese Angriffe stattfanden? Diese erfolgten
   am 20. 8. 1944 mit 460 B 24 und B 17 Bombern,
   am 13. 9. 1944 mit 350 schweren Bombern,
   am 18. 9. 1944 mit 560 p. h. Bombern und
   am 26. 12. 1944 mit 380 B 24 und B 17 Bombern.[195]
5. Schließlich: Warum haben die USA als angebliche ›Demokratiebringer‹ und Vorkämpfer der Menschenrechte den sowjetisch-slawischen Vorstoß ins Herz Europas – unter Einschluß nie dagewesener Vertreibungsverbrechen – ermöglicht und letztere ihrem NATO-Bündnispartner Deutschland und den osteuropäischen Vertreiberstaaten gegenüber niemals beanstandet, sondern sogar gutgeheißen?

Wie bereits dargelegt, begannen die USA und ihre nachmaligen Kriegsalliierten Großbritannien und Frankreich schon lange vor der ›Machtergreifung‹ Adolf HITLERS mit der Planung und Vorbereitung eines Vernichtungskrieges gegen das Deutsche Reich. Der Zweite Weltkrieg brach aus, weil er lange im vorhinein geplant war. Auch jedem anderen als einem nationalsozialistischen System wäre er aufgezwungen worden. Das Reich hätte dann lediglich schneller kapitulieren müssen, als dies dann tatsächlich der Fall war. An den Ergebnissen hätte das nichts geändert – Deutschland hätte seine nach dem Ersten Weltkrieg verbliebene Souveränität sowie die Reste seiner staatlichen Einheit auch unter jeder anderen als einer NS-Führung bedingungslos aufgeben müssen.

---

[195] »Combat Chronology der Air Forces in World War II«, National Archives, Washington D.C., zit. nach: Gerhard SCHIRMER, *Sachsenhausen-Workuta. Zehn Jahre in den Fängen der Sowjets*, Tübingen 1992, S. 40.

Im nachhinein ist jede Spekulation müßig. Dennoch: Der historische deutsche Siedlungsraum hätte wahrscheinlich nur zusammengehalten werden können, wenn sich die Weimarer Republik freiwillig den USA als Protektorat unterworfen hätte. Etwas Ähnliches hatte das Reich übrigens schon einmal in seiner vielhundertjährigen Geschichte praktiziert, und zwar unter KARL IV., als mit der Goldenen Bulle faktisch die Oberhoheit des päpstlichen Stuhls über das Römische Reich Deutscher Nation festgeschrieben worden war (s. S. 169). Möglicherweise hätte Deutschland dann als ›US territory‹ mit einem völkerrechtlichen Status wie heute etwa Puerto Rico ohne Krieg ungeteilt fortbestehen können. Es wäre dann nicht der EU, sondern nur den USA gegenüber tributpflichtig, hätte allerdings ebenfalls, wie zur Zeit NAPOLEONS, Militärkontingente oder eine Art Fremdenlegion für amerikanische Interventionsabenteuer rund um den Globus zu stellen.

Hätten sich die USA auf eine solche ›Lösung‹ eingelassen, würde sich die heutige Lage Deutschlands von der tatsächlich gegebenen erheblich unterscheiden: Deutschland bestünde dann vermutlich in den Grenzen von 1937 fort, vielleicht sogar unter Einschluß des polnischen Korridors. Es hätte keine US-Bombardements gegeben, keine russische, polnische, tschechische, französische und britische Besatzung, keine Vertreibungen, Demontagen, von den ungeheuren Bevölkerungsverlusten ganz zu schweigen. Allerdings: Ein Krieg mit den europäischen Westmächten und Rußland wäre Deutschland auch in diesem Fall nicht erspart geblieben. Schließlich wollten die USA ja Europa sowie die britischen und französischen Kolonialgebiete unter ihre Kontrolle bringen. Das politische Gebot für Deutschlands Überleben hätte darin gelegen, im gegebenen Status zu verharren, bis sich eine Möglichkeit zur Befreiung aus dem amerikanischen Würgegriff ergab, sei es als Folge eines Niedergangs der USA, wie ihn Samuel HUNTINGTON im Zuge des »Kampfes der Kulturen« prognostiziert, oder wegen einer Naturkatastrophe. So oder so freilich hätte Deutschland lange Jahrzehnte amerikanischer Dominanz erdulden müssen.

Abseits solcher Gedankenspielereien stellt sich die reale Situation heute allerdings so dar, daß Deutschland, seit 1945 praktisch ein US-Protektorat, nun erst recht auf eine passende Gelegenheit warten muß, Souveränität und ethnisches Überleben gegen den Druck der amerikanischen Dominanz sicherzustellen. Das hätte man – im nachhinein gesehen – weniger verlustreich haben können, aber auch nur, wenn sich Washington in den zwanziger Jahren des 20. Jahrhunderts auf eine derartige ›Lösung‹ eingelassen hätte.

Das ›Neue Völkerrecht‹ – eine Erfindung Washingtons

Bereits im ersten Band der vorliegenden Standortanalyse wurde ausführlich geschildert, wie es den verschiedenen amerikanischen Einflußkartellen nach der siegreichen Beendigung des Ersten Weltkrieges gelang, einen neuerlichen Weltkrieg zu entfachen (s. Fr. I, S. 171 ff.). Im folgenden wird gelegentlich auf diese Ausführungen zurückzugreifen sein.

Das ›Neue Völkerrecht‹ made in USA weist, grob gesagt, die folgenden Grundsätze auf:

1. Die Kriegsschuld liegt einseitig beim Besiegten.
2. Seine Verbrechen sind ›offenkundig‹ und bedürfen keines Nachweises.
3. Außerkraftsetzung der Haager Landkriegsordnung und des Schutzwerkes des Internationalen Roten Kreuzes nach Belieben der Siegermächte. Bereits während des Krieges wurde mit der Bombardierung ziviler Stadtkerne und der Deportation von zivilen Arbeitskräften sowie mit der massenhaften Vergewaltigung von Frauen und dem Raub beweglichen Eigentums aus öffentlichem und privatem Besitz begonnen.
4. Raub historischer deutscher Siedlungsgebiete und ihre ethnische Säuberung ohne Volksabstimmungen (s. Abbildung 27);
5. Ausplünderung des bei Deutschland verbliebenen Territoriums nach Belieben der jeweiligen Besatzer (bewegliche Güter, Demontagen von Industrieanlagen, Raub von Patenten);
5. Versklavung von Zivilpersonen und in Gefangenschaft befindlichen Wehrmachtsangehörigen zum Zweck der Ableistung von Zwangsarbeit als Wiedergutmachung von ›Kollektivschuld‹;
7. Faktisch immerwährende Ansprüche der Alliierten auf Wiedergutmachung an Länder, Institutionen und Einzelpersonen sowie Verpflichtung des Besiegten zur Übernahme laufender Tribut- und Kontingentpflichten;
8. Rechtlosigkeit der Besiegten nach Artikel 53 und 107 der UN-Satzung (sogenannte »Feindstaatenklauseln«);
9. Umsetzung des »Londoner Protokolls« vom 8. August 1945.

Das »Londoner Protokoll« beinhaltet einen Vertrag der Regierungen Großbritanniens, der USA, Frankreichs und der UdSSR über die Verfolgung und Bestrafung der Hauptkriegsverbrecher der

Abbildung 27. Postkarte mit Oder-Neiße-Linie als symbolisiertem Nord/Süd-Strich.

europäischen Achsenmächte. Es basiert auf der Moskauer Deklaration vom 30. Oktober 1943 und sieht die Schaffung eines internationalen Militärtribunals sowie die Rückführung von »Kriegsverbrechern« in jene Länder vor, in denen die Verbrechen begangen wurden. Dieses Abkommen, auch als »Londoner Statut« bezeichnet, stellt nichts anderes als eine in juristische Formeln gekleidete Generalvollmacht der Sieger dar, jeden Angehörigen des besiegten deutschen Volkes unter Berufung auf angebliche ›Rechtsgrundsätze‹ hinzurichten, lebenslänglich oder für eine bestimmte Zeit zu inhaftieren, an eine andere Siegermacht auszuliefern, dauerhaft beruflich zu schädigen und/oder lebenslanger Diffamierung auszusetzen. Auch die These von der ›Kollektivschuld‹ des deutschen Volkes findet im Londoner Statut ihre Begründung.

Überdies wurden im »Londoner Protokoll« mehrere neue Straftatbestände kodifiziert, die seither das internationale Recht auf fragwürdige Weise bereichern. Hierunter fallen etwa sogenannte »Verbrechen gegen die Menschlichkeit« und »Verbrechen gegen den Frieden«, beides Tatbestände, deren Feststellung einen breiten Ermessensspielraum mit rückwirkender Anwendung zuläßt. Auch die Formel »Beteiligung an einer Verschwörung« gestattet die Strafverfolgung prinzipiell jedes Deutschen, der sich während des Krieges als Soldat oder Zivilperson für sein Vaterland einsetzte.

Es wird aber noch hanebüchener. So ist die Formel »allgemein bekannte Tatsachen« eine regelrechte Totschlagformel. Aus ihr leitet sich die allen juristischen Gepflogenheiten hohnsprechende Praxis her, wonach Fakten nicht mehr nachweisbar auf ihre Richtigkeit hin zu prüfen sind, sondern von Amts wegen zur Kenntnis zu nehmen sind: zum Beispiel sämtliche Propagandabehauptungen der Siegermächte. Das Ganze firmiert unter der hochtrabenden Bezeichnung »Menschenrechte«. Die Generalversammlung der Vereinten Nationen hat sowohl das Londoner Statut als auch die auf ihm basierenden Urteile des Nürnberger Militärtribunals gebilligt, sprich: ihnen Völkerrechtsstatus verliehen.

Wie die gesamte Gesetzgebung und Rechtsprechung der Siegermächte, so sind auch die Bestimmungen des »Londoner Protokolls« für die Bundesrepublik Deutschland durch einen Passus im »Überleitungsvertrag« von 1954 verbindlich und im Grundgesetz (GG) verankert worden.

Überdies brechen nach Art. 25 GG die »allgemeinen Regeln des Völkerrechts« Bundesrecht. Dazu gehören auch die nur für die Besiegten geltenden vorerwähnten Regeln eines ›neuen‹ Völkerrechts.[196] Im Zwei-plus-Vier-Vertrag vom 12. September 1990 ist zwar festgelegt: »Das vereinigte Deutschland hat. . . volle Souveränität.« Allerdings vergingen nicht einmal drei Wochen nach Abschluß dieses Vertrages, bis die Bundesregierung den drei Westmächten ausdrücklich anbot, die knebelnden Bestimmungen des Überleitungsvertrages vom 23. Oktober 1954, mit denen sich Bundeskanzler ADENAUER die angebliche Souveränität (s. Abbildung 28, nächste Seite) der alten Bundesrepublik hatte attestieren lassen, zu reaktivieren. Mit der daraufhin zustande gekommenen »Vereinbarung vom 27./28. September 1990 zum Vertrag über die Beziehungen zwischen der Bundesrepublik Deutschland und den

[196] Udo WALENDY, »Das Londoner Protokoll«, in *Historische Tatsachen*, Nr. 2, 1976.

Drei Mächten sowie zum Vertrag zur Regelung aus Krieg und Besatzung entstandenen Fragen« wurde nicht nur die alte BRD aufs neue, sondern auch gleich die Neuen Länder - ungefragt - der alliierten Kontrolle unterworfen.[197]

Deutsche Medien und Parteien - die ihre Existenz nach wie vor alliierten Besatzungslizenzen verdanken - anerkennen das so geschaffene ›neue‹ Völkerrecht im übrigen nicht etwa nur unter Zwang der Alliierten, sondern bemühen sich vielmehr penetrant, die deutsche Öffentlichkeit mit der Kriegspropaganda der Siegermächte zu indoktrinieren. Während sie bei der Nachkriegsgeneration - insbesondere bei den durch die Institutionen marschierten 68er-Ideologen - unstreitig Erfolg hatten, gelingt ihnen dies bei der heranwachsenden Generation immer weniger. Nicht zuletzt der steigende Prozentsatz von Nicht(mehr)wählern ist ein Indiz für die Übersättigung der Deutschen mit alliierter Kriegs- und Greuelpropaganda und das dadurch geschwundene Vertrauen in die sogenannten ›Volksvertreter‹ - die faktisch allerdings

Abbildung 28. A. M. LANGS Karikatur aus dem Jahre 1952 zeigt, daß der deutsche Adler an der Kette Amerikas bleibt – trotz offenen Käfigs. (Abgedruckt in David L. HOGGAN, *Meine Anmerkungen zu Deutschland,* Tübingen 1990.)

[197] Meinrad Freiherr VON OW, »Alle Maßnahmen der Besatzungsbehörden bleiben in Kraft«, in *Das Ostpreußenblatt,* 16. 9. 2000.

alles, nur nicht die Interessen der einheimischen Bevölkerung vertreten. Den älteren Mitbürgern war der »aufrechte Zinnsoldat« aus ANDERSENS gleichnamigem Märchen noch unbestrittenes Vorbild, wie er mit seinem Papierschiffchen den durch eine Ratte verkörperten Gefahren mit Tapferkeit und Ausdauer begegnet. Das gilt heute längst als antiquiert. Ein Indiz unter vielen für den Mentalitätswandel der Deutschen.

Anders als die in zwei Weltkriegen unterlegenen Deutschen mußten sich Engländer und Amerikaner zu keiner Zeit vor einem internationalen Tribunal für ihre territorialen Erwerbungen verantworten (von denen einige allerdings inzwischen wieder aufgegeben wurden). Politisch korrekt geht der Durchschnittsdeutsche davon aus, daß diese Erwerbungen, von denen oben bereits die Rede war, stets unter Wahrung der Menschenrechte und völkerrechtlicher Normen zustande kamen. Mit Blick auf jene Erfahrungen, die die Deutschen nach beiden Weltkriegen mit den Siegermächten und ihrem Verständnis vom Recht auf Leben, Eigentum und Heimat machen durften, sind daran freilich Zweifel angebracht. Wie oben zu zeigen war, befleißigten sich die Alliierten je nach Gutdünken eines ›Chamäleon-Völkerrechts‹, das bald so, bald so ausgelegt werden konnte – und jedenfalls nicht den Verdacht aufkommen ließ, daß etwa die Sowjets der Haager Landkriegsordnung oder der Rotes-Kreuz-Konvention beigetreten seien. Dieses Chamäleon-Völkerrecht ist in sich »ein vollkommener Widerspruch, bleibt gleich geheimnisvoll für Kluge wie für Toren«. (»Mephisto in der Hexenküche«, GOETHES *Faust I*)

Der ehemalige Regierende Bürgermeister von Berlin, Ernst REUTER (SPD), vertrat 1953 noch die Auffassung: »Es wird sich keiner zu dieser schändlichen Tat finden«, die Oder-Neiße-Grenze anzuerkennen. Und noch Willy BRANDT und Herbert WEHNER unterstrichen ihre Haltung in dieser Frage 1963 in der SPD-Grußbotschaft zum Schlesiertreffen mit den unmißverständlichen Worten:

»Breslau – Oppeln – Gleiwitz – Hirschberg – Glogau und Grünberg, das sind nicht nur Namen, das sind lebendige Erinnerungen, die in den Seelen von Generationen verwurzelt und unaufhörlich an unser Gewissen klopfen. Verzicht ist Verrat, wer wollte das bestreiten.«

Zwei Drittel des deutschen Volkes mögen trotz ständiger Berieselung mit Verzichtspropaganda auch heute noch diese Auffassung teilen und nach SCHILLERS *Maria Stuart* (zweiter Akt, fünfte Szene) der Meinung sein: »Was man nicht aufgibt, hat man nie verloren.«

Medien und politische Klasse freilich haben sich von dieser Position inzwischen um Welten entfernt, was, nebenbei bemerkt, ein weitgehend degeneriertes Demokratieverständnis erkennen läßt. Auch Bundeskanzler KOHL stimmte bekanntlich in den Chor der Verzichtler ein, als er mit dem sowjetischen Staatschef GORBATSCHOW eher unfreiwillig über die Wiedervereinigung verhandeln mußte, um für die US-Amerikaner den Weg zur Osterweiterung der NATO freizumachen.

Welche Zukunftsperspektiven eröffnet das ›neue‹ Völkerrecht made in USA den Deutschen mit Blick auf ihre historischen Siedlungsgebiete? Nun, bleibt man bei der von den Alliierten geübten Praxis, dann müßte eigentlich abzuwarten sein, daß den Vertreibern von gestern und ihren Nutznießern über kurz oder lang ihrerseits die Vertreibung aus den Raubgebieten bevorsteht. Wer so denkt, artikuliert damit mitnichten eine ›ewiggestrige‹ Denkweise. Schließlich fordert die NATO unter Führung Washingtons seit 1999 beharrlich genau dieses Rückkehrrecht für die aus dem 1918 von den Siegermächten geschaffenen Kunststaat Jugoslawien vertriebenen Kosovoalbaner in ihre von den Serben ethnisch gesäuberten Gebiete und umgekehrt.

Wir erinnern uns an den Slawenkongreß 1848 in Prag. Polen, Tschechen und Serben forderten dort in schöner Eintracht die Ausdehnung ihrer Siedlungsräume auf Kosten des Lebensraumes anderer Völker, und zwar in Kombination mit der ethnischen Säuberung der neuen Territorien. Bekanntlich konnte diese Forderung später mit Hilfe der Siegermächte des Ersten und Zweiten Weltkrieges und unter Verletzung elementarsten Menschen- und Völkerrechts durchgesetzt werden. Die Serben konnten die Umsetzung der Prager Forderung von 1848 lediglich erst später als die Polen und Tschechen in Angriff nehmen.

Zumal bundesdeutsche Politiker taten sich während der NATO-Intervention gegen Serbien damit hervor, den jugoslawischen Staatspräsidenten Slobodan MILOSEVIC politisch höchst korrekt mit HITLER zu vergleichen. Natürlich ist das reine Geschichtsklitterung. Der einzige Punkt, in dem sich beide Politiker miteinander vergleichen lassen, ist der Umstand, daß HITLER wie MILOSEVIC von denjenigen instrumentalisiert worden sind, die die betroffenen Länder mittels lange im voraus geplanter Angriffshandlungen unter ihre Kontrolle bringen und zudem am Krieg verdienen wollten.

In diesem Punkt allerdings sind die Parallelen auffällig. So wie der deutsche Widerstand von den Alliierten nicht geschätzt und schon gar nicht unterstützt wurde (s. Fr. I, S. 20 f.), so lange HITLER noch gebraucht wurde, um den Vernichtungskrieg gegen Deutschland zu rechtfertigen, genau so wurde auch der Sturz MILOSEVICS nach Abschluß der NATO-Intervention nur halbherzig betrieben. Seine Anwesenheit wurde als Vorwand für die Kontrolle der Balkanregion durch NATO-Kontingente benötigt, ging es im letzten doch um die Durchsetzung amerikanischer Rohstoffinteressen. Wie Fritz BECKER in seinem Buch *Stalins Blutspur durch Europa* nachweist, offenbarte sich diese Doppelstrategie des ›demokratischen‹ Westens bereits in den Jahren 1933 bis 1945, als Washington und London geradezu schamlos mit dem sowjetischen Staats-Terrorismus paktierten. BECKER weist ferner darauf hin, daß STALIN über zahlreiche weitere Verbündete im sogenannten ›Widerstand‹ verfügte, der unter dem Strich Verrat in erschütterndem Ausmaß beging.[198] Ein Kapitel der deutschen Zeitgeschichte, über das bisher im wesentlichen Legenden kursieren und das noch der seriösen Aufarbeitung harrt.

Noch einmal: Die ehemaligen Vertreiberstaaten Osteuropas sollten sich nicht wundern, wenn das von ihnen geforderte und mit massiver Unterstützung der Vereinigten Staaten umgesetzte Recht auf Vertreibung in absehbarer Zeit auf ihre eigenen Bevölkerungen zurückschlägt. Möglicherweise wird es dabei nicht nur um eine Rückführung aus den Raubgebieten gehen, sondern darüber hinaus um eine ›Umsiedlung‹ aus den angestammten Lebensräumen östlich der ehemaligen deutschen Ostgebiete. Die Praxis des neuen ›Völkerrechts‹ läßt mittlerweile nichts mehr als unmöglich erscheinen.

Das gilt übrigens auch für den muslimischen Bevölkerungsanteil in Deutschland. Seine gegenüber der deutschen Noch-Mehrheitsbevölkerung ungleich höheren Geburtenziffern bestärken die islamischen ›Mitbürger‹ in der Tendenz, sich in der Bundesrepublik als »Volk ohne Raum« zu gerieren (s. Fr. I, S. 304, Fußnote 443). Ein Teufelskreislauf. Denn je mehr Türken in Deutschland Aufnahme bzw. stillschweigende Duldung finden, um so größer wird das Risiko multikultureller Zwistigkeiten auf deutschem Boden. Die Türkei liegt zum größeren Teil auf asiatischem Boden. Im Jahre 1453 eroberten die Türken das ehemalige Byzanz - das seit Kaiser KONSTANTIN Konstantinopel hieß und seit 395 Metropole der östlichen Reichshälfte war - und islamisierten es nachhaltig. Die nächsten Schritte der Expansion galten dem Balkan, der zu

---

198 Fritz BECKER, *Stalins Blutspur durch Europa. Partner des Westens 1933–45*, Kiel 1993.

Abbildung 29. Entsatz des belagerten Wien am Kahlenberg (12.9. 1683). Der erneute Angriff der Osmanen auf Europa ist abgewehrt.

großen Teilen - und für jedermann ersichtlich - ebenfalls in Besitz genommen und islamisiert wurde.

Bis Ende des 17. Jahrhunderts waren dem osmanischen Expansionsdrang kaum Grenzen gesetzt; Türken herrschten von Algerien über Ägypten, Teile der Arabischen Halbinsel, die Krim, Griechenland, den Balkan bis Ungarn.[199] 1529 kam es zur ersten türkischen Belagerung Wiens, das von Graf SALM verteidigt wurde. Erneut war Wien dann 1685 schwer gefährdet. Vor der türkischen Eroberung ist es unter anderem durch die Kriegskunst des Edlen Ritters Prinz EUGEN bewahrt worden. Die Türkenkriege zogen sich nicht zuletzt deshalb so lange hin, weil Frankreich generationenlang bestrebt war, das Deutsche Reich im Bunde mit den Osmanen - wie später mit den Vertreiberstaaten Polen und Tschechoslowakei - einzukreisen.[200]

Zwar erlebte die Türkei im Zuge ihrer nationalen Erhebung unter Kemal ATATÜRK (1921/22) einen rasanten Modernisierungsschub, der sich auch gegen den erbitterten Widerstand islamischer Traditionalisten richtete. In den letzten Jahren mehren sich nun

199 *Spiegel-Almanach,* Ausgabe 1999, S. 541.

200 *Der Große Brockhaus,* Ausgabe 1957, Band 11, S. 695.

die Anzeichen dafür, daß diese Modernisierung nur oberflächlich war. Trotz ATATÜRK, der 1938 starb, sind die Türken weithin ihrer jahrhundertealten islamischen Tradition, Kultur und Sprache verhaftet geblieben, was letztlich auch ihre Integration – und darauf können sie stolz sein – in Deutschland und der Europäischen Union scheitern ließ. Auch in Zukunft wird diese Integration per Doppelpaß nicht gelingen.[201] Daß sich die rot-grüne Bundesregierung im Kielwasser amerikanischer Vorgaben immer wieder für einen EU-Beitritt der Türkei starkmacht, dürfte deshalb im Erfolgsfall eher zu einer Islamischen Republik Deutschland sowie zur Islamisierung anderer EU-Staaten führen als zu einer erfolgreichen Verwirklichung jener multikulturellen Visionen, wie sie etwa dem HOOTON-Plan zugrunde lagen.

Wir erinnern uns: Das Osmanische Reich wurde nach der Eroberung des christlichen Ostrom auch kein ›multikulturelles‹ Reich, sondern unterdrückte das dortige Christentum rigoros. Vielleicht war die Erinnerung daran noch so stark, daß die EU-Staats- und Regierungschefs die Türkei noch im Dezember 1997 wissen ließen, daß sie als EU-Mitglied »bis auf weiteres« nicht in Frage komme (natürlich wurde dieses Argument nicht nach außen hin vorgebracht). Ungeachtet dessen wird der deutsche EU-Kommissar Günther VERHEUGEN (SPD) nicht müde, seit seiner Ernennung die Türkei zum offiziellen EU-Beitrittskandidaten hochzuloben, was regelmäßig mit der Forderung nach Verbesserungen der Menschenrechtssituation in der Türkei verknüpft wird. Für VERHEUGEN und seine Brüsseler Kollegen bedeutet dies unter anderem die Abschaffung der Todesstrafe – die in einer Reihe von US-Bundesstaaten bis heute geltendes Gesetz ist –, und zwar auch und speziell mit Blick auf den Chef der Kurdischen Kommunistischen Partei – PKK – (die hierzulande ständig verharmlosend als ›Kurdische Arbeiterpartei‹ bezeichnet wird).

Der Verfasser hat die Türkei erstmals im Jahre 1952 besucht und sich seither immer wieder mit dem Land auseinandergesetzt, das während des Ersten Weltkrieges und gegenwärtig im Rahmen der NATO erneut mit Deutschland verbündet ist. Die Bundesrepublik wie die EU wären angesichts des geopolitischen Einflusses der Türkei, der weit über den NMO-Bereich hinausweist und sich auf die gesamte islamische Südflanke Eurasiens erstreckt, gut beraten, das Bündnis mit diesem Land, bei dem es sich ja nicht um eine

---

[201] Winfried BÜHLER, »Europa muß regierbar bleiben (Leserzuschrift)«, in *Die Welt,* 4. 7. 2000.

Bananenrepublik handelt, zu vertiefen und zu festigen. Gleichzeitig und in Anbetracht der dann zu gewärtigenden Öffnung muß jedoch gewährleistet sein, daß diese Partnerschaft nicht dazu führt, daß Deutschland und die anderen EU-Länder zu Aufmarschräumen für eine türkische Besiedlung und eine neuerliche türkische Expansionspolitik nach Westen werden. Selbstverständlich wird das auch gegenüber den USA deutlich zu machen sein, die im Sinne des »Kampfes der Kulturen« (S. HUNTINGTON) die Türkei für den Westen zu vereinnahmen trachten - ein Bestreben, das nur als äußerst kurzsichtig bezeichnet werden kann. Die Türkei wird durch eine gewisse außenpolitische Distanz nicht diskriminiert, schließlich gäbe sich Ankara im umgekehrten Fall auch nicht als Aufmarschraum für eine expansive EU her.

Mit der zukünftigen Stoßrichtung des Islam hängt letztlich auch die Entwicklung auf dem Balkan zusammen. Der europäische Südosten ist eine Region, die in der Vergangenheit tiefgehende Erfahrungen mit einem expansiven Islam machen mußte. Nehmen die berüchtigten ›balkanischen‹ Zustände die künftige Entwicklung in ganz Europa vorweg? Zumindest die Deutschen müßten aus eigener leidvoller Erfahrung wissen, was auf sie zukommt - das ist auch das Thema eines Leserbriefes in der *Neuen Zürcher Zeitung*:

»Nur wenn es gelingt, einen Prozeß der Selbstbestimmung einzuleiten, wird verhindert, daß die im jüngsten Krieg entstandenen Mythen kommenden Generationen die ideologische Rechtfertigung für eine Abrechnung liefern. Ohne eine Beschäftigung mit der Vergangenheit wird das Ungeheuerliche erneut, wie nach dem Zweiten Weltkrieg, unter einer Decke nationaler Ideologien verschwinden, in denen sich jedes Volk einzig als Opfer sieht.«[202]

So dient auch die den Deutschen bis auf den heutigen Tag verordnete Tabuisierung jener Vertreibungsverbrechen, die lange vor 1933 von Polen und Tschechen geplant waren, mit Sicherheit nicht dem Frieden in Europa. Das war im übrigen bereits den Siegern von 1945 bewußt. In den vom US-Außenministerium zur Potsdamer Konferenz erarbeiteten, streng geheimen Richtlinien für die amerikanische Delegation heißt es zur Oder-Neiße-Linie:

»Es gibt keine historische oder ethnologische Rechtfertigung für die Abtretung dieser Gebiete an Polen. . . Die Aufrechterhaltung der Oder-Neiße-Grenze. . . (könne) durchaus das kritische Si-

---

202 *Neue Zürcher Zeitung*, »Zum Recht auf Rache auf dem Balkan«, hier zit. nach *Die Welt*, 1. 3. 1999.

cherheitsproblem in Europa während der kommenden Jahre werden.«[203]

Trotzdem ermöglichten es die Vereinigten Staaten – und ohne ihr Verhalten wäre das nicht möglich gewesen – den Sowjets und Polen, die Gebiete östlich der Oder-Neiße-Linie zu annektieren und von ihrer angestammten Bevölkerung praktisch zu säubern. Dabei wurden – einschließlich der ebenfalls maßgeblich von den USA betriebenen und zu verantwortenden Vertreibung der Sudetendeutschen – alles in allem mehr als 15 Millionen Deutsche heimatlos, mindestens zwei Millionen kamen um. Nach der Präsidentin des Bundes der Vertriebenen, Erika STEINBACH (CDU-MdB), handelt es sich dabei um die »größte Vertreibungs- und Gewaltaktion«, die es jemals gegeben hat.[204]

Betroffenheit über das Ausmaß der deutschen Verluste war den Westallierten fremd. So stellte CHURCHILL auf der Konferenz von Jalta (4.–11. Februar 1945) nicht ohne Zufriedenheit fest:

»Wir haben bisher sechs bis sieben Millionen Deutsche umgebracht, und wahrscheinlich werden noch ein oder zwei Millionen bis zum Kriegsende getötet werden können.«[205]

Wie wir heute wissen, spielten dabei die Vernichtungsangriffe auf die zivilen Stadtkerne vieler deutscher Städte die Hauptrolle. Allerdings verfolgten die Alliierten ihr Kriegsziel, möglichst viele Deutsche zu töten, auf mehreren Wegen. Einer davon war die den eigenen Alliierten in Ost- und Westeuropa gewährte US-Militärhilfe und die Lieferung ziviler Versorgungsgüter, ein anderer der Eintritt der USA in den Krieg, ein weiterer der Luftterror gegen die deutsche Zivilbevölkerung, wieder ein anderer die kaltblütige Ermordung etwa einer Million deutscher Kriegsgefangener auf den Rheinwiesen (s. Fr. I, S. 235 ff.). Die Perfidie dieser Vernichtungspolitik wird deutlich, wenn man sich immer wieder vergegenwärtigt, daß HITLER, dessen Politik die Alliierten zur Rechtfertigung für ihre an Deutschland verübten Verbrechen vorschoben, ja von amerikanischen Finanzkreisen und anderen Kriegstreibern zuvor selbst auserwählt und an die Macht befördert worden war.

---

[203] Foreign Relations of the United States (FRUS), *Diplomatic Papers, The Conference of Berlin (The Potsdam Conference) 1945,* Washington 30. 6. 1945, Washington 1960, Bd. I., S. 750 ff., hier zit. nach: David Irving, aaO. (Anm. 97), S. 35.

[204] Gernot FACIUS, »Suche nach einem Haus für Vertriebenenstiftung«, in *Die Welt,* 27. 8. 1999.

[205] David IRVING, aaO. (Anm. 97), S. 183.

In einem Beitrag unter dem Titel »Verbrechen der Army« resümiert die *Frankfurter Allgemeine Zeitung* vom 1. Dezember 1999, Gun Ri sei nach My Lai das zweite von Amerikanern zugegebene Kriegsverbrechen im nunmehr vergangenen Jahrhundert. »Das Dritte - eigentlich das erste, aber viel größeren Ausmaßes - ist an den deutschen Kriegsgefangenen begangen (worden), vor allem in den ersten Monaten nach dem Ende des Zweiten Weltkrieges. Ein Weißbuch über diese Vorkommnisse würde auch den Glorienschein des damalig verantwortlichen Oberkommandierenden Dwight D. EISENHOWER in wesentlich trüberem Licht erscheinen lassen. Fürwahr ein heikles Thema, das mit Sicherheit weiterhin zur nach wie vor unbewältigten deutschen Vergangenheit gehören wird; schon deshalb, weil mit eben solcher Sicherheit keine unserer etablierten Parteien in der Lage oder willens ist, dieses Thema zu behandeln oder gar im Sinne einer wirklichen Vergangenheitsbewältigung abzuschließen.«[206]

Kenntnis über Art und Ausmaß dieser Kriegsverbrechen verdanken wir dem kanadischen Historiker und Publizisten James BACQUE (*Other Losses* und *Der geplante Tod*, s. Fr. I, S. 235 ff. u. 244) sowie dem deutschen Publizisten und ehemaligen Angehörigen des Auswärtigen Amtes Paul CARELL, der sich des Themas zusammen mit dem Journalisten und stellvertretenden Chefredakteur der *Welt am Sonntag* Günter BÖDDEKER (*Die Gefangenen. Leben und Überleben deutscher Soldaten hinter Stacheldraht*) annahm.[207]

Bei alledem ist nicht auszuschließen, daß im Zuge des von ihnen etablierten ›neuen‹ Völkerrechts auch die USA selbst in Zukunft mit Kriegsverbrechen an ihren Soldaten sowie mit ethnischen Säuberungen im eigenen Land rechnen müssen, wenn Samuel HUNTINGTONS wohlbegründete Prognose (s. Fr. I, S. 315 ff.) Wirklichkeit werden und die USA dabei den kürzeren ziehen sollten. Krokodilstränen wären in diesem Fall fehl am Platze. Es läge zweifellos ein Quentchen ausgleichender Gerechtigkeit darin, schlüge etwas von dem unermeßlichen Leid, das Amerika im Laufe seiner Geschichte über andere Völker brachte und bis heute bringt, irgendwann auf den Verursacher zurück.

Nicht ganz uninteressant ist in diesem Zusammenhang die Tatsache, daß es Erziehung zum Haß nicht nur in der Roten Armee gab, sondern daß eine vergleichbare Konditionierung auch Be-

---

206 Kurt RUTHARDT, »Eisenhowers Glorienschein (Leserzuschrift)«, in *FAZ*, 21. 12. 1999.

207 Paul CARELL, Günter BÖDDEKER, *Die Gefangenen. Leben und Überleben deutscher Soldaten hinter Stacheldraht*, Frankfurt/M.-Berlin-Wien 1996.

standteil der Ausbildung amerikanischer Offiziersanwärter in West Point (US-Militärakademie) ist. Die Folgen liegen auf der Hand: ungezählte Einzelkriegsverbrechen an Zivilpersonen und Kriegsgefangenen sowie kollektives völkerrechtswidriges Vorgehen gegen beide Opfergruppen.

Auch die Briten betrieben und betreiben bis heute Haßpropaganda gegen die Deutschen. Und: In England ging man bereits in den dreißiger Jahren an die Entwicklung und Herstellung viermotoriger schwerer Bomber, die in der Lage sein sollten, deutsche Städte anzugreifen. Während des Krieges zahlte sich diese Strategie dann aus: Die deutschen zivilen Opfer im Luftkrieg beliefen sich auf weit über eine halbe Millionen, auf 635 000 Tote, während die britische Opferzahl gerade einmal ein Zehntel davon betrug (60 400).[208] Aber auch fern der deutschen Städte trug die britische Luftwaffe nach Kräften dazu bei, die deutschen Opferzahlen in die Höhe zu treiben: Noch in der Schlußphase des Krieges warfen englische Kampfflugzeuge Bomben auf das zugefrorene Haff in Ostpreußen, das für endlose Vertriebenentrecks der letzte Fluchtweg vor der Roten Armee war. Es wurde zur Todesfalle. Besonders nachts, wenn die nur dünn zugefrorenen Bombenlöcher nicht erkennbar waren, kamen zahllose Flüchtlinge in den eisigen Fluten der Ostsee um.

Noch immer ist Kriegs- und Zeitgeschichtsschreibung in Deutschland ein Wagnis. Über die Schwierigkeit, sachliche Forschungs- und Aufklärungsarbeit zu betreiben, schreibt Werner BEUMELBURG im Nachwort seines Buches *Jahre ohne Gnade*:

»Wer es in Deutschland unternimmt, über den Zweiten Weltkrieg zu schreiben, befindet sich in einer eigenartigen Lage. Die klassischen Zeugnisse des Krieges, auf die sich seine Darstellung stützen müßte, die Kriegsakten und Kriegstagebücher, sind nach der Kapitulation als Beutegut in ganzen Schiffsladungen über das Meer gewandert und harren dort auf ein unbestimmtes Schicksal.«[209]

Der Zweck dieser Vorgehensweise ist leicht durchschaubar. Die Deutschen sollten von den Siegern (zeit)geschichtslos gemacht werden, den Besiegten sollte die Möglichkeit genommen werden, der Kriegsschuldpropaganda der Alliierten unter Verweis auf eigenes Aktenmaterial entgegenzutreten. Zurückgegeben wurden von den ehemaligen Kriegsgegnern bislang lediglich unproblematische Archivalien, die der Umerziehungsabsicht nicht entge-

---

208 Paul CARELL, Günter BÖDDEKER, ebenda.

209 Walter BEUMELBURG, *Jahre ohne Gnade. Chronik des Zweiten Weltkrieges*, Oldenburg 1952.

genstehen. Die deutschen KZ-Akten sind aber beispielsweise ebenso nach wie vor unter Verschluß wie das französische Oradour-Dossier, die britischen Dokumente über die Vernehmung Rudolf HESS' sowie viele andere kriegsschuldrelevante Aktenstücke. Auch der von dem britischen Unterhausabgeordneten Emry HUGHES in seinem Werk *Churchill – ein Mann in seinem Widerspruch* festgehaltene Vorfall gehört in diese Kategorie:

»Taylor KENT, der Dechiffrierbeamte der amerikanischen Botschaft in London, wurde von der Art und Weise alarmiert, in der CHURCHILL und ROOSEVELT insgeheim die USA in den Krieg hineinmanövrierten. Er machte Kopien von ihrem Schriftwechsel, um diese in die USA zu schicken, wo sie Staatsmännern von Nutzen sein konnten, die sich den Interventionsplänen ROOSEVELTS widersetzten. KENT wurde ertappt und mußte für sein Vergehen fünf Jahre in einem englischen Gefängnis sitzen. Der amerikanische Botschafter (Joe) KENNEDY verzichtete auf ROOSEVELTS Drängen (Weisung) hin, KENTS Immunität als Mitglied des diplomatischen Korps zu wahren; man mußte sicher sein, daß dieser Mann während des Krieges schwieg. Später wurde ein Gesetz angenommen, das es KENT verbot, den Inhalt dieser geheimen Botschaft nach Kriegsende zu enthüllen.«[210]

Sefton DELMER, der große Propagandist des Zweiten Weltkriegs auf britischer Seite, erklärte, Lüge und Übertreibung seien unerläßliche Zutaten seiner fragwürdigen Tätigkeit. Nach seiner Überzeugung bleibe bei dem hilflos einer ›getürkten‹ Meldung Ausgelieferten immer etwas hängen, weil der Empfänger erfahrungsgemäß keinen Zugang zu den tatsächlichen Fakten habe.[211]

Die Aufrechterhaltung der alliierten Kriegsschuld- und Greuelpropaganda hat – bei bundesdeutschen Medienmachern und Politikern jedenfalls – bis heute Vorrang vor der historischen Wahrheit. Erinnert sei nochmals an das von Hans GRIMM mitgeteilte Wort eines amerikanischen Vernehmungsoffiziers nach Kriegsende: »Damit haben wir den totalen Sieg gewonnen... Wir werden diese Greuelpropaganda fortsetzen, wir werden sie steigern, bis niemand mehr ein gutes Wort von den Deutschen annehmen wird, bis die Deutschen selbst so durcheinander geraten sein werden, daß sie nicht mehr wissen, was zu tun!« Bis heute erweisen sich Figuren wie Jan Philipp REEMTSMA und Guido KNOPP dabei als allerwilligste Vollstrecker.

---

[210] Emry HUGHES, *Churchill. Ein Mann in seinem Widerspruch,* 1959, zit. nach *Das Ostpreußenblatt,* 24. 1. 1998.

[211] Peter FISCHER, »Sympatisanten«, in *Das Ostpreußenblatt,* 16. 9. 2000.

Entschädigungsprozesse, Mahnmal-Aktivitäten – und was dahintersteckt

Auch im Falle der USA könnte es geschehen, daß Hochmut vor dem Fall kommt. Ausdruck dieses Hochmuts sind in den letzten Jahren die mit amerikanischem Druck erzwungenen und beliebig fortsetzbaren Wiedergutmachungs- und ›Entschädigungs‹zahlungen an ehemalige Zwangsarbeiter, deren Opfer zu gleichen Teilen der bundesdeutsche Rest-Staat und neuerdings deutsche Wirtschaftsunternehmen bezahlen müssen. Flankiert wird dieser kaum verhohlene Raubzug durch sehr einseitige Mahnmal-Aktivitäten auf deutschem Boden. Über die Tatsache, daß solche Aktivitäten über ein halbes Jahrhundert nach der bedingungslosen Kapitulation der Wehrmacht und der daraufhin erfolgten Ausplünderung Deutschlands möglich sind, wundert sich offenbar niemand.

Wenn von der neuerlichen Runde im Entschädigungspoker die Rede ist, wird durchwegs übersehen, daß Länder, Interessenvertretungen und Einzelpersonen in den Jahrzehnten seit Kriegsende ja bereits aus vielen öffentlichen Töpfen entschädigt wurden. Das Geflecht aus Hilfsfonds, Wiedergutmachungszahlungen und sonstigen Entschädigungsleistungen ist für den Normalbürger längst nicht mehr zu überblicken. Ein Gutteil aller dieser Leistungen wurde aber in der Vergangenheit ganz offensichtlich nicht an die betroffenen Opfer weitergeleitet, sondern zweckentfremdet verausgabt oder gar, wie im Falle der in den USA völkerrechtswidrig enteigneten deutschen Vermögen, von ›Treuhändern‹ unterschlagen (s. Fr. I, S. 64).

Völlig aus der Diskussion ausgeklammert wird ferner, daß die erpreßten deutschen Betriebe – soweit während des Krieges nicht in Schutt und Asche gelegt – ja schon einmal dem »große(n) Plündern von 1945« ausgesetzt waren, nämlich ganz nach Willkür der Sieger demontiert sowie ihrer Patente und Warenzeichen beraubt wurden.[212] Hinzu kommt, daß sie durch ihre Steuerleistungen ja ohnehin ihren Anteil an den öffentlichen Wiedergutmachungsleistungen, an den ständig steigenden Ausgaben für die Asylanten (auch dies eine Spätfolge des HOOTON-Plans!), an Besatzungskosten, Tributleistungen an die Europäische Union sowie an den Lasten für die Gestellung von Militärkontingenten im Dienste amerikanischer Interessen entrichten. Ginge es nach Bundesfinanz-

[212] »Das große Plündern von 1945«, in *Code*, Ausgabe 5/1991.

minister Hans EICHEL, soll den Finanzämtern künftig sogar der elektronische Zugriff auf die EDV-Buchhaltungen der Unternehmen ermöglicht werden. Die Wirtschaft läuft dagegen verständlicherweise Sturm. Vor dem Hintergrund wachsender Internet-Spionage kann den betroffenen Unternehmen schließlich niemand garantieren, daß die bei ihnen abgegriffenen Daten über Absatzstrategie, Unternehmensplanung, Entwicklung und Forschung nicht in die Hände der Konkurrenz im In- und Ausland gelangen, von der ganz ›normalen‹ Schädigung der Unternehmens-Software infolge der ›Mitbenutzung‹ durch Dritte gar nicht zu reden.

Spinnen wir das Szenario noch etwas weiter. Was wird aus denjenigen, die sich bei diesen ›Steuerjagdkommandos‹ besonders hervortun? Werden sie später einmal, wie unter Deutschen üblich, ein halbes Jahrhundert lang als Schreibtischtäter zur Rechenschaft gezogen oder als Mitläufer eingestuft? Es wäre schließlich nicht die erste ›Abrechnung‹ in der deutschen Geschichte. Nur die heute wie von jeher angepaßte Justiz dürfte es wohl auch beim nächsten Systemwechsel schaffen, ungeschoren davonzukommen.

Ein Wort über die verschiedenen Mahnmal-Aktivitäten. Es ist schon erstaunlich, daß dabei genau nach der NS-Rassenlehre (Nürnberger Gesetze) vorgegangen wird, denn die Opfergruppen werden ziemlich genau nach ethnischen Merkmalen gewichtet. So fordern Sinti und Roma inzwischen einen Extra-Fonds zur Entschädigung eigener Volksgruppenangehöriger, die in Osteuropa trotz NS-Verfolgung und Zwangsarbeit überlebten.[213] Ferner fordern sie nunmehr auch ein eigenes, nur ihrer ethnischen Gruppe gewidmetes Mahnmal.[214]

Szenenwechsel: In den USA sucht man vergeblich nach Mahnmalen, die dem amerikanischen Genozid (Völkermord) an der indianischen Urbevölkerung des Landes gewidmet sind. Diese Ausrottung war schließlich keine harmlose Jagdveranstaltung der in Nordamerika eingedrungenen Asylanten oder Wirtschaftsflüchtlinge, sondern ein handfester ›Holocaust‹ mit dem Ziel, die ›von Gott auserwählten‹ Vereinigten Staaten aus dem Boden zu stampfen.

Auch über Wiedergutmachungszahlungen an die Opfer dieses Gruppenmords und ihre Nachkommen, die nur entfernt an das heranreichen, was den Deutschen seit Generationen abverlangt wird, wird jenseits des Großen Teichs kein Wort verloren. Ledig-

[213] »Roma und Sinti fordern Extra-Fonds«, in *Welt am Sonntag*, 7. 3. 1999.
[214] Darüber berichtete unter anderen der Deutschlandfunk am 29. 7. 2000.

lich eine einzige Anwaltskanzlei in Toronto (Kanada) hat bislang eine Sammelklage kanadischer Indianer gegen den Staat und die großen Kirchen des Landes angekündigt. Dem Vernehmen nach soll dabei über eine Forderung nach Wiedergutmachung in Höhe von umgerechnet 13,7 Milliarden Mark für die zwischen 1920 und 1970 während der Zwangseinweisung in kirchlichen Internaten erlittene Gewaltanwendung verhandelt werden. Die Kanzlei macht im einzelnen folgende Delikte geltend: Isolierung, erzwungene Gefangenschaft, sexuelle Belästigung sowie physische und psychische Mißhandlung. Die ›Schulen‹ waren von der kanadischen Regierung eingerichtet worden und standen unter Leitung katholischer und protestantischer Kirchen. Die Kinder wurden ihren Familien entzogen und zum Besuch der Schulen gezwungen, um dort erzogen zu werden. Unter anderem war ihnen – wie den wenigen in ihrer Heimat verbliebenen Deutschen im Osten und in der UdSSR – verboten, ihre eigene Sprache zu sprechen.[215]

Über anhängige Wiedergutmachungsklagen nordamerikanischer Indianer wegen des an ihnen verübten Genozids ist bislang noch nichts bekannt. Damit dürfte jedoch bald zu rechnen sein, nachdem die USA ihrerseits eine neue Lawine von Entschädigungsforderungen gegen Deutschland losgetreten haben. Die bisherigen Almosen an die wenigen, in unfruchtbaren Reservaten wie Zootiere gehaltenen ›Restbestände‹ der indianischen Urbevölkerung sind im wahrsten Sinne des Wortes *›peanuts‹* und keinesfalls mit Entschädigungsleistungen für das erlittene Unrecht zu verwechseln. Der US-Genozid an den Indianern ist bis heute weder bedauert und gesühnt noch materiell wiedergutgemacht worden. Derlei wird, scheinheilig und mit erhobenem Zeigefinger, nur von Deutschland erwartet, das unter tatkräftiger Mithilfe der USA in einem zweiten »Dreißigjährigen Krieg« (1914–1945) in die Knie gezwungen wurde.

Nach der Organisation für Afrikanische Einheit (OAU) sind 20 Millionen Afrikaner als Sklaven nach Arabien, Indien und vor allem Amerika deportiert worden. Angeregt durch die von den Vereinigten Staaten Deutschland abverlangten Entschädigungszahlungen für die während des Zweiten Weltkrieges im Reich beschäftigten Zwangsarbeiter, hat die OAU eine Arbeitsgruppe eingesetzt, um Reparationszahlungen von den Täterstaaten und -gesellschaften einzufordern. Diese beziffert die Höhe ihrer an die USA, Lateinamerika und die EU gerichteten Entschädigungsfor-

---

[215] *National-Zeitung,* 30. 6. 2000.

derung für den Sklavenhandel früherer Jahrhunderte auf sage und schreibe 777 Billionen US-Dollar.[216] Nach dem Vorbild der erfolgreichen jüdischen Sammelklagen sollen in den USA tätige afrikanische Anwälte diese Gelder eintreiben.[217 u. 218]

Die Bundesregierung tut gut daran, genau hinzusehen, wie die Beklagten darauf reagieren,[219] ehe sie botmäßig zu Lasten der bereits zur Genüge wiedergutmachungs- und demontagegeschröpften sowie von der EU ausgenommenen deutschen Steuerzahler und Unternehmen erneute Leistungsverpflichtungen übernimmt. Man kann es schließlich nur als besondere Chuzpe (jidd. ›Frechheit‹) empfinden, daß die neuerliche Zwangsarbeiterentschädigung ausgerechnet von jenem Land gefordert wird, das – neben der Sowjetunion – selbst größtes Opfer von Versklavung und Ausplünderung in der Neuzeit war. Und das heute noch auf Betreiben eines Landes, in dem es – laut einem in der *Welt* vom 5. Mai 1995 abgedruckten Foto – noch heute gang und gäbe ist, Zwangsarbeiter an den Füßen gefesselt zu ihren Arbeitsstätten zu führen (das *Welt*-Bild zeigte eine Arbeiterkolonne in Huntsville).

Einer anderen, nur auf die USA bezogenen Quelle zufolge wurden nach »vorsichtigen Schätzungen« bis zum Jahre 1808 »nahezu 450 000« in Afrika eingefangene, unter unmenschlichen Bedingungen auf Sklaventransportern nach Amerika verschleppte, dort wie Nutztiere gehandelte und gehaltene Zwangsarbeiter ausgebeutet. »Für ein Kind zahlte man um 1750 in Charleston etwa 100 Pfund; ein kräftiger junger Mann kostete bis zu 300 Pfund, eine Frau kaum weniger.« Unter den »Importen« befanden sich nach Lage der Dinge auch ungesunde, ungehorsame oder übellaunige Opfer. Dieser »menschliche Abfall« war schlecht absetzbar und wurde deshalb von den Händlern gern als »Negermüll« einem Posten Sklaven untergemischt. Die hier genannten Zahlen und Preise sind einem Buch entnommen, dessen Autor ohne jede Scham berichtet, daß seine Vorfahren mehr als 20 Reisplantagen besaßen, für deren Betrieb zusammen über 4000 Sklaven gehalten wurden. Er berichtet ferner über Händler, die im 18. Jahrhundert mit dem Sklavenhandel gute Geschäfte machten, darunter ein

---

216 Möglicherweise handelt es sich hierbei um einen Übersetzungsfehler der benutzten Quelle, da das englische Wort *billion* deutsch mit ›Milliarde‹ zu übersetzen ist. Dann beliefe sich die Forderung immerhin noch auf US-$ 777 Milliarden.

217 *Neue Ordnung*, Graz, Nr. 1/2000, S. 5.

218 *FAZ*, 21. 8. 1999.

219 Hans HECKEL, »Genau hinsehen«, in *Das Ostpreußenblatt*, 15. 1. 2000.

gewisser Henry Laurens (1724–1792).[220] Aus der im *Webster's Biographical Dictionary* wiedergegebenen Karriere dieses in Charleston arbeitenden Außenhandelskaufmanns, der seit 1764 als Pflanzer tätig war, geht hervor, welcher »ehrenwerten Gesellschaft« erfolgreiche Sklavenhändler damals angehörten. Ein wenig erstaunlich mutet es schon an, wenn solche Erscheinungen in den USA noch nach 200 Jahren als historische Persönlichkeiten in renommierten Enzyklopädien Erwähnung finden, wie etwa hier im *Webster-Lexikon*, ohne daß dort auch nur der leiseste Hinweis auf die fragwürdigen Quellen des seinerzeitigen Reichtums erscheint:

1764 Präsident des ersten Provinz-Parlaments von South Carolina und dessen Sicherheitsrat. 1779–1797 Mitglied des Continental Congress und von Ende 1777 bis Ende 1978 dessen Präsident.[221]

In der in Washington D.C. erscheinenden *Barnes Review* wurde 1998 ein Aufsatz veröffentlicht, der unter Nennung von Namen und Einzelheiten über die kritische Rolle (»*critical role*«) berichtet, die jüdische Kaufleute beim transatlantischen Handel mit Negersklaven gespielt haben sollen.[222] Es handelt sich hierbei um eine Antwort auf die bösartige Unterstellung Daniel Goldhagens, wonach alle Deutschen potentielle antisemitische Verbrecher seien und nicht nur einige von ihnen »willige Helfer« des Nationalsozialismus (s. Fr. I, S. 79–82). Der Autor des Aufsatzes bezieht sich immerhin auf vier verschiedene Quellen.

Nur am Rande sei in diesem Zusammenhang auch daran erinnert, was die USA – ungeachtet der in ihrer Verfassung verankerten »Bill of Rights«[223] – 1942 anrichteten, als sie Baubridge Island von amerikanischen Staatsbürgern japanischer Herkunft ethnisch säuberten. Die bedauernswerten Opfer dieser Maßnahme, meist selbständige Erdbeeranbauer und Fischer, wurden vom amerikanischen Staat gezwungen, binnen sechs Tagen ihr Hab und Gut zu veräußern, um nur das, was sie tragen konnten, in ein Wüstencamp mitzunehmen. Dort stand jeweils einer Familie von den Großeltern bis zu den Enkeln ein beengter Raum zur Verfügung. Die Opfer wurden in völliger Ungewißheit über ihr weiteres

---

[221] *Webster's Biographical Dictionary,* Ausgabe 1971.

[222] H. Verbecke, »Is the entire jewish population guilty for the slaver trade?« in *The Barners Review,* Washington, Mai/Juni 1998.

[223] Die »Bill of Rights« ist ein »Amendment« zur amerikanischen Verfassung und sieht vor, daß niemand in den Vereinigten Staaten ohne richterlichen Beschluß in polizeilicher oder Justizverwahrung gehalten werden darf.

Schicksal bis zum Ende des Krieges ohne Urteil interniert gehalten. Die Betroffenen selbst hatten keinerlei Anlaß für ihre Internierung geliefert, und auch die japanische Regierung hatte sie nicht etwa aufgefordert, in den USA als »Fünfte Kolonne« für das Kaiserreich tätig zu werden, oder gar – hier drängt sich ein Vergleich mit der »Kriegserklärung« an Deutschland des Jüdischen Weltkongresses vom 24. März 1933 (s. Fr. I., S. 66) auf – den Vereinigten Staaten den Krieg zu erklären.

Genau so willkürlich wurden übrigens zur selben Zeit andere US-Staatsbürger mit gleichem ethnischen Hintergrund (teilweise sogar die Verwandten von Deportierten!) zum Kriegsdienst gegen Japan eingezogen. Daniel GUTERSON hat der Nachwelt in einem Roman die Geschichte dieser einzigartigen Menschenrechtsverletzung überliefert.[224] (Der Sachverhalt wurde in Fr. I., S. 63, Fußnote 103 behandelt). Auch 600 Deutschamerikaner wurden am 9. Dezember 1941, also bereits vor der deutschen Kriegserklärung, auf ähnlich willkürliche Weise unter Verstoß gegen die »Bill of Rights« festgesetzt.[225]

Sieht man vom spezifischen Täterkreis ab, der für die genannten Menschenrechtsvergehen in den USA verantwortlich ist und der zuvor die Ausrottung der Indianer betrieben sowie Unsummen mit Sklavenhandel und Sklaverei verdient hatte, drängen sich speziell deutschen Beobachtern einige Fragen von grundsätzlicher Bedeutung auf. Zum Beispiel:

1. Wo befinden sich in den Vereinigten Staaten Mahnmale an markanten Plätzen wie zum Beispiel vor dem Weißen Haus, die an die amerikanischen Verbrechen an den Zwangsarbeitern afrikanischer Herkunft erinnern ?
2. Welche Wiedergutmachungsleistungen oder Entschädigungen wurden bisher an die Nachkommen der Negersklaven ausbezahlt?

Der Verfasser hat drei Jahre in den USA gearbeitet, ohne daß ihm derlei vor die Augen gekommen oder ihm darüber berichtet wor-

[224] Das ZDF bereichtete darüber bereits im Jahre 1996. Im Juli 2000 war diese Menschenrechtsverletzung erneut Gegenstand einer Fernsehsendung.

[225] Das geht aus einer vom Geheimdienstchef Edgar HOOVER abgezeichneten Meldung an Präsident ROOSEVELT hervor, die der Zeitgeschichtlichen Forschungsstelle Ingolstadt (ZFI) aus dem ROOSEVELT-Archiv in Faksimile vorliegt.

den wäre. Solange diese beiden Fragen von den Vereinigten Staaten nicht nach genau jenen Maßstäben zufriedenstellend beantwortet sind, die auch die USA an Deutschland anlegen, sollte die Bundesregierung auf die Herstellung eben dieser Verhältnisse in den Vereinigten Staaten drängen, ehe sie sich auf einseitige und erpresserische Forderungen einläßt. Vermag sie das unter dem Druck der Besatzer nicht, sollte sie zumindest die nicht eben billige deutsche UN-Mitgliedschaft dazu nutzen, die USA vor aller Welt zu bezichtigen, ihren ›Bündnispartner‹ Deutschland als ›neuvölkerrechtliches‹ Ausbeutungsobjekt zu behandeln.

Schließlich: Die Russen haben sich mittlerweile für viel Geld aus Restdeutschland zurückgezogen. Die westlichen Siegermächte sind dagegen trotz horrender Tributleistungen immer noch da. Deutschland wartet seit einem halben Jahrhundert darauf, von einem Abraham LINCOLN[226] vom Joch eines Protektorats der westlichen Siegermächte befreit zu werden. Oder fürchten sich unsere regierenden Politiker davor, noch vor der Abgabe einer solchen Erklärung auf tragische Weise zu ›verunglücken‹ oder Opfer eines Anschlags zu werden (wie etwa der langjährige Deutsche-Bank-Chef Alfred HERRHAUSEN (s. S. 188 ff.), der, wie man heute weiß, mitnichten der RAF zum Opfer fiel)? Ist dem so, dann hätte diese Politikerriege freilich besser zivile Berufe ergriffen, als sich im Angesicht stürmischer Winde Feigheit vor dem Feind vorwerfen lassen zu müssen.

---

[226] US-Präsident Abraham LINCOLN hat mit seinem Aufruf vom 22. 9. 1862 in den Vereinigten Staaten die Sklaverei abgeschafft.

Westeuropa – ein amerikanisches Protektorat

Man kann es nicht oft genug sagen: Die Pariser Vorortverträge, vor allem das Diktat von Versailles, haben sich im nachhinein betrachtet als »das folgenschwerste Dokument des Jahrhunderts« erwiesen.[227] Seine Folgeschäden wirken sich, über den Zusammenbruch des utopisch-kommunistischen Sowjet-Experiments und die Deklaration der »Atlantik-Charta« hinaus, bis in die Gegenwart hinein aus. Alle betroffenen Länder leiden noch heute unter diesen Spätfolgen – bis auf jene ›Insider‹-Clique im Rücken der Vereinigten Staaten. Die sogenannte »Atlantik-Charta« wurde bekanntlich am 14. August 1941 von US-Präsident Franklin D. ROOSEVELT und dem englischen Premierminister Winston CHURCHILL auf dem US-Kreuzer ›Augusta‹ vor der Küste Neufundlands verabschiedet, zu einem Zeitpunkt, da Deutschland »die Sowjetunion (fast) besiegt (hatte) und die Kapitulation Großbritanniens nur noch eine Frage der Zeit zu sein schien«.[228]

CHURCHILL, als Premier einer der kriegführenden Nation, sowie ROOSEVELT als Präsident eines formal noch neutralen Staates legten in der Erklärung ihre Ziele für die Zeit nach der »endgültigen Vernichtung« der mit dem Geld ihrer Finanzkreise an die Macht gebrachten ›Nazi-Tyrannei‹ fest. Diese Ziele umfaßten eine Einigung der beiden Staatsmänner auf die Grundsätze einer künftigen Weltordnung.[229] Daß sich Winston CHURCHILL in seiner manischen Deutschland-Fixiertheit darauf einließ, bescherte seinem Land zwar den Sieg über das Reich, besiegelte am Ende jedoch Englands Abtreten als souveränes Völkerrechtssubjekt. Zudem mußte Großbritannien die ihm nach dem Ersten Weltkrieg noch verbliebenen Reste seiner Großmachtstellung vollends an die USA abtreten.

Es ist müßig, darüber zu spekulieren, inwieweit CHURCHILL gerade deshalb nach seinem Sieg über das Deutsche Reich vom britischen Wähler zugunsten des Labour-Politikers Clemens ATTLEE in die Wüste geschickt, d.h. verdientermaßen abgestraft wurde. Tatsache ist, daß HITLER der Regierung CHURCHILL, die an einem

---

229 Ebenda.

227 »Das folgenschwerste Dokument des Jahrhunderts – Vor 80 Jahren wurde der Versailler Vertrag unterzeichnet«, in *DOD* (Deutscher Ost-Dienst), 25. 6. 1999, S. 8 .

228 Veit FELIX, »Hitler erklärte ›Atlantik-Charta‹ zur Chefsache – Der Historiker Tobias Jersak sieht in dem Churchill-Roosevelt-Papier den Auslöser für den Holocaust«, in *Die Welt,* 12. 7. 1999.

Frieden mit Deutschand keinerlei Interesse hatte, wiederholt den Zusammenbruch des britischen Weltreiches prophezeit hatte, wenn sie ihre Politik einer Vernichtung Deutschlands fortsetzen würde (s. hierzu obige Erklärung Sir Hartley SHAWCROSS' aus dem Jahre 1995, S. 96). Tatsache ist ferner, daß im Gefolge der »Atlantik-Charta« vom britischen Weltreich außer Großbritannien gerade noch der ›Affenfelsen‹ (Gibraltar mit einer Fläche von 6,5 qkm) sowie eine Ansammlung der folgenden Inseln übriggeblieben sind (von denen die meisten, mit Ausnahme der Falkland-Inseln, vor deren Küste große Ölvorräte vermutet werden, eher Kosten als Nutzen verursachen):

Bermuda (53 qkm), Anguilla (91 qkm), die Caiman-Inseln (259 qkm), Montserrat (98 qkm), Turks und Caicos (430 qkm), die britischen Jungferninseln (153 qkm), Fr. Helena (122 qkm) mit den Ascension-Inseln (88 qkm), Tristan da Cunha (98 qkm), die Falkland-Inseln (12 173 qkm) und die Pitcairn-Inseln (5 qkm) mit zusammen rund 190 000 Einwohnern.

Dem britischen Volk wird von seinen Medien, Politikern und Historikern bis heute verschwiegen, in welchem Ausmaß ihr Land Opfer der imperialistischen Kriegspolitik der USA geworden ist, bzw. in welchem Maße der in seinem Deutschenhaß gefangene CHURCHILL von ROOSEVELT und den amerikanischen ›Insidern‹ über den Tisch gezogen wurde. In einem der Gespräche, die Otto VON HABSBURG während des Zweiten Weltkrieges mit ROOSEVELT führte, sagte dieser seinem Gesprächspartner, »sein Land habe eine ›afrikanische Mission‹. Auch brauche es die Rohstoffe des Schwarzen Kontinents«.[230] Auf dieser Linie liegt auch ein *FAZ*-Beitrag des Historikers MOLLIN, der in seiner Habilitationsschrift zum Thema »Die USA und der Kolonialismus« das »vitale Interesse der Vereinigten Staaten am zentralafrikanischen Rohstoffgürtel« nachweist.[231]

Frankreich hatte versucht, nach der Entkolonisierung einen gewissen Einfluß in Afrika mittels Militärpräsenz aufrechtzuerhalten. Es blieb dem - mittlerweile abgewählten - Ministerpräsidenten Lionel JOSPIN vorbehalten, die französische Position auf dem schwarzen Kontinent schrittweise zu liquidieren. Die Amerikaner besetzten die freiwerdenden Positionen nicht etwa um der Verteidigung der Menschenrechte willen, sondern um rohstoffpoliti-

---

230 Otto VON HABSBURG, »Amerikas afrikanische Mission«, in *Westfälisches Volksblatt*, 29. 8. 1997.

231 Udo ULFKOTTE, »Nicht uneigennützig - Amerikanische Soldaten schulen afrikanische Friedensstifter«, in FAZ, 30. 8. 1997.

schen Einfluß zu gewinnen. Frankreichs ›Kapitulation‹ vor den Amerikanern in Kongo-Zaire (1997) war dafür das augenfälligste Signal (s. Fr. I, S. 305).[232] Die Entente-Partner Großbritannien und Frankreich sind letztlich – nicht nur in Afrika südlich der Sahara – zur Umsetzung des amerikanischen Rohstoff-Imperialismus auf Kosten ihrer eigenen Großreiche (und gegen das Deutsche Reich!) angetreten.

Großbritannien ist nach einer Äußerung von CHURCHILL-Vorgänger Neville CHAMBERLAIN von den USA in den Zweiten Weltkrieg gezwungen worden (*»forced into the war«* – s. Fr. I, S. 32, 2. Fußnote). Dann wurde es von Washington so lange im Stich gelassen, bis es von den Streitkräften Deutschlands, wo unter maßgeblicher Beteiligung der gleichen Kreise HITLER an die Macht gebracht worden war, weichgeklopft worden war – weichgeklopft für die »Atlantik-Charta«, die nichts Geringeres zur Folge hatte als Englands Abtritt als Großmacht. Für die USA bedeutete die »Atlantik-Charta« dagegen eine indirekte Festschreibung ihres geopolitischen Sieges über das einstige koloniale Mutterland.

Die politische Lage Westeuropas nach dem Zweiten Weltkrieg ist bis in die Gegenwart dadurch gekennzeichnet, daß die tonangebenden Mitgliedstaaten der Europäischen Union offenbar nicht zur Formulierung einer geostrategischen Theorie fähig sind, die sich der amerikanischen MONROE-Doktrin zur Seite stellen ließe. Motto: »Westeuropa den Westeuropäern«. Zum einen steht dem offensichtlich das Bewußtsein entgegen, daß Europa seine gemeinsamen europapolitischen Interessen den Amerikanern gegenüber nur mit einem Deutschland vertreten könnte, das nicht unter Kuratel steht, sondern im Vollbesitz seiner Kräfte ist. Allerdings käme dies einer glatten Kehrtwendung angesichts der Politik zweier Weltkriege gleich, die schließlich mit dem Ziel der Ausschaltung Deutschlands geführt wurden.

Zum anderen stünde eine solche Europapolitik in offenkundigem Widerspruch zum unveränderten Anspruch Frankreichs und Großbritanniens (mit seinem Commonwealth), als eigenständige Weltmächte respektiert zu werden. Bis heute jedenfalls ist es den westeuropäischen Alliierten beider Weltkriege wichtiger, gewisse Fakten und Dokumente, die auf eine Revision des offiziellen Geschichtsbildes hinausliefen – etwa die deutschen KZ-Akten, den britischen HESS-Vorgang[233] und das französische Oradour- Dos-

---

[232] »Afrika: Die Franzosen gehen, die Amerikaner kommen«, in *Privat-Depesche,* Nr. 33/18, 13. 8. 1997.

233 Daß tatsächlich mehr hinter dem Flug des Führer-Stellvertreters Rudolf HESS von Augsburg nach Schottland am 10. Mai 1941 stecken mußte, wurde offenbar, als die britische Regierung unter Margaret THATCHER 1989 die Sperrfrist der HESS-Akten um weitere 30 Jahre verlängerte. Der britische Journalist John COSTELLO hat in seinem 1991 erschienenen Buch *Zehn Tage, die den Westen retteten* versucht, Licht in die Hintergründe des Rätsels zu bringen. Nach seinen achtjährigen Studien amerikanischer, (soweit zugänglich) britischer und deutscher Archive sowie jener KGB-Akten, die sich nach seiner Auffassung mit den noch unter Verschluß liegenden britischen HESS-Akten decken mußten, kommt COSTELLO zu dem Schluß: »Die Akten lassen keinen Zweifel daran, daß ohne CHURCHILL der Zweite Weltkrieg in der ersten Junihälfte des Jahres 1940 geendet hätte.« Der amerikanische Botschafter in London, Joseph (Joe) KENNEDY (Vater des späteren US-Präsidenten John F. KENNEDY) habe dem britischen Weltreich keine drei Wochen für den Fall einer deutschen Invasion gegeben. Daß HITLERS Friedensofferten ernst gemeint waren, hätten selbst die überzeugten Anhänger CHURCHILLS im britischen Außenamt bestätigt. Nach Absprache mit HITLER sollte HESS seinen Kontakt zum Herzog VON HAMILTON nutzen, der als einer der ersten Politiker Großbritanniens die Frage eines Verständigungsfriedens öffentlich im Parlament angesprochen hatte. CHURCHILL sei an diesen Friedensverhandlungen interessiert gewesen, um Zeit zu gewinnen, bis US-Präsident ROOSEVELT zum Kriegseintritt in der Lage sein würde. Solange verhandelt würde, gäbe es keine Invasion. Nachdem der Präsident am 11. März 1941 die lange ersehnte Vollmacht vom amerikanischen Kongreß erhalten habe, in den Krieg einzutreten, habe CHURCHILL HESS am 10. Mai 1941 ungehindert nach Schottland fliegen lassen, aber die Kontaktaufnahme mit dem Herzog durch HESS' Festnahme und Verwahrung (Einzelhaft auf Lebendzeit!) verhindert. Quelle: Helmut TORTONOW [Leiter der Abteilung Zeitgeschichte und Gedenkstätten im Historischen Museum, Berlin], »Zehn Tage, die Europa retteten – Angriffsvorbereitungen gegen die UdSSR und Invasionsschutz für England: KGB-Akte enthüllt Rätsel um Heß-Flug«, in: *Die Welt,* 16. 10. 1991.

Was den britischen Autor wie auch den deutschen Rezensenten angeht, ist noch anzumerken, daß beide im alliierten Sieg über das Deutsche Reich eine Rettung Europas und Adolf HITLER nicht als instumentalisiertes Werkzeug der Kriegstreiber sehen. Inwieweit CHURCHILL HESS nach Schottland lockte, um ihn dort festzunehmen, und welche Rolle dabei – unwissend – der Herzog VON HAMILTON spielte, geht aus der Rezension des COSTELLO-Buches nicht hervor. Hierzu sei auf Rainer F. SCHMIDT verwiesen, *Rudolf Heß – »Botengang eines Toren«? Der Flug nach Großbritannien vom 10. Mai 1941,* Kiel 2000. SCHMIDT behauptet, er habe erstmals die bisher unzugänglichen HESS-Akten in London (vollständig und unmanipuliert?) einsehen dürfen. Danach habe HITLER den Friedensflug von HESS weder initiiert noch gebilligt (?). HESS sei in eine Falle des britischen Geheimdienstes gelockt worden und (wie HITLER selbst) für ein hinterlistiges außenpolitisches Spiel instrumentalisiert worden, mit dem die Achse Washington–London–Moskau geschmiedet wurde. Nach Aussagen des damals ranghöchsten britischen Militärarztes in

sier[234] –, unter Verschluß zu halten, um nicht plötzlich als grobe Geschichtsfälscher dazustehen, die von den USA auf billigste Weise instrumentalisiert wurden. Solange sich daran nichts ändert, wird die Europäische Union mit ihren unter NATO-Kommando stehenden Streitkräften nicht nur auf dem eigenen Subkontinent »williger Helfer« amerikanischer ›Insider‹-Interessen bleiben.

Während Frankreich sich in völliger Verkennung der eigenen Position nach wie vor als eigenständige Großmacht auf dem internationalen Parkett betrachtet, obwohl die USA ihrem einstigen Bündnispartner gegen das Deutsche Reich und nachher im Rahmen der NATO sämtliche Rohstoffressourcen in Afrika nach und nach abluchsen konnten (s. Fr. I, S. 305 f.), begleitet auch das ausgezehrte Großbritannien die Geopolitik Washingtons wie ein Pilotfisch; die Londoner Optik ist dabei commonwealth- und nicht europaorientiert. Frankreichs im Alleingang unternommene Hinhaltetaktik gegen die Wegnahme seiner afrikanischen Rohstoffbasen durch die USA stellen sich für unbeteiligte Beobachter eher als Scheingefechte dar. Denn die Hoffnung französischer Regierungen, die vermeintliche Weltmachtrolle der Fünften Republik dadurch zu stützen, daß man bei den regelmäßigen EU-Verhand-

---

Berlin soll der Gefangene in Spandau gar nicht Rudolf HESS gewesen sein. Dem Gefangenen hätten zum Beispiel jene Narben am Oberkörper gefehlt, die der ›richtige‹ HESS nach einem Lungenschuß im Ersten Weltkrieg davongetragen habe (s. Fr. I, S. 83/84, Fußnote).

Die unterschiedlichen britischen Aussagen deuten möglicherweise auf den Versuch, von einer entlarvenden historischen Wahrheit abzulenken oder diese zumindest – schlecht koordiniert – zu verfälschen.

[234] Zum Oradour-sur-Glane-Dossier berichtet Hubert MEYER (Leverkusen) in einer Leserzuschrift an die *FAZ*, ». . . daß seit 1981 seriöse Forschungen von Herbert TAEGE vorliegen, die neuerdings von Vincent REYNOUARD bestätigt wurden. Sie bringen den Indizienbeweis, daß die Kirche mit über 200 Frauen und Kindern nicht durch deutsche Soldaten des Regiments ›Der Führer‹ der 2. SS-Panzerdivision in Brand gesteckt wurde. Im Turm und unter dem Dach des Kirchenschiffs hatten französische Partisanen große Mengen Munition und Sprengstoff versteckt. Sie sprengten diese Vorräte, und dadurch wurden die meisten Frauen und Kinder getötet. Nur wenige konnten durch Soldaten der Waffen-SS gerettet werden. . . Zwei überlebende Frauen bestätigten (1963). . . ihre Rettung durch (deutsche) Soldaten. . . Die militärgerichtlichen Akten wurden 1953. . . für die Dauer von 70 Jahren in ein Geheimarchiv überführt. (*FAZ*, 22. 7. 1999)

Daraus ist zu schließen, daß der Indizienbeweis dem Sachverhalt entspricht, die Verleumdung der Deutschen Soldaten jedoch aufrechterhalten werden soll.

lungen über europäische Finanzhilfe für die EU-assoziierten AKP-Staaten (= Afrika-Karibik-Pazifik-Staaten, nach dem sogenannten »Lomé-Abkommen«) die direkte oder indirekte Vergabe eines Viertels der verfügbaren Mittel an Frankreichs ehemalige afrikanische Kolonien durchsetzt, läßt sich allenfalls als französische Spielart der ›Vergangenheitsbewältigung‹ denn als fundierte Realpolitik interpretieren.

Nichtsdestotrotz wird die französische Afrikapolitik als so wichtig betrachtet, »daß sie »ausdrücklich zum reservierten Bereich des Staatspräsidenten gehört. Das war immer so, von der Amtszeit DE GAULLES bis zu der CHIRACS«. Nach dem Ende des Zweiten Weltkrieges war Frankreichs Afrikapolitik »durch den Zusammenbruch der Kolonialstaatsideologie und der Erstarkung der USA zwangsläufig eher zurückhaltend... Unter dem Vorwand der Globalisierung des Welthandels (erhofften sich französische Politiker dann jedoch) in Afrika Rückenwind für ihre ehrgeizige nationale Politik«. Insofern ist die französische Afrikapolitik »janusköpfig«.[235]

Die Briten wiederum übersehen bei ihrer ›Pilotfisch-Politik‹, daß die USA ganz nach Art von Florida-Alligatoren vorgehen – und die eigene (heranwachsende) Art auffressen. Im Kielwasser der mächtig gewordenen einstigen Kolonie jenseits des Atlantiks war Großbritannien lange Zeit unfähig, den selbstverschuldeten Abstieg in die zweite Liga – im Gefolge einer chronischen Anti-Deutschland-Politik – auch nur wahrzunehmen. So muß das Vereinigte Königreich erleben, wie die ethnische Säuberung des ehemaligen Deutschen Ostens, die man vor über einem halben Jahrhundert in schöner Eintracht mit dem amerikanischen Alliierten selbst verursacht und abgesegnet hat, nunmehr im Zuge des amerikanischen Rohstoff-Imperialismus und des von Washington durchgesetzten ›Neuen Völkerrechts‹ auf die eigenen Ex-Kolonien zurückschlägt: Die gleiche Politik der ethnischen Säuberung trifft nunmehr die weißen Siedler in den ehemaligen Besitzungen südlich der Sahara. Die vorgeschobene Marionette hieß Laurent KABILA, als es amerikanischen Interessenten um Minenkonzessionen im Kongo ging, wo nach dem Abzug der Belgier die Franzosen Terrain gewonnen hatten. In der ehemaligen britischen Kolonie Rhodesien (heute Simbabwe) wurde der seit Beginn der Unabhängigkeit vor zwei Jahrzehnten autoritär regierende Präsident

---

235 Pierre CAMPGUILHEM, »Frankreich: Immer noch janusköpfig – Amerikanische Abwehrschläge treiben Afrikapolitik in Umbruch«, in *Das Ostpreußenblatt*, 10. 2. 1998.

Robert MUGABE instrumentalisiert, um die ›alte Ordnung‹ zu beseitigen, indem er im Februar 2000 damit begann, orts- und berufsfremde Bewohner aus den städtischen Armutsvierteln seines Landes zu ermuntern, weißes Farmland zu besetzen.

»Präsident MUGABE sagt immer wieder, daß die Besetzungen ein gerechtfertigter Protest der landlosen Schwarzen gegen die (rund 4000) Weißen ist, denen etwa ein Drittel des Ackerlandes gehört. Er hat jedoch nicht zugegeben, daß seine Regierungspartei ZANU-PF die Besetzer dafür (mit 15 US-Dollar/Monat) bezahlt.« Diese will lediglich einer Organisation von Veteranen aus dem Unabhängigkeitskrieg, die angeblich die Besetzungen anführt, 550 000 Dollar zur Verfügung gestellt haben.[236] Nach dem von MUGABE durchgesetzten Wahlsieg kündigte der alte und neue Präsident Ende Juli 2000 an, 3000 weiße Farmer würden enteignet, um das freiwerdende Land an schwarze Farmer zu verteilen. Damit würde immerhin ein Drittel der noch in weißer Hand befindlichen Besitzungen afrikanisiert. Der Aktion sollen Gespräche mit den derzeitigen Besitzern vorausgehen.[237] Auch wenn das oberste Gericht des Landes die Besetzungen im nachhinein nicht billigte, wird die Vertreibung der weißen Siedler aus Simbabwe vermutlich nicht mehr zu stoppen sein.

Allerdings: Das ist nur das von den Medien vermittelte Bild. Der unbeteiligte Beobachter erfährt im Normalfall nicht, welche transatlantischen Einflußgruppen auch in Simbabwe die Fäden ziehen. Der *Neuen Solidarität* zufolge sind vor allem die Bestrebungen der vom Internationalen Republikanischen Institut (IRI) der US-Republikaner unterstützten oppositionellen »Bewegung für den demokratischen Wandel« (MCD) zu nennen. Nun wurde um das Farmland im heutigen Simbabwe schon seit der Ankunft Cecil RHODES' erbittert gestritten, des bedeutendsten Vorkämpfers des britischen Imperialismus im südlichen Afrika, nach dem die Kolonie seinerzeit benannt wurde; seine British South African Company (BSAC) erhielt im Jahre 1889 die königliche Lizenz. Die heutige Krise des Landes hat allerdings ganz andere Gründe als die koloniale Vergangenheit.

Neun Jahre lang hatte Simbabwe versucht, sich an die Vorgaben des Strukturanpassungs-Programms des Internationalen Wäh-

---

[236] Angus SHAW, »AP, ›Ich bin froh, daß ich etwas Geld bekomme‹ – Die Regierung bezahlt Farmbesetzer in Simbabwe / Güter schwarzer Politiker bleiben verschont«, in *FAZ*, 26. 4. 2000.

[237] Deutschlandfunk-*Nachrichten*, 31. 7. 2000.

rungsfonds (IWF) zu halten, bis der IWF die Zahlungen einstellte, weil das Land durch die IWF-Auflagen sozioökonomisch schlicht und einfach überfordert war. Das führte zu Unruhen, besonders in den Städten, wo die Arbeitslosigkeit hoch und das Lohnniveau niedrig ist.[238] Präsident MUGABE versuchte daraufhin, seine Haut zu retten, indem er den hungernden Massen das Land der weißen Farmer zur Besetzung anwies, ohne daß diese allerdings in der Lage sind, es zu bewirtschaften, um sich von ihrem neuen Besitz zu ernähren. Außerdem bedachte MUGABE nicht, was nach der Enteignung aus jenen etwa zwei Millionen - schwarzen! - Arbeitern und ihren Familien werden soll, die bislang ebenfalls auf den von den weißen Farmern bewirtschafteten Plantagen ihr Auskommen fanden. Damit ist die Lage wieder einmal so verfahren, daß - hoffentlich nicht deutsche - Interventionstruppen im Lande für die demokratische Ordnung, das heißt US-amerikanische Interessen, ihren Kopf werden hinhalten müssen. Britische Einheiten stehen bereits dafür im benachbarten Botswana unter dem Vorwand bereit, gegebenenfalls die etwa 60 000 in Simbabwe lebenden Weißen evakuieren zu müssen. »Die US-Amerikaner unterhalten eine große Nachschubbasis auf dem modernen Militärflughafen bei Maun in Botswana.«[239]

Im Februar 2002 verhängte die Europäische Union schließlich verschiedene Sanktionen gegen die MUGABE-Regierung, nachdem festgestellt worden war, daß die Bedingungen für freie und faire Wahlen im Lande nicht mehr gegeben seien.[240]

Der Bonner *General-Anzeiger* kommentiert: »Die Krise in Simbabwe (ist) ein verheerendes Signal an die vielen Millionen Landlosen im benachbarten Südafrika. . . Damit könnte das ganze südliche Afrika in Flammen stehen mit Massenfluchten, [zwischenzeitlich bereits eingetretenen; d. Verf.] Hungerkatastrophen[241] und Rassenkriegen, gegen die der furchtbare Bosnienkrieg sich wie eine überschaubare regionale Auseinandersetzung ausnehmen würde.«[242]

---

238 Dean ANDROMIDAS, »Verlogene Kampagne gegen Simbabwe - Kolonialpolitik«, in *Neue Solidarität,* 3. 5. 2000.

239 Ebenda.

240 Frank RÄTHER, »Europa reagiert ›zu wenig und zu spät‹«, in *General-Anzeiger* (Bonn), 20. 2. 2002.

241 dpa, »Millionen Menschen im Süden Afrikas vom Hunger bedroht«, in *General-Anzeiger* (Bonn), 20. 2. 2002.

242 Hubert KLEINE-STEGEMANN, »Zimbabwe, Gefahr für Afrika«, in *General-Anzeiger* (Bonn), 3. 5. 2000.

Was hier zur Diskussion steht, ist geradezu das Lehrbeispiel des sogenannten ›Neuen Völkerrechts‹ mit seinem Recht auf ethnische Säuberung und Enteignung; seit Frühjahr 2000 sind in Simbabwe britische Siedler die Opfer. Ohne auf die fortlaufende Berichterstattung einzugehen, muß allerdings festgestellt werden, daß sich Großbritannien auch in anderen Gebieten unter Druck sieht: in Kenia etwa, Südsudan[243] und Sierra Leone. Auch dort läßt sich die Verdrängung der Briten aus ihren bisherigen Einflußgebieten beobachten. »In Sierra Leone wird London von seinen Fehlern eingeholt«, berichtete *Die Welt* in ihrer Ausgabe vom 17. 5. 2000. Das gilt freilich auch für die ganze übrige Kolonial-, Außen- und Kriegspolitik des Vereinigten Königreichs seit 1914, auch wenn man sich in London immer noch als Großmacht sieht. Tatsache ist, daß man auf den britischen Inseln heute nicht in der Lage ist, im eigenen Mutterland für Ruhe und Ordnung zu sorgen – siehe Nordirland.

Die Vertreibung britischer Afrika-Kolonisten hatte 1946 mit zwei diplomatischen Noten begonnen, die dem Vereinigten Königreich von Ägypten zugestellt wurden, das damals gleichfalls noch Königreich war. Darin wurde England ersucht, »nicht nur Kairo und Alexandrien, sondern auch den (damals noch zu Ägypten gehörenden) Sudan und das übrige Ägypten sofort zu räumen«. Sollte Großbritannien dieses Begehren ablehnen, stellte der seinerzeitige ägyptische Ministerpräsident Sidky PASCHA seinen Landsleuten anheim, das zu tun, was sie für gut befänden.[244]

Derzeit wird Afrika südlich der Sahara von verschiedenen Ausbrüchen ziviler und militärischer Gewalt heimgesucht. Bei näherem Hinsehen sind die Unruhen in erster Linie der Kontrolle über die wirtschaftlichen Reichtümer der Region dienlich – Diamanten, Öl, Kobalt, aber auch Land.[245] Wer diese Kontrolle ausüben will,

---

[243] Der zivile Flügel der südsudanesischen Befreiungsarmee (SPLA) hat den im Lande operierenden bilateralen und internationalen Hilfsorganisationen ultimativ unannehmbare Forderungen gestellt. Die amerikanischen Hilfsorganisationen wurden von der Forderung, die »Unterwerfungserklärung« zu unterzeichnen, ausgenommen, weil die Rebellen von den USA finanziell und militärisch unterstützt werden. (»Hilfsorganisationen verlassen Südsudan – Unannehmbare Rebellenforderungen / Amerikaner dürfen bleiben«, in *FAZ* vom 2. 3. 2000; auch: »UN-Truppe bereitet sich auf Gefecht vor. Rebellen bei Vormarsch auf Sierra Leones Hauptstadt Freetown gestoppt. Blauhelm-Soldaten gelingt Flucht, rtr/AFP-Meldung«, in *Die Welt,* 12. 5. 2000)

[244] *Tages-Anzeiger*, 7. 3. 1946, nach: *Notizen* (22), 24. 3. 2000.

[245] Winrich KÜHNE, »Noch ist Afrika nicht verloren, in *Die Welt,* 17. 5. 2000.

ist bekannt. Auch in Simbabwe verfolgen die USA vielschichtige Interessen. »An der Spitze des Griffs nach dem Land steht kein anderer als. . . George SOROS (s. S . 26). Schon vor 1998 erwarb SOROS in aller Stille riesige Ländereien in Argentinien. . . Dann tat er dies über Strohmänner auch in Afrika« - unter anderem in Kenia, Malawi und bereits ebenso Simbabwe.[246]

Wie schon im Fall Frankreichs mit seinem realitätsfernen Weltmachtgehabe (Atommacht!) und einem ständigen Sitz im Sicherheitsrat der Vereinten Nationen, so bestünde auch für Großbritannien die einzige Möglichkeit, seine einstige, ihm von den USA geraubte Weltgeltung wiederzuerlangen, in einem Zusammengehen mit einem Deutschland, das freilich politisch gleichberechtigt sein müßte. Ohne eine solche Kehrtwendung seiner Politik wird England nun als ›Pilotfisch‹ des ›US-Insider-Alligators‹ weiter ›aufgefressen‹ werden. Eine Aufwertung seiner Stellung wird London weder allein noch mit ungleichen Partnern gelingen, die subventionsorientierte Sonderinteressen vertreten, oder gar im Bunde mit unregierbaren ›Reformstaaten‹ in Osteuropa, die demnächst EU-Mitglieder sein werden. Die ehemalige Premierministerin Margret THATCHER hat Großbritannien keinen Dienst erwiesen, indem sie ihre Landsleute erneut mit antideutschen Vorurteilen fütterte. Ihre Äußerungen wie die vom 25. Oktober 1993 ließen wenig geopolitische Weitsicht der alten Lady erkennen:

»Ihr Deutschen wollt nicht Deutschland in Europa verankern. Ihr wollt den Rest Europas in Deutschland verankern.«[247]

Nun ist Margret THATCHER freilich längst von der Tribüne der aktiven Politik abgetreten und zischt nur noch gelegentlich aus dem Oberhaus gegen Deutschland. Allerdings: So lange Großbritannien fest im Griff der beiden international gesteuerten Meinungsmacher Rupert MURDOCH und Conrad BLACK mit ihren transnationalen Medienkonzernen bleibt, die »nach alter britischer Sitte«[248] die Ängste gegen Deutschland zu schüren vermögen, wie es ihnen beliebt (siehe Abbildung 13 Fr. I, S. 153), werden die Inselmannschaft und mit ihr auch die restlichen EU-Vereine in der zweiten Liga weiterspielen müssen - einschließlich weiterer Ab-

---

[246] Ebenda.

[247] »›Ungelegte Eier›, ›ein Mann im Feuer‹ und der ›helle Wahnsinn‹ - Worte des Jahres 1993 - eine Auswahl aus Politik und Wirtschaft», in *Die Welt,* 14. 12. 1993.

[248] Thomas KIELINGER, »Ein Skandal nach alter britischer Sitte - Antideutsches in der *Sunday Times* - Diesesmal protestiert sogar der deutsche Botschafter von Moltke«, in *Die Welt,* 16. 7. 1999.

stiegsmöglichkeiten. Im Hintergrund geben anonyme US-Schiedsrichter die Regeln vor. »BLACK und MURDOCH kontrollieren den Großteil der gehobenen britischen Presse.«[249] Ihre Blätter haben zusammen eine Auflagenstärke von rund sieben Millionen, die sich wie folgt aufschlüsselt:

Rupert MURDOCH ist Besitzer der *Times*-Gruppe bestehend aus der *Times* 750 000, der *Sunday Times* 2 200 000 und der *The Sun* 2 300 000.

Conrad BLACK besitzt seinerseits den *Daily Telegraph* 1 000 000 und den *Sunday Telegraph* 800 000.

Beide Pressezaren stammen nicht von der Insel, BLACK vielmehr (mit britischem Paß) aus Kanada und MURDOCH mit amerikanischem Paß aus Australien. Der Einfluß des kommunistisch gewendeten Radikalliberalen MURDOCH gründet sich auf seine germanophoben und antieuropäischen Boulevardblätter. Die Blätter des konservativen BLACK übertreffen in ihrer Auflagenstärke diejenige von MURDOCHS *Times*. Das erklärt sich unter anderem aus der besonders in Großbritannien gescheiterten Dumpingpolitik MURDOCHS etwa bei der *Sun*. Das Ergebnis seiner Printsparte ging 1999 trotz steigender Anzeigenumsätze von 454 Millionen Dollar 1998 auf 430 Millionen Dollar zurück.[250]

Die MURDOCH-Blätter machen fast 40 Prozent der britischen Printmedien aus, ohne daß irgendeine nationale oder EU-Wettbewerbskontrollinstanz etwas gegen diese Marktkonzentration einwendet. »Diese Medienhäuser... [stehen] in Opposition zur Regierung von Tony BLAIR, und zwar in der für die Zukunft der britischen Politik so überragenden Europafrage... [Eine] publizistische Übermacht, gegen welche die Regierung sich in ›Middle England‹, der bürgerlichen Gesellschaft, kaum durchzusetzen vermag. Denn auch [Lord ROTHERMERES] *Daily Mail* und *Sunday Mail* [zusammen noch einmal eine Auflagenstärke von drei Millionen] lehnen einen Beitritt Englands zum Euro, zumindest auf absehbare Zeit, ab und äußern sich überwiegend kritisch zu allen Brüsseler Fragen.«[251]

---

[249] Lord George WEIDENFELD, »Britanniens letzte Pressezaren«, in *Die Welt*, 12. 4. 2000.

[250] »Murdochs Malaise», in *Wirtschaftswoche*, Nr. 35, 26. 8. 1999.

[251] Sir PAULS mächtige Gegner verstehen keinen Spaß [Sir Paul LEVER hatte sich als britischer Botschafter in Berlin abfällig über die in »ausländischer« Hand befindlichen deutschfeindlichen Medienimperien von MURDOCH und BLACK geäußert; d. Verf.], in *Die Welt*, 27. 3. 2000.

Im November 1998 vor dem Staatsbesuch des deutschen Bundespräsidenten Roman HERZOG in Großbritannien erreichte die englische Pressehetze gegen Deutschland und Europa einen Höhepunkt. Die *Daily Mail* ging dabei so weit, daß sie Oskar LAFONTAINE und Joschka FISCHER - flankiert von dem Franzosen Dominique STRAUSS-KAHN und dem Belgier Jean-Jacques VISEUR - als *»The Gauleiters of Europe who want to rule our lives«* denunzierte: »Die Gauleiter Europas, die unser Leben bestimmen wollen«.[252]

Anlaß für ein weiteres germanophobes Husarenstück des Massenblattes *Sun* war die Tatsache, daß die Briten sich in der zweiten Hälfte des Jahres 2000 zu Ausbildungszwecken ein schon 32 Jahre altes U-Boot von der Bundesmarine ausleihen mußten, weil ihre eigene, gegen Überalterung kämpfende Trafalgar-Jagd-U-Bootflotte wegen kerntechnischer Probleme im Antriebssystem nicht einsatzfähig war.[253] In einem mit *»All Hans on deck«* titulierten Aufsatz kolportiert die *Sun* die britische Marine mit dem Kommando *»All huns on deck«* (»Alle Hunnen an Deck«, spielt auf die deutschen U-Bootfahrer seit dem Ersten Weltkrieg an) statt dem üblichen *»All hands on deck«* (»Alle Mann an Deck«). Admiral NELSON, argwöhnte das Blatt, würde sich wegen dieser Schande im Grabe umdrehen.[254]

»Die antideutsche Einstellung dieser Blätter ist aber weitgehend auch als Teil ihrer Kampagne gegen ›Brüssel‹ und Deutschlands... Rolle in der . . . Europäischen Union zu verstehen.«[255] Ein wenig seltsam mutet es freilich schon an, daß der Kurs der vielgepriesenen britischen Demokratie in einer derart zentralen politischen Frage im wesentlichen von zwei Nordamerikanern (einem mittlerweile auch mit britischem Paß) gesteuert wird. Als ruchbar wurde, daß Königin ELISABETH II. 1999 erwog, Conrad BLACK zu adeln, wohl um die Royal Family wieder aus den Schlagzeilen

---

252 Reiner GATERMANN, »›Europas Gauleiter‹ - Zwei Tage vor dem Staatsbesuch Roman Herzogs macht die britische Presse wieder einmal Stimmung gegen deutsche Politiker«, in *Die Welt,* 30. 11. 1998.

253 Ulrich SCHILLING-STRACK, »Ihrer Majestät Atom-U-Boote nehmen eine Auszeit - Ernste Probleme mit den Nuklearantrieben. Marine trainiert Seeleute auf einem deutschen Boot. ›Nationale Schande‹«, in *General-Anzeiger* (Bonn), 3. 11. 2000.

254 Hans B. VON SOTHEN, »›Alle Hunnen an Deck!‹ - Nationaler Schock: Engländer müssen sich deutsches U-Boot ausleihen«, in *Das Ostpreußenblatt,* 11. 11. 2000.

255 George CLARE, »Rückwärts in die Zukunft (Gastkommentar)«, in *Die Welt,* 14. 4. 2000.

seiner Blätter zu bringen, hat die kanadische Regierung dem widersprochen. Einem Kanadier, was Conrad BLACK neben seiner britischen Staatsbürgerschaft ja ebenfalls sei, stehe ein solcher Titel (›Sir Conrad‹) nicht zu.[256]

Mittlerweile drängt MURDOCH auch auf den deutschen Medienmarkt. Er will die in Bedrängnis geratene KIRCH-Gruppe übernehmen (Stand Februar 2002).

»Ein Volk, ein Reich, ein EURO!« (*Sun*)[257]

Wenn nicht alles täuscht, wird die Satellisierung Westeuropas durch die USA seit Frühjahr/Mitte 2000 von Großbritannien und Frankreich nicht mehr kritiklos hingenommen. In diesem Zusammenhang sei auf eine Äußerung des langjährigen amerikanischen Außenministers Henry KISSINGER hingewiesen: Wenn sich auch heute noch keine europäische Macht gegenüber den Vereinigten Staaten feindlich zeige, so nähme man doch den Beginn eines irgendwie gearteten hegemonialen Verhaltens in jeder Region unverzüglich als feindliches Verhalten wahr. Eine diesbezügliche Herausforderung könne sich einerseits aus den osteuropäischen Instabilitäten ergeben und zweitens *»from the redefinition of Germany's role«* (aus der Neudefinition der Rolle Deutschlands).

Wohl bereits vor dem Hintergrund der Sorge über eine solche »Neudefinition«, die sich aus dem Bestreben nach Wiedererlangung seiner Souveränität und einem hierfür erforderlichen Friedensvertrag mit dem Deutschen Reich ergeben könnte, haben sich die deutsch-amerikanischen Beziehungen im Jahre 2000 spürbar abgekühlt. Offenbart hat sich das etwa im Mai 2000, als die Bundesregierung anläßlich des CLINTON-Besuchs in Berlin ihre Mißbilligung der amerikanischen Pläne äußerte, Abschußrampen für das im Aufbau befindliche nationale Raketenabwehrsystem (NMD) als »Kern einer neuen amerikanischen Militärdoktrin«[258] in Deutschland zu stationieren.[259] CLINTONS Sicherheitsberater BURGER reagierte darauf mit der Feststellung, letztlich seien die amerikanischen Sicherheitsinteressen ausschlaggebend[260] (und nicht

[256] *Die Welt*, 27. 3. 2000.

[257] A.G., »Murdoch will keinen Schlagzeilen-Kreuzzug – der *Times*-Verleger orientiert sich ausschließlich nach Marktinteressen«, in *Die Welt*, 16. 7. 1999.

[258] George WEIDENFELD, »New York im Ämterfieber«, in *Die Welt*, 28. 3. 2000.

[259] »Deutschland mahnt Amerika und Bundesregierung mißbilligt Amerikas Raketenpläne«, in *FAZ*, 27. 5. 2000.

[260] Deutschlandfunk-*Nachrichten*, 2. 6. 2000.

die Einwände der unter Besatzung stehenden Bundesrepublik Deutschland; d. Verf.). Durch die Stationierung der Abschußrampen würde besonders die Bundesrepublik und mit ihr ganz Westeuropa in die von den USA angestrebte Kontrolle der russischen und GUS-Rohstoffressourcen hineingezogen. Auch russische Abwehrmaßnahmen - die nach Präsident PUTIN ebenfalls atomarer Natur sein könnten - hätten dann womöglich Deutschland zum Ziel.

Nach PUTINS Wahl zum russischen Präsidenten haben Marinesoldaten einen Warnschuß mit einer Langstreckenrakete zu Ehren ihres Oberbefehlshabers und zweifellos nicht ohne dessen Einverständnis abgefeuert. Diese Rakete flog über Europa und Sibirien hinweg 8000 Kilometer nach Kamtschatka am Stillen Ozean. Sie kann sowohl mit konventionellen als auch ABC-Kampfstoffen bestückt werden und Washington, Paris oder Berlin erreichen. Der Präsident läßt den Westen dazu wissen:

»Wenn ein Land wie Rußland sich bedroht fühlt, dann wird das Europa und die ganze Welt destabilisieren.«[261]

Bislang haben sich die Herzländer der EU von den USA meist geschickt gegeneinander ausspielen lassen, wobei ihre transatlantisch gesteuerten germanophoben Medien ihren Part spielten und weiterhin spielen. Das scheint jedoch mittlerweile nicht mehr so wie bisher zu funktionieren. Ob zukünftig noch nach ›Uncle Sam‹ gerufen wird, wenn es irgendwo in Europa brennt, weil die Gemeinschaft sich vornehmlich darin erschöpft, die Deutschen nieder und unter Kontrolle zu halten, bleibt abzuwarten.

Der britische *Guardian* kommentiert die amerikanischen Pläne für eine nationale Raketenabwehr im Mai 2000 mit den Worten:

»Washington tendiert dazu, die. . . [geopolitische] Stabilität grundlegend zu stören und die Folgen mit einer Sorglosigkeit zu unterschätzen, die Aufschluß über die derzeitige US-Probleme gibt, eine internationale Perspektive der Dinge zu sehen. Falls die Raketenabwehr die NATO spalten würde, so wäre das bedauerlich. Aber Europa sollte nicht verzagen, bevor es den USA nicht klargemacht hat, daß genau dies geschehen wird.«[262]

Die Briten sollen sich unbotmäßig in den amerikanischen Präsidentschaftswahlkampf eingemischt haben. »Freunde von George W. BUSH lassen halblaut bereits ihrem Unmut Lauf, daß Downing Street die Demokraten [d.h. der seinerzeitige Präsidentschaftskan-

---

[261] *Wirtschaftswoche,* Ausgabe vom 22. 6. 2000.

[262] *The Guardian,* hier zit. nach: »Störung der Stabilität«, in *FAZ,* 26. 5. 2000.

didat Al GORE; d. Verf.] mit Medienberatern und Konzepten versorge.«[263] Der europäische Wunsch nach mehr Mitspracherechten bei den NATO-Entscheidungen erfüllte beide US-Präsidentschaftskandidaten mit Sorge. Auch die von der EU ausgehende Wirtschaftskonkurrenz und der westeuropäische Widerstand gegen die Stationierung von Teilen des US-Raketenabwehrsystems in Deutschland gehören in diesen Zusammenhang. Während die bundesdeutsche Außenpolitik in diesem Punkt, was selten genug ist, jenseits des Ärmelkanals mediale Unterstützung findet, spürt sie in den USA überall die kalte Schulter, wenn es um deutsche Belange geht. Auch die Tatsache verdient in diesem Kontext erwähnt zu werden, daß ein deutscher Bundespräsident in den USA weilte und unter Hinweis auf den Terminkalender keinen adäquaten Gesprächspartner vorfand.[264] Die zitierte Quelle weiß außerdem: Enttäuscht über die deutsch-amerikanische Partnerschaft zeige sich vor allem Außenminister Joseph FISCHER. Von Anfang an habe er auf die US-Außenministerin gesetzt. Kein anderer europäischer Außenminister habe so um Madeleine ALBRIGHT ›herumgeschwänzelt‹ wie der deutsche - kaum, daß er von ihrer Seite gewichen sei. Und das, obwohl die wenig schmeichelhafte Deutschlandpolitik dieser US-Außenministerin von ihr mit den unmißverständlichen Worten auf den Punkt gebracht wurde:

»Wachsende deutsche Macht ist nur erträglich bei anhaltender US-Präsenz.«[265]

Das müßte eigentlich auch ein ehemaliger 68er-Ideologe ohne Schulabschluß verstanden haben. Ferner scheint FISCHER freilich auch nicht bemerkt zu haben, daß Mrs. ALBRIGHT in den USA bereits als Auslaufmodell galt und mehr oder weniger offen als Nachfolgerin des tschechischen Ministerpräsidenten Václav HAVEL gehandelt wurde. Um ihr den Weg in das neue Amt zu ebnen - die Entwicklung ging, wie man weiß, dann andere Wege -, sprangen die USA der Tschechischen Republik völlig unerwartet in der hochsensiblen Frage um die BENESCH-Dekrete bei. Die Erlasse des ehemaligen tschechoslowakischen Staatspräsidenten gelten als juristische Grundlage für die völker- und menschenrechtswidrige

---

263 George WEIDENFELD, aaO. (Anm. 258).

264 *Privat-Depesche,* Nr. 20/31, 17. 5. 2000.

265 Gerhard LIVINGSTON, »Die Treue des Vasallen - Außenministerin Albright in Bonn: Washington drängt deutsche Verbündeten zu größerem Engagement, auch durch häufigere Militäreinsätze«, in *Der Spiegel,* 17. 2. 1997.

Vertreibung von 3,5 Millionen Sudetendeutschen aus ihren historischen Siedlungsgebieten nach dem Zweiten Weltkrieg und ihre entschädigungslose Enteignung. Ohne die umstrittenen Dekrete direkt beim Namen zu nennen, hielt Washington auf Bitten Prags - und unter glatter Mißachtung seiner Pflichten als Schutzmacht und NATO-Bündnisparter Deutschlands - in einer diplomatischen Note ausdrücklich fest, daß »Entscheidungen, die die Folgen des Zweiten Weltkriegs regeln, . . . als historische Tatsachen« nicht in Frage gestellt werden sollten.[266] Deutlicher läßt sich nicht zum Ausdruck bringen, was Deutschlands NATO-Schutzschild letztlich wert ist und - und was schon im Falle rein innenpolitischer Opportunitäten (es ging um das »Outposting«[267] eines lästig gewordenen US-Kabinettsmitglieds, nämlich der Mrs. ALBRIGHT) jederzeit transatlantischen Interessen geopfert wird. Schon der Posten des ersten Präsidenten des Kunststaats Tschechoslowakei, Tomás G. MASARYK (Pittsburg), war 1919 wie selbstverständlich von den USA mit einem amerikanischen Staatsangehörigen tschechischer Herkunft besetzt worden.

Offensichtlich ist: Die Courage, die FISCHER in den siebziger Jahren als linksradikaler Straßenkämpfer bewiesen hat, als es darum ging, mit gewalttätigen Methoden zur Umsetzung des MORGENTHAU-Plans in Deutschland und zur Zerstörung des deutschen Wirtschaftsstandorts beizutragen, bringt er als Außenminister der Bundesrepublik nicht mehr auf. Die Frage muß schon erlaubt sein, was FISCHER als amtierender Außenminister zur Abwehr des Schadens unternommen hat, den die amerikanische Note den Anliegen der deutschen Heimatvertriebenen zufügte - anstatt in dilettantischer Anbiederung um Mrs. ALBRIGHT ›herumzuschwänzeln‹. Zumindest muß man FISCHER ein gewisses Maß an Flexibilität bescheinigen. 1980 hatte er bei den frühen Versammlungen der Grünen noch pazifistische Lieder zum Besten gegeben, etwa das klassische »Wir wollen Sonne statt [US-Präsident] REAGAN - ohne Rüstung leben.« Heute verteidigt FISCHER als bundesdeutscher Außenmi-

---

[266] Hans-Jörg SCHMIDT, »Prager Schachzug in der Reparationsfrage - Tschechien zieht die USA auf seine Seite, läßt aber Entschädigungsforderungen gegenüber Berlin ›in der Schublade‹«, in *Die Welt*, 15. 7. 2000.

[267] Dieser Ausdruck wird in der Industrie verwandt, wenn in einem Unternehmen eine Führungsposition freigemacht, der Stelleninhaber aber nicht einfach entlassen werden kann oder soll, weshalb in der Regel ein Personalberater beauftragt wird, den Kandidaten in einem anderen Unternehmen etwa bis zur Erreichung der Altersgrenze unterzubringen und zu versorgen.

nister den anglo-amerikanischen Militäreinsatz gegen wehrlose Drittweltländer und plädiert für Deutschlands Beteiligung daran mit Argumenten der Bündnistreue zum US-Kolonialherren, notfalls auch mit einem Rekurs auf die Menschenrechte.[268]

Nicht nur die Deutschen bereiteten den USA in den letzten Jahren gelegentlich Kopfzerbrechen. Es gab amerikanische Befürchtungen, daß Paris die EU durch seine Ratspräsidentschaft (ab 1. Juli 2000) zu ›*faits accomplis*‹ [vollendete Tatsachen] drängen könnte, was ein im Wahlkampf befindliches Amerika empfindlich irritieren könnte.[269] Bereits wenige Tage vor der Übernahme der EU-Ratspräsidentschaft bot sich für Frankreich eine Gelegenheit, den USA gegenüber als Wahrer europäischer Interessen aufzutreten, und zwar aus Anlaß einer gigantischen Konferenz in Sachen ›Schurkenstaaten‹ (neuerdings auch ›Sorgenstaaten‹ genannt), zu der Washington die ›Gemeinschaft der Demokratien‹ vom 25. bis 27. Juni 2000 nach Warschau eingeladen hatte.

Als Mitveranstalter hatte US-Außenministerin ALBRIGHT die Regierungen Polens, Indiens, Chiles, Malis, der Tschechischen Republik und Südkoreas gewinnen können. Rund 100 Nationen waren durch ihre Außenminister oder hochrangige Diplomaten vertreten. Sie scharten sich um Madeleine ALBRIGHT, um am Ende der Konferenz zur »Weltgemeinschaft für Demokratie« eine hochtönende »Warschauer Erklärung« abzuzeichnen. Das Unterfangen scheiterte jedoch am französischen Außenminister Hubert VÉDRINE. Dieser weigerte sich nicht nur, das Schlußdokument zu unterzeichnen, sondern ließ auch wissen, daß die von ALBRIGHT anvisierte »Weltgemeinschaft der Demokratien« die Autorität der Vereinten Nationen untergrabe. Zudem warnte er vor einer Mentalität des »Triumphalismus«. Die Zielsetzung der Konferenz könne den Eindruck erwecken, daß der Westen »das universelle Streben nach Demokratie zum Zwecke der politischen, wirtschaftlichen und kulturellen Einflußnahme und Vorherrschaft benutze, so wie bisweilen das Prinzip des Freihandels (Globalisierung) zum gleichen Zweck benutzt wird«.

Zugleich verwahrte sich auch noch der französische Botschafter in Warschau, Benoit D'ABOVILLE, gegen die im Schlußdokument

---

[268] Durk SCHÜMER, »Was hat Milosevic denn falsch gemacht? – Am Tag nach dem Beschluß zur Entsendung deutscher Soldaten: Wir schalten zurück ins Jahr 1980, zu den vertrauten Akteuren, in eine andere Welt«, in *FAZ*, 7. 11. 2001.

[269] George WEIDENFELD, aaO. (Anm. 258).

geäußerte Absicht, bei zukünftigen UN-Generalversammlungen Unterverbände »demokratischer« Staaten zu bilden. Indem dabei bestimmte Staaten wie zur Zeit des Kalten Krieges ausgegrenzt würden, stünden sich dann wieder ein »demokratischer Block« und ein »undemokratischer Block« gegenüber. Die Franzosen nahmen auch daran Anstoß, daß China, der Iran, der Irak und eine Reihe weiterer Länder demonstrativ nicht zur Warschauer Konferenz eingeladen worden waren. Rußland hatte eine Einladung als »Land im Übergang zur Demokratie« erhalten und deswegen verärgert nur einen untergeordneten Beamten des Außenministeriums zur Warschauer Konferenz entsandt.[270] Die Regierung CLINTON hat mit dieser Konferenz zweifellos dazu beigetragen, daß die Welt die USA wieder ein Stückweit mehr als ›*Ugly American*‹ (häßlichen Amerikaner) wahrnimmt – von seinem Nachfolger George W. BUSH gar nicht zu reden.

Als die 25 Staats- und Regierungschefs des europäisch-asiatischen Staatenbundes Asem (Asia Europe Meeting) nach dem Bangkoker Gründungstreffen (1996) und Asem II in London (1998) im Oktober 2000 ihren dritten Gipfel in Seoul (Südkorea) veranstalteten, war auch dort eine neue Ausrichtung der tripolaren Ordnung zwischen den USA, Asien und Europa zu spüren. Die USA verfügen mit der 1989 gegründeten asiatisch-pazifischen Wirtschaftskooperation (Apec) über »ein kräftiges Instrument für Dominanz in der Region«. Auch die fernöstlichen Staaten wollen ihre US-Abhängigkeit offensichtlich abschütteln und suchen deshalb eine engere Kooperation mit Europa.[271]

Den Deutschen wird in diesem Spiel – ungeachtet des von Bundeskanzler SCHRÖDER und Außenminister FISCHER veranstalteten ›Zickzackkurses‹ zwischen allen Lagern – unterstellt, daß sie eher in Richtung Frankreich als in Richtung Amerika tendieren. Ein bezeichnendes Zeichen für die Unschlüssigkeit, die handelspolitischen und weltwirtschaftlichen Strategien Europas einzuschätzen, lieferte Washington mit der Kontroverse um die Besetzung des den Europäern zustehenden Postens des IWF-Präsidenten durch den Deutschen Kajo KOCH-WESER. Dabei ging es realiter nicht um die

---

[270] Gabriele LIEBIG, »Demokratie-Konferenz. Frankreich durchkreuzt Albrights Pläne – Der französische Außenminister weigerte sich, das provokative Schlußdokument zu unterzeichenen«, in *Neue Solidarität,* 5. 7. 2000.

[271] Daniel KESTENHOLZ, »Asien sucht ein Gegengewicht zu den USA – Gipfeltreffen mit europäischen Regierungschefs soll neue Perspektiven öffnen – Annäherung an Birma«, in *Die Welt,* 20. 10. 2000.

Qualifikation des Kandidaten, sondern um reine US-Machtpolitik versus Europa.[272]

Im Frühjahr 2002 setzt sich in den USA nun offensichtlich die Überzeugung durch, daß man etwas gegen das Aufkommen eines allzu negativen US-Images in aller Welt unternehmen mußte. Die *New York Times* berichtet jedenfalls über angebliche Pentagon-Pläne, »ausländisches Publikum (mit falschen Meldungen!) zu beeinflussen«.[273]

Nun steht abzuwarten, ob jene US-kritischen Stimmen, die sich seit der Jahrtausendwende auch bei den europäischen Mittelmächten Großbritannien, Frankreich und Deutschland vernehmen lassen, nur die üblichen atmosphärischen Störungen sind – oder vielleicht doch der Anfang einer gemeinsamen eigenständigen EU-Politik, die sich transatlantische Bevormundung nicht mehr ohne weiteres bieten läßt. Letzteres ginge freilich unweigerlich auf Kosten der Einflußmöglichkeiten der ›Insider‹, die bislang noch immer für Zwietracht unter den EU-Mitgliedern sorgten und sich auf die mächtigen, antideutsch gesinnten Oligopolmedien Westeuropas stützen konnten.

Ferner bedarf es einer Neudefinition auch der Rolle der kleineren und kleinen EU-Mitgliedstaaten, die am zweckmäßigsten in einer nordeuropäischen und einer südeuropäischen Gruppe zusammenzufassen wären. Wenn man davon ausgeht, daß eine Osterweiterung der Europäischen Union nicht realisierbar und schon gar nicht auf Dauer aufrechtzuerhalten sein wird, dann würde sich die Union damit aus fünf stimmberechtigten Regionen – Deutschland, Frankreich, Großbritannien, dem Nordblock und dem Südblock – zusammensetzen. Die Gewichtung der Fünf sowie innerhalb der beiden Blöcke müßte sich nach dem jeweiligen Nettobeitragsvolumen richten. Wer mehr in der Union zu sagen haben will, sollte die Möglichkeit haben, das mittels Steigerung seines Nettobeitragsvolumens zu erreichen. Ein Land wie etwa Italien, das sich ständig selbst übergewichtet, sollte die Möglichkeit haben, als assoziiertes Land am Geschehen der Europäischen Union teilzuhaben, wenn es sich schon nicht selbst in den ›Südblock‹ einbringen möchte. Diese Möglichkeit sollte es im übrigen auch für Großbritannien geben, etwa für den Fall, daß London den übrigen EU-Mitgliedern auch in Zukunft nur BSE-verseuch-

---

[272] George WEIDENFELD, aaO. (Anm. 258).

[273] dpa, »Mit falschen Meldungen gute Stimmung machen«, in *General-Anzeiger* (Bonn), 20. 2. 2002.

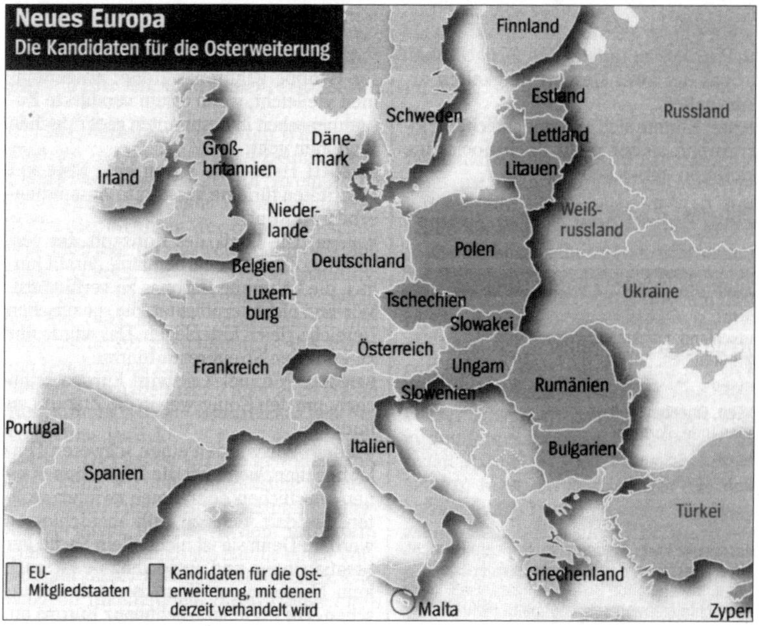

Abbildung 30. Die angestrebte ›großeuropäische Lösung‹: finanziell nicht zu verkraften.

tes Rindfleisch aufdrücken will, ohne ansonsten einen seinem BSP entsprechenden Nettobeitrag zu leisten.

Als Mutterland des Commonwealth paßt Großbritannien, auch das muß an dieser Stelle gesagt werden, ohnehin nicht in eine europäische Union, genau so, wie die Donaumonarchie sich nicht in BISMARCKS Reich einzuordnen vermochte. Eine stabile kleineuropäische Lösung ist überlebensfähiger als ein Großeuropa mit einem undefiniert commonwealth-gebundenen Großbritannien. Erst wenn sich das Commonwealth aufgelöst haben wird oder eines fernen Tages von äußeren Feinden zerschlagen worden sein sollte, kann Großbritannien sich wirklich in eine Europäische Union integrieren, so wie es das nach dem verlorenen Ersten Weltkrieg verbliebene Österreich – lange vor der ›Machtergreifung‹ Adolf HITLERS – mit Blick auf Deutschland erstrebte, was die Siegermächte freilich verhinderten.

Sollten Reformen der EU wie die hier skizzierte an Frankreichs Widerstand und seinem Dominanzanspruch innerhalb der EU-Gremien scheitern, so läßt sich ein ähnliches Schicksal auch der EU ohne viel Phantasie prognostizieren. Ohne grundlegende Reformen ist die Europäische Union in ihrer derzeitigen Gestalt nicht überlebensfähig. Es handelt sich bei ihr um eine US-Erfindung, wie die NATO als Transmissionsriemen der geopolitischen Machtabsichten der USA geschaffen. Die Europäer wären gut beraten, die ersten transatlantischen Schwächesignale der amerikanischen Supermacht, die im Zuge des ›Kampfes der Kulturen‹ schlechterdings nicht ausbleiben können, für sich auszunutzen, um die Vormundschaft Washingtons abzuschütteln. Für alle EU-Mitgliedsländer – und nicht nur für das von den USA geschaffene und militärisch besetzt gehaltene Rumpfdeutschland – bedeutet das Europa von Maastricht auch ohne Osterweiterung lediglich die Fortschreibung der Vasallisierung durch den Großen US-Bruder und in weiterer Folge den Untergang. Wer auch immer in Deutschland und Europa als Spitzenpolitiker Verantwortung trägt und nicht bereit ist, sich – auch um den Preis des persönlichen Risikos – gegen diesen Weg in den Untergang zur Wehr zu setzen, muß sich den Vorwurf gefallen lassen, nichts als subalterner Angehöriger der großen Lagerleitung zu sein, aber kein Staatsmann.

Mitunter ist die Auffassung zu hören, die politische Klasse besitze nur noch geringe Kenntnisse über historische, geopolitische, völkerrechtliche und sozio-kulturelle Zusammenhänge, aber auch über die wirklichen Wünsche und Sehnsüchte der eigenen Bevölkerung wisse sie wenig. Man sollte ein solches Urteil nicht vorschnell fällen. Erinnert sei nur an den hessischen CDU-Ministerpräsidenten Roland KOCH, der die Bürger seines Bundeslandes mit einer großangelegten Unterschriftenaktion zum Thema Staatsbürgerschaftsrecht zu mobilisieren verstand. Nur: Es handelte sich auch dabei um eine reine Reklameaktion. Tausende und Abertausende von Unterschriftenlisten wanderten dann nämlich still und ohne jede politische Konsequenz auf den Müll.

Auch der seinerzeitige Kanzlerkandidat Gerhard SCHRÖDER muß sich sein Bäumchen-wechsle-dich-Spiel vorhalten lassen. Unvergessen ist, daß er dem Euro keine Zukunft voraussagte und sich bei anderer Gelegenheit recht populistisch über die Kriminalität polnischer ›Mitbürger‹ ausließ (s. S. 69). Politische Konsequenzen: gleich null. SCHRÖDER dachte gar nicht daran, seine eigene Europapolitik nach seinen öffentlichkeitswirksamen Einsichten zu gestalten.[274]

Ein weiteres Beispiel ostentativer Prinzipienlosigkeit bietet der bayerische Ministerpräsident Edmund STOIBER. Er nahm vor der skandalösen »Schlußstricherklärung« der Regierung KOHL der Tschechei gegenüber vor den heimatvertriebenen Sudetendeut-

---

[274] Peter FISCHER, »Bedenken«, in *Das Ostpreußenblatt,* 14. 10. 2000.

schen den Mund recht voll, um der skandalösen Erklärung nachher ohne jeden Muckser des Widerspruchs zuzustimmen.

KOCH - SCHRÖDER - STOIBER: Es handelt sich nicht um Einzelfälle, sondern um System. Die politische Klasse nützt im Rahmen der lizenzierten Ordnung lediglich gewisse verbale Spielräume, die von den stillschweigenden Protektoratsherren gewissermaßen als ›Honig um den Bart‹ der Wähler zugestanden werden, ohne daß die dabei zum Ausdruck kommenden Wünsche oder Stimmungen auch nur die geringste politische Bedeutung erlangen, wenn sich tatsächlich einmal Abweichungen vom Kurs der ›Political Correctness‹ einstellen. Das Strickmuster dafür kannten schon die Römer:

»*Mundus vult decipi, ergo decipiatur!*« (›Die Welt will betrogen sein, darum sei sie betrogen!‹)

Erstaunlich ist allenfalls, wie der Wähler immer wieder darauf hereinfällt und sich immer noch für Politiker zu begeistern vermag, die ihm - bevorzugt in Wahlkampfzeiten - nach dem Mund reden.

Die NATO - Kontrollinstrument auch nach der Osterweiterung

Man kann es nicht oft genug wiederholen: Die NATO war und ist ein Instrument der strategischen Einkreisung Deutschlands. Diesem unverändert aktuellen Ziel dient auch die Einbindung der osteuropäischen ›Reformstaaten‹ Polen, Tschechische Republik und Ungarn, die im Rahmen der amerikanischen Osterweiterungspolitik zusammen mit Ungarn noch rechtzeitig vor der an Serbien praktizierten Unterwerfungsaktion ins Boot geholt wurden. Erwünschter Begleiteffekt bei alledem: Die Osterweiterung und die damit verbundene Auf- und Umrüstung der Beitrittskandidaten ist ein lukratives Geschäft.

Als US-Präsident CLINTON Ex-Kanzler KOHL im April 1999 für dessen Vasallendienste mit der ›Presidential Medal of Freedom‹ (wessen Freiheit?) auszeichnete, die normalerweise nur Amerikanern verliehen wird, sprach sich KOHL in vorauseilendem Gehorsam für die Mitgliedschaft Serbiens in der NATO aus und enthüllte so das eigentliche Ziel des auf dem Balkan geführten Krieges,[275] während die US-NATO-Bombenangriffe noch unver-

---

[275] Herbert KREMP, »›Helmut, du bist ein Amerikaner‹ - US-Präsident Clinton zeichnet Ex-Kanzler Kohl mit der ›Presidential Medal of Freedom‹ aus«, in *Die Welt*, 22. 4. 1999.

mindert fortgesetzt wurden. Dieses eigentliche Ziel war nichts anderes als die »bedingungslose Kapitulation« der Serben nach genau jenem Modell, das Deutschland gegenüber seit der Casablanca-Konferenz von 1943 praktiziert wurde. Im französischen Rambouillet sollte der Staat Jugoslawien und die vom Westen mit Geld und Waffen versorgte illegale Befreiungsarmee UCK der Kosovo-Albaner zu einem ›Abkommen‹ gezwungen werden, das Erich BÖHME im deutschen Fernsehen mit den Worten kommentierte: »Wer hat uns darüber informiert, daß der Rambouillet-Vertrag Passagen enthielt, die ein jugoslawischer Staatspräsident nie und nimmer unterschreiben konnte. . .? Daß die Bundesrepublik Jugoslawien ihre Souveränität hätte aufgeben und ein NATO-Besatzungsstatut schlucken müssen?«

Und einer der wenigen deutschen Parlamentarier, die den Vertragstext gelesen hatten, sagte:

»Wie ich in meinem Memorandum geschrieben habe, unterzeichnet einen solchen Vertragstext nur ein Staat nach vollständiger Kapitulation.«[276]

Aber nicht nur bei den Verbündeten wurde das Vorgehen der NATO mit bisweilen harschen Worten kritisiert. Der schon erwähnte US-Schriftsteller Gore VIDAL äußerte sich schon 1997 in einem Interview wie folgt über die Aufgabe der NATO:

»Wir haben natürlich zur Zeit keine Nationalsozialisten. Wir haben eine theokratische Rechte, die noch Einfluß gewinnen wird. Für mich wäre eine neue Verfassung der Ausweg. Die USA werden auf ihr Empire verzichten müssen. Die Deutschen und die Engländer kommen ja auch gut ohne aus. Wir haben 1945 angefangen, uns den Globus zu erobern. Die NATO wurde nicht eingerichtet, um die Europäer vor den Russen zu schützen, sondern um die totale Kontrolle über Westeuropa zu erlangen. Die CIA wurde gegründet, um Wahlen zu manipulieren. . . Und ein Feind ist nirgendwo zu sehen. Meine Botschaft an die Leser deutscher Tageszeitungen lautet: Nehmen Sie die offizielle Politik der USA nicht ernst. Vielleicht nicht einmal die in Ihrem eigenen Land. Es macht keinen Unterschied, wer gewählt wird. Das Land wird bereits von den Großkonzernen geleitet. Die entscheiden, wer auf den verschiedenen Ebenen der Regierungsgewalt dienen darf. Und sie sind niemandem auf Erden verantwortlich.«[277]

---

[276] »Jugoslawien: Das verheimlichte Kapitulationsdiktat«, in *Der Insider*, Pretoria.

[277] Gore VIDAL, »Interview zur NATO«, in *Berliner Zeitung*, 3. 1. 1997.

VIDAL vertrat diesen Standpunkt zwei Jahre später erneut in einem Interview,[278] während die *Washington Post* die NATO-Osterweiterungspolitik der Regierung CLINTON mit dem Hinweis unterstützte:

»Nur die Bereitschaft zur Öffnung wird aus der NATO auch künftig einen effizienten Wächter amerikanischer Interessen in Europa machen.«[279]

Erstaunlicherweise wurde die veränderte Haltung der Amerikaner zum Rest der Welt 1997 sogar in einer *Frontal*-Sendung des ZDF thematisiert. Demzufolge hat sich in Washington mittlerweile die Auffassung durchgesetzt, daß man sich angesichts der inzwischen errungenen alleinigen Supermachtstellung nicht mehr an die den Russen bzw. der Sowjetunion gegebene Zusage halten müsse, wonach es keine NATO-Ausdehnung nach Osten geben werde. Selbstverständlich gab es auch zu keiner Zeit eine nachvollziehbare verteidigungspolitische Begründung für die NATO-Besetzung Deutschlands nach der Wiedervereinigung. Eine solche Begründung würde freilich bestimmte Widersprüche enthüllen, die man sich lieber erspart. Etwas fragwürdig mutet es schließlich schon an, daß Deutschland unter Hinweis auf das Ende des Kalten Krieges seine ohnehin schon bescheidene Bundeswehr noch einmal reduzieren mußte – ganz wie nach Versailles! –, während die USA gleichzeitig ihren Verteidigungshaushalt ständig in astronomische Höhen aufstocken. Frankreich hatte zuvor bereits seine Nuklearstreitmacht modernisiert – deren Reichweite deckt exakt deutsches Territorium ab (s. Fr. I, S.132). Gleichzeitig werden Polen und die Tschechische Republik aus Gründen der militärischen Einkreisung und Mitbesetzung Deutschlands unter anderem mit deutscher Hilfe auf NATO-Standard umgerüstet (s. Fr. I, S.14), aus deutscher Sicht eigentlich ein unerhörter Vorgang.

Wird befreundeten Staaten wie etwa den baltischen Ostseeanrainern von Deutschland allein oder gemeinsam mit europäischen Bündnispartnern Militärhilfe geleistet, zum Beispiel bei der Räumung von im Zweiten Weltkrieg gelegten Seeminen (s. Abbildung 31 eines deutsch-niederländischen Einsatzes dieser Art), so bedarf das keiner Rechtfertigung. Anders dagegen verhält es sich mit der Beteiligung Deutschlands an der NATO-Aufrüstung von Ländern, die – der Völkerrechtslage nach – immer noch ›Feindstaaten‹ und einen dementsprechenden militärischen Einkreisungsauftrag ver-

[278] Gore VIDAL, »Interview zur NATO«, in *Der Spiegel*, Nr. 6/1999.
[279] *Washington Post*, zit. nach: *Die Welt*, 10. 12. 1998.

folgen (s. Fr. I., S. 222 Fußnote). Dieses Verhalten läßt sich schlechterdings nur als nationaler Selbstmord charakterisieren. Bei den in Rede stehenden Ländern handelt es sich schließlich um Raubstaaten, die unter eindeutigem Verstoß gegen die Haager Landkriegsordnung vom 18. Oktober 1907 ethnisch gesäuberten deutschen Siedlungsraum besetzt halten (s. Fr. I., S. 232 CHURCHILL-Zitat).

Dieser Sachverhalt läßt sich auch durch noch so viel ›Political Correctness‹ nicht aus der Welt schaffen. Es geht hier um unverjährbare völkerrechtliche Tatbestände, die so lange nicht aufhebbar sind, als das Deutsche Reich (etwa wie das japanische Kaiserreich nach dem Zweiten Weltkrieg) noch nicht wieder souverän und außenpolitisch ohne Weisungsrecht von seiten der Besatzungsmächte handlungsfähig geworden ist. Erst dann könnte etwa mit Polen ein völkerrechtlich gültiger, nicht unter Zwang Dritter vorgegebener Friedensvertrag geschlossen werden. In dieses Vertragswerk müßte auch jener deutsche Siedlungsraum einbezogen werden, der schon nach dem Ersten Weltkrieg ohne Volksabstimmung und sogar trotz mehrfacher Volksabstimmungen zugunsten Deutschlands (Oberschlesien!) vom Reich abgetrennt wurde, worauf die dort angestammte Bevölkerung einer endlosen Kette von Schikanen und Pressionen ausgesetzt wurde.

Daß gewisse polnische Kreise und westliche Kriegsalliierte eine entsprechende Neuregelung dieser offenen Fragen bis heute als

Abbildung 31. Der deutsche Minensucher ›Hameln‹ (links) und der niederländische Minenjäger ›Delzijl‹ 1998 unter deutscher Führung im Einsatz vor der Küste Estlands. Quelle: Frank BEHLING, »Bildberichterstattung, Auf Minenjagd vor Estland«, in *Kieler Nachrichten*, 22. 9. 1998, S. 1.

›Revanchismus‹, als Äußerungen ›Ewiggestriger‹ zu diffamieren versuchen, tut der Richtigkeit dieser Forderung keinen Abbruch. Das Störfeuer hat einen nachvollziehbaren Grund: Die Völkerrechtsbrüche von 1919 und 1945 sollen im Zusammenwirken mit willfährigen deutschen Opportunisten- und Mitläufergruppen am kodifizierten Völkerrecht vorbei legalisiert werden. Natürlich ist eine derartige ›Regelung‹ zwischenstaatlich und international unwirksam. Bei diesen Bemühungen wird in der Regel unterschlagen, daß in den polnischen Okkupationszonen schon nach 1919 durch zahlreiche Maßnahmen versucht wurde, die Deutschen zur Abwanderung zu zwingen. Die volksdeutsche Minderheit war bereits damals massivem polnischem Vertreibungsdruck ausgesetzt (s. Fr. I., S. 306). Auch in der Tschechoslowakei standen die Dinge nicht viel besser: Die Deutschen in den Sudetengebieten, in Böhmen und Mähren wurden als Bürger zweiter Klasse behandelt, nach 1945 wie in Polen auf grausamste Weise vertrieben oder umgebracht. Man muß diesen Sachverhalt immer wieder in Erinnerung rufen, nicht zuletzt, weil er auf seiten der Siegermächte bis heute weithin geleugnet wird. (s. Fr. I., S. 34 f.; S. 49 Abs. 1 Klammerung; Potsdamer Erklärung S, 206 f.)

Die Basis des NATO-Bündnisses ist die Glaubwürdigkeit der USA. Diese ist nicht erst durch die amerikanische Balkanpolitik erschüttert worden, die angeblich dem ›Schutz‹ bedrohter ethnischer Minderheiten dient. Denn: Wenn dabei tatsächlich die Verteidigung der Menschenrechte im Mittelpunkt stehen soll, stellt sich die Frage, warum die USA nicht mit gleicher Vehemenz etwa für den Schutz der Kurden, der Palästinenser, in Ruanda und, *last not least,* im deutschen Osten für den Schutz ethnischer Minderheiten aktiv geworden sind. Allein durch mehr oder weniger unverhohlene Androhung von Maßnahmen, wie sie nach dem amerikanischen Kriegseintritt (1941) gegen Deutschland und 1999 geschlagene 69 Tage und Nächte lang gegen Serbien zur Anwendung kamen, werden die USA mittelfristig weder die NATO noch ihre anderen militärischen Bündnissysteme in der Welt funktionsfähig halten können. Interessant ist in diesem Zusammenhang die Tatsache, daß der frühere US-Justizminister Ramsay CLARK (s. unten S. 166) ähnliche Maßnahmen auch den Europäern relativ unverblümt angedroht hat für den Fall, daß sie Washington die globale Dominanz streitig machten. Tatsache ist, daß es für die NATO und die übrigen Bündnissysteme der USA eines anderen Kitts bedarf als des der bloßen militärischen Überlegenheit. So müssen die Partnerländer in der Allianz mit den USA auch ihren Nutzen sehen können und dürfen sich nicht einseitig als Opfer eines letztlich unzuverlässigen amerikanischen Protektors sehen, wie dies im Vietnamkrieg der Fall war.

Noch etwas kommt hinzu: ›*The ugly American*‹ (der häßliche Amerikaner) ist derzeit auf dem besten Wege, sich mit seinem arroganten Auftreten sowohl bei seinen Vasallenstaaten, den sogenannten »Bündnispartnern«, als auch weltweit immer unbeliebter zu machen. Dazu stellte die *News Week* (14. Juni 1999) fest:

»Umfragen zeigen, daß... 72 Prozent der Russen... eine schlechte Meinung von den USA [haben], während es vor dem [Balkan] Krieg nur bis zu 28 Prozent waren. In China haben wir den Ausbruch von antiamerikanischer Wut gesehen, die unheimlich an die Kulturrevolution erinnert. Und die Lehre, die Europa aus diesem Kriege gezogen hat, lautet, daß es zu abhängig von den USA ist. Am letzten Donnerstag stimmten zum ersten Mal in ihrer Geschichte die 15 Länder der Europäischen Union überein, Europa mit einer militärischen Kraft auszustatten, mit unabhängigem Kommando, unabhängiger Kontrolle und unabhängigen Truppen. Unabhängig, das bedeutet, unabhängig von den Vereinigten Staaten von Amerika. Wenn im Mittelpunkt der Welt nach dem Ende des Kalten Krieges die einzige Macht Amerika stand, so hat der Krieg im Kosovo die ersten Wallungen gebracht: mit einem Groll gegen die Großmacht, mit Ablehnung und Konkurrenzkampf.«[280]

Das zukünftige deutsch-amerikanische Konfliktpotential im Auge, sah sich sogar der ehemalige Bundespräsident Richard VON WEIZSÄCKER veranlaßt, ein »ausgewogenes Verhältnis von Pflichten und Verantwortung im gemeinsamen Bündnis« zu fordern.[281]

Der Verfasser dieser Zeilen hat auf dieses Erfordernis, das nicht nur ein deutsches, sondern ein westeuropäisches ist, schon 1997 im Vorgängerband hingewiesen (s. Fr. I, S. 187). Bisher handelt es sich jedoch – sieht man von der mittlerweile vereinbarten westeuropäischen 60 000 Mann-Eingreiftruppe ab – tatsächlich nur um ›Wallungen‹, denen noch keine ernstfalltauglichen Maßnahmen gefolgt sind. Man muß wohl konstatieren, daß Westeuropa derzeit noch nicht bereit ist, sich aus seiner Position als Agglomerat amerikanischer Protektorate zu befreien. Oder ist man bei den tonangebenden EU-Mitgliedern der Auffassung, daß es für einen

---

[280] *News Week*, 14. 6. 1999, hier zit. nach *Das Ostpreußenblatt*, 7. 8. 1999.

[281] Richard VON WEIZSÄCKER, »Unsere Wege werden sich nicht trennen – Zum deutsch-amerikanischen Verhältnis in einer instabilen Welt«, in *Die Welt*, 19. 10. 2000.

solchen Abnabelungsprozeß bereits zu spät ist? Als Zbigniew BRZEZINSKI auf einem vom Institut für Human-Wissenschaft in Wien veranstalteten Seminar zum Thema »Zehn Jahre nach 1989« die transatlantischen Bindungen Westeuropas in diesem Sinne kennzeichnete, rief er bei vielen ›blauäugigen‹ Teilnehmern Unwillen hervor. BRZEZINSKI konterte die Einwände mit den Worten:

»Das ist der Unterschied zwischen der Rhetorik und der kritischen Beurteilung. . . Europa ist zum großen Teil ein amerikanisches Protektorat.«[282]

BRZEZINSKI war Hochschullehrer der ehemaligen amerikanischen Außenministerin Madeleine ALBRIGHT und später Sicherheitsberater unter US-Präsident CARTER. Danach wirkte er neben dem langjährigen US-Außenminister Henry KISSINGER als eine Art ›Dragoman‹, was etwa so viel bedeutet wie ein ›richtungweisender Mittler‹ mit europäischem Hintergrund, der freilich in der Substanz nie etwas preisgibt. BRZEZINSKI ist ein herausragendes Beispiel dafür, wie die ›Insider‹ ihre Macht auszuüben vermögen, ohne aus dem Dunkel der Anonymität herauszutreten. In seiner Analyse der »Geheimgesellschaften und ihrer Macht im 20. Jahrhundert« werden diese von Jan VAN HELSING als eine »innerhalb der offiziellen US-Regierung. . . geheime Regierung« bezeichnet (s. S. 173).

Inzwischen scheint der Prozeß Eigendynamik zu entwickeln: Je deutlicher die USA – ungeachtet der jeweiligen Regierung – ihr imperiales Gesicht zeigen, desto mehr Europäer, unter ihnen selbst die auf transatlantische Harmonie bedachten Deutschen, durchschauen die Machtspiele der letzten verbliebenen Supermacht, die rücksichtlos – und regelmäßig auf Kosten der Bündnispartner – eigene Interessen verfolgt. Die *Nachrichten für die Deutschland-Bewegung* stellten dazu schon vor Jahren fest:

»Zeitungen, die bislang bei fast jeder Handlung der US-Regierung Zustimmung oder Verständnis äußerten, entdecken jetzt. . . die ›zunehmend imperiale Geste‹ der US-Außenpolitik. Aus den Leserzuschriften spricht in ganz Europa der Volkszorn über den Großen Bruder. Wenn dies der Beginn einer Neueinschätzung der Politik der Vereinigten Staaten ist, dann könnte es nach der Jahrtausendwende eine eigenständige deutsche und europäische Politik geben. Erst dann wäre das Jahrhundert zweier Weltkriege

---

282 *El Pais,* Madrid, 5. 7. 1999, hier zit. nach: »›Ein amerikanisches Protektorat‹– Was in »deutschen« Blättern nicht steht«, in *Unabhängige Nachrichten,* August 1999.

und des Kalten Krieges, von dem niemand so sehr profitierte wie die USA, beendet. . . Die neuen Kritiker der US-Alleinherrschaft sollten nicht verkennen, daß die amerikanische Stärke vor allem ein Resultat der europäischen und ganz besonders deutschen politischen Schwäche ist. Der maßlos überschätzte Außenminister Joschka FISCHER ist nicht mehr als ein Sherpa (Angehöriger der aus dem im Himalaja ansässigen Volks der Sherpa rekrutierten britischen Söldnertruppe) von Madeleine ALBRIGHT. . . Ein zweites Vietnam. . . wird es diesmal nicht geben, weil es vor allem Deutsche und Europäer sein werden, die wieder einmal auf dem Balkan ihr Leben lassen« sollen.[283]

Die letztere Prognose läßt sich nach den Ereignissen des 11. September 2001 nicht mehr halten. Der US-Krieg in Afghanistan wird noch schlimmere Folgen für die USA nach sich zu ziehen haben als alle ihre bisherigen imperialen Abenteuer. Vieles spricht dafür, daß sie an diesem Feldzug wie vorher bereits die Sowjets Schaden nehmen werden. Dabei waren die Russen bei der Kontrolle Afghanistans schon viel weiter als bislang die Amerikaner mit ihren Hilfstruppen, darunter Briten und neuerdings auch anderen Bündnispartnern einschließlich eines deutschen Kontingents.

Allzu naiv sollten sich die Europäer ihren Abnabelungsprozeß vom Großen US-Bruder, sollte er denn einmal Tritt fassen, allerdings nicht vorstellen. Der frühere US-Justizminister Ramsey CLARK wurde in einem Gespräch mit dem französischen *L'Autre Journal* sehr deutlich:

»Ich warne die Europäer, daß die Vereinigten Staaten im Rahmen der Neuen Weltordnung keine Skrupel haben würden, auch in Europa militärisch zu intervenieren. Unsere Streitkräfte werden überall eingreifen, wo unsere Interessen gefährdet sind, und zwar mit allen Mitteln einschließlich Atomwaffen. . . Ich gehe sogar so weit zu behaupten, daß Amerika ohne Zögern auch in Westeuropa intervenieren würde, wenn dies gegenwärtig auch manchen Leuten als absurde Idee vorkommen mag. Die USA würden eine europäische nukleare und wirtschaftliche Großmacht nicht lange dulden.«[284]

Natürlich ist das nicht der Ton einer amtierenden US-Regierung den transatlantischen ›Bündnispartnern‹ gegenüber. Aber

---

[283] »Die USA zeigen ihr wahres Gesicht«, in *Nachrichten für die Deutschland-Bewegung*, 23. 3. 1999.

[284] »Ich warne die Europäer«, in *L'Autre Journal*, hier zit. nach *Unabhängige Nachrichten*, aaO. (Anm. 282).

auch die jetzige amerikanische Regierung befindet sich, wie alle ihre Vorgängerregierungen, fest im Zugriff der genannten anonymen Einflußorgane im Hintergrund. Die Regierungen kommen und gehen, die ›Insider‹ jedoch bleiben bestehen – und sie sind es, die über Krieg und Frieden entscheiden.

Mittlerweile hat der Imperialismus der Vereinigten Staaten die Maske fallen lassen. Der amerikanische Publizist und ehemalige CIA-Berater Chalmers JOHNSON kommentiert diesen Zustand mit den Worten:

»Selbst unsere Bündnisstaaten aus der Zeit des Kalten Krieges behandeln wir noch immer wie Protektorate. . . Wir sollten mit den Provokationen aufhören.«[285]

Großer Lauschangriff – Uncle Sam hört mit

Schon im ersten Band unserer Standortanalyse mußten wir uns mit den politischen, wirtschaftlichen und sozio-kulturellen Ausforschungsaktivitäten der in Deutschland agierenden Besatzungsmächte auseinandersetzen (s. Fr. I, S. 218 f.). Wie aus einem Bericht vom Jahre 1998 an das Europäische Parlament hervorgeht, ist der US-Geheimdienst NSA (National Security Agency) ständig damit beschäftigt, seine Methoden der Nachrichtengewinnung zu perfektionieren. Es ist nicht übertrieben zu sagen, daß die NSA inzwischen weltweit mithört und sich dabei professionellster Mittel bedient. »Alles, was die Bürger Europas per Telefon, Fax oder E-Mail von sich geben, landet ohne Ausnahme in den Datenfiltern der Schlapphüte jenseits des großen Teiches.« Eine zentrale Rolle spielt dabei das von zehn Stützpunkten aus global operierende und von den USA aus kontrollierte Spähnetzwerk ›Echelon‹.

Deutschland ist, was die Abhörsicherheit seiner Kommunikationswege angeht, besonders benachteiligt, weil keine der Internet-Datenkreuzungen auf deutschem Boden liegt. Als wichtigster ›Abschöpfungspunkt‹ gilt die Basis Menwith Hill in der britischen Grafschaft Yorkshire, wo die transatlantischen Tiefsee-Glasfaserkabel münden. Über Menwith Hill läuft der größte Teil des weltweiten Datenverkehrs zwischen den europäischen, amerikanischen, afrikanischen und asiatischen Telekommunikationssystemen. »In Ländern, in denen die NSA nicht wie in Deutschland (als US-Besatzungszone) einen direkten Zugriff auf das Telefon-

[285] *Das Ostpreußenblatt*, 29. 9. 2001.

festnetz besitzt, zapfen tieffliegende Spionagesatelliten die hochfrequenten Richtfunkstrecken an... Ein kleiner Teil der Leistung wird am Spalt der sendenden Station Richtung Himmel gebeugt..., um die in rund 600 Kilometer Höhe operierenden Späher mit Information zu beliefern... Eigentlich sollte das Lauschnetz nur politischen und militärischen Zielen dienen. Nach etlichen verdächtigen Vorfällen wie verpatzten Milliardenaufträgen und einem plötzlichen und eigentlich unerklärlichen Wissensvorsprung der USA bei Verhandlungen mit der Europäischen Union über ein neues GATT-Handelsabkommen verstärkt sich bei den EU-Politikern der Verdacht, daß ›Echelon‹ längst auch dazu dient, ihnen elektronisch in die Karten zu schauen.«

Der 1948 im Kalten Krieg entstandene Informationsverbund wird von der USA, Großbritannien, Kanada, Australien und Neuseeland getragen. Hauptnutznießer sind jedoch die Amerikaner.[286]

Der Schaden, der der deutschen Wirtschaft durch die lautlose Ausspähung seitens »geheimdienstlich befreundeter Staaten« – insbesondere der USA – entsteht, wird auf rund 50 Milliarden Mark pro Jahr geschätzt. Die Quelle läßt offen, ob es sich bei dieser Summe um eine Roh- oder eine Reinertragssumme handelt.

Allerdings ist das ohnehin ein akademisches Detail. Der Schaden, der den ausgespähten Volkswirtschaften durch die Abhöraktivitäten der Amerikaner entsteht, wird am konkreten Beispiel deutlich: Wenn es konkurrierenden US-Unternehmen gelingt, das ausspionierte technologische Wissen zu patentieren, ist es den ausgespähten Unternehmen in den Partnerländern nicht mehr möglich, in die USA zu exportieren. Für die von ihnen entwickelten Produkte gilt dann dort Importverbot. So wird nicht nur das konkret ausgespähte, häufig mittelständische Unternehmen durch die eingeschränkte Nutzung seiner Forschungs- und Entwicklungsergebnisse geschädigt, sondern auch die deutsche Zahlungsbilanz und Beschäftigungspolitik wird negativ beeinflußt. Trotzdem findet der Dauerskandal der Wirtschaftsspionage »geheimdienstlich befreundeter Staaten« auf deutschem Boden in deutschen Verfassungsschutzberichten keine Erwähnung.[287] Eine Tatsache, die so-

[286] Bernd SCHÖNE, »Der ›große Lauschangriff‹ im Internet – Knotenpunkte im globalen Datennetz können zum Abhören genutzt werden – Geheime Horchposten«, in *Die Welt,* 22. 6. 1999. (Die Details sind einem Bericht mit dem Titel »Eine Bewertung der Technologie für politische Kontrolle«, entnommen, der nach dem zitierten Autor beim EU-Parlament angefordert werden kann.)

[287] ZDF, *Kennzeichen D,* 21. 7. 1999.

wohl Deutschlands Bündnispartner als auch den Grad an Souveränität in aller Deutlichkeit veranschaulicht, den diese der Bundesrepublik zugestehen.

Raubstaat Amerika – der Vatikan der Neuzeit?

Mit KARL IV. aus dem Hause Luxemburg, der 1316 in Prag als Sohn König JOHANNS VON BÖHMEN geboren wurde und ihm später auf dem Thron nachfolgte, wurde nicht zuletzt durch päpstlichen Einfluß erstmals ein böhmischer Herrscher König des Heiligen Römischen Reiches Deutscher Nation. KARLS IV. Motiv für seine Königswahl bestand darin – wie dies auch bei den meisten anderen Herrschern des abendländischen Mittelalters der Fall war –, für seine Herrschaft über das Reich den Beistand der obersten geistlichen Gewalt einzuholen. 1355 ließ er sich in Rom zum Kaiser krönen. Die konstitutionelle Basis der theokratischen Konstruktion bildete die 1356 abgeschlossene »Goldene Bulle«. In ihr wurde der Vorrang der anfänglich sieben (später acht) Kurfürsten festgelegt. Mainz, Trier und Köln wurden von Rom mit geistlichen Kurfürsten besetzt. Zudem war der Erzbischof von Mainz *ex officio* (von Amts wegen, d.h. nicht von den Kurfürsten gewählter) ›Erzkanzler‹ des Römisch-deutschen Reiches.

Der Zustand seiner fortwährenden territorialen Zersplitterung führte allein während des Dreißigjährigen Krieges dazu, daß Deutschland ungeheure Verluste an Menschen, Kulturgütern und Wohlfahrt hinnehmen mußte. Außerdem mußte es im Westfälischen Frieden von Münster und Osnabrück (1648) die Niederlande und die Schweiz aus dem Reichsverband entlassen. Zudem geriet sein verbliebenes Territorium zum größten Teil unter den unmittelbaren Einfluß fremder Mächte wie Frankreich.[288] Mit diesem Frieden wurde das Heilige römische Reich Deutscher Nation faktisch zerschlagen.

Wie später die vorgeblichen ›Befreier‹ des 20. Jahrhunderts, so wollte natürlich auch NAPOLEON I. das Reich 1806 nicht befreien, sondern in erster Linie unter seine Botmäßigkeit bringen. Administrative Gründe – etwa die Aushebung ansehnlicher Militärkontingente, mit denen NAPOLEON dann 1812 gegen Rußland zog (Deutsche und Polen stellten die größten Kontingente) – bewogen NAPOLEON dazu, die von ihm eroberten, hoffnungslos fragmentierten deutschen Gebiete in 39 Einzelstaaten zusammenzufassen. Län-

---

288 *Brockhaus-Enzyklopädie*, 17 1968, Bd. 5.

Abbildung 32. Mit der Abtretung Elsaß-Lothringens seitens Frankreichs besiegelte der Vertrag von Frankfurt (10. 5. 1871) die Vereinigung im Rahmen der ›kleindeutschen Lösung‹. (Kaiser WILHELM I. und BISMARCK sitzen am Tisch.)

der wie »Lippe-Detmold ... darin ein Soldat«, erschienen ihm für seine Zwecke ungeeignet. Damit bereitete NAPOLEON ungewollt die später von Otto VON BISMARCK vollendete ›kleindeutsche Lösung‹ vor. Ohne NAPOLEONS Vorarbeit wäre die Vereinigung wohl kaum einvernehmlich erreichbar gewesen.

›Kleindeutsch‹ wurde das sogenannte ›Zweite‹ Reich deshalb, weil die Donaumonarchie nicht bereit war, zugunsten einer ›großdeutschen‹ Vereinigung auf ihr eigenes Kaiserreich zu verzichten. Zudem befürchtete Wien die Auflösung seines Vielvölkerreiches. »Das Warten auf Österreich ist das Scheitern der deutschen Einheit«, stellte der Liberale Hermann VON BECKMANN warnend fest.[289] Genau so verhalten sich heute im übrigen die EU-Mitglieder England und Frankreich, beide zu Mittelmächten abgestiegen. Weil sie ihre Großmachtvisionen nicht zugunsten eines politisch vereinten Europas aufgeben wollen, kann es unter Einschluß Englands und Frankreichs bis auf weiteres nicht zu einer tragfähigen ›kleineuropäischen‹ Lösung kommen, geschweige denn – mittels Osterweiterung – zu einer großeuropäischen.

[289] Gernot FACIUS, »Einheit unter deutschem Kaiser – Revolution von 1848 scheitert – Frankreich geschlagen – Kanzler Bismarck schmiedet das Reich«, in *Die Welt*, 2. 10. 1999.

Die Folgen liegen auf der Hand: Nicht nur Deutschland, sondern faktisch ganz Westeuropa ist praktisch seit Jahrzehnten ein Protektorat der USA. Amerikanische Handschrift trägt auch die bevorstehende NATO- und EU-Osterweiterung sozioökonomisch und kulturell allzu heterogener Völker zu einem großeuropäischen US-Protektorate-Agglomerat. Dieses Kunstgebilde kann nur so lange – zum Schaden aller seiner Mitglieder! – fortbestehen, wie die Einzelprotektorate bereit sind, sich den USA unterzuordnen. Dabei läßt sich das Schicksal vergleichbarer multiethnischer Gebilde schon heute am Schicksal etwa Jugoslawiens oder der Tschechoslowakei studieren – in beiden Fällen handelte es sich um Staaten, die nach dem Ersten Weltkrieg auf Betreiben der Franzosen zur Einkreisung Deutschlands und Österreichs geschaffen worden waren. Beide Länder sind längst wieder von der europäischen Landkarte verschwunden.

Die Unterwerfung Westeuropas hat mittlerweile groteske Formen angenommen. In London zum Beispiel setzte sich eine Zeitlang allen Ernstes die Auffassung durch, das Nordirlandproblem werde nicht ohne die Hilfe der Vereinigten Staaten zu lösen sein. Dabei hätte die britische Regierung allein durch die Tatsache stutzig werden müssen, daß das amerikanische Spendenaufkommen an die IRA-nahe irische Nationalisten-Partei Sinn Féin (IRA = in der ›Irischen Republikanische Armee‹ zusammengeschlossene katholische Untergrundkämpfer) 1999 ein neues Rekordniveau erreichte.[290] Aber auch Deutschland geriert sich Washington gegenüber alles andere als souverän. Hier wird die Auflösung amerikanischer Militärbasen auf dem eigenen Territorium teils heftig beklagt, weil dadurch deutsche Zivilangestellte der Besatzer ihre Arbeitsplätze verlieren.

Wenn man so will, läßt sich die gegenwärtige Vasallisierung Europas durch die USA – *cum grano salis* – mit dem späten Mittelalter vergleichen, als das Heilige Römische Reich zu weiten Teilen unter päpstlicher Kuratel stand. Wie alle Vergleiche, so hinkt natürlich auch dieser Vergleich. Denn vor allem zwei Unterschiede zwischen der »Goldenen Bulle« (1356) und dem 1991 in Maastricht geschlossenen und 1992 in Kraft getretenen »Vertrag über die Europäische Union« (EU) fallen ins Auge:

---

[290] Reuter-Agenturmeldung in der Londoner *Times*, 23. 2. 2000: »London besorgt über US-Spenden für die IRA«, hier zit. nach *Die Welt*, 24. 2. 2000.

1. Die Brüsseler EU-Verwaltung fungiert gewissermaßen als eine Art US-Oberbehörde für die durch die Amerikaner nicht direkt ausgeübte wirtschaftliche Kontrolle über die europäischen Protektorate;
2. Anders als die »Goldene Bulle«, die das Fortbestehen der Nationen formal nicht antastete, bedeutet die Verwirklichung der Maastricht-Union eine Umsetzung des HOOTON-Planes – vor allem, was die Herstellung der sogenannten ›multikulturellen Gesellschaft‹ angeht (s. Umsetzung des HOOTON-Plans, S. 88).

Ergänzt wird der Vertrag von Maastricht durch die NATO zur Gewährleistung der »totale(n) Kontrolle über Westeuropa« (Gore VIDAL). Wieder, wie zur Zeit NAPOLEONS, gehört zu dieser Kontrolle auch die Stellung von Hilfstruppen für sogenannte ›friedenschaffende Maßnahmen‹ der Vereinigten Staaten innerhalb und außerhalb Europas, obwohl diese weder vom Grundgesetz noch durch das NATO-Statut gedeckt sind. Über Art und Umfang dieser amerikanischen ›Friedens‹-Missionen seit 1945 findet sich eine recht anschauliche Übersicht in den *Unabhängigen Nachrichten,* Nr. 08/99 (s. Anhang).

Wenn man sich die deutsche Geschichte sehr einfach machen will, bietet sich das folgende Schema an: Der Reihe nach hatten die Deutschen erst die Römer, dann den Vatikan, dann die Franzosen und nun die Amerikaner als Zwingherrn zu erdulden. Von der Römerherrschaft und den Franzosen vermochten sie sich zu befreien, nicht so von der weltlichen Herrschaft der römischen Kirche. Dafür mußte bis zu den erfolgreichen Befreiungskriegen von 1812/13 der Umweg über NAPOLEONS europäischen Imperialismus eingeschlagen werden. Und nun wartet noch die Überwindung der Europäischen Union und der von der NATO ausgeübten US-Unterjochung auf ihre Beendigung durch ein glückliches Geschick.

›God's Own Country‹ – USA ohne Maske

Demokratie auf amerikanisch: Mord als Mittel der Politik

Die amerikanische ›Demokratie‹ ist unter anderem dadurch gekennzeichnet, daß in ihrer kurzen Geschichte vier US-Präsidenten aus politischen Motiven ermordet worden sind. Die prominentesten sind Abraham LINCOLN (1865) und John F. KENNEDY (1963). Jan VAN HELSING stellt hierzu in seiner Analyse der »Geheimgesellschaften und ihrer Macht im 20. Jahrhundert« fest:

»Wenn zwei sehr wichtige US-Präsidenten von insgesamt vier ermordeten US-Präsidenten das Opfer eines Komplotts, einer Verschwörung, gewesen sind, dann existiert innerhalb der offiziellen US-Regierung eine andere, geheime Regierung, die sogar so mächtig ist, daß sie ihre eigenen Präsidenten beseitigen kann, wenn diese nicht das tun, was von ihnen verlangt wird. Das würde bedeuten, daß weder die Exekutive noch die Legislative und schon gar nicht die Rechtsprechung der USA den wirklich entscheidenden Einfluß auf die US-Innen- und Außenpolitik haben.«[291]

Daraus läßt sich schlußfolgern: Jeder US-Präsident, dem es gelingt, sich kraft eigenen Erfolges eine gewisse Unabhängigkeit von den ›Insidern‹ zu schaffen, sowie jeder von den ›Insidern‹ unabhängige Präsidentschaftskandidat mit Erfolgsaussichten wird am Ende zugunsten eines ›Insider‹-Kandidaten aus dem Weg geräumt. Nur so läßt sich sicherstellen, daß der führende Mann im Weißen Haus lenkbar bleibt.

So gesehen, hat die ins Weiße Haus lancierte Praktikantin Monica LEWINSKY dem damaligen US-Präsidenten Bill CLINTON, der den ›Insidern‹ wegen seiner Erfolge und seiner Popularität aus dem Ruder zu laufen drohte, das Leben gerettet. Fräulein LEWINSKY kam dabei im übrigen ebenfalls auf ihre Kosten, indem sie anschließend ihre ›Story‹ gut vermarkten konnte (in der Presse war von Honoraren bis US $ 700 000.- pro Interview die Rede).[292]

Der Frage, was eine Praktikantin im Weißen Haus und dort im Oval Office des US-Präsidenten zu suchen hatte und von wem sie dort plaziert wurde, ist während des gegen CLINTON angestrengten Amtsenthebungsverfahrens offenbar nicht nachgegangen wor-

---

[291] Jan VAN HELSING, zitiert nach: Mansur KHAN, aaO. (Anm. 51), S. 89.

[292] Fritz WIRTH, »700.000 Dollar für ein Interview – Ex-Praktikantin Lewinsky will über Affäre mit Clinton reden und kassieren«, in *Die Welt*, 14. 11. 1998.

den. Die Meinungsmacher hatten die Öffentlichkeit darauf eingestimmt, daß man CLINTON wohl seinen Seitensprung, aber nicht die Unwahrheit verzeihen dürfe.

Rechtzeitig vor Beginn seines Amtsenthebungsverfahrens konnte CLINTON einen Schlußstrich unter eine andere amouröse Affäre ziehen. Noch vom Jahr 1991 datierte sein Rechtsstreit mit Paula JONES; CLINTON konnte sich mit einer Zahlung von 850 000 US-Dollar freikaufen. Diese Angelegenheit, die Auslöser der LEWINSKY-Affäre war,[293] wurde anläßlich des Amtsenthebungsverfahrens mit in die Öffentlichkeit gezerrt. CLINTON erhielt keine Chance, nach dem Grundsatz zu verfahren: »Der Kavalier genießt und schweigt.« Er wurde vor laufenden Kameras vorgeführt und – dazu noch unter Eid – zur Lüge gezwungen.

Es bleibt der Spekulation des unvoreingenommenen Beobachters überlassen, sich auszumalen, was aus CLINTON geworden wäre, wenn er zu Beginn der Affäre einfach mitgeteilt hätte: »Fragen Sie mich in vier Jahren noch einmal. Bis dahin verbietet mein Amt jede Vernehmung unter Eid zu Dingen, die nicht unmittelbar mit Staatsgeschäften zusammenhängen.« Für diese Auskunft plädierte unter anderem der schon mehrfach zitierte Schriftsteller Gore VIDAL. Auf die VIDAL gestellte Frage, wie die CLINTON-Präsidentschaft wohl einmal in den Geschichtsbüchern erscheinen wird, gab der Publizist zur Antwort:

»Mit einer solchen Frage setzen Sie voraus, daß (US-)Amerika in 50 oder 100 Jahren noch eine große Rolle in der Welt spielt. . . Unser Schulsystem ist heruntergekommen. Wir haben keine Berufsschulausbildung für die Masse der Bevölkerung. Wir haben keine allgemeine Kranken- und Rentenversicherung. Wir haben wirklich nichts, was zivilisierte Staaten auszeichnet. Wir besitzen nur Waffen im Überfluß. . . Die USA werden auf der Rangliste der Staaten bald irgendwo zwischen Brasilien und Argentinien stehen – eine Mittelmacht, mehr nicht.«[294]

Diese Einschätzung VIDALS ist für Vasallenstaaten wie Deutschland, aber auch zahlreiche andere Länder, die derzeit noch unter amerikanischer Kontrolle stehen, ungleich interessanter als das ›insider‹-inszenierte Schmierentheater um CLINTONS Sexualleben.

Nach dem Meineid konnte »der Ton in der Kontroverse über Bill CLINTONS moralische Qualitäten« im Januar 1998 so verschärft

---

[293] Manfred ROWOLD, »Mit 860.000 Dollar beendet Clinton die Paula-Jones-Affäre«, in *Die Welt*, 16. 11. 1998.

[294] *Spiegel*-Gespräch: »Amerika ist ein Polizeistaat«, aaO. (Anm. 27).

werden, daß »das vorzeitige Ende seiner Präsidentschaft« drohte[295] oder richtiger: zu drohen schien. Der Fall wurde in den Medien derart aufgebauscht, daß CLINTON schließlich, restlos in die Enge getrieben, wieder ›insider‹-gefügig gemacht worden war. Das offenbarte sich, als er entgegen den Ratschlägen des Pentagon plötzlich wieder Flugzeugträger in den Persischen Golf beorderte und die Angriffe auf den Irak Saddam HUSSEINS wieder aufnahm. Daraufhin verlor sich das von der Öl-Lobby in Szene gesetzte Amtsenthebungsverfahren plötzlich im Sand. Einige Kommentatoren zogen Parallelen zum Film »Wag the Dog« (zu deutsch etwa: ›Wenn der Hund mit dem Schwanz wedelt‹), in dem ein fiktiver US-Präsident durch eine fingierte außenpolitische Krise von seinen Sexaffären abzulenken versucht.[296] Das Drehbuch für diesen Film soll als Vorlage für die Inszenierung der CLINTON-LEWINSKY-Affäre benutzt worden sein. Die außenpolitische Reaktion, zu der CLINTON sich gezwungen sah, erinnert an die Feststellung der Ehefrau Meyer AMSCHELS, des Gründers des Stammhauses ROTHSCHILD, und Mutter ihrer 1817 in Wien geadelten fünf Söhne (›Die 5 Frankfurter‹)[297]:

»Wenn meine Söhne es nicht wollen, so gibt es keinen Krieg.«[298]

In diesem Fall war der Krieg jedoch von den im Hintergrund agierenden ›Insidern‹ zur Durchsetzung ihrer Rohstoffinteressen gewollt. Diesem Willen wurde das Ansehen der USA und des Präsidenten mit allen Peinlichkeiten des Impeachment-Verfahrens geopfert. Das gilt auch für die von den USA durchgesetzten UN-Sanktionen gegen den Irak, die mittlerweile schon über zehn Jahre in Kraft sind. Sie haben dem irakischen Volk furchtbare Opfer abverlangt, und ein Ende des Martyriums ist nicht abzusehen. Der deutsche UN-Koordinator für humanitäre Hilfe im Irak, Hans Graf VON SPONECK, kündigte deshalb im Februar 2000 seinen Rücktritt an. Er könne für die humanitäre Situation im Lande keine Verantwortung mehr übernehmen. Seine Unterstützung gelte dem ira-

---

295 Manfred ROWOLD, »Den Seitensprung kann die Nation verzeihen, die Lüge nicht – Der Ton in der Kontroverse über Bill Clintons moralische Qualitäten wird schärfer. Es droht das vorzeitige Ende seiner Präsidentschaft«, in *Die Welt,* 23. 1. 1998.

296 Yvonne ESTERHAZY, »Außenpolitik im Schatten Monicas – US-Präsident Clinton will auf dem internationalen Parkett Punkte sammeln«, in *Handelsblatt,* 17. 9. 1989.

297 *Lexikon des Judentums,* aaO. (Anm. 114).

298 Josef LANDOWSKY, *Rakowskij-Protokoll,* Faksimile-Ausgabe Bremen 1987, S. 34.

kischen Volk, dessen Tragödie beendet werden müsse.[299] Natürlich ließ dieser Protest die Drahtzieher des Desasters am Persischen Golf völlig unbeeindruckt.

Die Pariser Tageszeitung *Le Monde* kommentierte das Amtsenthebungsverfahren gegen CLINTON aus französischer Sicht:

»Der Präsident hat über seine Beziehung mit Monica LEWINSKY unter Eid gelogen. Für den ersten Mann im Staat ist dies gewiß eine sehr schlechte Tat. Um so mehr, als er seine Familie, seine Umgebung, seine Regierung und sogar die Gesamtheit der Amerikaner in dieser Angelegenheit betrogen hat. Aber letztlich war das Ganze nur ein fortgeschrittener 15monatiger Flirt zwischen zwei Erwachsenen, die sich darüber einig waren. Und daraus die Einleitung des außergewöhnlichen Verfahrens abzuleiten, das die US-Verfassung für eine gesunde Gewaltenteilung vorsieht, wird nur schwer zu rechtfertigen sein. . . Etwas zutiefst Ungesundes liegt in dieser Besessenheit, in einer Privatangelegenheit Reinheit und Transparenz zu verlangen.«[300]

Ein Blick zurück in die Geschichte: Der deutsche König HEINRICH IV. trotzte 1077 mit seinem Gang nach Canossa Papst GREGOR VII. die Lösung seines Bannes ab. CLINTON dagegen hatte es mit der öffentlichen Hysterie einer ganzen Nation zu tun, der er sich als reuiger ›Sünder‹ stellen mußte, um vom religiösen Amerika ›Vergebung‹ zu erlangen.[301] Mag ihm dies auch persönlich gelungen sein – die Folgen seines Techtelmechtels mit Monica LEWINSKY werden in der amerikanischen Gesellschaft noch tiefe Spuren hinterlassen, und dies lange über CLINTONS Amtszeit hinaus.[302]

Ein anderer Fall: Präsident John F. KENNEDY wurde 1963 von einer ›Machtelite‹ (Secret Team) im Rahmen eines komplexen Szenariums ermordet. Das geschah nicht etwa, weil er mit Hilfe seines Vermögens »alles, was sich bestechen ließ – und was ließ sich da nicht alles bestechen. . . hochverschuldete oder einfach geldgierige Politiker, weiße Politiker und schwarze Politiker – . . . so-

---

[299] P. GRUBER, A. TAHERI, W. EBERHARDT, »Irak: Stunde des Gewissens – Der deutsche UN-Koordinator von Sponeck will dem Leiden der Iraker nicht länger zusehen«, in *Focus*, 8/200, 21. 2. 2000.

[300] *Le Monde*, hier zit. nach *Die Welt*, 8. 10. 1998.

[301] Thomas KIELINGER, »Clinton und der Sinn der Selbstreinigung – Die Affäre Lewinsky: Es geht nicht nur um Sex und Meineid, sondern auch um die Idee der Amerikaner von ihrem Staat«, in *Die Welt*, 16. 9. 1999.

[302] Yvonne ESTERHAZY, »Nach dem Freispruch für Clinton – Künftig kein Tabu«, in *Handelsblatt*, 15. 2. 1999.

wie mit Wahlbetrug und Mafia« an die Macht gelangt war,[303] sondern vermutlich aus folgenden Gründen:

1. JFK hatte mit seinen »National Security Action Memoranda« NSAM (Memoranden zur Nationalen Sicherheit) 555 und 263 angekündigt, er werde als erstes nach seiner Wiederwahl den von ihm für aussichtslos gehaltenen US-Einsatz in Vietnam beenden, d. h. »die Amerikaner aus Vietnam herausholen«. Mit seiner Ermordung wurde das verhindert. Die Fortsetzung des Vietnam-Krieges hat dem »militärisch-industriellen Komplex der USA mehr als 500 Milliarden Dollar eingebracht«.[304]
2. JFK hatte »versucht, . . . das Großkapital und dessen Einfluß einzuschränken« – ganz wie Abraham LINCOLN, der 1865 genau aus dem gleichen Grund ermordet worden war[305] (s. hierzu Federal Reserve Bank, S. . .).
3. JFK ließ nach seinen Tagebuchaufzeichnungen über seinen Besuch Berlins am 26. 6. 1963 (»Ich bin ein Berliner«) und die anschließende Besichtigung des Berghofs Adolf HITLERS[306] befürchten, er werde sich in Zukunft nicht mit Wertungen über den ›Führer‹ in der Öffentlichkeit zurückhalten. Dort ist gemäß der zitierten Quelle nachzulesen:
   »Nach dem Besuch kann man sich leicht vorstellen, wie sich HITLER in ein paar Jahren von einer verhaßten Figur zu einer der bedeutendsten Persönlichkeiten, die je gelebt haben, wandeln wird. . . Er war aus jenem Holz geschnitzt, aus dem Legenden gemacht werden.«[307]

Nach KENNEDYS Tod stellte die sogenannte ›Warren-Kommission‹ die groteske Theorie der ›magischen Kugel‹ auf. Diese sollte KENNEDY und Gouverneur CONNALLY insgesamt sieben verschiedene

---

303 Karlheinz DESCHNER unter Heranziehung von Sekundärquellen, aaO. (Anm. 18), S. 312.

304 Leroy Fletcher PROUTY, *JFK, der CIA, der Vietnamkrieg und der Mord an John F. Kennedy,* Wien 1993, S. 310, hier zit. nach: Mansur KHAN, aaO. (Anm. 51), S. 85. (Die Quelle läßt es offen, ob es sich bei den 500 Milliarden Dollar um Roh- oder Reingewinne handelt.)

305 L.L. MATTIAS, *Die Kehrseite der USA,* Hamburg, 1996, Anm. 5, S. 5., hier zit. nach: Mansur KHAN, ebenda, S. 85.

306 Der ›Berghof‹ auf dem Obersalzberg bei Berchtesgaden war Adolf HITLERS privates Refugium und diente dem ›Führer‹ zum Empfang in- und ausländischer Staatsgäste sowie während des Krieges auch verdienter Soldaten.

307 *Neue Kronen-Zeitung,* Wien, 29. 9. 1996.

Wunden zugefügt, mehrmals die Richtung verändert und zwei Knochen durchschlagen haben, bevor sie fabrikneu, ohne Schrammen oder Verunreinigungen auf der Krankenhaustrage aufgefunden wurde.[308]

»Die (später erfolgte) Ermordung des KENNEDYsohns (JFK jr.) soll im Zusammenhang stehen mit der geplanten Veröffentlichung der Memoiren der Präsidentenwitwe Jacqueline KENNEDY(-ONASSIS) im Verlag des Sohnes, in dem seit Oktober 1996 das Magazin *George*[309] erscheint.[310] In diesen Memoiren sollen Teile der Tagebuchaufzeichnungen Präsident KENNEDYS wiederzufinden sein. Ferner sollen dort auch die »wahren Hintergründe für seine Ermordung enthalten [sein], die laut Regierungsbeschluß erst 50 Jahre nach seinem Tod veröffentlicht werden dürfen. . . . Schon lange haben Experten nachgewiesen, daß Lee Harvey OSWALD nur eine vorgeschobene Figur und nicht der einzige Schütze war«.[311]

1998 wurde der medizinische Ergebnisbericht eines vom US-Kongreß durchgesetzten Expertenteams vorgelegt – ein Vierteljahrhundert nach dem Mord. Aus dem Bericht geht hervor, »daß die medizinische Untersuchungskommission nach dem Attentat möglicherweise gar nicht das Gehirn des Präsidenten untersucht hat, sondern . . . ihr ein ›falsches Gehirn‹ vorgelegen habe. . . Der Chefanalytiker des jetzigen Ärzteteams, Douglas HORNE, vermutet, daß die medizinischen Ergebnisse 1963 verfälscht worden seien«.[312]

Wie man weiß, war JFK nicht das einzige prominente Opfer politischer Mordaktionen in den USA. Das Strickmuster scheint freilich immer das gleiche zu sein: Figuren, die den ›Insidern‹ zu

---

308 Gabriele LIEBIG, »Oberst Prouty über den Kennedy-Mord«, in *Neue Solidarität,* 3. 10. 2001.

309 Der Titel ›George‹ steht für den ersten US-Präsidenten George WASHINGTON. Beim Publikum verband sich ›George‹ jedoch nicht mit dem Vornamen Washingtons, sondern mit dem Namen John F. KENNEDY jr., dem Sohn des 1963 ermordeten US-Präsidenten JFK sr. (nach: »Kennedy«, in *FAZ,* 19. 7. 1999).

310 Nach »›George‹ – Das Magazin von John F. KENNEDY jr. und sein Weltbild«, in *FAZ,* 21. 7. 1999, mußte »die Konkurrenz der bekannten Meinungsmacher. . . nie Angst bekommen. Viele Beobachter sahen in dem Magazin nur einen Zwischenstopp auf einem Karrierepfad, der im Reich der KENNEDYS fast zwangsläufig im Staatsdienst endet. John F. KENNEDY jr. schloß das nie aus«.

311 »FBI-Protokoll: Flugzeug von J. F. Kennedy jr. explodiert durch eine Bombe«, in *Der schwarze Brief,* Ausgabe von 11. 8. 1999.

312 »Falsches Gehirn«, in *Das Ostpreußenblatt,* 21. 11. 1998.

unabhängig werden, werden aus dem Weg geräumt und durch gefügigere Kandidaten ersetzt. Einige Beispiele:

1. der US-Senator von Louisiana, Huey P. LONG (›The Kingfish‹), der wegen eines als ›faschistisch‹ (weil eher sozialistischen) denunzierten Umverteilungsprogramms unter dem Motto »Share Our Wealth« während der Weltwirtschaftskrise »zum gefährlichsten Gegner« seines ursprünglichen Unterstützers F. D. ROOSEVELT wurde.[313 u. 314] Letzterem sicherte LONGS Tod im Jahre 1935 die Wiederwahl im Jahr darauf. Dem US-Historiker Hamilton FISH zufolge haßte ROOSEVELT Deutschland aus antipreußischen Ressentiments heraus tödlich, und das bereits seit 1916.[315] Auch der von ihm von langer Hand geplante Eintritt der USA in den Zweiten Weltkrieg und die damit bezweckte Vernichtung Deutschlands wurde durch die Ausschaltung LONGS ermöglicht. Um dieses Ziel zu erreichen, finanzierte ROOSEVELT bekanntlich nicht nur die westlichen Alliierten der USA, sondern, frei von allen Skrupeln, auch den Krieg der Sowjetunion gegen das Reich mit 11 Milliarden US-Dollar. Die Folgen der Ermordung des Senators LONG für Deutschland und Europa reichen bis in die Gegenwart.

2. Robert F. KENNEDY, der ähnliche politische Vorstellungen wie sein 1963 ermordeter Bruder hatte. Er wurde 1968 beseitigt, als er »kurz davor stand, die Präsidentschaftswahlen [ohne ›Insider‹-Abhängigkeit; d.Verf.] zu gewinnen«.[316]

3. John F. KENNEDY jr., genannt ›John John‹, Sohn des 1963 ermordeten JFK sr. Die von ihm gesteuerte Piper Saratoga stürzte 1999 etwa 35 Kilometer vom Flughafen der Insel Martha's Vineyard ins Meer. An Bord befand sich außer KENNEDY jr. seine Frau Carolyn und seine Schwägerin Lauren BESSETTE. Das Unglück ereignete sich, nachdem KENNEDY erwogen hatte, für das Amt des Präsidenten zu kandidieren. Schon sein Vater hatte als Journalist begonnen, was kein schlechter Einstieg in das »Labyrinth der amerikanischen Politik« ist.[317] KENNEDYS Aussichten, seine Kandidatur gegen den von den Medien auf den Schild gehobenen, eher farblosen Kandidaten George W. BUSH, Gouverneur von Texas und

[313] *Webster's Biographical Dictionary,* Ausgabe 1971, S. 915.

[314] *Brockhaus-Enzyklopädie,* [17]1970, Bd. 11.

[315] Hamilton FISH, *Der zerbrochene Mythos – F. D. Roosevelts Kriegspolitik 1933–1945,* Tübingen 1982.

[316] Jan VAN HELSING, aaO. (Anm. 146).

[317] Arthur SCHLESINGER jr. über John F. KENNEDY jr., »Griechische Tragödie«, in *Wirtschaftswoche,* 29. 7. 1999.

Sohn von Ex-Präsident George BUSH sen., durchzusetzen, standen nicht schlecht.[318] *Die Welt* kommentierte den tragischen Tod von JFK jr. seinerzeit mit den Worten: »Amerika hat Abschied von seinem Prinzen genommen.«[319]

Bezeichnenderweise berichtete *Die Welt* drei Tage vor dem Absturz, daß die Kurzurlaube der KENNEDYS für jeweils 100 000 US-Dollar insgesamt 50 Millionen Dollar in die Wahlkampfkasse bringen sollten.[320] Damit wäre JFK jr. bereits als Kandidat noch erheblich unabhängiger gewesen als durch das immense Vermögen seines Clans ohnehin. »Wer Präsident der USA werden will, muß mindestens 2283 Dollar pro Stunde lockermachen. . . Geld und nicht politische Überzeugung ist der wichtigste Brennstoff auf dem Weg ins Weiße Haus.«[321] Wenn diese Auffassung auch überzogen sein mag, so ist jedenfalls ohne Geld - und zwar viel Geld - in den USA keine Präsidentschaftswahl zu gewinnen. Hinzu kommt, daß bei den Vorwahlkämpfen nicht die gleichen Regeln wie im Schlußwahlkampf gelten, »wo beispielsweise mit einem Scheck von 250 000 Dollar für die Wahlkasse einer Partei Botschafterposten zu kaufen sind. Bei den Vorwahlen. . . fehlt dieses ›*soft money*‹. Das Limit je Spende liegt bei 1000 Dollar«. Wie man es auch von den Spenden an politische Parteien in Deutschland kennt, so werden die amerikanischen Wahlkämpfe seitens des Staates subventioniert. Wenn auch nicht in gleicher Höhe, so immerhin mit 250 US-Dollar pro Spender.[322]

Ähnlich wie beim Mord an seinem Vater, so ist auch der Tod von JFK jr. von zahlreichen Unregelmäßigkeiten vor und nach dem Absturz umrankt. Die auffälligsten sind:

1. Die Luftfahrtbehörde reagierte nicht auf die Vermißtenmeldung, obwohl wegen extrem niedriger Wassertemperaturen an der in Frage kommenden Absturzstelle kaum mit einem länge-

---

318 Uwe SCHMITT, »Und es ward . . . George W. Bush - Wie die US-Medien einen Präsidentschaftskandidaten anhimmeln«, in *Die Welt*, 2. 8. 1999.

319 Heiko ROLOFF, »John F. Kennedy Jr. auf See bestattet - US-Verteidigungsministerium erteilt Sondergenehmigung - Trauerfeier im engsten Familienkreis - Tausende pilgern zur Wohnung des Toten, in *Die Welt*, 23. 7. 1999.

320 Fritz WIRTH, »100.000 Dollar für Kurzurlaub bei den Kennedys - US-Parteien verdienen mit der Eitelkeit der Menschen einen Teil ihrer Wahlkampfgelder«, in *Die Welt*, 13. 7. 1999.

321 Fritz WIRTH, »Bettelnd an die Macht«, in *Die Welt*, 4. 3. 1999.

322 Fritz WIRTH, ebenda.

ren Überleben der Vermißten in der See gerechnet werden konnte.

2. Vorbereitungen für die Bestattung wurden auf dem Nationalfriedhof von Arlington getroffen, damit JFK jr. an der Seite seines Vaters beigesetzt werden können sollte. Dafür war eine Sondergenehmigung von Präsident CLINTON erforderlich, weil der Verunglückte nicht gedient hatte.[323]
3. Die umfangreiche Suchaktion erfolgte auf Staatskosten. Eine Obduktion der Leiche durch ›Unbefugte‹ nach einer privaten Bergungsaktion wurde damit ausgeschlossen.
4. Nach der Auffindung der Leiche wurde diese bei Nacht und Nebel geborgen, mit einer dafür erforderlichen Sondergenehmigung des US-Verteidigungsministeriums gleich nach der durch nähere Angehörige erfolgten Identifizierung auf dem Bergungsschiff der Kriegsmarine eingeäschert und die Asche dem Meer übergeben. In Anbetracht der wilden, einen Mord nicht ausschließenden Gerüchte[324–326] wäre statt einer »kurze(n) Routineuntersuchung«[327] eine sorgfältige Obduktion der Leiche angebracht gewesen. Mit der umgehend nach der Bergung vorgenommenen Beseitigung des Leichnams wurde das verhindert.
5. Nach einem geheimen Protokoll des Federal Bureau of Investigation (FBI) über die Bergung von Flugzeugteilen der von JFK jr. gesteuerten ›Piper Saratoga‹ sollen Beweise für einen Sprengsatz gesichert worden sein, der im hinteren Gepäckraum angebracht war. Die gezielte Lancierung des FBI-Protokolls in die Öffentlichkeit deutet auf den Versuch hin, die Mörder im Ausland anzusiedeln. Darauf wird durch den Hinweis auf den Sprengstoff nahegelegt, der angeblich von bestimmten ausländischen Geheimdiensten verwendet wird.[328]

---

[323] »Luftbehörde reagierte nicht auf die Vermißtenmeldung«, in *General-Anzeiger* (Bonn), 21. 7. 1999.

[324] »Um den Absturz ranken sich wilde Gerüchte«, in *General-Anzeiger* (Bonn), 22. 7. 1999.

[325] Peter MICHALSKI, »Toter Kennedy-Sohn: Jetzt blühen die Mord-Theorien – Israelischer Autor: An Bord der Piper explodierte ein Sprengsatz«, in *Bild am Sonntag*, 1. 8. 1999.

[326] *France Dimanche*, »John Kennedy Assassin!«, nach Peter MICHALSKI, ebenda.

[327] Peter MICHALSKI, ebenda.

[328] »FBI-Protokoll. . .», aaO. (Anm. 311).

Das *Hamburger Abendblatt* kommentiert die ganze Tragödie mit der Frage:

»Wieviel Schmerz kann eine Familie ertragen? Diese Frage stellt sich nicht nur vielen Amerikanern, die um. . . John F. KENNEDY jr. trauern. Wieder einmal scheint das Schicksal dem Clan das Letzte abzufordern.«[329]

Hier muß allerdings die Bemerkung erlaubt sein, daß das System USA nicht nur der Familie KENNEDY, sondern unzähligen deutschen Familien in der jüngeren Geschichte noch viel größere Opfer abverlangt hat – und das nicht als Folge persönlichen Ehrgeizes und selbstverständlich auch ohne ganzseitige Trauerberichte in deutschen Tageszeitungen.

Während man es bei John F. KENNEDY jr. gar nicht erst zur Kandidatur bei den ›Primaries‹ kommen ließ, wurden die nach seinem Ausscheiden noch verbliebenen aussichtsreichen und finanziell unabhängigen Präsidentschaftskandidaten Bill BRADLEY (Republikaner) und John MCCAIN (Demokraten) bei den ›Primaries‹ ausgeschaltet. Damit bedurfte es keiner weiteren Maßnahmen zu ihrer Beseitigung zugunsten der ›Insider‹-selektierten und -finanzierten Bewerber um das US-Präsidentenamt, dem seinerzeitigen Vizepräsidenten Al GORE (Dem.) und dem Sohn des gleichnamigen Ex-US-Präsidenten George W. BUSH (Rep.). Was BUSH jr. angeht, bemerkt die *Neue Solidarität*, er sei »mit dubiosen bis kriminellen Geschäften reich« geworden.[330] Den letzteren Hinweis kann man getrost übergehen – es handelt sich hier um das übliche Maß ›normaler‹ Kriminalität, das die jüngere amerikanische Geschichte US-Spitzenpolitikern einräumt. Aus ›Insider‹-Sicht dürfte jeder der beiden übriggebliebenen Präsidentschaftskandidaten so lenkbar wie der andere sein. Nach dem Amerikaner Dennis FARNEY wurde damit das machtpolitische Ergebnis der »Vorwahlen zur amerikanischen Präsidentschaft. . . so gut wie besiegelt. . . [und] dem politischen Establishment eine klassische Kampagne gesichert, aber ohne die großen ideologischen Debatten des vergangenen Jahrhunderts. . . Der amerikanischen Nation werden zwei Kandidaten beschert, deren Ansichten sich erstaunlich ähneln. . . Historiker vergleichen die politische Landschaft mit der, die Theodore

[329] Irmintraud JOST, »Die Kennedys – eine amerikanische Tragödie«, in *Hamburger Abendblatt,* 19. 7. 1999.

[330] »Wie George W. Bush zu seinen Millionen kam«, in *Neue Solidarität,* 8. 3. 2000. Siehe auch: Mansur KHAN, »Afghanistan im Kreuzfeuer der amerikanischen Kriegspolitik«, in: Alain DE BENOIST (Hg.), *Die Welt nach dem 11. September,* Tübingen 2002.

(Teddy) ROOSEVELT im Jahre 1901 vorfand, als er nach dem Mord an (US-Präsident William) MCKINLEY ins Weiße Haus katapultiert wurde: Die Wirtschaft war im Umbruch: Die Wall Street, nicht das Weiße Haus bestimmte das Zeitgeschehen«.[331]

Was die heutigen Machtspiele hinter den Kulissen der amerikanischen Politik anbetrifft, kommentierte der Programmchef des ZDF-*Heute Journals*, Wolf VON LOJEWSKI, am 18. Dezember 2000 den Antrittsbesuch von George W. BUSH jr. beim Präsidenten der Federal Reserve Bank, Alan GREENSPAN, mit der Feststellung, letzterer übe größeren Einfluß auf die Politik der Vereinigten Staaten aus als der neu gewählte US-Präsident.

Selbst wenn nur die Hälfte der oben erwähnten abenteuerlichen Vorgänge um den Tod JFK jrs. der Wahrheit entspräche, läßt sich die vielbeklagte Politikverdrossenheit der heranwachsenden Generation gut nachvollziehen. Nicht nur Deutschland ist davon betroffen. Wer sollte sich schon für eine vorgebliche ›Demokratie‹ begeistern, deren tatsächliche Drahtzieher niemand kennt und die von anonymen, überstaatlichen Machern manipuliert wird?

In der langen Galerie vorsätzlicher Morde an prominenten US-Politikern gehört auch die Beseitigung des farbigen Menschenrechtlers Martin Luther KING (1968). Seine Familie erhob 1998 Klage, um Schadensersatz von einem ehemaligen Barbesitzer namens Loyd JOWERS in Memphis zu erhalten. Dieser brüstete sich 1993 damit, nicht der längst verstorbene James Earl RAY habe Martin Luther KING erschossen, sondern er. Mit ihrer Klage will die Familie KING ihre Bemühungen fortsetzen, doch noch Licht in die Hintergründe des Mordanschlags zu bringen.[332] Tatsächlich schien es zunächst, daß der Mordfall 31 Jahre nach der Tat neu aufgerollt werde. Doch diese Hoffnung trog. Ein Geschworenengericht in Memphis (Tennessee) kam Ende 1999 »zu dem Schluß, daß Martin Luther KING das Opfer einer Verschwörung geworden ist – einer Verschwörung, in die CIA und Militär verwickelt waren. Gerüchte in diese Richtung hatte es schon früh gegeben«. Schon 14 Jahre nach KINGS Tod hatte sich eine Senatskommission mit dem Fall

[331] Dennis FARNEY, »Wahlkampf in Zeiten einer industriellen Revolution – Wall Street – nicht das Weiße Haus – bestimmt die Politik / Vieles erinnert an Theodore Roosevelt«, in *Berliner Tagesspiegel*, 13. 3. 2000.

[332] Edmard SPANNAUS, »Neuer Prozeß um den Mord an Martin Luther King? – In Washington wurden Beweise diskutiert, die zeigen, daß James Earl Ray nicht der Mörder des Bürgerrechtlers Martin Luther King war«, in *Neue Solidarität*, 21. 10. 1998.

befaßt und war dabei zu der Erkenntnis gelangt: »Eine Person allein hätte niemals den Mord begehen können.«[333]

Mit KINGS Ermordung ist gewissermaßen auch sein »Traum von einer Gesellschaft gleicher Rechte und Lebenschancen« in den USA mitbeseitigt worden. »Es scheint wirklich so, als seien Schwarze und Weiße auf zwei verschiedenen Planeten«, befand der Harvard-Wissenschaftler Robert BLENDON,[334] als er im Herbst 1995 eine Meinungsumfrage zum Freispruch des wegen der »bestialischen Ermordung« seiner weißen Ex-Ehefrau Nicol BROWN und ihres Freundes Ron GOLDMANN unter Doppelmordverdacht stehenden farbigen Football-Idols O. J. SIMPSON[335] analysierte. Diese habe nach seiner Auffassung nicht die Realität, sondern die Wahrnehmung der Befragten zum Ausdruck gebracht. Das Urteil wurde damals von zwei Dritteln der Weißen für falsch gehalten, während es zwei Drittel der Schwarzen für richtig hielten.[336]

Besondere Brisanz erfährt das Rassenproblem zwischen schwarzen und weißen US-Amerikanern seit Jahren durch das verstärkte Umsichgreifen des Islam unter den von der christlichen Nächstenliebe enttäuschten Afroamerikanern. Weltweit bekannt ist der im Zentrum Washingtons veranstaltete ›Million Man March‹«, eine religiös-politische Massendemonstration schwarzer Männer (Frauen sind nicht erwünscht). Sie wurde 1995 vom Führer der ›Nation of Islam‹-Sekte, Louis FARRAKHAN, als Bußgang zur inneren Einkehr des schwarzen Mannes und zur Stärkung seines Verantwortungsgefühls für Familie und Gesellschaft ins Leben gerufen. Allerdings: Nicht nur Weiße mißtrauen diesem moslemischen Prediger wegen seiner polarisierenden, oft aggressiven und antisemitischen Rhetorik. Laut FARRAKHAN wurde Washington als Ort für die Massendemonstration ausgewählt, »weil Washington die Hauptstadt unserer Unterdrückung ist«.[337] Wer nach Anschauungsunterricht für Samuel HUNTINGTONS Prognose eines »Kampfes der Kulturen« (*Clash of Civilizations*) sucht, wird hier fündig: Der

---

[333] Edith KOHN, »Opfer eines Komplotts – 1968 wurde Martin Luther King ermordet. Es war eine Verschwörung«, in *Die Welt*, 10. 12. 1999.

[334] Manfred ROWOLD, »Befindlichkeiten von Schwarz und Weiß – In den USA schätzen die Rassen die Realität sehr unterschiedlich ein«, in *Die Welt*, 12. 10. 1995.

[335] Mark BENECKE, »Die DNA-Beweise im Fall Simpson« (»DNA Evidence in The G. J. Simpson Trial«), aus *Kriminalstatistik* 50, S. 481 ff., 1996, nach www.uni-koeln.de/(akr05/dann-typ.html

[336] Manfred ROWOLD, aaO. (Anm. 334).

[337] Ebenda.

Islam besitzt in den USA längst eine ›Fünfte Kolonne‹, die nicht zu unterschätzen ist.

In unserem Zusammenhang geht es hier vorderhand um Einzelpersönlichkeiten, die wegen ihrer finanziellen Unabhängigkeit oder ihrer Beliebtheit bei der Bevölkerung von der anonymen US-Machtelite nur unzulänglich zu kontrollieren sind. Natürlich betrifft dies nicht nur Präsidenten oder Präsidentschaftskandidaten. Die Frage ist zum Beispiel noch längst nicht beantwortet, ob die im April 2000 per Gerichtsbeschluß verfügte Zerschlagung von Bill GATES' Software-Unternehmen Microsoft aus gleichen Motiven erfolgt ist. Allerdings zeigen ähnliche Fälle wie die Aufspaltung des Standard-Oil-Imperiums von ROCKEFELLER oder des Telefongiganten AT&T, »daß selbst die abgeschlagenen Arme der Krake nicht ungefährlich sind«.[338] So streicht auch Bill GATES nicht kampflos die Segel und hofft, daß das erstinstanzliche Urteil im Berufungsverfahren umgestoßen wird. Dadurch kann sich der Microsoft-Prozeß noch Jahre hinziehen.[339]

Auch in Europa sind eine Reihe politischer Mordfälle noch immer nicht aufgeklärt. Die Motive für die Morde an den Ministerpräsidenten Olof PALME, Schweden (1986), und Uwe BARSCHEL, Schleswig-Holstein (1987), sollen bei illegalen Waffengeschäften zu suchen sein. Beide sollen aus beschäftigungspolitischen Gründen Lieferungen ihrer Rüstungsindustrie in Spannungsgebiete zugestimmt oder solche Lieferungen zumindest toleriert haben.

Dabei ist die Ermordung des Uwe BARSCHEL nur der jüngste Fall in einer langen Reihe spektakulärer Polit-Morde in Deutschland. Aber auch prominente Rücktritte oder sensationelle ›Unglücksfälle‹ können die gleiche Funktion haben. Erinnert sei nur an folgende vier Begebenheiten:

1. Die Ermordnung des deutschen Außenministers Walther RATHENAU (24. 6. 1922),
2. die Brandkatastophe des Luftschiffs ›Hindenburg‹ (6. 5. 1937) mit 36 Toten,
3. die Ermordung des Vorstandsvorsitzenden der Deutschen Bank Alfred HERRHAUSEN (30. 11. 1989) sowie

---

338 Marcus HÖFER, »Microsoft-Niederlage verändert den Markt – Die Konkurrenten Linux und Netscape profitieren von der juristischen Niederlage des Softwaregiganten«, in *Die Welt*, 6. 4. 2000.

339 »AFP-Meldung, Microsoft-Prozess kann sich Jahre hinziehen – Konzern-Präsident Steve Balmer geht in die Berufung – Chancen steigen«, in *Die Welt*, 2. 5. 2000.

4. der zehn Jahre später erfolgte Abgang des SPD-Parteivorsitzenden und Bundesfinanzministers Oskar LAFONTAINE.

Zu **1**:

Walther RATHENAU wurde am 24. Juni 1922 ermordet, nachdem es ihm gelungen war, mit dem russischen Volkskommissar für Auswärtige Angelegenheiten, Georgij TSCHITSCHERIN, den sogenannten Rapallo-Pakt abzuschließen. In Rapallo (Winterkurort und Seebad an der italienischen Riviera südöstlich von Genua am Golf von Rapallo) wurde von den beiden Vertretern ihrer Regierungen am 16. April 1922 zwischen Deutschland und der Sowjetunion ein Vertrag abgeschlossen, der für beide Seiten den Verzicht auf Wiedergutmachungsleistungen für entstandene Kriegsschäden, deutscherseits darüber hinaus auch auf die in der bolschewistischen Revolution verstaatlichten deutschen Vermögen in Rußland festlegte. Außerdem wurde die Aufnahme diplomatischer Beziehungen und die Verbesserung der wirtschaftlichen Zusammenarbeit vereinbart. Das Deutsche Reich machte sich dabei die Isolierung der Sowjetunion durch die Westmächte zunutze, um nach dem verlorenen Krieg - vor allem vor dem Hintergrund der erdrükkenden Reparationsforderungen und der übrigen Bestimmungen des Versailler Diktats - wieder außenpolitischen Spielraum nach Osten zu gewinnen.

Abbildung 33. Der deutsche Reichskanzler Joseph WIRTH (2. von l.) in Rapallo im Gespräch mit dem sowjetischen Delegationsleiter Georgi W. TSCHITSCHERIN (4. v. l.)

Mit diesem Vertrag war RATHENAU bereits wenige Monate nach seiner Ernennung sein Meisterstück gelungen. Von den Siegermächten Großbritannien und Frankreich wurde der Vertrag als glatte Brüskierung empfunden, weil er ihre Pläne durchkreuzte, das Deutsche Reich gegen die UdSSR auszuspielen. Seither wird im Westen immer wieder in periodischen Abständen die Sorge wach, Deutschland könne sich erneut durch eine Zusammenarbeit mit Rußland aus seiner politisch-militärischen Einkreisung zu lösen versuchen, die im Osten dann nur noch durch die schwachen Raubstaaten Polen und Tschechische Republik gewährleistet wäre. Das gilt natürlich auch für das vom russischen Präsidenten Wladimir PUTIN, einem ausgewiesenen Deutschlandkenner, bei seinem Besuch in Berlin am 15./16. 6. 2000 an die deutsche Adresse lancierte Angebot, wirtschaftlich besonders eng mit Deutschland zusammenzuarbeiten. Deutscherseits wurden bei diesem Staatsbesuch vornehmlich US-Interessen vertreten. Anderenfalls wäre Bundeskanzler Gerhard SCHRÖDER wohl das Risiko eingegangen, wie Walther RATHENAU oder Alfred HERRHAUSEN zu enden. In der Durchsetzung ihrer Interessen sind die USA nicht weniger zimperlich als die Briten.

Zu **2:**

Als Ursache der Brandkatastrophe des deutschen Luftschiffs LZ 129 ›Hindenburg‹ am Abend des 6. Mai 1937, die 36 Menschen das Leben kostete, wird Sabotage vermutet.[340] Im Ersten Weltkrieg hatte Deutschland beim Bau von starren Luftschiffen große Fortschritte gemacht. Die als Aufklärer und Bomber eingesetzten Zeppeline mußten nach dem Krieg als Folge der Niederlage an die Briten und US-Amerikaner ausgeliefert werden. Diesen gelang es nicht, Nachbauten erfolgreich zum Einsatz zu bringen. Dagegen wurde das deutsche zivile Luftschiff ›Hindenburg‹, das sich weltweiter Popularität erfreute, zu einem propagandistischen Werbeträger für das Dritte Reich. Das war gewissen US-Kreisen nicht recht. Angeblich wurde »die Nähe zum faschistoiden Größenwahn... dem Zeppelin zum Verhängnis«. Die als Füllgas mit feuergefährlichem »Wasserstoff fahrende ›Hindenburg‹ explodierte 1937 beim Landemanöver in Lakehurst (USA) vor laufenden Kameras; das Schicksal des Zeppelins war ausgemachte Sache«.[341]

---

[340] ZDF-Sendung *Höllenfahrt* (1), »Titanic der Lüfte«, 28. 5. 2000.

[341] Alexander HÄUSSER, nach einem unter dem Titel »Raum ohne Grenzen« anläßlich des 100. Geburtstages des starren Zeppelinbaus erschienenen Beitrages, in *Die Welt*, 1. 7. 2000.

Ungeachtet des einen und anderen Triumphes wurde damit der zivilen Luftschiffahrt ein Ende bereitet. Da sich die deutschen Konstrukteure noch der Hoffnung hingaben, man werde von den USA mit nichtbrennbarem Helium - als Alternative zum hochgefährlichen Wasserstoff - beliefert werden, kam es zwar noch zum Bau der ›Graf Zeppelin II‹. Die Hoffnung wurde allerdings enttäuscht, als die USA als einziges mögliches Lieferland nach dem »ungeklärten Unglück« die Ausfuhr von Helium verboten.[342 u. 343] Es kommt dort als Erdgas vor.

Der Bau der ›Graf Zeppelin II‹ läßt erkennen, wie unbedarft Adolf HITLER und die Reichsregierung noch 1937 vorgingen. Daß amerikanische Kriegstreiber schon bald nach Versailles mit der Planung und Vorbereitung ihrer Vernichtungsaktion gegen das Reich begonnen hatten, wurde in Berlin schlichtweg übersehen. Nach der internationalen Finanzierung seiner ›Machtergreifung‹ und dem internationalen Popularitätsschub, den eine Ernennung zum »Mann des Jahres« im *Time-Magazine* (1936) mit sich brachte, ging HITLER wohl 1937 noch davon aus, er habe jenseits des Atlantiks politische Freunde. Deren wahres Spiel schien ihm offensichtlich bis zum Eintritt der USA in den Zweiten Weltkrieg unvorstellbar, der Deutschland zwei Jahre später auf Betreiben der gleichen US-Machtelite von England und Großbritannien erklärt wurde. Sonst hätte er nicht die ›Graf Zeppelin II‹ bauen lassen, sondern die dafür benötigten Haushaltsmittel in die Aufrüstung gesteckt.

Zu **3.**

Die *Neue Solidarität* brachte in in einem Sonderdruck vom Jahre 1992 folgenden Hinweis zum Tode Alfred HERRHAUSENS: »Sein Tod zu dieser Zeit... und die bestürzenden Umstände seines Todes... ähneln der Ermordung Präsident KENNEDYS 1963. Betrachtet man die enormen Ereignisse in der Sowjetunion, in Osteuropa und besonders in Deutschland. . ., dann hat der Mord an HERRHAUSEN eine enorme Bedeutung. Er darf nicht als einer von vielen Terroranschlägen unter den Teppich gekehrt werden. . . Wirkliche Terroristen ermorden einen Bankpräsidenten nicht ohne besonderen

[342] Ebenda.

[343] Dörte SASS, »Gegenwart und Zukunft der Zeppeline«, ebenda.

[344] Fletcher PROUTY, *Neue Solidarität*, Sonderdruck Juli 1992, hier zit. nach: Gerhard WISCHNEWSKI, *Das RAF-Phantom – Wozu Politik und Wirtschaft Terroristen brauchen,* München 1997, S. 190.

Grund. Die meisten Terroristen sind bezahlte Strohmänner und Werkzeuge großer Machtzentren. Irgendwelche großen Machtzentren wollten den Vorstandssprecher der Deutschen Bank an diesem Tage auf diese Weise aus irgendeinem Grund aus dem Wege räumen und anderen eine Lehre erteilen. In der Art und Weise seines Todes lag die Botschaft.«[344]

Alfred HERRHAUSEN mag sich in dem Glauben gewogen haben, wenn er Daimer-Benz und seine Aktionäre Vorstandssprecher Edzard REUTER als Manövriermasse überlasse, sei er schutzwürdig genug, um außenpolitische Vorstellungen à la Rapallo aufs Tapet bringen zu können, ohne dafür von bezahlten »Werkzeuge(n) großer Machtzentren« abgestraft zu werden. HERRHAUSEN wird vermutlich nicht daran gedacht haben, daß RATHENAU ehedem nicht einmal seine jüdische Abstammung davor bewahrt hat, exakt aus den gleichen Motiven beseitigt zu werden.

Ein Schlüsseldokument im Fall HERRHAUSEN ist ein Interview in der italienischen Tageszeitung *L'Unita* vom 19. März 1992. Dort werden die ersten elf Seiten einer Rede erwähnt, die HERRHAUSEN in seiner Eigenschaft als Vorstandsvorsitzender der Deutschen Bank am 4. Dezember 1989 auf einer Veranstaltung der Atlantik-Brücke in den USA halten wollte. HERRHAUSEN, J.F. KENNEDY (sen.), Aldo MORO, Enrico MATTEI und Olof PALME seien alle aus denselben Motiven ermordet worden, weil sie die Kontrolle der Welt durch das ›Kondominat von Jalta‹ nicht akzeptiert hätten. Es habe sich um die Tat einer kleinen Elite – hier als ›Insider‹ bezeichnet – gehandelt, die ihre Macht bedroht gesehen habe.[345]

Nach dem Vizepräsidenten von Goldman Sachs International, Robert HORMATS, war HERRHAUSEN sowohl europapolitisch als auch was sein Engagement für die Ost-West-Wirtschaftsbeziehungen angeht, Europas »angesehenster Finanz-Staatsmann«. Und das *Wall Street Journal* vermerkte, seine Mörder hätten nun ein »Leichentuch« über diese Euphorie gelegt. Der Tod HERRHAUSENS habe nicht nur die Deutsche Bank, sondern auch das Land einer »visionären Führerschaft« beraubt.[346]

Vor der Ermordung HERRHAUSENS hatte die *New York Times* ein geheimes Papier des Pentagon veröffentlicht, in dem es hieß, das erste Ziel der Vereinigten Staaten müsse es sein, »das Wiedererstehen eines neuen Rivalen zu verhindern. Wir müssen versuchen

---

[345] *Das RAF-Phantom,* ebenda, S. 190 f.

[346] *Wall Street Journal,* 1. 12. 1989, zit. nach: *Das RAF-Phantom,* ebenda, S. 196 f.

zu verhindern, daß irgendeine feindliche Macht eine Region dominiert, deren Ressourcen für die Schaffung einer globalen Machtposition ausreichend wären. Bei den in Frage kommenden Regionen handele es sich um Westeuropa, Ostasien, das Gebiet der früheren Sowjetunion und Südwestasien«.[347] Und Ex-US-Außenminister Henry KISSINGER ergänzte: Wenn sich auch heute noch keine europäische Macht gegenüber den Vereinigten Staaten feindlich zeige, so nähme man doch den Beginn eines irgendwie gearteten hegemonialen Verhaltens in jeder Region unverzüglich als feindliches Verhalten wahr. Eine diesbezügliche Herausforderung könne sich einerseits aus den osteuropäischen Instabilitäten ergeben und zweitens, wie schon erwähnt, *»from the redefinition of Germany's role«* (aus der Neudefinition der Rolle Deutschlands).[348]

Der Mailänder *Corriere della Sera* vermag offensichtlich die Deutschland- und Europapolitik der Vereinigten Staaten nicht nachzuvollziehen, wenn er 1994 feststellt:

»Moskau will Bonn unter seinen neuen Partnern haben, nicht nur wegen des objektiven Gewichts dieses Landes, sondern weil sich Rußland in Bonn am ehesten verstanden fühlt.«[349]

Aber gerade das werden die USA nicht zulassen, so lange die Mitgliedstaaten der Europäischen Union nicht mit einer Stimme sprechen und sich geschlossen gegen ihre US-Satellitisierung zur Wehr setzen.

Zu **4.**

Über den völlig überraschenden Abgang Oskar LAFONTAINES (1999) stellte der SPD-Prominente Peter GLOTZ in einem Gastkommentar im Bonner *General-Anzeiger* fest:

»Was er (LAFONTAINE) in seiner kurzen Amtszeit als Finanzminister versucht hat, war... keinesfalls haltlos. Er bemühte sich, übrigens gemeinsam mit Japan, die Dominanz des US-Dollars im internationalen Währungssystem einzudämmen. Sein Kampf gegen den neuartigen Weltführungsanspruch der USA mag kurzatmig gewesen sein. Im Prinzip aber kann eine sozialdemokratische Partei die derzeitige Finanzarchitektur nicht tatenlos hinnehmen.«[350]

---

[347] *New York Times*, 8. 3. 1992, zit. nach: *Das RAF-Phantom*, ebenda, S. 197.

[348] *Konkret*, September 1992, hier zit. nach: *Das RAF-Phantom*, ebenda, S. 197 f.

[349] *Corriere della Sera*, zit. nach *Die Welt*, 24. 2. 1994.

[350] Peter GLOTZ, »Die SPD - ein steuerloser Tanker«, in *General-Anzeiger* (Bonn), 4. 10. 1999.

Auf ein besonders eklatantes Beispiel dieser ›Finanzarchitektur‹ machte 1972 der Direktor der belgischen Nationalbank, René EWALENKO, vor der Belgisch-Niederländischen Gesellschaft in Brüssel aufmerksam:

»Das Washingtoner Abkommen vom 18. Dezember 1971 brachte keine Lösung der Dollarkrise. . ., die Zentralbanken bleiben verpflichtet, den Dollar zu stützen und erhebliche Mengen dieser Währung zu horten. . ., das heißt, der Dollar spielt weiter eine vorherrschende Rolle, ist aber nicht länger konvertierbar, und in dem Maße, in dem das amerikanische Zahlungsbilanzdefizit andauert, muß dieses Defizit von Ländern mit Zahlungsbilanzüberschüssen finanziert werden. Dabei haben diese Länder nicht den geringsten Einfluß auf die politischen und wirtschaftlichen Entscheidungen der Vereinigten Staaten. . ., eine Lage, die auf die Dauer unannehmbar ist.[351]

Ergänzt wird die oben zitierte GLOTZ-Feststellung noch durch die Tatsache, daß LAFONTAINE den Kosovo-Krieg und die deutsche Beteiligung daran im Rahmen der NATO rundweg ablehnte.[352] Der Mann mußte einfach weg.

Allerdings knickte auch Parteifreund GLOTZ schon bald danach ein. Wenig später, in einer ARD-Sendung, an der unter anderen LAFONTAINE teilnahm, blieb der oft als SPD-›Vordenker‹ apostrophierte Parteiprominente nicht bei seiner Einschätzung, sondern bemühte sich, im Einvernehmen mit Lafontaine und den übrigen geladenen Gesprächspartnern den plötzlichen Rückzug des SPD-Finanzministers aus der aktiven Politik als völlig freiwillige Entscheidung des Betroffenen darzustellen, die sich aus der wirtschafts- und sozialpolitischen Disharmonie mit dem Bundeskanzler ergeben habe. Das klang nicht nur schal, es war auch schal. Denn bei der Diskussionsrunde stand LAFONTAINES Buch *Das Herz schlägt links*[353] im Zentrum. Und dort wendet sich LAFONTAINE ohne Wenn und Aber »gegen den radikalen Kurswechsel der rotgrünen Koalition zum Neoliberalismus. . . Es geht. . . um einen fundamentalen Richtungsstreit in der SPD. . . [Dem] weit verbreiteten Standortgejammere. . . [setzt er eine] Doppelstrategie aus Angebots- und Nachfragepolitik [entgegen]. . . Lohnzurückhaltung, Kürzung der sozialen Leistungen, Senkung der Unternehmensteuern, Abbau

---

[351] Zit. nach *Das Ostpreußenblatt,* 24. 1. 1998.

[352] Thomas WITTKE, »Es geht mir um einen fundamentalen Richtungsstreit – SPD Oskar Lafontaines Herz schlägt weiter links . . .«, in *General-Anzeiger* (Bonn), 14. 10. 1999.

von Arbeitnehmerrechten... taugt nach...[seiner] Einschätzung niemals dazu, die Sozialdemokratische Partei auf Bundesebene mehrheitsfähig zu machen... Die volle Rente schon mit 60 [sei jedoch] aus der Hüfte geschossen... [und] nicht finanzierbar«. Aussagen, die weder GLOTZ noch LAFONTAINE im nachhinein dementieren konnten.

Man kann sich gut ausmalen, was passiert wäre, wenn LAFONTAINE nicht abgeschworen hätte bzw. abgesprungen wäre. So aber kam der gewesene SPD-Chef den ›Insidern‹ und ihren geopolitischen Absichten nicht in die Quere, und seine sozioökonomischen Überlegungen, sein Plädoyer für den Atomausstieg, seine Bereitschaft zu Bündnissen mit der PDS[354] sowie seine persönliche Abrechnung mit SCHRÖDER – das alles dürfte dort als Beitrag zur Schwächung des politischen Standorts Deutschland eher begrüßt worden sein. Anderes war für den ›Saar-Napoleon‹ freilich auch nicht drin. Front machen gegen die amerikanischen Interessen in Europa, und das noch nicht einmal als Bundeskanzler, sondern nur als dessen Rivale – ein paar Nummern zu groß für LAFONTAINE. Im übrigen konnte er noch von Glück reden, daß beim Großen Bruder eine Akte liegt, die kompromittierendes Material über ihn enthält, das im Bedarfsfall seinen Rücktritt provozieren konnte. Die Akte dürfte LAFONTAINE – ebenso wie die LEWINSKY-Affäre US-Präsident CLINTON – ein Schicksal à la RATHENAU erspart haben.

Ungeachtet dessen können die Sozialdemokraten freilich nicht einfach über LAFONTAINES Kritik hinweggehen, zumal dieser erst jüngst in einem weiteren Buch (*Die Wut wächst*) nachgelegt hat. LAFONTAINE macht sich zum Sprachrohr schwerwiegender Bedenken gegen die Regierungspolitik, wie sie vom linken Flügel seiner Partei artikuliert werden. Über *Das Herz schlägt links* schrieb ein Rezensent im Oktober 1999, in der SPD genüge »ein Funke, um das hochexplosive Gemisch aus Wahl-Frust und SCHRÖDER-Verdruß zur Detonation zu bringen«[355] – weitere transatlantische Eingriffe in die SPD inklusive. Vorerst freilich konnte die SPD aufatmen, brachte die Enttarnung der ›schwarzen Kassen‹ des Helmut KOHL in Liechtenstein und der Schweiz doch erst einmal Entlastung. Doch bald wurde sie – vornehmlich in Nordrhein-Westfalen – mit dem gleichen Problem konfrontiert.

---

353 Oskar LAFONTAINE, *Das Herz schlägt links,* München 1999.

354 Helmut BÄRWALD, »PDS als Blutspender für den Aufbau linker Koalitionen (Leserzuschrift)«, in *General-Anzeiger* (Bonn), 15. 10. 1999.

355 Thomas WITTKE, aaO. (Anm. 352).

Noch einmal zurück zu Peter GLOTZ. Das eigentümliche Verhalten des SPD-›Vordenkers‹ in der genannten Diskussionsrunde mit LAFONTAINE läßt darauf schließen, daß sich GLOTZ mit seiner Kolumne im Bonner *General-Anzeiger* kurzfristig außerhalb der Koordinaten der ›Political Correctness‹ verirrte. Wenig später legte er ›überraschend‹ sein Amt als Gründungsrektor der Universität Erfurt aus nicht näher bezeichneten »privaten Gründen« nieder, als dort gerade die ersten Studenten immatrikuliert wurden.[356] Es sei dahingestellt, ob hinter dieser Entscheidung die Perspektive stand, Institutsleiter in Fr. Gallen/Schweiz zu werden,[357] oder eine unsichtbare transatlantische Hand, die damit eine deutliche Warnung in Richtung der SPD-Parteilinken verband.

Afghanistan ist seit eh und je ein Interessengebiet fremder Mächte. Zuerst waren es die Briten, die im 19. Jahrhundert mehrmals vergeblich versuchten, das Land unter ihre Kontrolle zu bringen. Dann folgten die Sowjets mit dem gleichen Ziel. Und nun sind es die USA im Bund mit den Briten, die dort vorgeben, den ›Terror‹ zu bekämpfen. Ironie der Geschichte: Der angebliche Top-Terrorist Osama BIN LADEN, um dessen Ergreifung es jetzt geht, wurde seinerzeit im Kampf gegen die Sowjets mit amerikanischen Mitteln aufgebaut. In Wirklichkeit dürfte es allerdings nicht um Osama BIN LADEN gehen. Der ganze amerikanische Feldzug am Hindukusch ist ein großangelegtes Ablenkungsmanöver, um unangenehme Fragen auszublenden – zum Beispiel die nach den eigentlichen Drahtziehern der Anschläge vom 11. September. Es gibt inzwischen genügend Anhaltspunkte, die darauf hindeuten, daß es zumindest Mitwisser in den USA gegeben haben muß.

Überdies ist es ein langfristiges Ziel amerikanischer Geopolitiker und Erdölfirmen, Afghanistan unter Kontrolle zu bringen, um Pipelines für Erdöl und Erdgas vom Arabischen zum Kaspischen Meer durch afghanisches Territorium zu legen.[358] Auch machen die US-Medien kein Geheimnis daraus, daß unter dem Kaspischen Meer – in der Kaukasus-Region – riesige Ölvorkommen lagern, die längst entdeckt sind und des Abbaus harren. Diese Bestände sind groß genug, um – gemessen am gegenwärtigen Verbrauch – den Erdölbedarf der Erde für weitere 500 Jahre zu decken.[359] Nun

[356] *Die Welt,* 22. 10. 1999.

[357] *Die Welt,* 17. 4. 2000.

[358] Wolf J. BELL, »Spielball fremder Mächte und Interessen«, in *General-Anzeiger* (Bonn), 24. 11. 2001.

muß Washington sicherstellen, daß die USA und keine andere Macht der Welt dieses ungeheure Reservoir in die Hände bekommen.

Es gibt aber noch mehr Gründe für den Krieg in Afghanistan. US-Präsident BUSH jr. muß der Öffentlichkeit gegenüber beweisen, daß seine Regierung entschlossen auf die Anschläge vom 11. September 2001 reagiert - obwohl seine Geheimdienste und Experten längst wissen, daß die Angriffe gar nicht von Afghanistan aus und auch nicht von Osama BIN LADEN organisiert worden sein können. Den Beweis auch nur für eine Mittäterschaft BIN LADENS sind die USA bis heute schuldig geblieben. Das einzige, was es gibt, sind breitgetretene Vermutungen, um einen Vorwand für die Besetzung Afghanistans zu haben.

Nahezu die gesamte US-Berichterstattung über die WTC-Katastrophe besteht bisher aus einer Aneinanderreihung von Widersprüchen. Auch die amerikanische Propaganda ist aufschlußreich: »Amerikas Gegenschlag« - »es wird zurückgeschossen«; und das, ehe auch nur gründlich recherchiert und Zweifel ausgeräumt wurden. Ein erfahrener Kriminalbeamter, der die Fernsehaufnahmen von BUSHS Mimik beobachtete, als diesem die Nachricht von den Anschlägen überbracht wurde, brachte es auf den Punkt: »Der hat es schon gewußt!«[360]

Auch der Fall Afghanistan bietet entlarvenden Anschauungsunterricht zum amerikanischen Demokratieverständnis. Es sollte nicht unerwähnt bleiben, daß der spanische Untersuchungsrichter Baltasar GARZÓN seinerzeit eine Reihe von Dokumenten erhielt, die 1973 nach der Machtübernahme Augusto PINOCHETS in Chile die Verstrickung der CIA in die ›Operation Condor‹ belegten. Ausdrücklich vorgesehen war dabei die Liquidierung zahlreicher chilenischer Oppositioneller.[361] Man geht vermutlich nicht fehl in der Annahme, daß dies nur die Spitze eines Eisberges war, was die CIA-Aktivitäten im Ausland angeht. Schwer vorstellbar, daß der CIA nicht auch in Afghanistan ein unappetitliches Süppchen kocht.

---

[359] *Jonathan Gazette*, 17. 9. 2001.

[360] M. KENT, »Die Sache stinkt, und zwar gewaltig!« in *Kent Depesche*, Stuttgart, Nr. 30/2001, 10. 10. 2001.

[361] »Ermittler erhält Beweise für US-Verstrickung in Chile«, in *Die Welt*, 24. 7. 1999.

Die Wahrheit über die US-Wirtschaft – Wall Street und das Bretton-Woods-System

Nüchterne Betrachter der amerikanischen ›New Economy‹ (›Neuen Wirtschaft‹) müssen inzwischen zugeben, daß es sich beim vermeintlichen Wirtschaftsboom in den USA und der Euphorie über den Internetmarkt bestenfalls um einen ›Mythos‹, um eine Seifenblase handelte. Zu dieser Bewertung kam unter anderem die *Neue Solidarität*[362]. Nach den Prognosen führender Wirtschaftsexperten und des amerikanischen Börsenmagazins *Barron's* beruht der »Höhenflug« des IT-Markts auf einer völlig irrwitzigen Überbewertung. 90 Prozent der Internet-Unternehmen hätten demnach realiter keinerlei Überlebenschancen. Nur durch eine direkte Intervention des Weißen Hauses habe am 4. April 2000 der NASDAQ, das US-Börsenbarometer für Hochtechnologieaktien, sowie der Industrieaktien-Index DowJones noch einmal »abgefangen« werden können. Mittelfristig sei der »Anfang vom Ende der ›Neuen Wirtschaft‹« mit solchen Maßnahmen jedoch nicht aufzuhalten. Für die Finanzierung des US-Leistungsdefizits sei (Stand: Mai 2000) ein Finanzzufluß aus dem Ausland von täglich rund einer Milliarde US-Dollar netto erforderlich. Darin offenbare sich die Fragilität der US-Wirtschaft. Nachdem der Euro-Zufluß dafür nicht ausgereicht habe, folgte der Run auf den japanischen Yen.

Der ›New Economy‹-Boom beruht den Analysen zufolge auf einer gigantischen Schuldenpyramide, einem immer rasanter anwachsenden Handelsdefizit und dem systematischen Abbau von

[362] Die *Neue Solidarität* ist das deutsche Organ der in den USA und zahlreichen anderen Ländern kandidierenden linken, aber immer gut informierten Gruppierung unter Lyndon LAROUCHE und seiner Ehefrau Helga ZEPP-LAROUCHE (Vorsitzende des in Deutschland als selbständige Partei auftretenden Ablegers). Die konservative ›Heritage‹-Stiftung, Washington, befand in einem Forschungsbericht, daß LAROUCHE »eine der seltsamsten Gruppierungen in der amerikanischen Geschichte« anführe und es verstanden habe, eine »kleine, aber fanatische Gefolgschaft für seine verschwörerische Weltsicht anzuziehen«. Das paßt natürlich gewissen einflußreichen US-Kreisen nicht und führt immer wieder zu Verfolgungen der Gruppierung. Diese bleibt bei Wahlen in der Regel weit unter einem Prozent der abgegebenen Stimmen. 1986 gelang jedoch zwei LAROUCHE-Anhängern ihre Nominierung durch die Demokratische Partei bei Vorwahlen im Bundesstaat Illinois für die Ämter des stellvertretenden Gouverneurs und des Staatssekretärs. (Leo WIELAND, »Strohfeuer um Lyndon LAROUCHE – Eine Peinlichkeit für Amerikas Demokratische Partei«, in *FAZ*, 24. 5. 1986)

Infrastruktur sowie einer spekulativen Aktienblase. Letztere habe in den letzten Jahren einige wenige zu Multimillionären gemacht, während gleichzeitig die Realeinkommen des größten Teils der Bevölkerung zwischen 1977 und 1999 schrumpften. Niemals zuvor habe es in der amerikanischen Geschichte einen derart hohen Einkommensabstand zwischen Reich und Arm gegeben, obwohl Doppel- und Dreifachbeschäftigung enorm angestiegen sei.[363]

Die amerikanische Wirtschaft unterscheidet sich, was ihre sozioökonomischen Koordinaten angeht, grundlegend von der deutschen. Während der deutsche Arbeitnehmer von den Tagen des BISMARCKschen Sozialwerks bis zum Ende der Ära ADENAUER/ERHARD auf eine ständig verbesserte öffentliche Renten-, Kranken- und Unfallversicherung sowie in vielen Fällen auch noch auf eine betriebliche Altersversorgung vertrauen konnte – wofür er bereit war, hart und diszipliniert zu arbeiten –, mißtraut der amerikanische Arbeitnehmer dem Staat und sichert sich lieber durch private Vorsorge ab. Aktienbesitz ist in den USA deshalb von jeher nicht nur ein Privileg der Wohlhabenden, sondern soziale Sicherheitsressource für den Normalbürger.

Das hat Vor- und Nachteile. Zweifellos ist es von Vorteil, wenn jeder die Möglichkeit hat, seine soziale Absicherung unabhängig vom politischen Umfeld an der Börse zu regeln, und dabei nicht mit der Unzulänglichkeit von Politikern und Rentenexperten rechnen muß, die die Öffentlichkeit mit realitätsfernen Parolen (»Die Renten sind sicher«) und Rechenexempeln abspeisen, von denen sie selbst längst nicht mehr überzeugt sind. Zum anderen können Parteien und Gruppierungen, die keine wachstums-, sondern umverteilungsorientierte Politik verfolgen, die erarbeitete Versorgung der Bevölkerung nicht einfach sozialisieren. Letzteres ist in Deutschland während der Regierung KOHL in großem Umfang geschehen, als bestimmten Personenkreisen aus dem Ausland kurzerhand der Zugang zum deutschen Sozialversicherungssystem eröffnet wurde, obwohl diese Klientel keine oder nur kurzfristig Zwangsprämien (auch gegebenenfalls ihrer Arbeitgeber) in den jeweiligen Sozialtopf entrichtet hat. Hier lag der Regierung ganz ersichtlich mehr an der Umsetzung des HOOTON-Plans als an der Stabilität des bundesdeutschen Sozialversicherungssystems.

Um die Stabilitätskriterien für die Einführung der Euro-Kunst-

---

[363] »Der Crash läuft – Anfang vom Ende der ›Neuen Wirtschaft‹ – Der Trugschluß der ›New Economy‹ – Die häßliche Wirklichkeit des amerikanischen »Wirtschaftsbooms«; alles in *Neue Solidarität*, 12. 4. 2000.

währung einhalten zu können, wurden dem (nicht im Rahmen der öffentlichen Haushalte verwalteten!) öffentlichen Sozialversicherungssystem fremde Lasten aufgebürdet. So wurde die öffentliche Verschuldung innerhalb der Vorgaben der sogenannten Stabilitätskriterien für den Beitritt zur Europäischen Währungsunion (EWU) gehalten. Die dafür erforderliche ›Kreative Buchhaltung‹ wurde dadurch erleichtert, daß sozial-liberale Regierungen den 68ern den ›Marsch durch die Institutionen‹ ermöglichten. Unter den ›Volksvertretern‹, die heute allgemein eher links orientiert sind – auch solche der Union –, herrscht längst parteiübergreifendes Einvernehmen darüber, daß in allen Zweifelsfällen ›Political Correctness‹ Vorrang vor den Interessen der Nation hat.

Zurück zur privaten Rentenvorsorge. Ein gravierender Nachteil liegt darin, daß für viele Arbeitnehmer das wirtschaftliche Fundament für die spätere Eigenversorgung erst einmal angespart werden muß. Auch riskieren anlageunerfahrene Arbeitnehmer, ihre hart erarbeiteten Ersparnisse falsch anzulegen und zu verlieren. In den USA haben infolge dieses überaus liberalen Systems stattliche 44 Millionen Bürger keine Krankenversicherung.[364]

Laut einer OECD-Studie vom Mai 2000 können weniger als die Hälfte der amerikanischen Achtkläßler richtig lesen und schreiben. Bei einem Viertel aller Schüler der gleichen Altersklasse sind außerdem die Mathematik-Kenntnisse mangelhaft. Derartige Defizite bei der Entwicklung der eigenen Arbeitskraft führen fast zwangsläufig dazu, daß ein immer höherer *›brain drain‹* (Abfluß) von Wissenschaftlern, Technikern und anderem qualifizierten Personal aus aller Welt in die USA erforderlich ist.[365] Das US-Beispiel macht längst auch hierzulande Schule. Regierung und Wirtschaft halten hartnäckig an der Auffassung fest, auch Deutschland bedürfe zur Absicherung seines Lebensstandards einer gesteigerten Zuwanderung. Das Ergebnis war die *›Green card‹*-Regelung des Gerhard SCHRÖDER. In Wahrheit ist sie nichts weiter als die Folge einer Kombination von unzureichender naturwissenschaftlicher Bildung und gleichzeitiger Globalisierung. (s. hierzu Ergebnis PISA Studie S. 293)

Der Abwärtstrend des Euro hat die EWU-Finanzminister veranlaßt, sich am 8. Mai 2000 mit den Hintergründen des unaufhaltsamen Währungssturzes zu befassen. Die Abhängigkeit Europas

---

[364] Lothar KOMP, »Die bröckelnden Säulen der US-Wirtschaft«, in *Neue Solidarität,* 24. 5. 2000.

[365] Ebenda.

vom US-Finanzsystem beließ ihnen freilich nur die ›Alternative‹, die Köpfe einzuziehen – oder nicht. Fachleute sind sich inzwischen einig darüber, daß es zur Abwendung der ganz großen Weltwirtschaftskrise, die mit immer größeren Lettern wie ein Menetekel an der Wand steht, einer grundlegenden Reform des Weltfinanzsystems bedarf. Der seit der Abkoppelung vom Goldstandard durch nichts mehr gedeckte Papierdollar ist voll und ganz von einer an amerikanischen Bankeninteressen ausgerichteten Ausgaben- und Zinspolitik abhängig. Zu einer solchen Reform ist man jenseits des Atlantiks jedoch bislang nicht bereit.

Im Juli 1944 fand in Bretton Woods, New Hampshire/USA, eine Finanzkonferenz der späteren Kernländer der Vereinten Nationen statt, auf der nicht nur der Internationale Währungsfonds (IWF) (s. S. 316) und die Weltbank (IBRD) gegründet wurden, sondern auch festgelegt wurde, daß der US-Dollar, d.h. die Währungseinheit der USA, fortan als weltweite Leitwährung fungieren sollte. Der Dollar wird von der Federal Reserve Bank als amerikanischer Zentralbank administriert und in Umlauf gebracht. Wegen allzu großzügig gehandhabter Wertschöpfung konnte der Standard, wonach jeder Dollar jederzeit in seinen Gegenwert in Gold eingetauscht können werden muß, nicht aufrechterhalten werden. Diese ›Dollarklausel‹ wurde deshalb 1968 aufgehoben. Damit wurde der US-Dollar endgültig zur reinen Papierwährung, die durch nichts anderes als die Besonnenheit des Präsidiums der FED und/oder die Interessen anonymer Finanzhaie gedeckt ist.

Der Dollar unterscheidet sich somit in zentralen Punkten von anderen Hartwährungen, die von den Zentralbanken ihrer Länder administriert werden. Hervorzuheben ist vor allem, daß

1. die FED keine öffentlich rechtliche Einrichtung der USA, sondern – wie auch die Bank of England – Zentralbank des nationalen privaten Bankgewerbes ist; sie unterliegt mithin dessen und nicht etwa nationalen und schon gar nicht internationalen Interessen (vergleichbar dem Bundesverband deutscher Banken – BDB –, der allerdings eine Interessenvertretung und nicht die zentrale Notenbank des deutschen privaten Bankgewerbes ist);
2. ihr Reinertrag, den sie durch die Verzinsung der von ihr ausgeliehenen Banknoten erzielt, nicht – wie in Deutschland bis zur Abschaffung der D-Mark üblich – als Bundesbankgewinne an den Finanzminister abzuführen hat, sondern ihren Mitgliedern, den Privatbanken, zufließt. Anders ausgedrückt: In den USA wird von einer privaten Bankenzentrale ungedecktes Pa-

piergeld ausgegeben, auf das von ihrem Präsidium nach Gutdünken Zinsen erhoben werden. Die Zinsgewinne »sind astronomisch und beliefen sich (zum Beispiel) Ende 1992 auf rund 300 Milliarden Dollar«.[366]

3. Der Präsident der FED (zur Zeit Alan GREENSPAN) wird nicht vom Präsidenten der Vereinigten Staaten oder einem dafür eingesetzten öffentlichen Gremium berufen, sondern lediglich vom US-Präsidenten bestätigt.[367] Auch hier gilt, daß der Präsident sowie die übrigen Mitglieder des US-Zentralbankrats und damit die Stabilitätshüter der internationalen Leitwährung außer ihren Bankengremien »niemandem auf Erden verantwortlich« sind (Gore VIDAL).

Das Ende vom Lied? Wer auch immer den Anschein erweckt, dieses gigantische Zentralbankprivileg anzutasten oder gar beseitigen zu wollen, muß damit rechnen, wie die Opfer Mackie Messers in Bert BRECHTS *Dreigroschenoper*[368] abzutreten – still, leise und ohne viel Aufhebens. Tathergang, Hintermänner und Motive werden in solchen Fällen meist nie aufgeklärt. Frei nach BRECHT: »Die im Dunkeln sieht man nicht.«

Natürlich gibt es Vorschläge, das internationale Finanzsystem zu reformieren. Einer kam neuerdings etwa von dem amerikanischen Nobelpreisträger für Nationalökonomie, Robert MUNDELL, der das derzeitige Weltwährungssystem durch eine »Währungsunion von Dollar, Euro und Yen« ablösen möchte.[369] Doch solche Anregungen sind rein theoretisch. In Anbetracht der tatsächlichen finanzpolitischen Machtverhältnisse sind sie schlechterdings nicht umsetzbar. Denn, wiederum frei nach BRECHT: »Der Haifisch, der hat Zähne.«

Man sollte sich keine Illusionen machen. Sollten die amerikanischen Bankeliten jemals einer Reform des Weltwährungssystems zustimmen, könnte der einzige Nutzen darin liegen, im Gefolge

---

[366] Harry E. FIGGIE, Gerald J. SWANSON, *Bankruptcy 1995 – The Comming Collapse of America and how to Stop it,* Boston 1992, S. 77, zit. nach: Mansur KHAN, aaO. (Anm. 51), S. 141.

[367] Lord George WEIDENFELD, »New York im Ämterfieber«, in *Die Welt,* 28. 3. 2000.

[368] Bert BRECHT (Komponist Kurt WEILL), *Die Dreigroschenoper,* 1928 nach John GAY's *Beggar's-Opera.*

[369] Robert MUNDELL fordert im *Welt*-Gespräch eine Währungsunion zwischen Dollar, Euro und Yen, »Das Ergebnis ist eine Art Weltwährung«, in *Die Welt,* 28. 6. 2000.

des von Alan Greenspan prognostizierten Zusammenbruchs der EWU (s. S. 299) auch dem Yen den Garaus zu bereiten. Den Profit hätten wieder einmal die amerikanischen Großbanken, denn in diesem Fall bliebe der Dollar als alleinige internationale Leitwährung, wenn nicht gar als ›Weltwährung‹ übrig.

Der große Rohstoffraub

Mit ihrer konsequenten Kriegspolitik ist es den maßgebenden Einflußgruppen in den USA in den letzten eineinhalb Jahrhunderten gelungen, nicht nur ihre Ziele in Europa weitgehend zu verwirklichen, sondern auch das Osmanische Reich zu zerschlagen und die Erdölvorkommen im Nahen Osten unter ihre Kontrolle zu bringen. Zur Absicherung dieser Position wurde nach dem Zweiten Weltkrieg Israel als militärischer Vorposten geschaffen – der im Extremfall gegebenenfalls auch wieder preisgegeben werden kann – , es wurde der Golfkrieg geführt mit dem unverhohlenen Ziel, den Irak militärisch auszubluten und unter die Vormundschaft der ›westlichen Wertegemeinschaft‹ zu stellen. Noch fehlen zur Abrundung des Bildes jene Rohstofflager, die sich bis vor kurzem im Einflußbereich Moskaus befanden. Während des Kalten Krieges war es nicht opportun, die Hand auch nach den südeurasischen Rohstoffbasen auszustrecken, die ehedem eine Domäne der Zaren bzw. später der UdSSR waren. Jetzt allerdings, nachdem die Sowjetunion ruhmlos von der Landkarte verschwunden ist, brauchen die ›Insider‹ keinerlei Rücksichten mehr zu nehmen. Die Katze ist aus dem Sack, das Fell des russischen Bären kann verteilt werden.

Das »Great Game« – Rußland wird ausgebremst

Über die rohstoffpolitischen Interessen Washingtons im südeurasischen Raum berichten deutsche Medien nur ausnahmsweise. Dabei geht es hier um zentrale Weichenstellungen für das 21. Jahrhundert. Konkret geht es sowohl um die Kontrolle der einschlägigen Rohstoffvorkommen als auch um die des Transits. Einige Vorhaben in diesem Zusammenhang sind bereits projektiert und stehen vor der Verwirklichung. Das bedeutendste davon dürfte ein Projekt namens »Korridor 8« sein, über das italienische Medien berichteten.

Die kommunistische Zeitung *Il Manifesto* skizzierte bereits vor drei Jahren die Umrisse des brisanten geopolitischen Konzepts und sprach dabei von einer »Straße des schwarzen Goldes«. Dabei geht es um nichts weniger als eine Ost-West-Verbindung (Südachse) von der Schwarzmeerküste Bulgariens durch Mazedonien und Albanien zur Adria. Das Milliardenvorhaben soll international finanziert werden und neben einer Autobahn und einer Eisenbahnlinie auch eine Gasleitung und die größte dann nach Europa führende Öl-Pipeline umfassen. Natürlich ist der Konkurrenzkampf um diese ›Bretelle verticale‹ (vertikalen Hosenträger) längst entbrannt; in ihm treffen jugoslawische und griechische mit russischen Interessen aufeinander. Ziel ist, diesen ›Korridor 8‹ so zu trassieren, daß er mit der traditionellen Nord-Süd-Route von der Türkei nach Europa verbunden werden kann.[370] Zur Umsetzung dieses Konzepts sehen sich die USA beziehungsweise die tonangebenden ›Insider‹ veranlaßt, nicht nur ihren geopolitisch-wirtschaftlichen, sondern auch ihren militärischen Einfluß in der eurasischen Südflanke des einstigen Sowjetimperiums auszuweiten. Serbien, an exponierter Stelle gelegen, aber unwillig, sich dem Plan als willenlose Marionette einzufügen, mußte konsequenterweise mit Waffengewalt auf Linie gebracht werden. Der Kosovo befindet sich infolgedessen seit 1999 fest in NATO-Hand, Albanien fungiert als künftige Transitstation.

Wenig Beachtung fand in deutschen Medien bislang die Tatsache, daß die USA auch auf dem Balkan selbst konkrete Rohstoffinteressen verfolgen. Man vermutet dort Ölvorkommen und nichterschlossene Erz- und Mineralreserven (Kohle, Blei und Zink). Im Kosovo befindet sich der serbische Stari-Minenkomplex (TRG). Seine Vorräte übersteigen 30 Prozent der weltweit vorhandenen zwei Millionen Tonnen Blei- und Zinkvorkommen. Die im Kosovo vermuteten Kohlereserven werden mit 17 Milliarden Tonnen beziffert. Die Exporte laufen über ein New Yorker Unternehmen. Die *New York Times* äußerte denn auch beizeiten Verständnis dafür, »warum die US-Regierung am Kosovo so sehr interessiert ist«.[371] Die Rolle Deutschlands beschränkt sich wie üblich auf Satrapendienste. Die Bundeswehr steht bis auf weiteres sowohl im Kosovo als auch im benachbarten Mazedonien Gewehr bei Fuß.

Derzeit entsteht unweit der Stadt Urosevac (Kosovo) das größte US-Militärlager in Europa (Camp Bondsteel). Es handelt sich um eine Fläche von 30 Hektar Pachtland (99 Jahre), die von einem 12 km langen Zaun umgeben ist. Etwa 5000 US-Soldaten sind dort stationiert, außerdem 550 Zivilisten und 130 Angehörige anderer Nationen. Auf dem Camp befinden sich neben der Kommandozentrale für die US-Streitkräfte in Südost-Europa 45 Bunker, zwei Ausbildungsstätten, zwei Gefängnisse, mehrere Krankenhäuser,

---

[370] Luca Rastello, in *Il Manifesto*, 25. 3. 1999.

[371] *New York Times*, zitiert nach: http:/Sightings.com/poltica2/motive.htm, nach: PHI 21–22/2001.

Kirchen, Kinos, Restaurants, eine Bank und eine Filiale der US-Post, ein eigenes Wasserwerk und ein eigenes Elektrizitätswerk sowie ein Hubschrauberlandeplatz. Ein Flugplatz für Bomber ist im Bau. »Und das alles nur, um die humanitäre Katastrophe im Kosovo abzuwehren.«[372]

Bulgarien, Rumänien, die Ukraine und Aserbaidschan sowie die nach dem Zerfall der UdSSR unabhängig gewordenen zentralasiatischen Staaten jenseits des Kaspischen Meeres sind weitere Ziele der US-Expansionspolitik. Einige dieser Länder haben schon IWF-Kredite erhalten. Nun stehen sie unter Druck, ihren Rückzahlungsverpflichtungen nachzukommen; natürlich auch in Form von Öl- und Erdgaslieferungen oder, wie im Falle Armeniens, mit Kupfer, Gold und anderen montanen Rohstoffen.[373] Wenn nach der Stabilisierung des Balkan nunmehr der »Kaukasus zum neuen Schauplatz geostrategischer Manipulationen«[374] wird, kommen auch dort sowohl rohstoffpolitische als auch militärisch-rüstungsindustrielle Interessen der USA zum Tragen. Im Dezember 1999 berichtete das *Deutschlandradio*, daß Washington mit Kasachstan militärisch zusammenarbeiten und eine gemeinsame Eingreiftruppe aufstellen wolle.[375] Auch der Konflikt im Kaukasus stellt sich vor diesem Hintergrund in ganz neuem Licht dar. Er wurde als »Abnutzungskrieg« angezettelt, »der den Zugriff des Dollars auf die Erdölfelder der Region sichern« soll.[376] Rußland kommt in diesem Spiel die Funktion eines der letzten Bollwerke gegen die ›Eine-Welt-Ordnung‹ von Washingtons Gnaden zu, nicht zuletzt kraft seines Status als Noch-Atommacht. Der Feind Rußlands sei demnach heute auch »unser Feind«.

Den USA ist es mittlerweile gelungen, die Russen aus dem überaus wichtigen afghanischen Glazis zu vertreiben – bezeichnenderweise durch Unterstützung der Feinde der Feinde (Osama BIN LADEN!). An die Stelle sowjetischer sind amerikanische Basen getreten, in der Hauptstadt Kabul wurde eine Vasallenregierung etabliert. Ihre Stabilisierung haben europäische und türkische Satel-

---

372 Im Kosovo entsteht der größte US-amerikanische Militärkomplex in Europa, in: ebenda.

373 *Recht und Wahrheit*, Nr. 5+6/99 (Mai/Juni 1999).

374 Konstantin GEORGE, »Bald brennt der Kaukasus«, in *Neue Solidarität*, 14. 7. 1999.

375 Deutschlandradio, 20. 12. 1999.

376 Wilhelm Ruprecht FRIELING, »Die großen Themen unserer Zeit. Autoren im Dialog 2000«, Tagung der Münchner Burchschenschaft ›Danubia‹, Berlin 2000.

liten-Kontingente übernommen. Diese standen zunächst unter britischem Kommando. Da sich die Briten jedoch aus Afghanistan zurückziehen wollen, wurde ein neuer Vasall für die Nachfolge gesucht. Weil Deutschland bereits auf dem Balkan die Federführung übernommen hat, sah sich die Bundesregierung diesmal außer Stande, noch eine zweite Aufgabe dieser Größenordnung zu übernehmen. Daraufhin mußten die Türken in die Bresche springen.

Allmählich gewinnt das Konzept Washingtons am Hindukusch Konturen. Schon aus energiepolitischen und strategischen Gründen ist es für die USA naheliegend, Afghanistan - wie Deutschland in Europa - möglichst unbegrenzt unter Kontrolle zu behalten, gegebenenfalls auch unter Einsatz nichtamerikanischer Besatzungs-Kontingente. Bislang freilich befindet sich nur die Hauptstadtregion wirklich im Zugriff der NATO. Afghanistan bleibt unsicheres Terrain.

Die NATO – Instrument amerikanischer Rohstoffpolitik

Über den US- bzw. NATO-Einsatz im Kosovo stellte der jugoslawische Ex-Vizepremier und nachmalige Chef der ›Serbischen Erneuerungsbewegung‹, Vuk DRASKOVIC, im *Spiegel* einige interessante Überlegungen an. Im Wortlaut:

DRASKOVIC: »Die NATO hat unserem Land in 36 Tagen mehr Unglück gebracht als HITLERS Armee in vierjähriger Okkupation.«
Spiegel: »Sie wollen doch wohl nicht die NATO mit HITLERS Wehrmacht in eins setzen?«
DRASKOVIC: »Unser Volk stellt merkwürdige Gedankenspiele an. Wir erinnern uns an einige deutsche Generale und an den deutschen Feind, und wir begreifen, daß ein würdiger Feind immer ein halber Freund ist. Die Zahl der Opfer im Kampf gegen HITLER war natürlich größer als heute. Aber diese Serben fielen heldenhaft, wir sahen den Gegner vor Augen. Der jetzige Feind ist verlogen, erbärmlich, feige und im Vergleich zu dem deutschen Generalfeldmarschall MACKENSEN ein elender Wicht. MACKENSEN ließ sofort nach der Einnahme Belgrads ein Denkmal errichten mit der Inschrift: ›Dem großen serbischen Feind.‹ Wer sind diese Feiglinge jetzt, die ein Land vom Himmel aus zerstören, ein Volk der kollektiven Rache unterziehen und es vernichten wollen?«[377]

---

[377] *Der Spiegel*, Nr. 18/99, zit. nach *Das Ostpreußenblatt*, 15. 5. 1999.

Die Londoner BBC setzte sich in einer aufsehenerregenden Filmdokumentation mit dem Einsatz der NATO im Kosovo auseinander. Fazit des Senders: Der angeblich im Namen der Moral und der Menschlichkeit geführte »gerechte Krieg« des Westens entpuppte sich als totales Fiasko. Der Friede sei so fern wie eh und je. Die NATO bewirke genau das Gegenteil ihrer vorgeblichen Ziele. Aus dem Sündenregister des westlichen Bündnisses (laut BBC): permanente Fehleinschätzung der Lage im Kosovo, völlige Unterschätzung des Belgrader Präsidenten Milosevic, Dauerstreit unter den 19 NATO-Partnern; das Bündnis sei durch den Kosovo-Einsatz an den Rand einer Existenzkrise gebracht worden. In zahlreichen Fällen sei es zu Verrat aus den eigenen Reihen gekommen, so daß die serbischen Truppen immer wieder rechtzeitig abtauchen und Attrappen für die NATO-Bomber aufstellen konnten. Nach Einschätzung britischer Experten sei es ein Fehler gewesen, daß sich die NATO zum Komplizen der UCK machen ließ, die gezielt serbische Massaker an ihren eigenen Landsleuten provozierte, um den Westen auf ihre Seite zu ziehen. Der NATO-Einsatz habe zum Massenexodus geführt - nicht zuletzt in Richtung Deutschland. Der Haß zwischen Serben und Albanern sei dank der westlichen Militäraktion so groß wie niemals zuvor in der Vergangenheit, weshalb die Zukunftsaussichten für die Region düsterer als je zuvor seien.[378]

Kein dankbarer Auftrag für die Bundeswehr, die seit nunmehr über drei Jahren Wach- und Hilfsdienste im Kosovo leistet. Dabei hat Deutschland im wohlverstandenen nationalen Interesse nichts auf dem Balkan zu suchen. Die Bundeswehr ist auch dort eine reine Auxiliartruppe der USA.

---

378 »Der Kosovo-Krieg - ein totaler Fehlschlag der NATO«, in *Der Insider*, Pretoria, Ausgabe Nr. 16/00, 1. 10. 2000.

Der Mythos vom »Kampf der Kulturen«

Der ›Westen‹ gegen den Rest der Welt?

Samuel HUNTINGTON hat mit seinem dickleibigen Buch unter dem Titel *Der Kampf der Kulturen* (*The Clash of Civilizations*) für viel Aufsehen gesorgt – nicht zuletzt deshalb, weil er dem Westen (»The West«) in den kommenden Jahrzehnten einen langdauernden »Kampf der Kulturen« einerseits mit China, andererseits mit dem Islam prophezeit. Diese Auseinandersetzung wird nach HUNTINGTON zugunsten des »Westens« und seiner Führungsmacht, der USA, ausgehen – vorausgesetzt, man bleibt sich einig. (s. Fr. I, S. 315 ff.)

Seit dem 11. September 2001 bemühen sich die USA nun in einer Art geopolitischem Drahtseilakt, einerseits die Auseinandersetzung zwischen dem Westen und dem Islam durch NATO-Einbindung einiger muslimischer Staaten – wie etwa der Türkei – zu entschärfen. Auf der anderen Seite bleibt das Ärgernis Israel – nicht zuletzt seinethalben befindet sich Amerika mit einer ganzen Reihe islamischer Staaten gewissermaßen im ständigen Spannungszustand. Diese Länder wurden 1994 bis 1999 nach offizieller Washingtoner Sprachregelung rundweg als »Schurkenstaaten« (*rogue states*) bezeichnet. Es handelt sich um den Iran, den Irak, Syrien (inklusive dessen *de facto*-Protektorat Libanon) und den Sudan.

Neuerdings zeigen sich Risse im Feindbild Washingtons. Folgt man den Äußerungen der US-Politik, gilt Iran neuerdings nicht mehr als Top-Ziel in der »Achse des Bösen«. Die *Neue Zürcher Zeitung* wiederum glaubt Spuren einer Wende (»tiefer Gesinnungswandel in der israelischen Führung«) im Südlibanon[379] auszumachen. Aus anderen Gründen galt das zwischenzeitlich auch für Nordkorea (Öffnung für den Zivilgüter-Handel). Washington trägt dieser Nuancierung seiner Politik Rechnung, indem nunmehr zwischen »Schurkenstaaten« und »Staaten besonderer Besorgnis« (*states of concern*) unterschieden wird. Der Irak, der Sudan, Syrien nach dem Ableben von Hafis EL-ASSAD, bis auf weiteres Kuba[380] und neuerdings wieder Nordkorea bleiben aber unverändert »Schurkenstaaten«.

---

379 »NEUSpuren einer Wende in Südlibanon – Ende der gewaltsamen Besetzung in Khiam«, *Neue Zürcher Zeitung*, 31. 6. 2000.

380 Herbert KREMP, »Der Abschied vom Schurkenstaat«, in *Die Welt*, 21. 6. 2000.

Das Taliban-regierte Afghanistan konnte inzwischen ›bereinigt‹ werden. Es steht seit Ende 2001 militärisch unter US-Kontrolle, in der Hauptstadt Kabul wurde eine Satellitenregierung installiert, die unter anderem mit Hilfe eines deutschen Militärkontingents am Leben erhalten wird. Nichtsdestoweniger ist Afghanistan eine Schlüsselregion für die Amerikaner neben der Golfregion und dem Balkan, wo ebenfalls aus energiepolitischen Gründen interveniert wurde. Schon allein die riesigen Ölvorkommen im und um das Kaspische Meer sowie die geplanten Pipelines machen Afghanistan zu einer hochsensiblen Interessenzone für Washington.[381] Fraglich, ob es den USA auf Dauer gelingen wird, das Land unter Kontrolle zu halten. Den Engländern und Russen ist das in der Vergangenheit jedenfalls nicht gelungen.

Zurück zu Samuel Huntington. Dieser hält aus amerikanischer Warte eine gemeinsame Abwehrfront des »Westens« unter US-Führung für notwendig, um den drohenden »Kampf der Kulturen« mit China und dem Islam bestehen zu können. Inzwischen gewinnt die Lage an Brisanz. Denn die Bereitschaft der Amerikaner zur Abstimmung mit den Alliierten schwindet. Offenbar fühlen sich die ›Insider‹ hinter den Kulissen der Washingtoner Machtpolitik inzwischen stark genug, um sich dem Glauben hinzugeben, daß man die bevorstehende transpazifische Auseinandersetzung mit China, Rußland (seit Juli 2000 Verbündeter im ›Kampf gegen den Terror‹!) und möglicherweise auch der Atommacht Indien notfalls auch allein zu bestehen vermag – im Vertrauen auf die Unschlagbarkeit der amerikanischen High-Tech-Waffensysteme. Nach dem Anschlag auf das World Trade Center und das Pentagon wird zur Abwehr der islamischen Bedrohung freilich verstärkt Beistand von den kontinentaleuropäischen NATO-Bündnispartnern gefordert. Nur Großbritannien, Verbündeter der besonderen Art, sitzt von Anfang an tatsächlich im amerikanischen Boot. Deutschlands Beitrag zur Anti-Terror-Koalition ist profanerer Natur. Die Bundesrepublik wird weiterhin als Protektorat und zentraler militärischer Stützpunkt für das Engagement der USA in Europa und Nahost gebraucht. Dem folgt auch die Strategie der Bundeswehr im ›Kampf gegen den Terror‹: Landesverteidigung ist *›out‹*, großgeschrieben werden dagegen die Interessen Washingtons, denen nötigenfalls die der europäischen und sonstigen Verbündeten kompromißlos unterzuordnen sind. Erschwe-

[381] »Ein neues Pearl Harbor – Wem nutzte das Attentat auf New York und Washington?« in *Euro-Kurier*, Tübingen, Oktober 2001.

rend kommt für Deutschland noch hinzu, daß die Amerikaner an ihrem Vernichtungswillen, den sie in zwei Weltkriegen gegen das Reich hinlänglich unter Beweis gestellt haben, ja nach wie vor unverrückbar festhalten. Die Bundesrepublik wird demzufolge – und ganz auf der Linie des HOOTON-Planes – schleichend ›umgevolkt‹ und gleichzeitig zu immer neuen Tributleistungen angehalten, während die für den Schutz der amerikanischen Rohstoffinteressen benötigten deutschen Auxiliartruppen ständig weiter abgerüstet werden.

Man muß keine Gespenster sehen, aber im deutschen Fall sprechen die Tatsachen für sich. Die Auflösung Deutschlands, das mittlerweile über ein halbes Jahrhundert lang ohne Friedensvertrag unter militärischer Besatzung steht, schreitet mit Riesenschritten voran. Das »finis Germaniae« ist heute nicht mehr nur Schrekkensvision chronischer Pessimisten, sondern in greifbare Nähe gerückt. Das alles ist kein Zufall. Seit der Reichsgründung im Jahre 1871 sickerten immer wieder mehr oder weniger zufällig einschlägige Karten und Skizzen an die Öffentlichkeit, aus denen sich die weiteren Schicksale Deutschlands schon seit Ende des 19. Jahrhunderts ablesen ließen. Auch an jüngeren Stimmen, die Deutschland unverhohlen die Auslöschung androhen, fehlt es nicht. Erinnert sei nur an die Andeutung des ehemaligen polnischen Staatspräsidenten Lech WALESA in seinem berühmt-berüchtigten Interview mit dem niederländischen *Elsrevier*:

Wenn sich Deutschland wieder einmal sperrig zeige, sagte WALESA dort, »solle man nicht mehr zu einer Aufteilung Zuflucht nehmen, sondern dieses Land einfach von der Landkarte ausradieren«.[382]

Lech WALESA war nicht irgendwer. Der vormalige polnische Arbeiterführer war – wie ehedem Willy BRANDT für seinen Kniefall in Polen anläßlich der Unterzeichnung des Warschauer Vertrages (1970) – mit dem Friedensnobelpreis ausgezeichnet worden. Über die tatsächlichen Qualitäten der Geehrten besagt das natürlich rein gar nichts. Während WALESA den außenpolitischen Interessen Washingtons eher entgegenkam, vermochte sich der Große US-Bruder für Willy BRANDT und seine ›Ostpolitik‹ nicht recht zu erwärmen. Noch unveröffentlichte Tonbandprotokolle aus dem Jahre 1971 enthüllen, daß US-Präsident Richard NIXON und sein Außenminister Henry KISSINGER den SPD-Bundeskanzler aus Anlaß von dessen Besuch im Weißen Haus am 15. Juni 1971 recht

[382] Peter FISCHER, »Mißverständnis«, in *Das Ostpreußenblatt,* 27. 5. 2000.

despektierlich beurteilten. Thema des Gesprächs im ›Oval Office‹ waren BRANDTS Vorstellungen von einer neuen ›Ostpolitik‹. Hier ein Auszug der Tonbandmitschnitte:

NIXON: »Großer Gott, wenn der Deutschlands Hoffnung ist, dann hat Deutschland nicht viel Hoffnung.«

Am nächsten Tag sprachen NIXON und KISSINGER dann noch einmal über den deutschen Kanzler (O-Ton):

KISSINGER: »Er [Brandt] wird sich vernünftig verhalten. Ich glaube, Herr Präsident, das Hauptproblem liegt darin, daß er nicht sehr helle ist.«

NIXON: »Dieser Bursche. In der Tat, BRANDT ist ein bißchen dumm.«

KISSINGER: »BRANDT ist dumm. Und faul. . . Und er trinkt.«[383]

Man muß im Rückblick davon ausgehen, daß zumindest KISSINGER die politische Herkunft des Besuchers aus Germany kannte, der 1933 im Alter von 19 Jahren – damals noch als Herbert Ernst Karl FRAHM – nach Norwegen emigriert war, nachdem es in seinem engeren persönlichen Umfeld in Lübeck zu einem ungeklärten Mord an einem SA-Mitglied in Zivil gekommen war. Und das, obwohl BRANDT nicht am Tatort anwesend war. KISSINGER kannte sicherlich auch den weiteren Lebensweg seines nunmehrigen Gesprächspartners: BRANDT war vor seiner Flucht zum Leiter der Jugendorganisation der Sozialistischen Arbeiterpartei aufgestiegen, die weit links von der SPD stand, und war danach in verschiedenen marxistisch-leninistischen Kampfgruppen Europas (unter anderem im Spanischen Bürgerkrieg) journalistisch aktiv gewesen, letzteres unter verschiedenen Pseudonymen: Willy FLAMME, Karl MARTIN.[384] Auch das 1946 im Aschehoug-Verlag, Oslo, erschienene berüchtigte Buch *Forbrytere og andre Tyskere* (Verbrecher und andere Deutsche) gehört in diesen Zusammenhang. Dort heißt es auf Seite 256 wörtlich:

»Die sozialdemokratische Führung in (Ost-)Berlin ließ sich von der – wie ich verstehe – richtigen Erkenntnis leiten, daß Deutschland nicht werde auferstehen und existieren können, wenn es nicht ein freundschaftliches Verhältnis zur Sowjetunion erreicht. Einige

---

383 Siegmar SCHELLING, »Geheime Tonbandprotokolle enthüllen, wie US-Präsident Nixon und sein Außenminister Kissinger über den deutschen Kanzler dachten«, in *Welt am Sonntag,* 30. 1. 2000.

384 Peter KLEIST, *Wer ist Willy Brandt? Eine Antwort in Selbstzeugnissen,* Hannover 1970, S. 12.

von ihnen erhoben starke Kritik gegen Parteifreunde im Westen, in der Meinung, daß sie eine pro-englische, pro-amerikanische oder ›separatistische‹ Haltung einnähmen. Man meinte, daß diese Haltung auch in der Tatsache ihren Ausdruck fand, daß diese Parteifreunde keinen Zusammenschluß mit den Kommunisten wollten und daß sie unverblümt mit Äußerungen auftraten, die gegen die Sowjetunion und deren Deutschlandpolitik gerichtet waren.«[385]

BRANDT kam von seinen marxistisch-leninistischen Wurzeln niemals los. Seine ›Ostpolitik‹ – mitten im Kalten Krieg – war schlichtweg realitätsfern. Kein Wunder, daß er seinen amerikanischen Gastgebern zutiefst suspekt war.

Man muß übrigens, wenn von den westalliierten Plänen zur Vernichtung Deutschlands die Rede ist, daran erinnern, daß ihnen allen – ebenso wie den nunmehr ›befreundeten‹ Raubstaaten im Osten – genau das gleiche Schicksal wie Deutschland bevorsteht, wenn das Kernland Europas mit seiner stabilitätsstiftenden Wirtschaftskraft dereinst von der Landkarte verschwinden sollte. Das Chaos wäre über Europa bereits hereingebrochen, hätte sich Deutschland in den dreißiger und vierziger Jahren des 20. Jahrhunderts – zunächst im Spanischen Bürgerkrieg und dann im Krieg gegen das bolschewistische Rußland – nicht wiederholt dem Kommunismus in den Weg gestellt[386] – und das mit den sowjetophilen Westalliierten im Nacken. Schon in der Vergangenheit hat die Blindheit und Naivität der Westmächte dem deutschen Volk seinem historischen Lebensraum und seiner ethnisch-kulturellen Identität unermeßlichen Schaden zugefügt. Doch die Rechnung unserer ›Freunde‹ wird nicht aufgehen. Das gilt auch für die in Frankreich und Großbritannien immer noch anzutreffende Hoffnung, man werde die Rolle eigenständiger Großmächte auf dem internationalen Parkett in die Zukunft hinüberretten können, sofern es nur gelinge, die Deutschen am Boden oder botmäßig zu halten. Doch das Schwert der Germanophobie wird immer stumpfer. Wenn die Argumente ausgehen, muß einfach die von den Siegermächten geschriebene Geschichte herhalten. Ein aktuelles Beispiel dafür bietet die – ohne politische Folgen gebliebene – Reaktion des seinerzeitigen französischen Innenministers Jean-Pierre CHEVÈNEMENT auf einige von Bundesaußenminister Joschka FISCHER

---

[385] Aus dem Norwegischen zit. nach: Peter KLEIST, ebenda, S. 49.

[386] Winston CHURCHILL erinnert in seinen Memoiren daran, daß es allein die Deutschen waren, die sich den Sowjets entgegenstellten, um die kommunistische Weltrevolution zu verhindern.

›privat‹ geäußerte Europa-Visionen; FISCHER hatte im Jahre 2000 unter anderem auf die Erfordernis einer europäischen Verfassung sowie eines Europas der »verschiedenen Geschwindigkeiten« und verschiedenen Grade von Integration verwiesen. Darauf der französische Amtskollege[387]:

»Es [Deutschland] ist immer noch nicht von den Entgleisungen geheilt, die der Nationalsozialismus in seiner Geschichte war.«[388]

Gebetsmühlenartig wird – neben einer Reihe anderer unausrottbarer Propagandalügen – auch immer noch der deutsche Verteidigungskampf gegen eine Welt von Gegnern ins Spiel gebracht, der zu guter Letzt nur an der Übermacht der Gegner gescheitert sei. Zweifellos richtig. Unterschlagen wird dabei allerdings meist, daß dieser Kampf ja nicht zuletzt wegen alliierter »Planung, Vorbereitung und Durchführung« der beiden dem Deutschen Reich aufgezwungenen Weltkriege erforderlich wurde.

Nur vereinzelt regt sich die Stimme der Vernunft. Eine gehört dem italienischen *Corriere della Sera,* der aus der Sicht eines Adria-Anrainers auf die erheblichen Risiken hinweist, die das amerikanische NATO-Vorgehen auf dem Balkan für die demokratischen Länder Westeuropas mit sich bringe.[389] Dabei war die Intervention vom Frühjahr 1999 ja erst der Anfang dessen, was die USA auf dem europäischen Festland noch vorhaben. Die *FAZ* rückt die geplante Osterweiterung ins Blickfeld:

»Da die Erweiterung, koste sie, was sie wolle, offenbar befohlene Sache ist, bleibt dem deutschen Steuerzahler eigentlich nur die Hoffnung, daß irgendein gütiges Geschick sie doch noch in letzter Minute verhindern möge. Man muß kein notorischer Pessimist sein, um zu befürchten, daß ansonsten Europäische Union und Euro auf dem Schlachtfeld der ausgelösten Umverteilungskämpfe ihr Waterloo erleben werden.«[390]

Was wären die Alternativen? Folgendes Szenario wäre denkbar: Die USA bzw. die in ihrem Rücken agierenden ›Insider‹ warten nicht bis zum Jahre 2010/2020, bis ihnen nach Samuel HUNTINGTON die Konfrontation mit China ins Haus steht, sondern sie entlassen Deutschland vorher in eine Souveränität ohne Vorbedingungen und weitere ›Einbindung‹, wobei sie ihm insbesondere die Möglichkeit zugestehen, wieder jenes eigene geostrategische

---

387 Andreas MIDDEL, »Fischer und die Folgen«, in *Die Welt,* 22. 5. 2000.

388 Hier wiedergegeben nach *Die Welt,* 22. 5. 2000.

389 *Corriere della Sera,* 4. 6. 1999.

390 Hans-Karsten MEIER (Leserzuschrift), »Teuere Wiedervereinigung, noch teurere Ost-Erweiterung«, in *FAZ,* 1. 6. 2001.

Gewicht zu entwickeln, das zuvor unter US-Regie in zwei Weltkriegen zerschlagen wurde. Geschieht dies nicht, wird Washington gewärtigen müssen, daß der Westen die von HUNTINGTON prophezeiten Konflikte – insbesondere den transpazifischen zwischen den USA und China, aber auch den mit einem Islam fundamentalistischer Prägung – nicht besteht. Deutschlands derzeitige Bündnispartner einschließlich der USA stehen somit vor der Frage, ob sie mit einem ›renaturierten‹ Deutschland überleben oder lieber an seiner Seite untergehen wollen.

Der ehemalige US-Außenminister Henry A. KISSINGER rechnet HUNTINGTONS Werk zu den »bedeutendsten Büchern, die seit dem Ende des Kalten Krieges erschienen sind«. Und Ex-Sicherheitsberater Zbigniew BRZEZINSKI kommentiert HUNTINGTONS Prognose als »schöpferische Arbeit, die unser Verständnis internationaler Politik revolutionieren wird«. (s. Fr. I, S. 316 f.) Nach den Anschlägen vom 11. September 2001 wurde HUNTINGTONS Vision von der amerikanischen Öffentlichkeit freilich zunächst verteufelt.

Ein Blick zurück in die Geschichte: BISMARCK vertrat bekanntlich die Auffassung, daß der »viel mißbrauchte Begriff ›Europäisches Interesse‹« eine deutsche Regierung »nicht verleiten dürfe, der deutschen Nation zuzumuten, daß sie ihre Politik nach anderen als deutschen Interessen regelt«. Ein Grundsatz, der auch heute noch für die meisten Länder der Erde eine Selbstverständlichkeit bedeutet, einerlei, ob es sich um EU-Mitglieder handelt oder nicht. Bei den Deutschen liegen die Dinge anders. Die Gründe dafür sind vielfältig, und der »Überleitungsvertrag« (s. Anhang) ist nur einer davon. An den harten Tatsachen ändert das nichts. Deutschland sieht sich heute der sehr realen Möglichkeit der Auslöschung gegenüber. Oder, um mit SHAKESPEARE zu sprechen: *»To be or not to be, that is the question.«* (»Sein oder Nichtsein, das ist die Frage«, SHAKESPEARE, *Hamlet,* II. Akt, 3. Szene)

Auf einer Veranstaltung zum Thema »Deutschland nach der Jahrtausendwende – Chancen und Risiken im Zeitalter der Globalisierung«, die von der Münchner Burschenschaft Danubia veranstaltet wurde, kritisierte der Militärattaché des russischen Generalkonsulats in München in einem Referat die »Aufweichung der nationalen Gesinnung der Völker sowie deren Kulturen durch den Amerikanismus«. Im Anschluß an das Referat sah sich der Attaché einer Reihe hochbrisanter Fragen gegenüber. Diese betrafen unter anderem die Rückgabe der deutschen Ostgebiete, ein Thema, das der Referent mit dem Hinweis umschiffte, daß derartige Angelegenheiten von Regierungsentscheidungen abhingen.

Einer, der die Veranstaltung im Münchner Danubia-Haus miterlebte, berichtete dazu: »Unwillkürlich mußte ich an eine Aussage Hans-Dietrich GENSCHERS denken, mit der er einst die von Rußland ins Gespräch gebrachte Rückgabe eines kleinen Ostpreußenlandstrichs gegen einen lächerlichen DM-Milliarden-Preis abtat: ›Nicht einmal geschenkt möchte ich Ostpreußenland zurück.‹«[391]

In München kam die Botschaft dieses jungen Russen zweifellos an. Zu hoffen steht, daß es nicht erst der nachwachsenden Generation bedarf, bis sich solche Einsichten einer Mehrheit der bundesdeutschen Bevölkerung erschließen. Selbst manchen ergrauten 68ern ist mittlerweile aufgegangen, welcher Irrlehre sie ehedem aufgesessen sind. Anderen dagegen fehlt schlicht die Bodenhaftung. Sie sind im Zuge ihres ›Marsches durch die Institutionen‹ in einer anderen Welt angekommen, in der es sich dank ›Staatsknete‹ und jeder Menge Privilegien ganz gut leben läßt. Andere waren nicht so erfolgreich, was zur Folge hat, daß sie sich jetzt außerstande sehen, zum BSP – und zum eigenen Lebensstandard – beizutragen. Oft voller Haß, hält man unverdrossen an den Parolen von vorgestern fest. Andererseits ist es auch im heutigen wohlstandsstabilisierten Deutschland beim besten Willen nicht möglich, jedem ehemaligen APO-Kämpfer einen gutdotierten Posten im Kielwasser der Regierung oder des Großen Bruders (das Beispiel des Joschka FISCHER!) zu verschaffen. Dafür fehlt es schlechterdings an Planstellen.

Man mag ein gnädiges Geschick darin sehen, daß die in den USA herangezüchteten 68er nach und nach von der Bühne abtreten – ohne Nachwuchs zu hinterlassen. Es bedeutete kaum mehr als einen verzweifelten Versuch, diese Entwicklung aufzuhalten, als dem in die Jahre gekommenen Kopf der ganzen Bewegung, Jürgen HABERMAS, der Friedenspreis des Deutschen Buchhandels verliehen wurde. HABERMAS' Erben ist es nicht gelungen, Wurzeln zu schlagen. Das traurige Ende des ›Marsches durch die Institutionen‹ stellen jene verlotterten Gestalten dar, die als Skinheads und Punks in den Innenstädten herumlungern – die traurigen Reste der 68er-›Revolution‹. Für jene, die es mit Deutschland nicht gut meinen, sind sie willfährige Opfer. Sie sind noch leichter zu manipulieren und zu lenken als die Ur-68er.

Daß sich beim Großen US-Bruder angesichts der Herausforderungen des 21. Jahrhunderts nüchterner Sachverstand einstellt, steht nach allen Erfahrungen der Vergangenheit zu bezweifeln.

---

[391] Wilhelm Ruprecht FRIELING, aaO. (Anm. 376).

Dabei geht es auch für Washington um die Frage von Sein oder Nichtsein.

1. Will man die große transpazifische Auseinandersetzung wirklich allein (d.h. im Bund allenfalls mit Großbritannien) bestehen – ohne daß ›der‹ Westen zur dringend gebotenen Geschlossenheit findet? Und: Will man dabei wirklich auf den Faktor ›Deutschland‹ verzichten?
2. Liegt es dann im deutschen Interesse, dem in die Jahre gekommenen amerikanischen Protektor unter Einsatz aller Mittel beizustehen?

Ein guter Rat auch an die bundesdeutsche Etabliertenkaste, deren Macht nach wie vor zu einem Gutteil auf den Bajonetten der amerikanischen Siegermacht ruht: Sie sollte vom Schicksal der Funktionärskaste in der untergegangenen DDR lernen und sich vor Selbsttäuschungen hüten. Mit Zensur und Meinungsterror läßt sich die verordnete Botmäßigkeit (›*Political Correctness*‹) nicht auf Dauer – und schon gar nicht ›unumkehrbar‹! – durchsetzen. Selbst ungleich behutsamere Versuche, den deutschen Michel in eine bestimmte ideologische Richtung zu indoktrinieren, sind in der jüngeren Geschichte regelmäßig fehlgeschlagen. »Das Volk in seinen Sorgen, sagt schon wieder ›Guten Morgen‹«, feixte man im Dritten Reich. Daß die Deutschen dem NS-Regime gleichwohl bis zum bitteren Ende die Treue hielten, war eines der besonders fragwürdigen Ergebnisse der alliierten Kriegspolitik, die sich 1943 auf der Casablanca-Konferenz in der von ROOSEVELT und CHURCHILL erhobenen Forderung nach bedingungsloser Kapitulation manifestierte.

Und heute? Werden die Deutschen immer und ewig den Schuld- und Sühne-Kanon der offiziösen Vergangenheitsbewältigung nachbeten? Werden die Deutschen auch weiterhin kritiklos schlukken, was ihnen Lizenzmedien und Lizenzparteien Tag für Tag vorsetzen, immer strikt auf Umerziehungskurs? Die Erfahrung lehrt, daß solche Schüsse gern nach hinten losgehen. Zensur und ›Political Correctness‹ fordern geradezu zum Widerspruch heraus. Wenn es zutrifft, daß heute mehr Bücher auf dem Index stehen (»Gott allein hat sie gezählt«), als während des NS-Regimes verbrannt oder verboten wurden, dann kann es mit der grundgesetzlich »garantierten« Meinungs- und Pressefreiheit in der Bundesrepublik nicht weit her sein. Auch der oben erwähnte Militärattaché des russischen Generalkonsulats in München kritisierte in seinem Referat in München ausdrücklich, »daß die Medien in der Bundesrepublik Deutschland ihren Informationsauftrag ungenügend erfüllten«. Muß man Russe sein, um das zu erkennen?

Daß es auch anders geht, zeigt ein aktuelles Beispiel aus dem Ausland. Wirkliche, ungeschmälerte Pressefreiheit, von der man in Deutschland nur träumen kann, bieten etwa die Sendungen des in Doha (Katar) arbeitenden arabischen TV-Nachrichtensenders al-Dschasira (›Insel‹). Die *Welt am Sonntag* berichtete nicht ohne anerkennenden Unterton, daß der Sender Tabus am laufenden Band breche, gleich, ob es um Osama BIN LADEN oder um Polygamie und Sex in der arabischen Welt geht. In dem nur 11 437 Quadratkilometer kleinen Scheichtum setzt sich das amtierende Staatsoberhaupt, Emir Hamad BIN KHALIFA AL THANI, persönlich für die Unabhängigkeit des Senders ein. Eine Redakteurin des Senders gibt sich zuversichtlich: »Für den Westen ist es Zeit, eine Nachrichtenquelle zu akzeptieren, die nicht aus Atlanta oder einer anderen Metropole der Welt stammt – Zeit, die andere Sicht der Dinge zu sehen.«[392] Kein Zweifel: Sollte diese Forderung dereinst in Deutschland verwirklicht sein, dann wird Deutschland tatsächlich ein freies, souveränes Land sein.

So viel Unabhängigkeit stößt allerdings nicht überall auf Gegenliebe. So hat die französische Medienaufsichtsbehörde »Conseil de Supervision audiovisuelle« (CSA) al-Dschasira vorgeworfen, jene vielzitierte Falschmeldung in die Welt gesetzt zu haben, wonach am Tag des Attentats auf das World Trade Center zweihundert Juden nicht zu ihrer Arbeit erschienen seien.[393] »Kein einziger jüdischer Angestellte wurde bei der Attacke. . . getötet oder auch nur verwundet, weil sie zu einem Wohltätigkeitsfest einer jüdischen Organisation gegangen waren, auf welcher auch Israels Premier SHARON sprechen sollte.«[394] Der israelische Geheimdienst soll von dem bevorstehenden Anschlag gewußt und die US-Regierung vorgewarnt haben. Daher auch Präsident BUSHS vielsagendes Mienenspiel, als ihm die Meldung überbracht wurde – es war schon die Rede davon.

Auch in Deutschland mehren sich die Hoffnungszeichen. Die »Studie Jugend 2000« der Deutschen Shell AG kommt zu dem Ergebnis, daß so gut wie unterschiedslos in beiden Teilen der

---

392 Romana KANZIAN, »Der Emir verteidigt den Tabu-Bruch«, in *Welt am Sonntag*, 11. 11. 2001.

393 Jürg ALTWEG, »Rüge aus Paris«, in *FAZ*, 12. 11. 2001.

394 »Hatten alle im WTC beschäftigten Juden dienstfrei?« in *Politische Hintergrundinformationen* (PHI), Ausgabe vom 17. 10. 2001, S. A 132/1.

Bundesrepublik eine Entideologisierung der Heranwachsenden im Alter von 18 bis 24 Jahren greife; das Interesse am Politik-Angebot sei allgemein gesunken.[395 u. 396] Eine Emnid-Umfrage bestätigt: 65,4 Prozent der befragten Jugendlichen im Alter von 14 bis 17 Jahren ist der Begriff ›Holocaust‹ unbekannt.[397] Der Shell-Studie zufolge hält die Altersgruppe der 18- bis 24jährigen in den neuen Bundesländern den Ausländeranteil in Deutschland für zu hoch. Unter den gleichaltrigen Westdeutschen teilten etwa 60 Prozent diese Auffassung. Unterschieden nach Geschlechtern, kommt die Studie bei den 15- bis 24jährigen zu folgenden Zahlen, bezogen auf einen für zu hoch gehaltenen Ausländeranteil in Deutschland.[398]

Neue Länder	männlich 71,1	weiblich 67,7
Alte Länder	männlich 61,1	weiblich 59,8

Hans Heckel hält es im *Ostpreußenblatt* kaum für verwunderlich, wenn sich die Nachwachsenden eines Tages die Frage stellen: »Wie demokratisch ist dieser Staat eigentlich wirklich?« und sich den tatsächlichen Problemen zuwendeten. »Man wird den Eindruck nicht los, daß auch Politiker, die die Jugend... ständig zum ›Mitgestalten‹ aufrufen, diesen Tag mehr fürchten als herbeisehnen.«[399]

Nachdem das Deutsche Reich 1914/18 von einer überwältigenden Übermacht niedergeworfen und zur Unterzeichnung des demütigenden Vertrags von Versailles gezwungen worden war, sah 1919 der Karikaturist des *Daily Herald* im Friedensdiktat bereits den nächsten Krieg für 1940 voraus (s. Abbildung 34 mit dieser Jahreszahl über dem Kopf des die Nachkriegsgeneration verkörpernden weinenden, von den reparationsbesessenen Siegern seiner Kleider beraubten Kindes, das sich hinter einer den Versailler

---

395 Hans Heckel, »Ungeteilte Jugend«, in *Das Ostpreußenblatt*, 12. 2. 2000.

396 Daniel Friedrich Sturm, »Jugend will von Politik nichts mehr wissen – Shell-Studie: Geringes Ansehen der Parteien – Hohe Ausländerfeindlichkeit – Unterschied zwischen Ost und West«, in *Die Welt*, 27. 3. 2000.

397 Jacques Schuster, aaO. (Anm. 127).

398 dfs, »Jugend: Zu viele Ausländer in Deutschland«, zit. nach *Die Welt*, 27. 3. 2000.

399 Hans Heckel, aaO. (Anm. 395).

Vertrag symbolisierenden Säule versteckt, vor der die Gewaltigen der bereits den nächsten Weltkrieg verursachenden sogenannten Friedenskonferenz abgebildet sind.) Der Karikaturist war mit Sicherheit kein Hellseher, sondern nur ein guter Beobachter, der schon 1919 erkannte, daß Versailles auf die vollständige Vernichtung Deutschlands in einem weiteren Waffengang hinauslaufen mußte. Die Kriegserklärungen namhafter jüdischer Weltorganisationen im Jahre 1933 (s. S. 79) sowie 1939 Großbritanniens und Frankreichs mit den USA und dem stillschweigenden sowjetischen Bündnispartner im Rücken läuteten dann das lange geplante Schlachtfest ein, um dem Reich mit einer gewaltigen Kriegsmaschinerie diesmal endgültig den Garaus zu machen. Die Verantwortung dafür sollen die Deutschen bis in die Gegenwart hinein auf sich nehmen. Der ›Erlebensgeneration‹ mag da gelegentlich das auf den Bauernaufstand (1525) gemünzte Lied in den Sinn kommen: »Wir sind des GEYERS schwarze Haufen«. In der 10. Strophe heißt es dort:

> »Geschlagen ziehen wir nach Haus, heia, oho!
> Unsere Enkel fechten's besser aus, heia, oho!«

Abbildung 34. Karikatur aus dem *Daily Herald* (1919).

Wenn nicht alles trügt, wird diese Enkelgeneration derzeit, trotz aller Disziplinierungsversuche von seiten der Etablierten, immer aufmüpfiger. Der Befund der Shell-Studie müßte bei den Umerziehern eigentlich sämtliche Alarmglocken schrillen lassen, droht ihnen Deutschland doch sang- und klanglos aus dem Ruder zu laufen. Westdeutschland war weit über ein halbes Jahrhundert lang, seit Ende des Krieges, eine Kopie der US-Demokratie. Aber offenbar hat Washington selbst jetzt noch so wenig Vertrauen in die Bundesrepublik, die ureigenste Schöpfung der Vereinigten Staaten, daß man es auch nach Abschluß des 2+4-Vertrages für unabdingbar hält, die Krauts mit Besatzungstruppen bei der Stange zu halten.

Wie Samuel HUNTINGTON prognostiziert, werden die USA nicht allein in der Lage sein, den bevorstehenden »Kampf der Kulturen« zu bestehen. Sie werden bald geostrategische Entscheidungen von eminenter Tragweite fällen müssen. Einige davon betreffen auch Deutschland. Das Tröstliche liegt dabei in der Tatsache begründet, daß auch für die USA der berühmte Satz GORBATSCHOWS gilt: »Wer zu spät kommt, den bestraft das Leben!«

Nächstes Opfer China?

Die Expansionspolitik der USA im südeurasischen Raum wird nicht ohne Folgen bleiben. In China wird die neue Nähe der letzten Supermacht schon jetzt als kaum verhohlene Provokation empfunden. Der große Weltkonflikt der Zukunft ist hier vorprogrammiert. Die USA tragen insofern nach Kräften zu seiner Verschärfung bei, als Washington seit langem eine enge militärische Zusammenarbeit mit Taiwan betreibt, das Peking als historischen Bestandteil Chinas betrachtet. Die Präsenz der USA wird von Peking als Einmischung in innerchinesische Angelegenheiten betrachtet.

Man erinnert sich daran, daß China zeitgleich mit den im März 1996 abgehaltenen Präsidentschaftswahlen auf Taiwan ausgiebige Manöver mit Raketen und schwerer Artillerie veranstaltete. Vier Jahre später veröffentlichte Peking ein Weißbuch zum Thema Taiwan. Dort wird der neue Präsident der Inselrepublik auf eine harte Probe gestellt. Peking droht ihm nämlich gleich für mehrere Fälle eine militärische Invasion an, und zwar nicht nur, wenn er konkret die Unabhängigkeit Taiwans erklären sollte, sondern auch für den Fall, daß Taipeh ›nur‹ am gegenwärtigen Status quo festhalten will, das heißt die Frage einer Wiedervereinigung mit dem chinesischen Mutterland in eine ferne Zukunft verschieben möchte. In Peking befürchtet man, daß die Zeit für Taiwan arbeitet. Außerdem braucht die chinesische Führung aus innenpolitischen Gründen einen Erfolg in der Taiwan-Frage. Die Drohgebärden vom Festland sind deshalb durchaus ernstzunehmen. Laut *Weißbuch* lauert in der Taiwan-Straße eine Krise.[400] Bis auf weiteres schwelt sie eher untergründig, birgt aber jede Menge Zündstoff. Die Pekinger Führung nutzt jedenfalls jede sich bietende Gelegenheit, um die staatliche Einheit zu beschwören. Am Jahrestag der Bürgerlichen Revolution von 1911 (10. Oktober 2001) war es wieder so weit, und Partei- und Staatschef JIANG ZEMIN bekräftigte einmal mehr die unversöhnliche Haltung seiner Regierung in Sachen »Ein China«.[401]

Westliche, insbesondere amerikanische Interventionsversuche können hier nur die Lunte am Pulverfaß entzünden. Das zeigte sich, als im Frühjahr 1999 NATO-Bomben mehr oder weniger zufällig die chinesische Botschaft in Belgrad trafen. Dieser Zwischenfall wurde niemals befriedigend aufgeklärt. Die immer gut über inneramerikanische Vorgänge unterrichtete *Neue Solidarität* berichtete dazu, »daß die offizielle Erklärung ein Vertuschungsversuch« sei. Neben der nach außen sichtbaren Kommandostruktur der NATO bestehe eine zweite, weitgehend verborgene. Die letztere sei in der Lage gewesen, »die Koordinaten der chinesischen Botschaft in die offizielle NATO-Zielliste hineinzuschleusen«.[402]

Da sind sie wieder – jene »Insider« (Gary ALLEN), die stets und anonym aus dem verborgenen in die Politik der USA hineinwirken und »entscheiden, wer auf den verschiedenen Ebenen der Regierungsgewalt dienen darf«. Man kann getrost davon ausgehen, daß dies auch für die Streitkräfte und ihren Einsatz gilt. Was wirklich hinter der Bombardierung der chinesischen Botschaft in Belgrad steckte, wird wohl noch lange ein Geheimnis sein.

Der Fall wirbelte jedenfalls erheblichen Staub auf und ließ sich mit den üblichen diplomatischen Mitteln auch nicht beilegen. Weder eine unverzügliche Mission von Bundeskanzler SCHRÖDER, noch der persönliche Vermittlungsversuch von US-Präsident CLINTON, noch die zur Jahresmitte 1999 unternommenen Bemühungen

---

400 Johnny ERLING, »Worte wie Kanonenschüsse, und: Staatsrat bedroht Taiwan vor Wahlen mit der Invasion«, in *Die Welt*, 22. 2. 2000.

401 Otto MANN, »Signale an der Taiwanstraße«, in *General-Anzeiger* (Bonn), 11. 10. 2001.

402 Dean ANDROMIDAS, »NATO-Angriff auf chinesische Botschaft war kein Versehen«, in *Neue Solidarität*, 19. 5. 1999.

Japans, durch ostentative Unterstützung Chinas bei der Aufnahme in die Welthandels-Organisation (WTO) die Spannungen beizulegen, brachten die Kuh vom Eis.[403]

Auf der anderen Seite ist es ein offenes Geheimnis, daß die Volksrepublik westliche Technologie benötigt, um Anschluß an den Westen zu finden und sich langfristig auf den unvermeidlichen Schlagabtausch mit den USA vorbereiten zu können. In dieser Situation wäre es tödlich für Peking, sich wirtschaftlich und technologisch ›einzuigeln‹. Es ist nur konsequent, wenn die chinesische Führung denn auch seit etlichen Jahren einen Kurs der konsequenten Öffnung für westliche Investitionen und Industriegüter fährt – und dies zweifellos noch so lange tun wird, als das Reich der Mitte die potentiellen transpazifischen Gegner technologisch und volkswirtschaftlich (Bruttosozialprodukt) noch nicht eingeholt hat. Vor diesem Hintergrund mutet es einigermaßen erstaunlich, wenn nicht selbstmörderisch an, daß Washington schon bald nach dem Zwischenfall um die Belgrader Botschaft die Exportbeschränkungen in Richtung China lockerte – und damit den Abfluß amerikanischer Hochtechnologie erleichterte, die Peking direkt oder indirekt bei seiner Aufrüstung zustatten kommt.

Sollte sich der vorprogrammierte Konflikt mit dem Reich der Mitte in absehbarer Zukunft nicht mehr verhindern lassen, dann werden sich die EU-Länder kaum aus ihm heraushalten können, obwohl ihre Kapazitäten für eine Auseinandersetzung dieser Größenordnung nicht entfernt hinreichen. Offenbar reicht der strategische Sachverstand europäischer Militärexperten nicht aus, um einzusehen, daß in dieser Situation die ständigen Hilfseinsätze an der Seite der NATO – auch außerhalb Europas! – die Lage nur verschlimmern können. Die Rechnung dafür wird der EU in nicht allzu ferner Zeit präsentiert werden. Schon jetzt laufen die Europäer Gefahr, sich durch das Vorgehen der USA im Nahen Osten, im südeurasischen Raum und in Afghanistan in eine Frontstellung gegen Rußland sowie eine Reihe islamischer Staaten hineinmanövrieren zu lassen; daß es sich dabei nicht um eine akademische, sondern um eine sehr reale Bedrohung handelt, verdeutlichten die Attentate auf das World Trade Center und das Pentagon im September 2001. Schwer absehbar ist überdies, welches (Bündnis-)Ver-

---

[403] Johnny ERLING, »Japan vermittelt in China für die USA – Premier Obuchi in Peking – Tokio unterstützt Aufnahme der Chinesen in die Welthandels-Organisation«, in *Die Welt*, 9. 7. 1999; ders., »China lehnt WTO-Gespräche mit den USA und der EU ab«, in *Die Welt*, 10. 7. 1999.

halten sich die verfeindeten Atommächte Indien und Pakistan im Falle eines transpazifischen Konflikts an den Tag legen werden. Schon allein das geopolitische Gewicht der beiden feindlichen Brüder sollte nicht unterschätzt werden.

Die Chinesen sind ein ›Volk ohne Raum‹, dessen demographisches Volumen bereits jetzt immens ist – rund 1,14 Milliarden Einwohner[404] – und trotz rigoroser Geburtenkontrolle ständig weiter wächst. Hinzu kommt, daß nach amerikanischen Prognosen »die Wirtschaft der Volksrepublik China. . . weiter so stark wachsen [wird], daß das Land im Jahre 2015 ein höheres Bruttosozialprodukt haben wird als die USA« (s. Fr. I, S. 213). Das Reich der Mitte stellt damit eine ungeheure Herausforderung nicht nur für die Asien/Pazifik-Region, sondern – nach HUNTINGTON – auch für die Vereinigten Staaten (s. Fr. I, S. 315) dar. Denn: Sollten sich die Amerikaner entschließen, ihren Weg künftig allein zu gehen, dann könnte ihnen genau das widerfahren, was einst mit der amerikanischen Urbevölkerung geschah, als der weiße Mann immer mehr Land für seine Siedler beanspruchte. Die Grenze des ›weißen‹ Amerika verschob sich im Zuge dieser Expansion innerhalb weniger Jahrzehnte um stattliche 5000 Kilometer nach Westen.

»Der Indianer-Genozid als Vorbild«[405] für die chinesische Siedlungspolitik im 21. Jahrhundert? Wie zu zeigen war, ließe das vor allem von den USA praktizierte ›Neue Völkerrecht‹ – dem nach dem Zweiten Weltkrieg der gesamte historische Siedlungsraum der Deutschen im Osten Europas zum Opfer fiel – einen solchen ›Bumerangeffekt‹ durchaus zu: Annexion und ethnische Säuberung heute noch in amerikanischer Hand befindlicher Räume ließen sich Washington gegenüber durchaus als gangbarer, wenn auch kaum gewaltloser Weg vertreten, wenn China einmal in die Verlegenheit geraten sollte, ausgerechnet in Amerika neuen Lebensraum für seine stark expandierende Bevölkerung zu erschließen. Bislang wird nur den Europäern jedwedes Verständnis gegenüber hilflosen ›*boat people*‹ abverlangt. Was, wenn chinesische Flüchtlinge oder Siedler einmal zu Hunderttausenden an den amerikanischen Küsten anlanden? Ein Bumerang-Effekt der amerikanischen Volksgeschichte.

Geschichte kennt bekanntlich keinen Stillstand. Ganz ausschließen sollte man deshalb auch die – zugegebenermaßen phantastisch anmutende – Möglichkeit einer chinesischen Landnahme auf dem

[404] »Zahl des Tages«, in *Die Welt*, 18. 8. 1994.

[405] Karlheinz DESCHNER, aaO. (Anm. 18), S. 315.

amerikanischen Kontinent nicht – es sei denn, die Weiten der nordamerikanischen Landmasse werden im Zuge eines transpazifischen Krieges unbewohnbar, weil einer der Beteiligten absichtlich oder versehentlich ein nukleares Inferno auslöst. Der schon mehrfach zitierte Karlheinz DESCHNER beendet seine kritische Geschichte der USA – *Der Moloch* – mit den Worten:

»Das einzige, was mich beim Niederschreiben dieser Chronik zwar nicht tröstet, doch etwas weniger trostlos stimmt, ist der Gedanke, daß eines Tages von ganz Washington und New York, von all den Städten des Westens und Ostens, des Nordens und Südens, daß von der ganzen Geschichte. . . nichts mehr da sein wird als Einsamkeit, als Wind, darunter nichts als Sauerampfer und Macchia, als Gras.«[406]

Bei solchen Visionen sollte man sich stets vor Augen halten, daß die USA immer an der Doktrin des atomaren Erstschlages festgehalten haben. Nicht erst die Regierung CLINTON stellte dem deutschen Außenminister Joschka FISCHER gegenüber unmißverständlich klar, daß man sich im Rahmen der NATO-Strategie den nuklearen Erstschlag vorbehalte (s. S. 72). Daß Präsident BUSH diese Doktrin vor dem Hintergrund des ›Kampfes gegen den Terror‹ überdeutlich bekräftigte, konnte niemanden überraschen. Dabei blieb es bislang den Amerikanern vorbehalten, die wahrhaft infernalische Erfindung der Atombombe sozusagen am ›lebenden Objekt‹ zu testen – 1945 in Hiroshima und Nagasaki. Dieser teuflische Testlauf kostete etwa 400 000 Zivilisten das Leben, weitere 200 000 wurden »vermißt«[407].

Führende Biowaffen-Experten und Konfliktforscher vertreten heute die Auffassung, daß »Bio-Kampfstoffe. . . der Atombombe den Rang in der Skala des Schreckens abgelaufen« haben (Richard K. BETTS, Konfliktforscher an der Columbia University, New York). In zahlreichen Staaten der Erde lagern große Mengen biochemischer Waffen, die laut BETTS so furchtbar sind, daß Kaiser WILHELM II. und »sogar HITLER« ihren Einsatz gegen Menschen verboten hatten.[408] Es war ausgerechnet Albert EINSTEIN, die Ikone wissenschaftlichen Fortschritts, dem es gelang, von Präsident ROOSEVELT die Zustimmung zur Entwicklung der Atombombe zu erlangen; EINSTEIN hatte ihren Ersteinsatz den Deutschen zugedacht. Man kann es nur einer glücklichen Fügung zuschreiben, daß die Entwick-

[406] Karlheinz DESCHNER, ebenda, S. 372.
[407] *Der Neue Brockhaus*, Ausgabe 1968, Bd. III und IV.
[408] *Der Insider*, Nr. 11/00, 15. 6. 2000.

lung noch nicht abgeschlossen war, als die Wehrmacht im Mai 1945 kapitulieren mußte. Im Rückblick muß man einen tragischen Fehler deutscher Behörden darin erblicken, daß EINSTEIN, Direktor des Kaiser-Wilhelm-Instituts für Physik in Berlin und 1921 Nobelpreisträger für Physik, im Jahre 1933 mit seinen Kenntnissen in die USA emigrieren konnte. Wir erinnern uns, daß HITLER unter anderem wegen seines fanatischen Antisemitismus von amerikanischen ›Insider‹-Kreisen auserwählt und an die Macht gebracht worden (s. S. 75) war, um so langfristig jene Angriffsfläche zu schaffen, die in den Vereinigten Staaten die politische Weichenstellung für die Entwicklung der Atombombe ermöglichte. ROOSEVELT war fanatisch entschlossen, Deutschland zu vernichten. Selbst wenn es dem Reich gelungen wäre, England und die von den USA unterstützte Sowjetunion niederzuringen – gegen die Atombombe hätte Deutschland keine Chance gehabt.

Noch immer, wie gesagt, beharrt Washington auf dem nuklearen Erstschlag. Als potentielles Opfer steht China in der künftigen Reihe der Gegner ganz vorn auf der Abschußliste. Peking ist gut beraten, beizeiten strategische Gegenmaßnahmen einzuleiten, wenn es seinen Status als eigenständige Macht ernsthaft verteidigen und nicht als rohstoffpolitischer Vasall Washingtons enden will. Nicht ohne Stolz gab die Regierung Keizo OBUCHI im Juli 1999 bekannt, daß man nunmehr auch über die Neutronenbombe verfüge. In diesem Zusammenhang ist gelegentlich zu hören, China habe sich diesen strategischen Fortschritt durch Ausspähung amerikanischer Kernwaffentechnik ermöglicht.[409 u. 410] Das mag sein. Aber auch in diesem Fall hätten die Chinesen den Amerikanern den Ball nur wieder in die eigene Hälfte zurückgespielt. Spionage im Staatsauftrag ist spätestens seit Präsident CLINTON schließlich eine Spezialität der USA. (s. S. 167, »Der große US-Lauschangriff«)

Von der Provokation, die die intensive Zusammenarbeit zwischen Taiwan und den USA in Pekings Augen darstellt, war bereits die Rede. Die amerikanischen Rohstoffinteressen in Ostasien tun ein übriges, um die Reibungsflächen mit dem Reich der Mitte zu vergrößern. Die Chinesen warnen Washington regelmäßig vor Waffenlieferungen an Taiwan.[411] Ferner befürchtet China, daß das

---

409 ZDF, *19-Uhr-heute-Nachrichten,* 15. 7. 1999.

410 »US-Kongreß wirft China Atomspionage vor«, in *Handelsblatt,* 26. 5. 1999.

411 »China warnt die Vereinigten Staaten vor Waffenlieferungen an Taiwan«, *FAZ,* 7. 3. 2001.

von den USA geplante regionale Raketenabwehrsystem als Teil des strategischen Raketenabwehrsystems genutzt werden könnte. Derzeit fehlen China noch die finanziellen und technologischen Mittel für eine adäquate Reaktion auf NMD.[412] Umgekehrt wirft Washington Peking vor, Irak bei der Herstellung von militärisch nutzbaren Glasfaserkabeln zu unterstützen und damit gegen UN-Sanktionen zu verstoßen.[413]

Die Rolle der Westeuropäer in diesem Spiel ist denkbar bescheiden. Sie verhalten sich wie einst Sparta und Athen im alten Griechenland, deren Rivalität es den Römern leicht machte, ganz Griechenland unter ihre Botmäßigkeit zu bringen. Heute spielen die USA den Part Roms und halten Westeuropa nach wie vor fest im Griff. Unterdessen zeichnen sich die Konturen des von HUNTINGTON prophezeiten »*Clash of Civilizations*« am weltpolitischen Horizont ab. Will man nicht annehmen, daß die Anschläge vom 11. September 2001 eine kaltblütige Inszenierung bestimmter interessierter Kreise waren, dann kann man sich des Eindrucks nicht erwehren, daß die Welt an diesem Tag den Auftakt der Konflikte des 21. Jahrhunderts miterlebt hat.

Niemand könnte die Frage derzeit beantworten, wie weit die USA gingen, wenn sie sich wirklich vor die Aufgabe gestellt sähen, zum Schlag gegen den transpazifischen Gegner China auszuholen. Niemand vermag sich in die Denkweise kaltblütiger US-Militärs hineinzuversetzen, die sich möglicherweise plötzlich in die Situation versetzt sehen, einen massierten Angriff der Chinesen gegen die amerikanische Landmasse abzuwehren. Möglicherweise ohne Verbündete. Niemand kann ausschließen, daß die Amerikaner dann ihre Zuflucht zu ihren Atomwaffenarsenalen nehmen, auch wenn ein solcher Einsatz gleichbedeutend wäre mit der Verstrahlung und Unbewohnbarmachung großer Teile des Planeten. Auch davon wäre Westeuropa zwangsläufig mitbetroffen.

Und noch weitere apokalyptische Szenarien sind vorstellbar. Beispielsweise das lange erwartete Super-Erdbeben in Kalifornien und/oder eine Eruption der unter dem Yellowstone-Nationalpark liegenden kilometerdicken Magmakammer. Amerikanische Wissenschaftler – insbesondere des California Institute of Technology und der New York University – sagen seit langem voraus, daß diese

---

412 Nikolas BUSSE, »In der zweiten Liga – China, Indien und Pakistan fehlt das Geld für eine starke Reaktion auf NMD«, in *FAZ*, 10. 3. 2001.

413 »China warnt die Vereinigten Staaten vor Waffenlieferungen an Taiwan«, in *FAZ*, 7. 3. 2001.

beiden ›schlafenden Riesen‹ mit tödlicher Sicherheit in absehbarer Zukunft erwachen werden. Nicht das ›Ob‹, sondern das ›Wann‹ ist hier die Frage. Die größte Gefahr droht dabei vom berüchtigten San-Andreas-Graben, dem bekanntesten Erdbebenherd der Erde, der nördlich von San Francisco in den Kontinentalsockel eintritt und fast durch ganz Kalifornien verläuft. Der staatliche geologische Dienst des US-Innenministeriums beschreibt diesen San-Andreas-Graben als »Hauptbruch« in einem weltweit verzweigten Bruchsystem. Dieser gewaltige Riß in der Erdkruste hat eine Länge von rund 3200 Kilometern und reicht bis in eine Tiefe von vierundzwanzig Kilometern in die Erdschale hinab. Auf der einen Seite der Bruchlinie verschiebt sich die Erdkruste pro Jahr fünf Zentimeter nach Norden, auf der anderen Seite nach Süden. Da eine ›natürliche‹ Ableitung der gewaltigen tektonischen Spannung nicht möglich ist, ist ein gewaltiges Erdbeben nur eine Frage der Zeit, das Städte wie Los Angeles, San Francisco und sogar das von Bruchausläufern unterquerte New York in Mitleidenschaft ziehen und auf der ganzen Erde zu spüren sein wird. Erste Anzeichen für eine gesteigerte Aktivität gibt es bereits.[414 u. 415]

Und was die Eruption des unter dem Yellowstone-Nationalpark schlummernden Supervulkans angeht, so könnte diese geologische Katastrophe der Menschheit sogar ein ähnliches Schicksal bescheren wie die Klimaveränderungen, die vor rund 65 Millionen Jahren zum Aussterben der Dinosaurier führten. Gewaltige Mengen an Staub und Aerosolen würden in die Atmosphäre geschleudert und die Erde über Jahre hinweg verdunkeln. Eine Klimakatastrophe mit Temperaturstürzen von mehr als zehn Grad und Milliarden von Toten wären die Folge.[416]

Mogelpackung Osterweiterung – NATO goes East

»... Die beiden wichtigsten Präsidenten dieses Jahrhunderts waren zweifellos Franklin D. Roosevelt und Harry S. Truman. Der erste legte die Grundlage für das amerikanische Imperium, indem er die Strukturen der Alten Welt zerschlug. Roosevelt wollte die europäischen Kolonialreiche zerbrechen, damit Amerika als ein-

414 Jess Stearn, *Der schlafende Prophet. Prophezeiung in Trance 1911–1998,* Ramon S. Keller Verlag, ⁴1970, S. 76–79 u. S. 91 f.

415 »Risse im Atlantik«, in *General-Anzeiger* (Bonn), 13. 5. 2000.

416 Eckart Granitza, »Der schlafende Riese erwacht mit tödlicher Sicherheit«, in *Rheinische Post,* 25. 11. 2000.

zige Weltmacht übrigblieb. Er war sehr antiimperialistisch gegen andere Länder gesinnt, aber sehr für den amerikanischen Imperialismus.« (Gore VIDAL)

Diese Einschätzung prominenter amerikanischer Staatschefs durch den bereits zitierten Gore VIDAL ist aufschlußreich. Sie rückt ROOSEVELT in unmittelbare Nähe STALINS. Beide stehen vor der Geschichte als eiskalte Imperialisten da. Und was TRUMAN angeht, fährt VIDAL fort:

»Der gab diesem Weltreich das Machtfundament – die Atomwaffen, den Militärapparat und die Geheimdienste. Die NATO war [und ist] unser Instrument, um die Kontrolle zu behalten: über die Russen, die wir eigentlich nie wirklich fürchten mußten, und über Deutschland, Frankreich und England. Diese Kontrolle wollen wir nun nach Osten ausdehnen, obwohl es eigentlich überhaupt keinen logischen Grund für eine Erweiterung der NATO gibt.«

Die *Washington Post* unterstrich diese Auffassung im Dezember 1998 indirekt, indem sie zur NATO-Osterweiterungspolitik der Regierung CLINTON anmerkte:

»Nur die Bereitschaft zur Öffnung wird aus der NATO auch künftig einen effizienten Wächter amerikanischer Interessen in Europa machen.«[417]

Das Blatt verzichtet in seinem Beitrag darauf, eine stichhaltige verteidigungspolitische Begründung dafür zu liefern, warum die NATO nach wie vor an der militärischen Besatzung insbesondere Deutschlands festhält und sich nunmehr anschickt, überdies auch die Konkursmasse des ehemaligen Warschauer Paktes zu übernehmen. Eine solche Begründung könnte auch nur widersprüchlich ausfallen, da zwar einerseits Deutschland trotz Ende des Kalten Krieges und – formaler – Wiedererlangung der Souveränität sogleich zu neuerlichen Abrüstungsschritten gezwungen wird, während andererseits etwa Frankreich seine Nuklearstreitmacht modernisiert, die USA ihren Verteidigungshaushalt auf mindestens sechs Jahre hinaus um beachtliche 112 Mrd. Dollar (Stand 1999)[418] und mehr (Stand 2002) aufstocken und Polen zur Absicherung der Einkreisung Deutschlands auf (s. Fr. I, S. 51 f.) NATO-Standard aufgerüstet wird.

---

[417] *Die Welt,* 10. 12. 1998.

[418] Rainer APEL, »Minister Cohen und seine ›englischen Freunde‹ – Wehrkundetagung: Sicherheitspolitik an der Schwelle zum 21. Jahrhundert?« in *Neue Solidarität,* 17. 2. 1999.

Dem amerikanischen Expansionskurs steht Europa bis heute weitgehend hilflos gegenüber. Nicht wenig tragen dazu die Medien bei, die den Europäern auch nach Jahrzehnten noch antideutsche Hirngespinste einreden. Geopolitisch ist das der reinste Selbstmord. Denn auch mit Ressentiments läßt sich die glorreiche Vergangenheit der Ex-Großmächte England und Frankreich nicht wiederbeleben. Gelegentlich erinnern englische und französische Außenpolitiker an die Funktionärskaste in der ehemaligen DDR; auch diese dachte nur in Kategorien der Vergangenheit und erwies sich, als es darauf ankam, als unfähig, in die Zukunft zu blikken.

Man kann dem langjährigen Berater des ehemaligen französischen Staatspräsidenten François MITTERRAND, Jacques ATTALI, nicht unterstellen, er sei ein dummer Mensch. Seine tagebuchartigen Aufzeichnungen *Verbatim III 1988–1991* lassen vielmehr erkennen, daß ATTALI ein hochsensibler, feinnerviger Berater seines Präsidenten war. Unter dem 5. November 1989 notierte er die bezeichnenden Sätze:

»Ein vereinigtes Deutschland würde eine doppelte Gefahr für Europa bedeuten. (1.) Durch seine Macht. Und (2.) weil es Großbritannien, Frankreich und die Sowjetunion zu einer Allianz drängen würde. Damit wäre der Krieg im 21. Jahrhundert sicher.«

ATTALIS Einschätzung blieb nicht folgenlos. Noch im Dezember 1989 reiste MITTERRAND nach Kiew zu Michail GORBATSCHOW und versuchte, die Teilvereinigung des deutschen EG-Partners in letzter Minute zu verhindern. Ein Jahr später, zum 4. Oktober 1990, liest man dann bei ATTALI:

»Man muß Deutschland einbinden, es in der politischen Union Europas auflösen, bevor KOHL abtritt. Wenn nicht, wird die deutsche Arroganz – dieses Mal die bayerische und nicht die preußische – erneut den Frieden in Europa bedrohen.« (s. Fr. I, S. 115)

Als diese Sätze in Deutschand bekannt wurden, zogen sie bei der politischen Klasse nicht etwa einen Aufschrei der Empörung nach sich. Im Gegenteil. Bundeskanzler Helmut KOHL machte sich die Befürchtungen der französischen Partner teilweise wörtlich zu eigen, indem er etwa in der Generaldebatte des Bundestages am 8. November 1995 – und auch wiederholt danach – die europäische Einigung als eine »Frage von Krieg und Frieden für die Deutschen im 21. Jahrhundert« bezeichnete.

KOHL meinte das ernst. Er beließ es nicht bei verbalen Sabotageakten. Sehr konkret legte er die Axt an Deutschlands staatliche Souveränität, indem er sich beispielsweise entschloß, die D-Mark auf dem Altar der europäischen Integration zu opfern. In diesem Punkt konnte sich KOHL sogar auf historische Vorläufer berufen, wie aus dem Inhalt einer aufschlußreichen Rede des britischen Oberstleutnants Creagh SCOTT im Stadthaus von Chelsea am 11. August 1947 hervorgeht:

»Während der Dauer des Telefon-Krieges 1939/40 wurden zwischen den englischen und deutschen Außenministerien weitläufige Verhandlungen geführt, während welcher wir [England] uns erboten, den Krieg gegen Deutschland abzublasen, wenn dieses sich bereit erklärt, zum Goldstandard zurückzukehren. Später tagte dann die Atlantic-Charta-Sitzung, der auch der Chef der Bank of England, Mr. Montagu NORMAN, beiwohnte und während welcher CHURCHILL gelobte, Deutschland zur Rückkehr zum Goldstandard zu verpflichten, nachdem HITLER geschlagen sei.« (s. Fr. I , S. 116)

Die Geschichte war damit nicht zu Ende. Als nach dem Ende des Kalten Krieges und der Wiedervereinigung die D-Mark praktisch zur europäischen Leitwährung zu werden drohte, mußte man Deutschland dazu bekommen, sie zu europäisieren. Die Zukunft der D-Mark wurde zu einer Angelegenheit von europäischem Rang. So sagte der ›große Europäer‹ Jacques DELORS vor der französischen Volksabstimmung über Maastricht-Vertrag und Währungsunion in aller Deutlichkeit:

»Die D-Mark ist das letzte Machtmittel Deutschlands. Mein jahrzehntelanger Kampf galt der Abschaffung dieser Währung. Ich hoffe, meine Franzosen werden mich bei der Abstimmung nicht im Stich lassen.« (s. Fr. I, S.135)

Die entscheidende Kraft, die hinter der Abschaffung der D-Mark und einer Europäisierung der deutschen Währung stand, waren jedoch von Anfang an die USA und ihre Finanzeliten.

Zweiter Teil

Wie souverän ist die Bundesrepublik?

»Poker um die Macht«, Gemälde von Bernd Scholzen nach einem Original von Gerald van Honthorst (1590–1656.

Der Staat

Statut und Bürgerrechte

Schon Carlo SCHMID und Theodor HEUSS, zwei der vielbemühten Gründungsväter der Bundesrepublik, hielten das Grundgesetz nicht für eine Verfassung, weil es nach seinem Inhalt und Zustandekommen nur ein Besatzungsstatut war und sein sollte. Daran hat sich in mehr als einem halben Jahrhundert bundesdeutscher Geschichte nicht viel geändert. Denn auch durch den Abschluß des »Vertrages über die abschließende Regelung in bezug auf Deutschland«, den sogenannten »Zwei-plus-Vier-Vertrag«, ist der Ländertorso namens ›Deutschland‹, obschon nunmehr teilvereinigt, kaum unabhängiger geschweige denn souveräner geworden. Zwar: Deutschland konnte sich mit diesem Vertrag von der sowjetischen Besatzung Mitteldeutschlands freikaufen, mußte dafür aber die NATO auf bisheriges DDR-Territorium nachrücken lassen.

Bislang existiert keine genaue völkerrechtliche Untersuchung zu der Frage, ob die beiden bisherigen Besatzungszonen West- und Mitteldeutschland kraft »2+4-Vertrag« nur vereinigt – oder ob dabei auch ihr bisheriger Status als *de facto*-Protektorate der jeweiligen Besatzungsmächte hinfällig wurde. Anders ausgedrückt: Deutschland fehlt nach augenblicklicher Lage der Dinge nicht nur die reale staatliche Souveränität – das ist auch bei den meisten anderen europäischen ›Bündnispartnern‹ der Fall –, sondern es fehlt ihm im Unterschied zu diesen auch die formale Souveränität. Begründet liegt dies im sogenannten »Überleitungsvertrag« vom 23. Oktober 1954, worin die wesentlichen Rechte der alliierten Besatzungsmächte kodifiziert sind und dessen Geltungsbereich nunmehr auch – ohne jedewede Befragung der Betroffenen – auf das Gebiet der ehemaligen DDR und Berlins ausgedehnt wurde.

Kenner der Materie weisen in diesem Zusammenhang auf das *Bundesgesetzblatt* 1990 II 1386 ff. und 1955 II 406 ff. hin.[419] Folgt man dem nach wie vor überaus einflußreichen und bestens informierten ehemaligen US-Sicherheitsberater Zbigniew BRZEZINSKI, so ist derzeit nicht nur Deutschland, sondern auch das restliche »Europa... zum großen Teil ein amerikanisches Protektorat«. Die USA haben es verstanden, nach der Kapitulation der Wehrmacht ihre

---

[419] Hermann BIERMANN, »Alle Maßnahmen der Besatzungsbehörden bleiben in Kraft«, in *Das Ostpreußenblatt*, 16. 9. 2000.

westeuropäischen Alliierten mehr oder weniger offiziell weiter unter ihrem Oberbefehl zu halten und sie so bequem unter ihre militärische Schirmherrschaft zu stellen – ganz so, wie sie es auch im Fall der deutschen ›Trizone‹ arrangierten. Der Kalte Krieg und die durch ihn bedingte Gründung der NATO bot dann auch den nötigen formalen Rahmen dafür, ohne daß den Betroffenen die Kehrseite dieses ›Bündnisses‹ bewußt geworden wäre. Sie waren damals noch allzu sehr auf den eben erst gebändigten ›Erbfeind‹ Deutschland fixiert, um über den Tellerrand der alten Kriegsgegnerschaft hinausblicken zu können.

Auch die derzeit vollzogene Osterweiterung des westlichen Bündnisses stellt einen eindeutigen Punktsieg für die USA dar. Sie ermöglicht es Washington nicht nur, mit Truppen und Hilfskontingenten weiter an die Rohstoffressourcen im Norden Rußlands heranzurücken, sondern sie erlaubt es auch, die ›Raubstaaten‹ Polen und CSR in die militärische Einkreisung Deutschlands miteinzubeziehen. Man sollte weitergehende Planungen der Amerikaner nicht von vornherein ausschließen. So ist durchaus denkbar, daß die neuen osteuropäischen Satrapen bei passender Gelegenheit dazu herangezogen werden, Restdeutschland zu besetzen, wenn es denn sein muß. Nicht anders sind die USA schließlich nach der Kapitulation der Wehrmacht auch mit den westeuropäischen Verbündeten verfahren. Hinter alledem steht die Sorge, das weit über ein halbes Jahrhundert lang besetzte Deutschland könne eines Tages – wie es der ehemalige US-Außenminister Henry KISSINGER formulierte – seine Rolle »neudefinieren« wollen. Aus amerikanischer Sicht muß dies natürlich mit allen Mitteln verhindert werden.

Ein Blick auf die staatsrechtliche Konstruktion der Bundesrepublik: In Anbetracht der realen Macht- und Abhängigkeitsverhältnisse ist es nicht übertrieben zu sagen, daß ihr ›Präsident‹ faktisch der Präsident der Vereinigten Staaten und ihre Regierung die US-Regierung ist. Vermeintlich ›deutsche‹ Behörden oder Landesregierungen fungieren dabei lediglich als weisungsgebundene US-Außenstellen mit einem Koordinator, dem Bundeskanzler, und das Ganze arbeitet mit ›*local staff*‹ (einheimischem Personal). Dessen Amtseid und die einzelnen Amtseide in den Protektoratsverwaltungen und Gerichten von Bund und Ländern sowie des Militärs können dementsprehend nur die Einhaltung des Reglements des besatzungsstatuts betreffen, das ja formal nie außer Kraft gesetzt worden ist. Weiter: Der Bundespräsident wird oft als höchster ›Repräsentant‹ der Bundesrepublik bezeichnet. Das ist insofern völlig korrekt, als er letztlich an oberster Stelle die Politik der transatlantischen Schutzmacht repräsentiert. Richard VON WEIZSÄCKER brachte es darin bekanntlich zu besonderer Meisterschaft, die von seinen Nachfolgern zwar oft angestrebt, aber nur selten erreicht wird.

Beim Auswärtigen Amt lagen die Dinge während der Amtszeit Hans-Dietrich GENSCHERS nicht immer so eindeutig. Die Frage war freilich nur, in wessen Auftrag GENSCHER aktiv war: Pankow oder Washington. Nach GENSCHERS Ausscheiden aus dem Dienst tauchten immer wieder Gerüchte auf, er sei von der Stasi als »IM Tulpe« geführt worden. Inzwischen sind solche Unsicherheiten beseitigt – unter Rot-Grün befindet sich das Auswärtige Amt wieder voll unter amerikanischer Kontrolle.

Die Verlautbarungen aus dem Hause FISCHER sind in aller Regel weitgehend deckungsgleich mit den entsprechenden Verlautbarungen aus dem US-State Department. Das hat bereits dazu geführt, daß um Amtsinhaber Joschka FISCHER die ersten politische Witze kursieren: So will eine Anekdote wissen, FISCHER sei vor seiner großen Rede vor den Vereinten Nationen im Jahre 2000 deshalb so nervös gewesen, weil ihm das Manuskript von Mrs. ALBRIGHT erst kurz vorher zugegangen sei. . .

Eine wichtige Aufgabe des Auswärtigen Amts besteht darin, regelmäßig abzuwiegeln und Nebelkerzen zu verschießen, wenn den Bundesbürgern hin und wieder bewußt wird, wie wenig souverän ihre Bundesrepublik tatsächlich ist. Ein charakteristisches Beispiel dafür liefert die Standardantwort des Auswärtigen Amts auf die Anfrage eines Bürgers zur Gültigkeit der sogenannten »Feindstaatenklauseln« (Artikel 53 und 107) der Vereinten Nationen. Wie jeder Völkerrechtler weiß, haben diese Klauseln ihre Gültigkeit dadurch natürlich nicht verloren, daß einige UN-Mitglieder – nicht einmal förmlich – erklärt haben, sie nicht mehr anwenden zu wollen.

Das in Rede stehende Antwortschreiben aus dem Auswärtigen Amt (s. Abbildung 35 – Archiv Emil SCHLEE – nächste Seite) ist auch noch in anderer Hinsicht bedeutsam. Es läßt nämlich keinen Zweifel daran, daß der Bundesregierung als Institution von Gnaden Washingtons jeglicher Wille fehlt, mit den westlichen Siegermächten zu einer friedensvertraglichen Regelung zu kommen, wie sie etwa Japan nach dem verlorenen Krieg zugestanden wurde. Ein solcher Friedensvertrag stellt nicht nur Rechtssicherheit her, sondern ist auch bares Geld wert. Denn ohne friedensvertragliche Regelung werden zum Beispiel jene gewaltigen Reparations- und

AUSWÄRTIGES AMT
Gz.:

(Bitte bei Antwort angeben)

2708b_99

Briefadresse: Auswärtiges Amt Postfach 1148 53001 Bonn

Bonn, 27. September 1999
Telefon (0228) 17 - 0 / Fax: 17-3402
Referat: 501, Verfasser: VLR Bock
Durchwahl: 17 - 2718 / Fax: 17 - 5278
Fax Sekretariat: (0228) 17 - 4044

Herrn

Sehr geehrter Herr

für Ihr Schreiben vom 14. September 1999 an den Bundesminister des Auswärtigen danke ich Ihnen.

Was die immer noch im Text der Charta der Vereinten Nationen enthaltenen, tatsächlich jedoch mit dem Beitritt der beiden deutschen Staaten zu den Vereinten Nationen obsoleten, sog. "Feindstaatenklauseln" betrifft, mag es in der Vergangenheit in der Tat Stimmen gegeben haben, die von der Gültigkeit dieser Bestimmungen über das Jahr 1972 hinaus ausgegangen sind. Spätestens seit der Vereinigung der beiden deutschen Staaten wird desgleichen allerdings nicht mehr ernsthaft vertreten. Selbst der Vertreter der Russischen Föderation bei den Vereinten Nationen in New York hat sich im Jahre 1994 eindeutig gegen die Gültigkeit der sog. "Feindstaatenklauseln" ausgesprochen.

Dieser Aspekt sollte nicht mit den bis zur Vereinigung der beiden deutschen Staaten fortbestehenden Rechten und Verantwortlichkeiten der vier Siegermächte für Berlin und Deutschland als ganzes gleichgesetzt werden. Trotz ihrer souveränitätsbeschränkenden Wirkung lagen sie durchaus auch im außenpolitischen Interesse der Bundesrepublik Deutschland, soweit sie den gesamtdeutschen Anspruch deutscher Außenpolitik stärkten. Mit Inkrafttreten des Vertrags über die abschließende Regelung in bezug auf Deutschland sind gemäß Art. 7 diese Rechte und Verantwortlichkeiten erloschen. Die in Ihrem Schreiben zum Ausdruck kommenden Zweifel über die Souveränität Deutschlands entbehren daher glücklicherweise der rechtlichen Grundlage, auch wenn es nicht zum Abschluß eines förmlichen Friedensvertrages gekommen ist und nicht kommen wird.

Mit freundlichen Grüßen
Im Auftrag

Bock
(Vortragender Legationsrat)

Dienstgebäude
Adenauerallee 99-103
53113 Bonn
Eingang Tempelstr. 5

Telex
886591

Internet
http://www.auswaertiges-amt.de
E-Mail
poststelle@auswaertiges-amt.de

Postbank Köln
5100-508 BLZ 370 100 50
LZB Bonn
380 010 25 BLZ 380 000 00

Erreichbar mit
öffentlichen Verkehrsmitteln
eigene Haltestelle
Stadtbahnlinien 16/63/66

Wiedergutmachungsleistungen, die die Bundesrepublik seit Kriegsende leistet, zum Nachteil Deutschlands – und anders als im Falle Japans – von den Siegermächten nur als freiwillige Vorleistungen betrachtet.

Kleine Bemerkung am Rande: HITLER mutet uns heute relativ bescheiden an, beanspruchte er doch ›nur‹ ganze 1000 Jahre Lebensdauer für sein Drittes Reich. Im Gegensatz zu ihm weiß man beim Auswärtigen Amt, daß es auch zukünftig zu einem Friedensvertrag »nicht kommen wird«; anders ausgedrückt: Deutschland soll auf alle Ewigkeit als Mandatsgebiet des Großen US-Bruders fortbestehen.

Weiter: Auch das Bundesverfassungsgericht, das Bundesamt für Verfassungsschutz sowie die Landesämter für Verfassungsschutz sind Institutionen *non re sed nomine* (das heißt, sie heißen nur so, sind es aber nicht). Aufgrund der fehlenden Verfassung können alle diese Institutionen *de facto* nur Einrichtungen zum Schutz besatzungshoheitlicher Rechte sein. Wer diesen Zustand nicht freudigen Herzens anerkennt, gilt als ›rechtsradikal‹ – und die Möglichkeiten, zum Dissidenten zu werden, häufen sich, ob es sich nun um Zweifel an der Euro-Währung, an der EU-Osterweiterung, an der völkerrechtlichen Basis für den ›*Out-of-area*‹-Einsatz deutscher Soldaten, um den HOOTON- und MORGENTHAU-Plan aus den Jahren 1943 und 1944 oder sonstige deutschlandpolitische Vorgaben der amerikanischen Führungsmacht handelt, die dem Überleben der Deutschen nur abträglich sein können.[420]

Schon KONFUZIUS, der große chinesische Weise (551–579 v. Chr.), wußte:

> Wenn die Worte nicht stimmen,
> stimmen die Begriffe nicht.
> Wenn die Begriffe nicht stimmen,
> wird die Vernunft verwirrt.
> Wenn die Vernunft verwirrt ist,
> gerät das Volk in Unruhe.
> Wenn das Volk unruhig wird,
> gerät die Gesellschaft in Unordnung.
> Wenn die Gesellschaft in Unordnung gerät,
> ist der Staat in Gefahr.

---

420 Diese Übersicht über ›rechtsradikales‹ Gedankengut bot eine Sendung des Deutschlandfunks, 24. 10. 2000.

KONFUZIUS' Sicht des Staatswesens umschreibt mit geradezu bestürzender Eindringlichkeit den augenblicklichen Status der Bundesrepublik Deutschland. Die Verwirrung der Begriffe wie der Taten gefährdet hier wie dort die hergebrachte Ordnung.

Der bereits zitierte Emil SCHLEE verglich den inneren Zustand der Bundesrepublik mit einem Lager. Da gibt es die Kommandantur der Besatzer und die Lagerleitung mit ihren verschiedenen einflußreichen und weniger einflußreichen Kapos. Kapos mit besonderem Einfluß sind zum Beispiel jene Insassen, die mit der Essenausgabe betraut sind; andere registrieren, was die übrigen im Steinbruch geleistet haben, bestimmen, welche Frauen ins Lagerbordell kommen, und entscheiden, wer dort Zutritt hat. Zu den eher einflußarmen Kapos gehören dagegen etwa jene, die für die Reinhaltung der Lagertoiletten verantwortlich sind.

Will man diese Parabel auf die Zustände im ›Lager‹ Bundesrepublik übertragen, gehören zu den mächtigen Kapos vor allem Richter, Staatsanwälte und Finanzbeamte. Sie haben dafür zu sorgen, daß sich die Bürger ohne Murren dem Besatzungsstatut beugen, sie treiben die Tributleistungen vom Steuerpflichtigen im Rahmen ihres Ermessensspielraums ein und sorgen dafür, daß sie pünktlich an die Besatzer beziehungsweise an einheimische Privilegieninhaber abgeführt werden. Die Normen dafür werden unmittelbar von den von der Kommandantur gesteuerten Medien ausgegeben und von Parlamentariern in Gesetzestexte gefaßt, die sich dabei selbst schadlos halten. Naheliegend, daß die Medien in der Rangfolge der ›insider‹-gesteuerten Kommandantur am nächsten stehen, gefolgt von der ›Lagerleitung‹, den Scheinparlamenten und Kapos. Für alle übrigen Insassen gilt, daß sie sich unterzuordnen haben. Und die Aufschrift, die das Ganze trägt, lautet: »Demokratie«. Ein Schelm, wer Böses dabei denkt.

Auch in den USA selbst, dem Ursprungsland der bundesdeutschen Demokratie, genießen die Medien eine Sonderstellung. Nur dort dirigieren die genannten ›Insider‹ die Medien unmittelbar und nicht über eine Besatzungsmacht. Der Herausgeber der *New York Times*, John SWAINTON, hat das in einem Vortrag vor Kollegen einmal in die entlarvenden Worte gefaßt (die hier wiedergegeben werden, um zum Nachdenken anzuregen):

»Eine freie Presse gibt es nicht. Sie, liebe Freunde, wissen das, und ich weiß es gleichfalls. Nicht ein einziger unter Ihnen würde es wagen, seine Meinung ehrlich und offen zu sagen. Das Gewerbe eines Publizisten ist es vielmehr, die Wahrheit zu zerstören, geradezu zu lügen, zu verdrehen, zu verleumden, zu Füßen des Mammons zu kuschen und sich selbst und sein Land und seine Rasse[421] um des täglichen Brotes willen wieder und wieder zu verkaufen. Wir sind Werkzeuge und Hörige der Finanzgewaltigen hinter den Kulissen. Wir sind die Marionetten, die hüpfen und tanzen, wenn sie am Draht ziehen. Unser Können, unsere Fähigkeiten und selbst unser Leben gehören diesen Männern. Wir sind nichts als intellektuelle Prostituierte.«[422]

Politische Parteien

Die Geschichte der politischen Parteien in Deutschland begann im Westen auf der Grundlage alliierter Lizenzen (Zulassungen) und in der späteren DDR durch Schaffung einer ›Volksfront‹ aus SPD und KPD, der Sozialistischen Einheitspartei (SED). Das mittlerweile in fortschreitender Auflösung begriffene ›deutsche Volk‹, das nach dem Willen der politischen Verantwortungsträger durch eine ›multikulturelle Gesellschaft‹ ersetzt werden soll, wurde sowohl im Osten als auch im Westen auf reine Akklamationsrechte beschränkt. Anders ausgedrückt: Der ›Souverän‹ konnte im Regelfall nur darüber befinden, was die jeweilige Besatzungsmacht aus ihrer Sicht für gut, also demokratisch, hielt. Daran hat sich nach der Zusammenlegung von West- und Mitteldeutschland

421 Erstaunlich ist, daß SWAINTON die Rassenfrage in seine überaus bemerkenswerten Ausführungen zur amerikanischen Pressefreiheit einbezieht. Die Weißen in den Vereinigten Staaten befinden sich in der Tat auf dem Wege, zur Minderheit im Lande zu werden. Im Bundesstaat Kalifornien ist das mit 49,8 % bereits der Fall. Noch zählen sich 194 Millionen US-Amerikaner zum weißen Bevölkerungsteil, gefolgt von 35 Millionen schwarzen Amerikanern. Am stärksten wächst die noch an dritter Stelle rangierende Gruppe der ›Hispanics‹, die Zuwanderer aus Lateinamerika, hauptsächlich aus Mexiko, umfaßt. Ein erhebliches Wachstum legt auch der asiatischstämmige Bevölkerungsanteil – vornehmlich Chinesen – an den Tag. (Quelle: *Der Insider,* 1. 10. 2000. Das Blatt bemerkt dazu, daß der Trend zum allmählichen Verschwinden der Weißen »von den ›heimlichen Herrschern dieser Welt‹ für alle Länder der Erde geplant ist«.) Für die meisten US-Amerikaner war Mexiko in der Vergangenheit stets nur »dieses Problem da unten«. Die tonangebenden Eliten der Westküste dürften über den Balkan und selbst über Afrika südlich der Sahara besser unterrichtet sein als über ihr südliches Nachbarland, »und das, obwohl Mexiko gerade im Begriff steht, Amerikas Bestimmung neu zu definieren«. (Quelle: Robert D. KAPLAN, »USA, Amerika wird es nicht mehr lange geben, in *Die Welt,* 6. 11. 2000)

422 Heinz SCHOLL, *Bilderberger & Trilaterale,* Euskirchen 1974, zit. nach *Das Ostpreußenblatt,* 4. 11. 2000.

nichts geändert. Diese ›Wiedervereinigung‹ hatte nicht die Aufgabe, endlich den Willen der Mehrheit des deutschen Volkes zum Tragen zu bringen, sondern sie beruhte wie das meiste in fünf Jahrzehnten BRD/DDR auf Vorgaben der Besatzer, die sich auch in diesem Punkt getreulich in der von den Medien – insbesondere den Öffentlich-Rechtlichen Rundfunk- und Fernsehanstalten (ÖRA) sowie der Bundespressekonferenz – veröffentlichten Meinung widerspiegelte. Der ›mündige Bürger‹ ist ja ohnehin einer ständigen Indoktrinierung durch diese Medien ausgesetzt, was es dem Normalverbraucher immer schwerer macht, sich ein eigenes Urteil zu zentralen Fragen unseres Überlebens zu bilden, etwa über den Euro, die EU-Osterweiterung usw. Mit der Wiedervereinigung verhielt es sich nicht anders.

Natürlich gibt es auch hierzulande eine kleine Minderheit von Bürgern, die sich gleichwohl nicht indoktrinieren läßt. Sie würden lieber in einem wirklich freiheitlichen Staatswesen leben – das die ›Befreier‹ im übrigen ständig im Munde führen – als im realexistierenden Protektorat namens ›Bundesrepublik‹. Natürlich denkt so kein normaler Mensch. Wer solche Gedanken äußert, ist ›rechtsradikal‹, ›Nazi‹ oder Schlimmeres. Kommen so gesinnte Mitbürger sogar noch auf den Gedanken, politische Gruppierungen zu bilden, so kann es sich auch dabei nur um ein völlig verwerfliches Ansinnen handeln: Solche Gruppierungen sind dann in der Regel der ›geistige Nährboden‹ gewaltbereiter ›Skins‹ (Abkürzung für *›Skin heads‹*), weshalb der Staat mit der ›ganzen Härte des Gesetzes‹ gegen sie vorgehen muß. Es kann sich schlechterdings nur um ›verfassungsfeindliche‹ Organisationen handeln. Eigentümlicherweise gilt diese Klassifizierung nur am rechten Rand des politischen Spektrums. Linke, die das Grundgesetz und seine Rechtsordnung ablehnen – von den erfolgreich durch die Institutionen marschierten Ex-68ern bis hin zur PDS – sind so gut wie nie ›Verfassungsfeinde‹. In Berlin und Mecklenburg-Vorpommern ist die PDS mittlerweile sogar Regierungspartei – ganz offiziell.

Linke haben in der Bundesrepublik ein eigentümliches Verhältnis zur Gewalt. Nur am Rande sei daran erinnert, daß es im Zuge des Straßenterrors gegen den vom hessischen Landtag mit den Stimmen von SPD, CDU und FDP beschlossenen Ausbau der Startbahn West unter anderem zum Mord an zwei Polizisten kam. Untersuchungen ergaben, daß die Mordpistole 1973 in einem Auto transportiert wurde, das der nachmalige grünalternative Spitzenpolitiker Joschka FISCHER seinem »guten Bekannten« Hans-Joachim KLEIN überlassen haben will (*Der Stern*, 11. 1. 2001). FISCHER selbst machte ein Alibi geltend. Gegenüber Polizei und Verfassungsschutz sagte er aus, KLEIN habe ihm in seinen VW-Variant einen neuen Motor einbauen sollen, sei aber nicht zur vereinbarten Zeit zurückgekommen. Erst später habe er erfahren, daß mit seinem Fahrzeug in einer US-amerikanischen Kaserne gestohlene Waffen transportiert worden seien. Diese zumindest reichlich nebulöse Vergangenheit des heutigen Außenamtschefs interessiert in der links-linken Medienlandschaft der Bundesrepublik offenbar niemanden.

Auch die Ermordung des hessischen Wirtschafts- und Verkehrsministers Heinz-Herbert KARRY (FDP) gehört nach Erkenntnissen des Bundeskriminalamts (BKA) in den Kontext der außerparlamentarischen Ausschreitungen gegen die Startbahn West. Der schlafende Minister wurde am 11. Mai 1981 in seiner Wohnung in Frankfurt-Seckbach erschossen. Im Rahmen einer vom Bundesgerichtshof (BGH) angeordneten Abhöraktion im Zusammenhang mit dem bis heute nicht aufgeklärten Mordfall wurde auch die Telefonleitung des Joschka FISCHER bis zu dessen erstmaligem Einzug in den Bundestag 1983 vier Wochen lang vom BKA abgehört. Offizielle Begründung:

»Angesichts der vorstehend geschilderten Umstände ist zu erwarten, daß im vorliegenden Verfahren beschuldigte, aber noch unbekannte Personen gerade telefonischen Kontakt zu Josef Martin FISCHER aufnehmen. Es ist dann ferner zu erwarten, daß hierbei sich auf Umstände der Tat beziehende Mitteilungen anfallen, die von jenen Beschuldigten stammen oder für sie bestimmt sind, oder jene Beschuldigte auch den Telefonanschluß des Josef Martin FISCHER benutzen.«[423]

Für die ansonsten so hellhörigen Medien ist das alles offenbar kein Grund für eingehende Recherchen, geschweige denn lautstarke Sensationsmeldungen. Erst auf erheblichen Druck aus der hessischen CDU-Landtagsfraktion hin kündigte FISCHER schließlich im Sommer 1998 an, er werde sich nach einem Urlaub Mitte August (1998) zu den Vorwürfen äußern.[424] Allerdings: Bis zur angesetzten Vernehmung FISCHERS im Prozeß gegen den nach jahrelanger Fahndung im Oktober 2000 vor Gericht gestellten mutmaßlichen OPEC-Attentäters von 21. Dezember 1975, Hans-Joachim KLEIN,

---

[423] Till MEYER, Frankfurt/M., in *Junge Welt*, 27. 7. 1998.

[424] Ebenda.

hat die Öffentlickeit nichts Neues mehr von FISCHER erfahren. Es ist im Gegenteil auffällig still um den KARRY-Mord und seine Hintergründe geworden. Bei dem Terrorüberfall auf die OPEC-Delegierten wurden immerhin drei Menschen erschossen. Der in diesem Prozeß als Zeuge vernommene deutsch-libanesische Kampfsportlehrer und ehemalige Angehörige der ›Revolutionären Zellen‹ (RZ) Tarek MOUSLI hat einen Mitangeklagten als KARRY-Mörder bezeichnet und die Straftat damit erneut in Erinnerung gebracht.[425] Zur Vernehmung des heutigen Bundesaußenministers im OPEC-Prozeß kam es, weil KLEIN FISCHER zuvor als seinen Freund und – neben Rudi DUTSCHKE und dem pädophilen[426] Daniel COHN-BENDIT[427] – als seinerzeitiges Vorbild bezeichnet hatte.

KLEIN gab bei der Vernehmung an, er habe Anfang der siebziger Jahre bei gewalttätigen Ausschreitungen der linksradikalen Szene im »Frankfurter Häuserkampf« gemeinsam mit FISCHER im Rahmen einer »Putztruppe« Demonstrationen »beschützt«. Einer Meldung der dpa zufolge gehörten KLEIN und FISCHER »gemeinsam in Frankfurt einer linksradikalen Schlägertruppe an«.[428] FISCHER war in den Jahrzehnten seither augenscheinlich bemüht, dieses rabiate Kapitel seiner Vergangenheit, das ihn »im Dienst der Weltrevolution« (*Der Stern*, 11. 1. 2001) sah, einfach auszusitzen. Allerdings sah er sich angesichts der bevorstehenden Vernehmung als Zeuge im KLEIN-Prozeß zur Jahreswende 2000/2001 doch gezwungen, in einem *Stern*-Interview zu seinem bewegten Vorleben Stellung zu nehmen. Dabei räumte er ein, im Rahmen

---

[425] dpa-Meldung, »Karry-Mörder Schindler? – Zeugenaussage im Frankfurter OPEC-Prozeß«, in *Westfälisches Volksblatt*, 1. 12. 2000.

[426] »Der Europa-Abgeordnete der Grünen, Daniel COHN-BENDIT, wurde. . . in einer ZDF-Diskussionsrunde mit einigen Texten konfrontiert, die er in den 68er Jahren über seine Erfahrung bei der ›Erziehung‹ von Kleinkindern verfaßt hatte. Darin gibt der Wortführer der europäischen Grünen zu, daß es zwischen ihm und Kindern häufig zu sexuellen Berührungen gekommen war«. Nach *Der schwarze Brief*, 5. 9. 2001.

[427] Der grüne Europa-Abgeordnete Daniel COHN-BENDIT (der KLEIN in Frankreich unter falschem Namen Unterschlupf vor deutscher Strafverfolgung gewährte) sowie andere KLEIN-Sympathisanten hatten offenbar schon lange Zeit Zugang zu KLEIN und unterstützten ihn auch finanziell. Quelle: Peter SCHERER, »Klein erinnert an seine Jugendjahre mit Joschka Fischer – Opec-Attentäter von 1975 seit gestern vor Gericht«, in *Die Welt*, 18. 10. 2000.

[428] Peter SCHERER, »Wie weit ging Fischer beim Straßenkampf? – Klein-Prozess: Außenminister sagt als Zeuge aus«, in *Die Welt*, 4. 12. 2000.

Joschka FISCHER zu Putztruppen-Zeiten mit Weggefährten Daniel COHN-BENDIT.

seiner Frankfurter Aktivitäten einen Polizeibeamten niedergeschlagen zu haben sowie »militant« gewesen zu sein.[429]

Bettina RÖHL, die Tochter der 1976 durch Selbstmord aus dem Leben gegangenen Terroristin Ulrike MEINHOF, vertrat die Ansicht, es könne für FISCHER unangenehm werden, »wenn man den. . . dazugehörigen Superachtfilm, der. . . neben anderen Materialien vorliegt, . . . komplementär zu den Fotos betrachtet«.[430] Auf diesen ist FISCHER – von einem *FAZ*-Fotografen gefilmt – abgebildet, »wie er einen Polizisten auf offener Straße zunächst zum Kampf stellt, dann zurückweicht und den Beamten mit vier Kampfgefährten gemeinsam zu Boden prügelt«.[431] Die *Berliner Zeitung* erinnert dieser Zwischenfall an jene schreckliche Szene, als 1998 der französische Polizist NIVEL in Lens von deutschen Hooligans zu Boden

[429] »ap-Meldung, ›Ja, ich war militant‹ – Außenminister Fischer gibt zu, Anfang der siebziger Jahre einen Polizisten niedergeschlagen zu haben«, in *General-Anzeiger* (Bonn), 4. 1. 2001.

[430] Wulf SCHMIESE, Claudia ROTH, »Fischer: Es war ein großer Fehler und schlimmer Irrtum – Der Außenminister entschuldigt sich«, in *Die Welt,* 5. 1. 2001.

[431] Bettina RÖHL, nach Hans HECKEL, »Der Fall Joschka Fischer: Ein Kartell des Schweigens – Außenminister im Zwielicht – Staatsschutz-Akten sind verschwunden«, in *Das Ostpreußenblatt,* 13. 1. 2001.

geschlagen und fast zu Tode getreten wurde. Auch FISCHER und seine Komplizen traten und schlugen auf den am Boden liegenden Beamten ein, der nur von einem mit gezogener Waffe herbeigeeilten Kollegen, der die Meute verjagte, vor Schlimmerem bewahrt werden konnte.

Es ist auch daran zu erinnern, daß FISCHER laut Hans HECKEL, was von ihm bis heute bestritten wird, damals den Einsatz von Molotow-Cocktails zu verantworten hatte, dem am 10. Mai 1976 der 23jährige Polizeibeamte Jürgen WEBER zum Opfer fiel. Der Polizist erlitt dabei Verbrennungen von zwei Dritteln seiner Haut, was ihn beinahe das Leben kostete.[432] Als die Polizei daraufhin ermittelte und Anzeige wegen Mordversuchs gegen 14 Gewalttäter aus der linksextremen Szene erstattete – unter ihnen FISCHER –, kam es zu mehreren Festnahmen. Aus Mangel an Beweisen wurde das eingeleitete Verfahren jedoch schon nach wenigen Tagen von der weisungsgebundenen Staatsanwaltschaft eingestellt. Die Täter konnten bis heute nicht ermittelt werden.[433]

Im Rückblick kann die steile Karriere des Ex-68ers Joschka FISCHER, der heute Außenminister der Bundesrepublik Deutschland ist, eigentlich nur verwundern. Denn nach und nach wurde die Öffentlichkeit mit immer mehr unschönen Details aus FISCHERS Vorleben konfrontiert. Zunächst war es das ZDF, das den Faden aufnahm und breit auf FISCHERS Biographie abstellte. Auch der WDR griff das Thema auf. In einem Interview mit dem *Stern* spielte FISCHER dann seine Steinwürfe und Schlägereien mit Polizeibeamten als großen Fehler und schlimmen Irrtum herunter, ja nach massiver Kritik von seiten der Opposition und Vertretern der Polizei entschuldigte er sich sogar – halbherzig.[434–436] Wenn auch Grünen-Sprecher Fritz KUHN dazu mitteilte: »Das ist nichts wirklich Neues. FISCHER hat daraus nie einen Hehl gemacht«, so bleibt doch die Frage im Raum, warum FISCHER die Entschuldigung für Taten, die er als 25jähriger Schläger begangen hat, erst im Alter von 52 über die Lippen kommt. Der grüne Außenminister macht sich seine persönliche ›Vergangenheitsbewältigung‹ sehr, sehr einfach. Sein Rechtsverständnis hinderte ihn freilich nicht, Strafanzeige

---

[432] Hans HECKEL, ebenda.

[433] Ebenda.

[434] Westdeutscher Rundfunk, *Nachrichten*, 3. 1. 2001.

[435] ZDF *Tagesthemen*, 4. 1. 2001.

[436] »Fischer entschuldigt sich bei Polizisten – Grüne: Beckstein legt Außenminister Rücktritt nahe«, in *General-Anzeiger* (Bonn), 5. 1. 2001.

wegen Körperverletzung gegen jenen jungen Parteifreund zu erstatten, der ihm in Bielefeld einen Farbbeutel an den Kopf warf.

Im übrigen geben sich wenige mit FISCHERS Entschuldigung bei der Polizei zufrieden. Der Vorsitzende der Deutschen Polizeigewerkschaft im Beamtenbund, Gerhard VOGLER, bleibt bei seiner Meinung, der derzeitige grüne Außenminister habe sich »noch nicht von der Gewalt losgesagt«.[437] Allerdings dürfte FISCHER bis auf weiteres keinen Grund zur Rückfälligkeit haben – zumindest so lange nicht, als der gebeutelte Steuerzahler die persönliche soziale Frage des Joschka F. und seiner zahllosen Politikerkollegen so großzügig wie bisher löst. Daß es sich dabei häufig um absolute Nullnummern handelt, die einzig und allein als willige Helfer, oder sagen wir besser: Kollaborateure der Besatzungsmächte in ihre Posten gespült wurden, sei nur am Rande erwähnt. Schließlich waren nicht nur FISCHERS eigene Aktivitäten ein »großer Fehler und schlimmer Irrtum«, sondern die ganze US-gemachte 68er-Bewegung.

Im Falle des Außenministers kommt noch hinzu, daß der ›Lagerleitung‹ im Quasi-Protektorat Deutschland ja *de facto* gar keine eigene Außenvertretung zugestanden wird. Es ist der Bundesrepublik lediglich erlaubt, sich einen an amerikanische Vorgaben und Weisungen gebundenen Deutschland-Sprecher zur Umsetzung der gewünschten transatlantischen Außenpolitik sowie die erforderlichen Hilfskräfte zu halten. Ein Detail des Aufstiegs Joschka FISCHERS und seiner Mitläufer ist freilich charakteristisch: Seine Biographie widerlegt auf recht schlagkräftige Weise die häufig gehörte Behauptung, Gewalt lohnte in der Bundesrepublik nicht. FISCHERS Vita beweist das Gegenteil – die Frage ist nur, ob die Gewalttäter germanophobe Linke oder Rechte sind. Auch der SPD-Partner mißtraute dem grünen Vorturner offenbar lange Zeit. Man weiß, daß sich der seinerzeitige hessische SPD-Ministerpräsident Holger BÖRNER die Staatsschutzakten über seinen Kabinettskollegen kommen ließ, als dieser 1985 hessischer Umweltminister wurde. Seitdem sind die Unterlagen verschwunden (!).

Inzwischen sind aber bei den Genossen alle Bedenken ausgeräumt. Bundeskanzler SCHRÖDER stellte sich seit der rot-grünen Machtübernahme im Jahre 1998 bei jeder passenden und unpassenden Gelegenheit demonstrativ vor seinen von der eigenen Vergangenheit eingeholten Außenminister.[438] Und das, obwohl jedem

---

437 *Privat-Depesche,* 13. 9. 2000.

438 »Strafanzeige gegen Fischer, Der Bundeskanzler stärkt Außenminister den Rücken«, in *General-Anzeiger* (Bonn), 9. 1. 2001.

politischen Laien klar sein muß, daß ein Land, dessen Außenminister durch eine quasi-terroristische Vergangenheit belastet ist, »vor allem gegenüber den USA, Frankreich, Italien, Japan und natürlich auch Israel nicht voll manövrierfähig« ist.[439] Ob es zutrifft, was der schon zitierte Dozent an der Münchner Bundeswehrhochschule mutmaßte, daß FISCHER nämlich »politisch tot« sei, bleibe einstweilen dahingestellt.

FISCHER ist beileibe nicht der einzige aus dem ehemaligen Frankfurter Straßenkämpfer-Dunstkreis, der es zu guter Letzt doch noch zu einem passablen Aufstieg brachte. Laut *Privat-Depesche* haben es mittlerweile auch folgende Mitkämpfer FISCHERS geschafft: »Tom KOENIGS, der wie FISCHER früher in ›Mainhattan‹ Taxi fuhr, darf UN-Verwaltungsbeauftragter im Kosovo werden. Für den Ex-Maoisten Joscha SCHMIERER gilt Freundschaft zum Chef als Qualifikation für den Wechsel in den Planungsstab des Auswärtigen Amts. Und Georg DICK, Sponti aus Straßenkampfzeiten, wurde unter FISCHER Leiter des Planungsstabes (des AAs).«[440]

Das Strickmuster, das hinter solchen Karrieren erkennbar ist, ist einfach: Eine dubiose Vergangenheit begünstigt politische Karrieren nachgerade – zumindest in der Bundesrepublik –, weil ihre Träger ungleich leichter von außen ›lenkbar‹ sind als unbescholtene Mitbürger. Das gilt auch für die Vergangenheit zahlreicher westdeutscher Prominenter, die vor 1989 als inoffizielle Mitarbeiter der DDR-Staatssicherheit tätig waren. Verständlicherweise liegt diesem Personenkreis sehr viel daran, daß die Stasi-Akten auch künftig unter Verschluß bleiben. Marianne BIRTHLER, bürgerrechtsbewegte Chefin der GAUCK-Behörde, sah sich sogar gezwungen, die Stasi-Akten von Ex-Bundeskanzler Helmut KOHL bis auf weiteres vor Journalisten und Zeitgeschichtlern zu schützen – die entsprechende Anordnung kam direkt aus dem Bundesministerium des Innern.

Gewalt als Mittel der Politik ist keine Erfindung ›rechter‹ Schläger, auch wenn eine politisch korrekte Medienberichterstattung diesen Eindruck zu erwecken versucht. Die wirklichen ›geistigen Brandstifter‹ sind bei der US-gemachten Frankfurter Schule zu suchen – jener Brutstätte der sogenannten 68er-Bewegung, aus der später ›Revolutionäre Zellen‹ (RZ) und RAF hervorgingen. Linke Gewalt wurde von den Medien, die heute in periodischen Abständen wahre Hexenjagden ›gegen Rechts‹ entfesseln, viele Jahre lang

---

[439] Michael WOLFFSOHN, hier zit. nach *Privat-Depesche,* 7. 3. 2001.

[440] *Privat-Depesche,* 13. 9. 2000.

systematisch entschuldigt und verharmlost. Die gleichen Meinungsmacher sind heute nicht minder bemüht, im Falle des Joschka F. ein Kartell des Schweigens um den ehemaligen Frankfurter Putztruppler[441] zu errichten. Anders ist der so überaus erfolgreiche ›Marsch durch die Institutionen‹, an dessen Anfängen gewaltbereite und gewalttätige 68er-Aktivisten standen, nicht zu erklären.

Die »nationale Selbstverleugnung als individueller Ausstieg aus der Geschichte sowie der Selbsthaß, der sich in besonders krasser Form in der ›Antifa‹-Parole ›Deutschland verrecke!‹ ausdrückt, findet ihre spiegelbildlich extreme Entsprechung im Fremdenhaß der ›Neonazis‹ «.[442] Doch hier tut eine differenziertere Betrachtungsweise not. Abgelehnt werden zumeist nicht ›die‹ Ausländer, sondern nur die Anzahl. Es ist schließlich ein offenes Geheimnis, daß die dichtbesiedelte Bundesrepublik – trotz vier Millionen Arbeitsloser – beschäftigungspolitisch längst an die Grenzen ihres Absorptionsvermögens gelangt ist. Ausländer sind nun einmal überproportional häufig arbeitslos.[443] Die Folgen sind explodierende Ausländerkriminalität und der schwindende Wille, sich soziokulturell ›integrieren‹ zu lassen, was insbesondere für muslimische Zuwanderer gilt.

Die Haltung der etablierten Parteien in dieser Frage ist wie eh und je völlig indiskutabel. So bejahte etwa der bündnisgrüne Bundestagsabgeordnete und innenpolitische Sprecher seiner Partei, Cem ÖZDEMIR, grundsätzlich die »Integration« von Ausländern – es sei dahingestellt, was ÖZDEMIR darunter versteht –, wendet sich aber gleichzeitig vehement gegen die Assimilation oder gar »Germanisierung« türkischer Zuwanderer. Als Ziel schwebt ihm eine »interkulturelle«, also nicht »multikulturelle« Gesellschaft vor.[444] Das ist sehr nobel gedacht, jedoch arg einseitig. ÖZDEMIR, der sich inzwischen wegen Korruption ins politische Abseits gebracht hat, muß sich schon daran erinnern lassen, daß Christen in seinem Heimatland, der Türkei, auch heute von unzähligen Positionen im öffentlichen Bereich ausgeschlossen bleiben. Ausländer in der Türkei dürfen nur unter großen Schwierigkeiten Grund

---

441 Ebenda.

442 Matthias SEEGRÜN, »Berlin, Deutschland ist in seiner Seele zerrissen (Leserzuschrift)«, in *Die Welt,* 18. 9. 2000.

443 *Israel-Nachrichten,* 1. 9. 1992, hier zit. nach *Preußische Zeitung,* 16. 12. 2000.

444 Hans-Jürgen MAHLITZ, »Leitkultur: Schweinebraten oder Döner?« in *Das Ostpreußenblatt,* 4. 11. 2000.

erwerben, aber auch studieren oder einen Hochschulposten bekleiden. Tatsache ist, daß Millionen nichtdeutscher ›Mitbürger‹ schlicht und einfach die Toleranzgrenze überschreiten. Daß die überforderte Öffentlichkeit dennoch so lange stillhält und das Ausmaß der Zuwanderung toleriert, läßt sich politisch nur aus dem HOOTON-Plan erklären.

Wer sich in Deutschland mit Fakten und Realitäten des Ausländerproblems vertraut machen will, begibt sich auf dünnes Eis. Eigene Erfahrungen mittels offizieller Zahlen auf ihre Allgemeingültigkeit hin zu überprüfen, ist schwer bis unmöglich. Von den Behörden ist brauchbares Zahlenmaterial nur schwer zu erhalten, da die Inhaber der Macht befürchten müssen, daß die Zahlen die angeblichen ›Vorurteile‹ bestätigen. Schon die Zahl der in Deutschland lebenden Ausländer scheint ein Geheimnis – sie schwankt zwischen 7,5 und 10 Millionen. Genauer geht es offenbar nicht.

Allerdings verschieben sich die Zahlen jedes Jahr um Hunderttausende nach oben. Schon vor der rot-grünen Reform des Staatsangehörigkeitsrechts kamen allein über den Familiennachzug pro Jahr zwischen 150 000 und 250 000 Ausländer nach Deutschland. Für das Jahr 2010 hat die ›Bundestags-Enquetekommission Demographischer Wandel‹ einen nichtdeutschen Bevölkerungsanteil von rund 25 Prozent prognostiziert, für 2050 einen von sage und schreibe 38 Prozent. Über die Hälfte der in Deutschland lebenden Ausländer ist zwischen 14 und 40 Jahre alt, während es bei den Deutschen nur 36 Prozent sind. Die explodierenden Ausländerzahlen haben mehrere Gründe: Außer dem Familiennachzug ist die ziemlich hohe Geburtenrate des nichtdeutschen Bevölkerungsanteils zu nennen, außerdem die ständig wachsende Zahl von Asylbewerbern, Asylberechtigten, Flüchtlingen mit *de facto*-Bleiberecht, Kriegs- und Bürgerkriegsflüchtlingen, Kontingentflüchtlingen sowie Heimat- und Staatenlosen.

Bundesinnenminister Otto SCHILY, bekanntlich ein SPD-Mann, stellte zu Recht fest: »Die Asylverfahren werden überwiegend dazu benutzt, eine Zuwanderung auf Zeit zu erreichen.« Die Anerkennungsrate liegt seit Jahren unter fünf Prozent. Nichtsdestoweniger bleibt die überwiegende Mehrheit der Asylsuchenden im Lande. Das bedeutet einen gigantischen Kostenfaktor für die Bundesrepublik. Die Aufwendungen des Staates für Asylbewerber in Deutschland wurden schon 1992 vom SPD-Oberbürgermeister von Pforzheim, BECKER, auf etwa DM 35 Milliarden pro Jahr geschätzt.

Alarmierend ist auch die Entwicklung der Ausländerkriminalität, auch dies ein Tabuthema. 1996/97 lag der Ausländeranteil unter sämtlichen Tatverdächtigen in Westdeutschland bei Glücksspiel bei 69,3 Prozent, bei Taschendiebstahl bei 65,5 Prozent, bei Betäubungsmitteldelikten (Bandenkriminalität) bei 62,3 Prozent und bei Menschenhandel bei 47,1 Prozent. Im Bereich der organisierten Kriminalität sind mittlerweile zwei Drittel der Täter Ausländer.[445] Bundesinnenminister Otto SCHILY stellte schon 1998 fest: »Die Grenze der Belastbarkeit Deutschlands durch Zuwanderung ist überschritten.«[446] Das hinderte SCHILY nicht, im Frühjahr 2002 im Schulterschluß mit dem bündnisgrünen Koalitionspartner den Entwurf eines neuen Zuwanderungsgesetzes (mit vorgesehenem Auswahlverfahren) vorzulegen, das den Zuzug von Ausländern aus Nicht-EU-Staaten erleichtern soll. Nur die sogenannten C-Parteien üben sich noch in hinhaltendem Widerstand und argumentieren mit der anhaltenden Arbeitslosigkeit in Deutschland, weshalb sie das geplante Gesetz bekanntlich nur mit zahlreichen Änderungen absegnen wollen.[447]

Der bereits mehrfach zitierte Philippe GAUTIER rückt die Dinge zumindest für sein Heimatland ein wenig zurecht, wenn er unter Verweis auf die französische Monatszeitung *Le Choc du mois* auf die völlig irrationale Deutschenhetze aufmerksam macht, die in England und Frankreich auch heute noch an der Tagesordnung ist. Das Blatt schreibt:

»Die Zwanzigjährigen aus dem Jahre 1943 sind heute weit über siebzig. Es sind keine ›Neonazis‹, sondern ehemalige Frontsoldaten ohne Fahne und Orden, die sich weigern, ihre in Pommern und Berlin gefallenen Kameraden zu vergessen. Wie könnten sie sich in den Provokationen junger Kahlgeschorener wiedererkennen, die sich auf eine Welt berufen, von der sie nur das kennen, was die Medien, auf der Jagd nach widerlichen Bestien, erzählen?«

GAUTIER weiter:

»Der kahlgeschorene Kopf erinnert viel eher an die US-Marines als an die Waffen-SS. . . In dem kulturellen Hintergrund der Krawalle, den uns das Fernsehen zeigt, ist alles angelsächsisch. Sie ahmen nicht ihre Großeltern nach, sondern kopieren das Bild, das die antifaschistische Propaganda von diesen gegeben hat.«[448]

---

445 »Ausnutzung durch Ausländer – Daten und Fakten zu einem Tabu-Thema der deutschen Gesellschaft«, in *Preußische Zeitung*, 16. 12. 2000.

446 Ebenda.

447 ZDF-*Tagesthemen*, 19. 2. 2002.

448 Philippe GAUTIER, aaO. (Anm. 152), S. 244 f.

Vor diesem Hintergrund verwundert es nicht, daß nach Auffassung »viele(r) Pädagogen und Sozialarbeiter. . . rechtsextreme Jugendliche oftmals keine ›historischen Nazis‹ seien, aufklärerische Verweise auf die Zeit des Nationalsozialismus bei ihnen daher nicht verfingen«.[449] Diese Feststellung ist der Tageszeitung *Die Welt* entnommen. Das Blatt beteiligte sich Mitte des Jahres 2000 engagiert an der bundesweiten Medien- und Parteienkampagne ›gegen Rechts‹, bestätigt aber ungewollt die Feststellungen des Franzosen GAUTIER. Die Dauerkampagne gegen alles vermeintlich Rechte ist in der Tat widersprüchlich. Zum einen gibt sie vor, die bundesdeutsche Rechtsszene und die von ihr ausgehende »Verbreitung von Haß im Internet« (Herta DÄUBLER-GMELIN) zum Ziel zu haben. Andererseits sind es »amerikanische Organisationen wie der Ku Klux Klan, White Pride oder Stormfront« – die Frage nach den wirklichen Hintermännern dieser Organisationen ist eine andere –, die in der globalisierten Welt des Internets ›Neo-Nazis‹ relativ unbehelligt mit Propagandamaterial versorgen können.[450]

Im Gegensatz zu Maßnahmen gegen Rechts finden die Aktivitäten der Verfassungsschützer gegen linksextreme Umtriebe nur wenig öffentliches Gehör. Dabei warnt das Kölner Bundesamt schon seit langem auch vor linksextremen Aktivitäten im Cyberspace und fordert gesetzliche Schritte, der die Kontrolle des www ermöglichen soll, einerlei ob es sich um die Verbreitung von Politpropaganda, Mitgliederwerbung, Organisationssteuerung oder die Vorbereitung und Durchführung militanter Aktionen handelt, die nach derzeitiger Rechtslage nicht dem »Zugriff deutscher Behörden« unterliegen, wie Göttinger Autonome bereits 1999 frohlockten.[451]

Doch diese Argumentation entlarvt die Inkonsequenz des bundesdeutschen Parteienkartells und seiner ausführenden Organe: Wer einerseits die Globalisierung als monopolare Weltordnung propagiert, darf sich andererseits nicht wundern, wenn dann in Deutschland mißliebiges Datenmaterial abgerufen werden kann. Wenn nicht alles täuscht, läuft derzeit bereits der nächste

---

[449] Jacques SCHUSTER, »Die nichts wissen, schlagen trotzdem zu«, in *Die Welt*, 10. 8. 2000.

[450] Lars SCHMOLDT, »Schatten im Internet – Extremisten mißbrauchen das Web«, in *Westfälisches Volksblatt*, 8. 7. 2000.

[451] Peter SCHERER, »Die Revolution entdeckt das Internet – Verfassungsschützer warnen vor linksextremen Umtrieben im Cyberspace und fordern gesetzliche Schritte«, in *Die Welt*, 29. 9. 1999.

Angriff auf das deutsche Breitenbewußtsein. Nachdem schon die sogenannte 68er-Generation mittels Frankfurter Schule Deutschland und seinen Zukunftsperspektiven nachhaltigen Schaden zugefügt hat, scheinen jetzt Teile der Fußball-Szene Zielobjekt neuerlicher Umerziehungsbemühungen nach amerikanischem Muster. Auch Hooligans fallen nicht vom Himmel. Philippe GAUTIER traf insofern den berühmten Nagel auf den Kopf.

Im *Deutschlandfunk* wurde am 11. August 2000 ein Bericht von Bernd SCHRÖDER aus Washington ausgestrahlt, in dem bestätigt wurde, daß »die meisten neonazistischen Sendungen«, die in Deutschland über das Internet empfangen werden, aus den USA stammen. Tatsächlich verbietet es die amerikanische Verfassung, Organisationen zu verbieten, die solches Material verbreiten. Die Diskussion in der Bundesrepublik, ob und gegebenenfalls welche unliebsamen Parteien unter Verweis auf ihre Grundgesetzwidrigkeit verboten werden sollen - konkret geht es um die NPD -, findet deshalb eigentlich im luftleeren Raum statt. Andererseits erklärt das Interesse der ›Insider‹, warum nur rechte Gruppierungen ins Visier der Gutmenschen genommen werden, während die PDS hartnäckig zu den ›demokratischen Parteien‹ gezählt wird. Niemand stößt sich an rot-roten Koalitionen. In anderen EU-Ländern werden solche Volksfrontregierungen sogar auf nationaler Ebene praktiziert - selbstverständlich mit bester demokratischer Legitimation.

Die Diskussion über ›rechte Gewalt‹ zeigt einmal mehr, daß in Deutschland Kriminelle nicht gleich Kriminelle sind. Während ›normale‹ Verbrecher auf ein tiefgestaffeltes System sozialer und psychologischer Betreuung vertrauen dürfen - Motto: Schuld ist immer das Milieu -, gibt es für vermeintlich ›rechte‹ Täter nur die ›volle Härte des Gesetzes‹. Man macht sich nicht einmal die Mühe, eine passende deutsche Bezeichnung zu erfinden - was besagt das Etikett ›Hooligans‹ schon? Da sind die ebenfalls aus dem englischen Sprachraum entlehnten ›Skins‹ schon einen Schritt weiter. Für sie hat sich in der Medienberichterstattung das Wort ›Glatzen‹ eingebürgert.

Doch auch die ›Glatzen‹ verkörpern nicht gerade den typischen Deutschen: Die Schnürstiefel verraten anglo-amerikanische Herkunft (deutsch wäre hier der klassische Knobelbecher!), und die bekannten Baseball-Schläger finden Verwendung in einer Sportart, die zwar in den USA ungemein populär, in Germany dagegen nach wie vor recht ungebräuchlich ist. Niemand wird ernstlich behaupten wollen, HITLER habe die SA in den Anfängen der

›Kampfzeit‹ mit Baseballschlägern ausgerüstet. Also: Schon die Indizien sprechen eine klare Sprache und verraten die ›Macher‹ der vorgeblichen deutschen Neonazi-Szene. Sie ist vom Haarschnitt bis zur Schuhsohle ein US-Produkt. Sie wurde als moralisches Instrument ins Leben gerufen, um die Deutschen auch noch in der dritten Nachkriegsgeneration im Status der Erpreßbarkeit zu halten. Skandalös ist freilich, daß auch und vor allem öffentliche Mittel bereitgestellt werden, um aller Welt in vorauseilendem Gehorsam das gewünschte Bild vom deutschen Neonazismus zu vermitteln.

Das Ausland betrachtet die offenkundige Verwirrtheit der Deutschen im Umgang mit sich selbst mit Unverständnis, ja mißtrauisch. So mahnte bereits im Dezember 1995 der französische Ex-Diplomat Bernhard Nuss in der Zeitschrift *PZ – Wir in Europa* unter der Überschrift »Ziert Euch nicht länger«:

»Ihr Deutschen müßt begreifen, daß Ihr ganz normale Menschen seid, nicht besser, aber auch nicht schlechter als andere Völker... Ich denke, daß bei den riesigen Aufgaben, die auf uns zukommen, gewisse deutsche ›Tugenden‹ von großem Wert sein können: das Streben nach Vollkommenheit, die Gründlichkeit, Disziplin, das Pflichtgefühl, das Organisationstalent. Diese Eigenschaften werden sich gut mit denen anderer führender Nationen mischen.«

Jeder Deutsche, der so etwas von sich gäbe, müßte damit rechnen, sofort in die rechte Ecke gestellt zu werden.[452]

Neuen Elan erfuhr die Dauerkampagne gegen Rechts von jenem Bombenanschlag in Düsseldorf, dem Mitte 2000 neun Einwanderer aus Rußland und der Ukraine, darunter sechs Juden, zum Opfer fielen. Der Fall ist bis heute nicht aufgeklärt. Dennoch wußten die Medienmacher sofort, wer hinter der Bluttat steckte: Neonazis. Wer sonst. Die Frage wurde nicht einmal hinter vorgehaltener Hand gestellt, ob nicht auch ausländische Geheimdienste ein sehr lebhaftes Interesse an dem Anschlag gehabt haben könnten. Man muß gar nicht so weit in die Geschichte zurückgreifen, aber Stalin war ein begnadeter Meister der Desinformation. Erst vor wenigen Jahren machten Historiker auf seinen berüchtigten ›Fackelmänner‹-Befehl aufmerksam, eine Meisterleistung der Greuelpropaganda bei gleichzeitiger Verwischung der eigenen Spuren. Bis heute vernebeln die Untaten sowjetischer »Fackelmänner« das Urteilsvermögen der Öffentlichkeit, man denke nur an

452 Bernhard Nuss (Leserzuschrift), nach Heinz H. Gehle, Bonn, »Angst ist gefährlich für die Demokratie«, in *Die Welt*, 11. 12. 2000.

das GOLDHAGEN-Buch, an die REEMTSMA-Wanderausstellung, an Guido KNOPPS ZDF-Geschichtsklitterung.

Auch in eine andere Richtung wurde zunächst überhaupt nicht ermittelt, nämlich in Kreisen muslimisch-fundamentalistischer Gruppen und Einzeltäter, die in der Bundesrepublik Gastrecht genießen. Immerhin sind schon in der Vergangenheit aus diesem Kreis heraus immer wieder Anschläge auch auf jüdische Einrichtungen verübt worden. Wie das ZDF in seiner Sendung *Kennzeichen D* vom 6. Dezember 2000 berichtete, gibt es in der Bundesrepublik jede Menge antisemitischer türkischer Jugendgruppen, die keine Berührungsängste deutschen Skinheads gegenüber haben.

Ein Paradebeispiel dafür, wie sich die Umerziehungs- und Umvolkungsaktivitäten der Siegermächte in einem Punkt treffen können: Während sich die türkische Minderheit in Deutschland dem HOOTON-Plan verdankt, sind die Skins ein Produkt der mentalen Entkernung und Umformung der Deutschen. Ihre bloße Präsenz ist eine alliierte Propagandawaffe, die verhindern soll, daß Teile der heranwachsenden Generation aus ihrem Status als Heloten und Befehlsempfänger der Siegermächte ausbrechen wollen.

Der naheliegendsten Vermutung wurde nach dem Düsseldorfer Anschlag nicht nachgegangen. Warum stellte niemand die Frage, ob die Bluttat nicht eine Fernwirkung des Nahost-Konflikts war? In Frankreich sind Anschläge auf israelische Einrichtungen mittlerweile beinahe an der Tagesordnung, und es ist ein offenes Geheimnis, daß die Täter in den meisten Fällen in Islamistenkreisen zu suchen sind. Auch im Fall Düsseldorf wird die Wahrheit irgendwann an den Tag kommen. Im Oktober 2000 verdichteten sich bereits Hinweise, wonach die Hintergründe des Anschlags in mafiainternen Querelen zu suchen seien, möglicherweise im Zusammenhang mit Schutzgelderpressungen. Und im November 2000 machte dann die Meldung die Runde, die Ermittler gingen nunmehr davon aus, eine Bande von Menschenhändlern sei für den Anschlag verantwortlich.

Auch in anderen Fällen fixierten sich die Meinungsmacher geradezu manisch auf die Version, man habe es mit ›rechten‹ Tätern zu tun. Auch als in der ersten Oktoberhälfte 2000 im Vorhof einer Düsseldorfer Synagoge eine Brandflasche hochging, stand für die Medien sofort fest: Rechtsextremisten. Erst in der zweiten Dezemberhälfte 2000 wurden dann neue Erkenntnisse nachgeschoben: Zwei ›Araber‹ seien überführt worden. Politiker und Medien nahmen auch diesen Vorfall zunächst als Steilvorlage, die flächendekkende Anti-Rechts-Kampagne wieder anzuheizen.[453] Zentralratschef SPIEGEL blieb bei dieser Version auch, nachdem sich die Wahrheit allmählich herumzusprechen begann. In einem von den Öffentlich-Rechtlichen am 7. Dezember 2000 ausgestrahlten Interview behauptete er steif und fest, deutsche ›Rechte‹ seien für den Anschlag mitverantwortlich. Begründung: Man habe bei den Tätern ›rechtsradikales Material‹ gefunden. Doch das besagt nichts. Aus dem Internet können sich – weiter oben war schon die Rede davon – alle denkbaren Übeltäter alles erdenkliche Material herunterladen, eine Möglichkeit, die selbstverständlich auch ›ausländischen Mitbürgern‹ offensteht. Davon natürlich kein Wort bei SPIEGEL, obwohl er seine Unterstellung ja durch den Hinweis hätte untermauern können, daß einer der beiden ›Araber‹ dank erleichterter Einbürgerungsbedingungen in der Bundesrepublik zur Tatzeit tatsächlich ›Deutscher‹ war.

Bei umgekehrter Konstellation – also: deutsches Opfer, ausländischer Täter – machen die Medien normalerweise nicht so viel Aufhebens. Nur am Rande erfuhr die Öffentlichkeit von einem heimtückischen Feuerüberfall auf einen baden-württembergischen NPD-Politiker am 25. Oktober 2000 durch einen maskierten Angreifer. In diesem Fall verdient das Opfer natürlich weder Mitgefühl noch Aufmerksamkeit. Es handelte sich ja ›nur‹ um einen Deutschen, noch dazu um einen NPD-Mann.[454]

Das *Ostpreußenblatt* machte im November 2000 auf statistische Zahlenspielchen der Verfassungsschützer aufmerksam. Diese rechnen Straftaten gegen Ausländer grundsätzlich der Rubrik »rechtsextremistische Straftaten« zu. Das wird der Wirklichkeit aber nicht gerecht. Der Verfassungsschutzbericht des Bundesinnenministeriums unterscheidet – laut *Ostpreußenblatt* – in seinen Statistiken zwischen rechts- und linksextremistischen Gewalttaten. Wie einseitig dabei vorgegangen wird, macht ein Beispiel aus dem *Bericht des Jahres 1995*, S. 105, deutlich. Dort wird über eine »rechtsextremistische« Gewalttat berichtet: Die Polizei habe einen 25jährigen Arbeitslosen festgenommen, der nach eigenem Eingeständnis vier Brandanschläge »aus Haß gegen Ausländer« verübt habe, weil er 1994 von Ausländern überfallen und beraubt worden sei. Auch von dieser Art sind also politisch interpretierte ›rechtsextremistisch‹ motivierte Gewalttaten, die derzeit zur Untermaue-

---

[453] Rainer APEL, »›Kampf gegen Rechts‹ als Politik-Ersatz«, in *Neue Solidarität*, 1. 11. 2000.

[454] Ebenda.

rung des NPD-Verbots herangezogen werden. Bundesinnenminister Otto SCHILY war sich nicht zu schade, zur Aufheizung der Gemüter kurz vor dem 9. November 2000 mitzuteilen, die Zahl der rechtsextremistischen Straftaten - also nicht nur Gewalttaten, sondern etwa auch Hakenkreuzkritzeleien an Toilettenwänden - sei bis zum 31. August 2000 auf 5789 »sprunghaft« angestiegen. Das bedeutet einen Monatsdurchschnitt von 723 angezeigten Vorfällen. Im amtlichen Verfassungsschutzbericht für das Vorjahr (1999) werden jedoch im Schnitt 836 »rechtsextremistische Straftaten« pro Monat angegeben. Die Gesamtzahl kann demnach also nicht gestiegen sein, sondern muß im Gegenteil zurückgegangen sein.

Bewußte Irreführung auch in der Rede des Bundespräsidenten auf der Großveranstaltung zum 9. November 2000. RAU behauptete dort ungerührt, Rechtsextremisten trügen die Verantwortung für sage und schreibe 100 Todesfälle in den vergangenen zehn Jahren. Hier widersprechen sogar die amtlichen Verfassungsschutzberichte, aus denen sich gerade einmal 26 Tötungsdelikte für den genannten Zeitraum zusammenkratzen lassen. Natürlich sind auch 26 Tote 26 zuviel. Aber jedes Gericht macht einen Unterschied zwischen 26 und 100 Ermordeten. Sowohl die VS-Ämter als auch der Bundespräsident müssen sich die Frage gefallen lassen, wer die Unwahrheit sagt.[455]

Auch die bayerische CSU-Regierung hat sich ziemlich unüberlegt und Hals über Kopf in die NPD-Verbotsinitiative gestürzt. Das hat taktische Gründe. Die CSU sieht sich traditionell im Erhalt ihrer absoluten Mehrheit im Freistaat von rechter Konkurrenz gefährdet. In der Vergangenheit hat man deshalb immer wieder - und bevorzugt vor Wahlen - versucht, die Republikaner zu stigmatisieren und aus dem Boot der Verfassungstreuen zu stoßen. Bislang waren diese Bemühungen vergebens. Dabei handelt die CSU offenbar selbstmörderisch. Denn wenn man sich die im Bundestag vertretene Parteienlandschaft ansieht, dann ist die CSU dort die einzige Partei, der man - mit viel Phantasie, zugegeben - ›rechte‹ Positionen nachsagen könnte. Alle anderen Bundestagsparteien sind in einem Prozeß der vollen Auflösung ihrer inhaltlichen Positionen begriffen, der sich nicht zuletzt in einem hilflosen ›Antifaschismus‹ dokumentiert, der längst parteiübergreifend die

---

[455] H. J. VON LEESEN, »Umsatz mit links: ›Saufen gegen rechts‹ - Die Agit-Prop-Kampagne der ›Anständigen‹ wird immer verworrener«, in *Das Ostpreußenblatt,* 18. 11. 2000.

politische Sacharbeit überwuchert. Allenthalben, von der immer linkslastigeren CDU, der der rechte Nachwuchs fehlt,[456] bis hin zur SPD, den Grünenalternativen und der PDS, dominieren Linke bzw. linke Flügel und basteln an einer überparteilichen Einheitsfront gegen alles, was mit den Begriffen ›Deutsch‹, ›Volk‹, ›Nation‹, ›Identität‹ und ›Vaterland‹ zusammenhängt. Daß sich die CSU von den übrigen ›Antifaschisten‹ hat einfangen lassen, ist glattweg ein Eigentor, denn mittelfristig grenzt sie sich damit - zur Freude aller Linken - selbst aus, anstatt eine Alternative zu diesen darzustellen. Käme es tatsächlich zu einem Verbot der NPD, dann wäre das nicht nur für die Bürgerlichen, sondern für die ganze lizenzdemokratische Ordnung der Bundesrepublik ein echter Pyrrhussieg. Es ist inzwischen hinlänglich bekannt, daß die NPD auf Bundes- wie auf Länderebene nicht nur unter diskreter Beobachtung der Verfassungsschutzämter steht, sondern bis hinauf auf Vorstandsebene von Agenten gesteuert und genau zu jenen Aktionen veranlaßt wird, die zur Begründung des laufenden Verbotsverfahrens herhalten müssen.

Der Kampagne gegen Rechts mußte hier etwas mehr Raum eingeräumt werden, weil sie ein wichtiger Standortindikator ist. Das hier zum Ausdruck kommende Demokratieverständnis entlarvt den ›Standort Deutschland‹ mehr als vieles andere. Der Bonner *General-Anzeiger* umriß die Situation in einem Beitrag von Michael HEGEWALD sehr zutreffend unter Anspielung auf das berühmte *Hamlet*-Zitat: »Etwas ist faul im Staate Deutschland. Politiker, Journalisten und Intellektuelle denunzieren die Konservativen und das eigene Volk.«[457] Hier wurde etwas Richtiges begriffen: Es ist Inländerfeinden aller Schattierungen nämlich gelungen, unter dem Deckmantel des ›Antifaschismus‹ die Stigmatisierung und Ausgrenzung aller wertkonservativen Kräfte in der Bundesrepublik zu betreiben. Niemand würde der Feststellung widersprechen, daß ›Extremismus‹ etwas ist, was abgelehnt werden muß. Aber linken Gutmenschen geht es gar nicht um den Kampf gegen den ›Extremismus‹. Ihnen geht es um die Kriminalisierung konservativen Denkens schlechthin, ein mehr als fragwürdiges Ansinnen, das mittlerweile in den Rang eines Staatsziels erhoben worden ist. Wie bequem, wenn sich dafür lautstarke Minderheiten, die zum Teil

---

456 Christoph A. WEIDLICH (Leserzuschrift), »Kein Nachwuchs auf dem rechten Flügel«, in *Die Welt,* 30. 10. 2000.

457 Michael K. HEGEWALD, »Etwas ist faul im Staate Deutschland - Politiker, Journalisten und Intellektuelle denunzieren die Konservativen und das eigene Volk«, in *General-Anzeiger* (Bonn), 12. 8. 2000.

auch noch aus dem Ausland gesteuert werden, instrumentalisieren lassen.[458] Die hier sichtbar werdende Intoleranz hat mit Demokratie nichts mehr zu tun.

Allmählich lassen die tonangebenden Gutmenschen die Maske fallen. Die Massendemonstration, die am 9. November 2000 unter dem Motto »Aufstand der Anständigen« (Bundeskanzler SCHRÖDER) in Berlin zelebriert wurde, konnte ihre Verwandtschaft mit Massenveranstaltungen in totalitären Staaten nur noch schwer verhehlen.[459] Es fehlte nur noch die obligate Militärparade. Ganze Belegschaften und Schulklassen sowie ein riesiges Heer von Normalbürgern, die sich gern als ›Anständige‹ sehen wollten, hatte der Bundeskanzler zum »Kampf gegen rechts« zusammengetrommelt. Noch findiger waren freilich Berliner Gaststättten, die mit Political Correctness sogar ihren Umsatz steigern konnten. Sie starteten kurzerhand eine Aktion unter dem Motto »Saufen gegen rechts«.[460] Die *Pommersche Zeitung* bemerkte dazu am 18. November 2000: »An so viel staatlich gelenkter NECKER seine Freude gehabt.«

[458] Der *Welt* vom 11. 8. 2000 war ein Aufmarsch von 13 bis 15 (!) NPD-Angehörigen im unterfränkischen Iphofen eine 31 x 11 cm große Abbildung sowie einen ganzseitigen Bericht über den »Aufmarsch in der Provinz« wert. Eine Handvoll Aktivisten als »rechte Gefahr«? Über gewaltbereite Massendemonstrationen des linken Spektrums wird selten in dieser Ausführlichkeit berichtet.

[459] Der Rechtsexperte Gerhard EISELT, Berlin, warnt in einer Leserzuschrift an die *FAZ* zur Vorsicht im Umgang mit dem Begriff der »Anständigen, ... denn er ist unklar und wird politisch mißbraucht. Er ist als Begriff der Moral in der Politik und im Recht weitgehend unbrauchbar; dort steht ein eigener Begriffsapparat zur Verfügung. Wer in Politik oder Recht mit dem ›Anständigen‹ argumentiert, wirft einen hier unbrauchbaren Begriff in die Debatte. Im Altgriechischen hieß das Durcheinander der Begriffe ›diabolein‹ und war verpönt. Wer Begriffe durcheinanderwirft und so in seinem Interesse Unklarheit und Verwirrung stiftet, wurde als Diabolos bezeichnet, als Teufel«. (*FAZ*, 19. 10. 2000)

[460] H. J. VON LEESEN, aaO. (Anm. 455).

Noch einmal: Klarblickendere Zeitgenossen, auch solche im Ausland, haben für die Anti-Rechts-Hysterie und SCHRÖDERS »Aufstand der Anständigen« kein Verständnis. In der Tat ist es schwer nachvollziehbar, wie sich ein Volk rundweg in ›Anständige‹ und ›Unanständige‹ auseinanderdividieren läßt. Die Furcht davor, sich zu einem Land und seiner in aller Welt bewunderten Kultur zu bekennen, sitzt unter Deutschen offenbar sehr tief.[461]

Die CDU soll zunächst erhebliche Bedenken gehabt haben, sich an der Massenveranstaltung zum 9. November (!) zu beteiligen. »Zu deutlich war absehbar, daß dies der vorläufige Höhepunkt einer bis hierher geführten und von den Interessen der linken Parteien bestimmten Antifa-Kampagne sein sollte... gegen die Fiktion eines erneut heraufdämmernden ›Faschismus‹ Mit diesem selbstkonstruierten ›faschistischen‹ Gespenst kann man endlich auch die PDS... hoffähig machen (und mit ihrer)... Kommunistischen Plattform mit ins Boot nehmen.«[462]

Zweifellos richtig beobachtet. Allerdings, wie so oft, zu spät. Auch dem eher dem linken Rand der Union zuzurechnenden saarländischen Ministerpräsidenten Peter MÜLLER, der auch Vorsitzender der CDU-Zuwanderungskommission ist, kamen seine Bedenken erst, als es zu spät war und längst wieder ein neuer Fall die Gemüter beschäftigte, der berühmte ›Fall Joseph‹ Abdullah.[463] MÜLLER warf Kanzler SCHRÖDER vor, eine gezielte Strategie zu verfolgen, bei der es ihm »nicht um die Bekämpfung des Rechtsradikalismus, sondern um die Diffamierung der Union und der konservativen Kräfte in unserem Lande« gehe. MÜLLER äußerte die Befürchtung, daß sich die SPD »unter dem Schutz dieser völlig überhitzten Debatte über den Rechtsextremismus« für die PDS öffne.[464]

Die schon zitierte *Pommersche Zeitung* stellte weitergehende Mutmaßungen an. Das Blatt spekulierte darüber, CDU-Chefin MERKEL habe sich mit ihrer Partei vor allem deshalb in die Großdemonstration eingeklinkt, um eine Vereinnahmung von Zentral-

---

461 Heinz H. GEHLE, Bonn, aaO. (Anm. 452).

462 Michael HAMMERMEISTER, »Gutmenschlichkeit als zelebrierter Staatsakt – CDU wurde von Paul Spiegel auf Berliner Großdemonstration vorgeführt«, in *Pommersche Zeitung,* 18. 11. 2000.

463 Dabei war im sächsischen Sebnitz unter ungeklärten Umständen der sechsjährige Sohn eines ausländischen Vaters im örtlichen Schwimmbad ums Leben gekommen.

464 »dpa/AP-Meldung, CDU: ›Fall Joseph‹ wird instrumentalisiert – Saarländischer Ministerpräsident Müller fürchtet, Schröder wolle die konservativen Kräfte diskreditieren«, in *Die Welt,* 4. 12. 2000.

ratschef SPIEGEL durch Regierung und PDS zu verhindern. Tatsächlich beißt sich hier die Katze in den Schwanz. Denn SPIEGEL ließ es sich natürlich nicht nehmen,

1. erneut deutsche Täter für den Bombenanschlag auf die jüdischen Immigranten in Düsseldorf verantwortlich zu machen, obwohl es dafür keinerlei Indizien oder Vermutungen der Ermittler gab; und
2. in Anspielung auf die von der CDU ins Gespräch gebrachte ›Leitkultur‹ die polemische Frage zu stellen: »Ist es etwa deutsche Leitkultur, Fremde zu jagen, Synagogen anzuzünden, Obdachlose zu töten?«[465]

Auch hier fällt wieder auf, daß sich bundesdeutsche Meinungsmacher, unter denen der Zentralratschef einer der gewichtigsten ist, in ihrer Einseitigkeit nur noch schwer überbieten lassen. Als drei türkischstämmige Jugendliche im September 2000 einen 61jährigen gehbehinderten Rentner aus Verl totschlugen, um ihm die EC-Karte zu rauben,[466] war das SPIEGEL keine Silbe des Bedauerns wert. Auch der Bundeskanzler widmete dem Opfer in diesem Fall keinen kamerawirksamen letzten Gruß, und die Hinterbliebenen besuchte er ebenfalls nicht - wie im Fall Sebnitz.

Die Welt glaubte den Zentralratsvorsitzenden verteidigen zu müssen: »Der Schlag sitzt. Und weil Paul SPIEGEL ihn ausführt, der Präsident des Zentralrats der Juden in Deutschland, ist die CDU verstummt.« Die Bilder, mit denen der Beitrag unter dem Titel »Die CDU sitzt in der Falle« garniert war, sprechen für sich: SPIEGEL selbstgefällig zwischen einer sichtlich verärgerten Angela MERKEL und einer grinsenden Grünen-Sprecherin Renate KÜNAST.[467] SPIEGEL konnte sich gewissermaßen als Richter über Gut und Böse in Deutschland präsentieren. Zweifellos war dieses Ereignis einer der Höhepunkte in Sachen Inländerbeschimpfung, den sich die hysterische Bundesrepublik in den letzten Jahren leistete. Und die Union sitzt wirklich in der Falle. Sie muß sich seither vorwerfen lassen, mit ihrer Beteiligung an der Veranstaltung

---

[465] Michael HAMMERMEISTER, aaO. (Anm. 462).

[466] Rolf DRESSLER, »Und es prasselt, prasselt«, in *Westfälisches Volksblatt*, 1. 9. 2000.

[467] Wulf SCHMIESE, »›Die CDU sitzt in der Falle‹ - Die CDU ist starr vor Schreck: Der Präsident des Zentralrats der Juden, Paul Spiegel, hat ihr auf der Berliner Großdemonstration gegen Fremdenfeindlichkeit vorgeworfen, mit der Leitkulturdebatte politisch zu zündeln«, in *Die Welt*, 11. 11. 2000.

1. in bester DDR-Tradition als ›Blockpartei‹ gemeinsam mit der marxistischen Linken gegen die eigene wertkonservative Bevölkerung aufgetreten zu sein und
2. sich hilflos der öffentlichen Beschimpfung durch den Zentralratschef ausgesetzt zu haben. SPIEGEL hatte sich immerhin ein starkes Stück geleistet und ausdrücklich verneint, daß die Entscheidung, welche ›Leitkultur‹ in Deutschland tonangebend sei und was darunter zu verstehen sei, dem öffentlichen Diskurs vorbehalten bleiben müsse.[468] Für die Union, die immer noch unter der ›Bimbespolitik‹ ihres langjährigen Übervaters KOHL litt, war das nicht gerade ein vielversprechender Neuanfang.

Aber auch der Zentralratsvorsitzende hat seiner Sache mit seinen Auslassungen keinen Dienst geleistet, sondern im Gegenteil eher den Antisemitismus in Deutschland mitgefördert. Selbst in den Redaktionsstuben der zeitgeistkonformen *Welt* roch man dies, weshalb das Blatt der Gefühlslage der Nation wenigstens ein kleines Stück entgegenkommen mußte. Ein kluger Leserbriefschreiber formulierte es so:

»Was ist Antisemitismus? Ist es schon Antisemitismus, wenn man die Juden hier in Deutschland nicht mag, weil sie zu jeder Zeit und an jedem Ort omnipräsent sind? Weil sie glauben, bei jedem größeren Staatsakt neben den Repräsentanten der Bundesrepublik in der ersten Reihe sitzen zu müssen?

Eine derart aufdringliche Allgegenwärtigkeit habe ich bei den Vertretern der christlichen Kirchen noch nicht bemerken können. Weil sie glauben, bei jedem kleineren oder größeren Ereignis wie zum Beispiel dem am 9. November berufen zu sein, uns Belehrungen erteilen zu müssen? Weil sie, gemessen an ihrer Mitgliederzahl, einen unvergleichlich großen Einfluß auf die Regierung und Öffentlichkeit haben? Ist das schon Antisemitismus, wenn man kritisiert, daß sich die jüdischen Gemeinden mit russischen Emigranten mit bisweilen zweifelhafter jüdischer Herkunft aufpäppeln? Ist jede Art von Kritik an den Juden Deutschlands gleichzusetzen mit Antisemitismus, Rechtsextremismus und Nazismus? Was meinen Sie dazu?«[469]

Äußerungen wie diese sind selbst im politisch überkorrekten Meinungsklima der Bundesrepublik inzwischen keine Ausnahme

---

[468] Wilhelm VON GOTTBERG, »Der Staat demonstriert«, in *Das Ostpreußenblatt,* 18. 11. 2000.

[469] Eberhard SCHOLZ (Leserzuschrift), »Was ist denn Antisemitismus?« in *Die Welt,* 14. 11. 2000.

mehr. Die Stimmungslage in der Bevölkerung ist am Kippen. Eine repräsentative Umfrage brachte es an den Tag. Ihr zufolge haben fast 17 Prozent der männlichen Jugendlichen in Nordrhein-Westfalen eine »hohe oder eher hohe judenfeindliche Einstellung«. In Brandenburg - wo noch weniger Juden leben als in Nordrhein-Westfalen - seien es sogar 37 Prozent.[470] An solchen Zahlen ist der Zentralratschef nicht unschuldig. Sie schaden nicht nur seinem eigenen, sondern dem Ansehen der Juden in Deutschland schlechthin. Und das, obwohl der Anteil praktizierender Juden am Gesamtvolumen der jüdischstämmigen Bevölkerung ja relativ gering ist; der an der Münchener Bundeswehrhochschule lehrende Historiker Prof. Michael WOLFFSOHN veranschlagt ihn auf etwa 25 Prozent,[471] während die übrigen 75 Prozent durch Taufe, Ehe oder Konversion rückstandsfrei in die bundesdeutsche Gesellschaft integriert sind.

Das war nach WOLFFSOHN in der Weimarer Republik nicht anders. Andernfalls hätten sich viele Juden damals nicht für ein Leben an der Spree entschieden, einer der Gründe dafür, warum jüdische Kultur in Berlin heute wiederum vor einer neuer Blüte steht.[472] Auch der einflußreiche israelische Rabbiner Ovadia JOSEF dürfte schwerlich ›die‹ Juden schlechthin gemeint haben, als er am 5. August des Jahres 2000, einem Sabbat, in einer Rundfunksendung für die ultraorthodoxe Schas-Partei behauptete, die von den Nationalsozialisten umgebrachten Juden hätten deshalb ihr Leben lassen müssen, weil sie die »Reinkarnation von Sündern« gewesen seien.[473 u. 474]

Gesinnungsschnüffelei und Verbote politischer Parteien und ihrer Demonstrationen sind weder zweckmäßig noch sonderlich demokratisch. Schließlich hat die Staatsgewalt Sorge dafür zu tra-

---

[470] Alan POSENER, »Der neue, der hilflose Antifaschismus - Die Auseinandersetzung mit dem Rassenhaß darf nicht in der Schule entsorgt werden«, in *Die Welt*, 10. 11. 2000.

[471] Michael WOLFFSOHN, »Juden lieben Deutschland«, in *Die Welt*, 11. 7. 2000.

[472] ARD-Sendung »Mittenmang und zwischendrin«, hier zit. nach: Reiner BRÜCKNER, »Auf dem Weg zur neuen Blüte jüdischer Kultur in Berlin, in *General-Anzeiger* (Bonn), 13. 12. 2000.

[473] »Mit Holocaust-Bemerkung heftige Empörung ausgelöst - Rabbiner nannte in Rundfunkpredigt Nazi-Verfolgung Strafe für Sünden der Juden«, in *Kölner Morgen*, 8. 8. 2000.

[474] Michael HAMMERMEISTER, »Sind die Opfer selbst schuld?« in *Pommersche Zeitung*, 12. 8. 2000.

gen, daß das Grundrecht auf Versammlungsfreiheit von jedermann wahrgenommen werden kann (Art. 8 GG): »Niemand darf wegen ... seiner politischen Anschauung benachteiligt oder bevorzugt werden.« (Art. 3 GG) Die Bundesrepublik wird derzeit nicht auch nur von fern in ihrem Bestand gefährdet, weshalb Maßnahmen, die einer Diktatur alle Ehre machten, vollkommen fehl am Platze sind. Ein wenig Ursachenforschung könnte dagegen nicht schaden, wenn die Frage gestellt wird, was faul ist im Staate D.

Man muß nicht lange nach Fehlentwicklungen suchen. Zum Beispiel im Bereich der Ausländerpolitik. Mittlerweile pfeifen es sogar in Deutschland die Spatzen von den Dächern: Das Boot ist voll. Hunderttausende von Asylanten und ›Flüchtlingen‹ zeigen nicht die geringste Neigung, sich hierzulande zu ›integrieren‹, und wollen lediglich von den Segnungen des bundesdeutschen Sozialstaats profitieren. Von den Hintergründen dieser Entwicklung war in diesem Buch bereits des öfteren die Rede. Steuergelder werden in Milliardenhöhe im wahrsten Sinne des Wortes zum Fenster hinausgeworfen. Ginge es lediglich darum, asylbedürftigen Menschen zu helfen, könnte die Bundesrepublik weit mehr Gutes tun, wenn sie gemeinsam mit den Herkunftsländern Auffanglager für Asylanten einrichten würde, in denen die Asylsucher das eigene kulturelle Ambiente pflegen und unter menschenwürdigen Umständen Schutz vor Verfolgung finden könnten; die Kosten für diese Einrichtungen könnten sich Deutschland und die betreffenden Länder teilen, und die Bundesrepublik könnte kooperationswillige Staaten zum Beispiel durch die Aufstockung der Entwicklungshilfe ›belohnen‹. Simples Rechenbeispiel: Mit den Unterhaltskosten, die ein einziger Asylant aus Afrika südlich der Sahara in Deutschland verschlingt, ließe sich in der Heimat ein ganzes Dorf verköstigen – eine Lösung, die ungleich besser und gerechter wäre als der kostspielige Aufenthalt eines einzigen Bessergestellten, der die hohen Schlepper- und Reisekosten aufzubringen vermag.

Auch die langwierigen Aufnahmeverfahren sollten zweckmäßigerweise schon in den Herkunftsländern abgewickelt werden. Auf diese Weise ließe sich der Asylantenzustrom auf ein überschaubares Kontingent wirklich bedürftiger Fälle reduzieren, und die Verweildauer in den Auffanglagern ließe sich erheblich verkürzen. Gäbe es da nur nicht den HOOTON-Plan, der den politisch Verantwortlichen in Deutschland leider ganz andere Vorgaben macht...

Noch einmal zurück zu der Berliner Massenkundgebung vom 9. November 2000. Ein schicksalhaftes Datum in der deutschen Geschichte. Die Veranstalter wollten natürlich ein Signal setzen, fand doch an einem anderen 9. November, dem des Jahres 1938, die sogenannte ›Reichskristallnacht‹ statt, ein Ereignis, dessen Hintergründe noch längst nicht ausgeleuchtet sind. Aber auch sonst hatte es der 9. November in sich:

- Bei der Berliner Massenkundgebung kam noch als Negativum hinzu, daß die ›Reichskristallnacht‹ bislang nicht historisch aufgearbeitet worden ist, so wie auch die Hintergründe der übrigen 9. November der deutschen Zeitgeschichte einer Ausleuchtung bedürfen:
- 9. November 1918: Ausrufung der Republik durch den SPD-Politiker SCHEIDEMANN. Kaiser WILHELM II. zieht sich am 10. November in die Niederlande zurück und verzichtet am 28. November auf den Thron in der Hoffnung, er könne dadurch von den Alliierten einen akzeptablen Friedensvertrag für das Reich erwirken.
- 9. November 1923: Adolf HITLERS Marsch auf die Feldherrnhalle – HITLERS Rolle im Spiel einflußreicher amerikanischer Hintergrundmächte wurde schon weiter oben beleuchtet.
- 9. November 1938: ›Reichskristallnacht‹. Den Zeithistorikern ist es bislang nicht gelungen, auch nur eine einzige deutsche Quelle ausfindig zu machen, aus der die eindeutige Urheberschaft der Ausschreitungen hervorgeht. Da die Machthaber des Dritten Reiches bestrebt waren, ihre Maßnahmen gegen die in ihrem Machtbereich befindlichen Juden möglichst ohne Aufsehen durchzuziehen, konnte die ›Reichskristallnacht‹ unmöglich in ihrem Interesse liegen. Nachdem HITLER von den Aktionen Kenntnis erhalten hatte, wurde das Ganze deshalb auch sofort abgeblasen. Für die propagandistische Vorbereitung eines neuerlichen Waffenganges gegen Deutschland war die ›Reichskristallnacht‹ jedoch überaus nützlich, was die Frage nach dem *›cui bono‹* aufwirft.
- 9. November 1989: Maueröffnung an der innerdeutschen Grenze. Das Geschehen um den Fall der Mauer ist sehr viel komplexer, als es sich im Lichte offiziöser Veröffentlichungen ausnimmt. In seinem Buch *Wie es war. . .* wirft der ehemalige sowjetische Staatschef Michail GORBATSCHOW den Westmächten die Verhinderung der deutschen Einheit während der Zeit des Kalten Krieges vor.[475] Es waren genau die gleichen Motive, die

---

475 Heinz BRILL, »Gorbatschow und die Logik der Geschichte – Ein sehr persönlicher Rückblick des früheren sowjetischen Parteichefs auf die Wiedervereinigung«, in *General-Anzeiger* (Bonn), 29. 12. 1999.

bereits STALIN umtrieben, als er Deutschland in seiner berühmten Note vom 10. März 1952 einen Friedensvertrag mit Neutralitätsstatus, Wiedervereinigung und Grenzen von 1937[476] anbot, die auch GORBATSCHOW nach einer Möglichkeit suchen ließen, den Kalten Krieg zu beenden, Deutschland im Zuge dessen militärisch zu neutralisieren und als Wirtschaftspartner zu gewinnen. Sicherlich vorranig war dabei GORBATSCHOWS Sorge um die militärische Sicherheit. Einerseits konnten über die rohstoffpolitischen Globalinteressen des westlich-amerikanischen Bündnisses schon damals keine Zweifel mehr bestehen. Und andererseits stand das Sowjetimperium mit dem Rücken zur Wand. Die Auflösungserscheinungen waren nicht mehr zu übersehen. Den friedlichen Absichten der NATO konnte GORBATSCHOW nicht trauen, eine Sichtweise, die inzwischen von der Geschichte vollauf bestätigt wurde – Stichwort NATO-Osterweiterung.

---

[476] Wie das Informationsblatt *Deutsche Zukunft*, Ausgabe 7/1999, berichtet, erfuhr der Russisch- und Polnisch-Dolmetscher Ernst Albrecht NAGORNY von GORTBATSCHOW in einem persönlichen Gespräch, daß ihm eine Grenzregelung wie diejenige STALINS von 1952 vorgeschwebt habe. Besonders Außenminister GENSCHER habe sich jedoch genau dagegen mit Nachdruck verwahrt und darauf bestanden, die Deutschen würden die Oder-Neiße-Grenze akzeptieren. Was einmal mehr die Frage nach den Hintergründen der GENSCHER-Karriere aufwirft. Auch nachdem das Ministerium für Staatssicherheit der DDR, das GENSCHER ehedem als IM ›Tulpe‹ führte, nicht mehr existierte und obwohl die GORBATSCHOW-Regierung die Oder-Neiße-Grenze aufzugeben bereit war, blieb GENSCHER ein hartnäckiger Verfechter polnischer Interessen.

Auch *Der Insider* vom 15. 5. 2000 berichtet, daß aus NAGORNYS Nachlaß hervorgehe, Bundeskanzler Helmut KOHL und Außenminister GENSCHER hätten eine Wiedervereinigung mit den fremdverwalteten deutschen Ostgebieten nicht gewollt. GORBATSCHOW habe sich ihm, NAGORNY, gegenüber dazu in Dresden wie folgt geäußert:

»Ja, das wollte ich. Wir hatten die Universität in Moskau beauftragt, Pläne für die Wiedervereinigung von Deutschland mit seinen polnisch besetzten Teilen auszuarbeiten. Aber bei den 2-plus-4-Verhandlungen mußte ich zu meinem Erstaunen feststellen, daß Bundeskanzler KOHL und sein Außenminister GENSCHER die deutschen Ostgebiete – Ostpreußen, Pommern und Schlesien – gar nicht wollten. Die Polen wären bereit gewesen, die deutschen Provinzen Deutschland zurückzugeben. Aber der deutsche Außenminister GENSCHER hat die polnische Regierung in Warschau bekniet, an der Oder-Neiße-Linie festzuhalten. ›Die Deutschen akzeptierten diese Grenze‹, waren seine Worte. Nur die DDR sollte angegliedert werden.«

Auch KOHL ist mitnichten jener ›Kanzler der Einheit‹, als den ihn Medien und Parteien heute feiern. Stets suchte auch KOHL – wie ehedem schon ADENAUER – die Einheit eher zu verhindern denn zu befördern.[477] Das wird nicht nur durch seine – nicht vorhandene – Wiedervereinigungspolitik während seiner gesamten Amtszeit bestätigt, sondern auch durch die schon erwähnten GORBATSCHOW-Erinnerungen. Der Sowjetchef berichtet dort über ein Gespräch mit KOHL, bei dem es auch um die Wiedervereinigung ging:

»So etwa verlief unser Gespräch. ›Es gilt, sich darauf vorzubereiten, adäquat auf die kommenden Ereignisse zu reagieren‹, sagte der Kanzler. ›Ich strebe deren Beschleunigung nicht an. Ich sehe aber eine Woge auf mich zukommen, die ich nicht aufhalten kann. Das ist die Realität. Vieles werden wir gemeinsam zu durchdenken, zu besprechen und neu einzuschätzen haben.‹«

Abbildung 38. Berlin, 22. Juni 1990: Die Außenminister der 2+4-Verhandlungen vor dem alliierten Checkpoint Charlie.

[477] Auch der britische Staatssekretär Ivon KIRKPATRICK enthüllte: »Er [ADENAUER] sei der Meinung, daß die Eingliederung Westdeutschlands in den Westen wichtiger sei als die Einigung Deutschlands.« Die von Heinz LIPPMANN 1971 verfaßte HONECKER-Biographie kolportiert deshalb, »immer, wenn HONECKER schlecht gelaunt ins Büro kam, hieß es, er habe geträumt, ADENAUER sei zurückgetreten«, nach: Peter FISCHER, »Charta«, in *Das Ostpreußenblatt*, 5. 8. 2000.

Mit anderen Worten: KOHL war nach eigenem Eingeständnis alles andere als ein Förderer der deutschen Einheit. Er konnte sie vielmehr nicht verhindern. GORBATSCHOW weiter:

»Tatsächlich besprachen wir vieles und schätzten es neu ein. Der Kanzler versicherte mir, der letzte Strich unter die Grenzfrage werde im Fall der Wiedervereinigung dort gezogen werden, wo diese Grenze jetzt verlaufe. Er bat mich, diese Frage vorläufig nicht öffentlich aufzuwerfen, sondern die Gefühle von Millionen von Übersiedlern in Betracht zu ziehen, die als Folge des Zweiten Weltkrieges aus ihrer Heimat geflüchtet oder vertrieben worden seien. Sie seien sich verstandesmäßig darüber klar, daß die Gebiete, in denen sie geboren waren und in denen sie gelebt hatten, unwiederbringlich verloren seien. Würde man jetzt eine Befragung durchführen, so würden rund 90 Prozent dafür sein, alles beim alten zu belassen. Über 90 Prozent würden für die Oder-Neiße-Grenze stimmen. Aber bei vielen lasse, so sagte der Kanzler, der seelische Schmerz nicht nach. Und daraus entstünden für ihn in der jetzigen Situation ernste Schwierigkeiten, da sich manche von der Wiedervereinigung Unwiederbringliches erhofften.«

Auch KOHL also ein »Kanzler der Alliierten«. In den entscheidenden Tagen und Wochen opferte KOHL kaltblütig das Heimatrecht jener Vertriebenen, von denen sich die Union über Jahrzehnte hinweg immer wieder wählen ließ, nachdem man sich auf den Heimattreffen immer wieder rhetorisch für den alten Osten starkgemacht hatte.

Natürlich beharrte KOHL auch darauf, daß Deutschland in das westliche Bündnis ›eingebunden‹ bleiben müsse. GORBATSCHOW:

»Der Kanzler wandte sich. . . mit aller Entschiedenheit gegen eine Neutralisierung des künftigen Deutschland und berief sich dabei auf die verhängnisvollen Folgen des Versailler Vertrages von 1919, der Deutschland vom übrigen Europa isolierte. Genauso wie [US-Außenminister James] BAKER erklärte mir der Kanzler das Folgende (ich zitiere aus dem Stenogramm): ›Wir sind der Auffassung, daß die NATO ihren Geltungsbereich nicht erweitern soll.‹ Danach wiederholte er dies in einem anderen Zusammenhang noch einmal.«[478]

Das ist starker Tobak. Wie kommt der KOHL dazu, eine Neutralisierung Deutschlands nach österreichischem Vorbild nur zu den Bedingungen eines neuen Versailler Diktats für möglich zu halten?

---

[478] Michail GORBATSCHOW, *Die deutsche Wiedervereinigung*, Berlin 1999, S. 106 f.

Der Kanzler stellte den Verbündeten der Bundesrepublik damit kein sehr vorteilhaftes Zeugnis aus. Aber auch die von KOHL betriebene und von Rot-Grün fortgesetzte NATO-Osterweiterungspolitik entlarvt sich im Lichte solcher Zeugnisse selbst: Sie war und ist nichts anderes als die Umsetzung US-amerikanischer Vorgaben. Man darf schließlich nicht vergessen, daß es die Vereinigten Staaten waren, die die deutsche Teilvereinigung vorantrieben, um sich dadurch ganz handfeste machtpolitische Vorteile im Wettlauf um die russischen Rohstoffe zu sichern. Es war nur konsequent, daß die Osterweiterung des westlichen Bündnisses nach der Einverleibung der DDR nicht an der Oder-Neiße-Linie haltmachte.

KOHL hat aus seiner Haltung zu den historischen deutschen Ostgebieten auch an anderer Stelle kein Hehl gemacht. So bekannte er in einem im November 1999 aufgezeichneten ZDF-Interview mit Klaus-Peter SIEGLOCH, das erst im Oktober 2000 ausgestrahlt wurde, er habe dem polnischen Ministerpräsidenten MAZOWIECKI im Januar 1990 versprochen:

»Wenn die deutsche Einheit kommt, werde ich alles tun, um die Oder-Neiße-Grenze politisch und völkerrechtlich anzuerkennen, aber jetzt kann ich das noch nicht.« KOHL nannte dann die Anerkennung der Oder-Neiße-Grenze im Deutschen Bundestag »eine der größten Leistungen seines politischen Lebens«, die er freilich mit etwas Demagogie durchgesetzt habe.[479] Die Frage nach seinem Amtseid stellte sich KOHL dabei offenbar nicht. Auch das rückt ihn zweifellos in die fragwürdige Nähe seines Vorbildes ADENAUER.

Läßt man dieses Hintergrundgeschehen um die deutsche Wiedervereinigung Revue passieren, dann drängen sich ungute Parallelen zum Aufstieg HITLERS auf. Hier wie dort ein Strom von Ereignissen, der ohne die tatkräftige Mitwirkung der westlichen Alliierten vermutlich einen ganz anderen Lauf genommen hätte. Selbst Ereignisse wie der deutsche Einmarsch in Polen oder der japanische Überfall auf Pearl Harbor tragen so zumindest mittelbar noch die Handschrift ihrer alliierten Mitverursacher. Hochrangige Vertreter der alliierten Politik haben darauf immer wieder hingewiesen. Etwa der US-Politiker und Armee-Oberst Hamilton FISH, ein ehemaliger Vertrauter von US-Präsident Franklin D. ROOSEVELT, der mit Blick auf Pearl Harbor auf der Feststellung be-

[479] Rüdiger GOLDMANN, »Die Opfer der Vereinigung – Menschenrechte der Vertriebenen spielten keine Rolle«, in *Das Ostpreußenblatt*, 9. 12. 2000.

stand, daß ein Ereignis wie dieses ohne die Politik seines Präsidenten nicht stattgefunden hätte.[480] Man wird einen vergleichbaren Hintergrund auch für die sogenannte ›Reichskristallnacht‹ annehmen müssen. Bis heute weiß niemand, wer diese Aktion wirklich inszeniert hat. Die Deutschen sollten deshalb mit vorauseilenden Schuldeingeständnissen zurückhaltend sein. In amerikanischen Archiven schlummern noch zu viele verborgene Aktenstücke, die Aufschluß geben könnten. Warum wohl?

Gesellschaftliche Gruppen

Gesellschaftliche Gruppen gibt es in jeder Gesellschaft. Allerdings unterscheiden sich Gesellschaften hinsichtlich des Einflusses, den sie solchen Gruppen einräumen. Besondere Brisanz entfaltet diese Frage in demokratisch verfaßten Staatswesen. Denn hier fällt es bestimmten Gruppen besonders leicht, eine herausgehobene Rolle zu spielen und damit das Wesen der Demokratie zu verfälschen. In der Bundesrepublik gibt es eine ganze Reihe solcher ›problematischen‹ Einflußgruppen. Man denke nur an den Einfluß von Kirchen und Gewerkschaften auf den politischen Prozeß. Das Problem liegt auf der Hand: Wahlberechtigte, die zugleich Mitglieder einer DGB-Gewerkschaft und einer der Amtskirchen sind, können das Gewicht ihrer Stimme so praktisch verdreifachen, während Bürger, die weder gewerkschaftlich noch kirchlich organisiert sind, ihre Meinung nur einmal gewichtet bekommen.

Natürlich läßt sich einwenden: DGB und Kirche – das sind gesellschaftliche Gruppen, die sich unter dem Strich neutralisieren. Während das Kirchenmitglied ein spirituelles Anliegen verfolgt (bzw. verfolgen sollte!), geht es dem Gewerkschaftler, wo schon nicht um Klassenkampf, doch zumindest um Arbeitnehmerrechte mit dem Ziel, »mehr zu verbrauchen und weniger zu erzeugen. . . Ein absurdes Wirtschaftsverfahren . . . Unbemerkt von den Massen, die im Augenblick durch die Lohnerhöhung verblendet sind, wird diese automatisch durch eine Preiserhöhung ausgeglichen, selbst dann, wenn diese in gewissen Ländern mit staatlichem Zwang eingeschränkt wird«.[481] Genau hier liegt der Grund, wes-

---

[480] *Quick*-Serie Zeitgeschichte, Heft 20, 12. 5. 1973.

[481] Krisjan Jurjewitsch RAKOWSKIJ in: Josef LANDOWSKY, *Rakowskij-Protokoll* (über die Vernehmung des Sowjetbotschafters K. J. RAKOWSKIJ durch den GPU-Beamten Gabriel G. KUZMIN am 26. Januar 1938 in Moskau; deutsche Übersetzung aus dem Spanischen), Bremen 1987, S. 20 f.

halb der Versuch deutscher DGB-Gewerkschaften regelmäßig gescheitert ist, ihre Politik in eigenen Unternehmen wie zum Beispiel der ›Neuen Heimat‹ oder ›Coop‹ mustergültig vorzuführen. Die Hauptschwäche aller Gewerkschaften liegt jedoch darin, daß es sich bei ihnen um Funktionärsvereine handelt, die im allgemeinen nicht die Interessen ihrer Mitglieder vertreten, sondern die Eigeninteressen des Funktionariats. Deshalb die alljährlichen Lohnforderungsrituale mit Warnstreiks, Pfeifkonzerten und markigen Reden der Gewerkschaftsoberen.

Aber auch die Kirchen sind, politisch gesehen, alles andere als gesellschaftliche Unschuldslämmer. Vor allem die evangelische Kirche präsentiert sich in der öffentlichen Diskussion immer wieder als Anhängsel der Sozialdemokratie. Politisch überkorrekt, eifert sie nach Kräften ›gegen Rechts‹, während ihr linker Extremismus wie etwa derjenige der PDS kein Kopfzerbrechen bereitet.[482] Auch bei anderen Themen nutzen evangelische Kirchenfunktionäre jede Gelegenheit, ihre Linkslastigkeit unter Beweis zu stellen. So läßt es sich beispielsweise die rheinische Landessynode nicht nehmen, »homosexuelle Lebensgemeinschaften gottesdienstlich zu begleiten«. Ein anderes, unerträglich weites Feld ist die völlig unverständliche Toleranz, die christliche, vor allem protestantische Amtsträger dem Islam entgegenbringen.[483]

Hier wie dort wird der Glaube des Kirchenvolkes für politische Zwecke mißbraucht. Müßig zu erwähnen, daß auch ein Anliegen wie das der deutschen Einheit unter Einschluß der alten Ostgebiete unter kirchlichen Vorzeichen keine guten Karten hat. Kein Wunder: Ein polnischer Papst hat natürlich Schwierigkeiten, die Annexion und ethnische Säuberung der ehemaligen deutschen Siedlungsgebiete als etwas Schlechtes zu brandmarken und sich davon zu distanzieren. JOHANNES PAUL II. hat diese Haltung immer wieder während seiner zahlreichen Besuche im heutigen Polen bekräftigt, etwa als er einmal mit Blick auf die Ostsee von Hinterpommern aus vom »Polnischen Meer« sprach. Man darf sich nicht wundern, wenn dieser Stellvertreter Christi in Sachen Vertreibungsverbrechen eine sehr ›lockere‹ Haltung einnimmt, anstatt die unleugbaren Verbrechen, die seine Landsleute an Deutschen begingen, klar beim Namen zu nennen. Der Papst kann sich

---

482 Tobias HOLLITZER, »Nach-Kritik am Kirchentag«, in *Das Ostpreußenblatt*, 7. 7. 2001.

483 R. G. KERSCHHOFER, »Falsche Toleranz – Wann erwachen die Kirchen?» in *Das Ostpreußenblatt*, 13. 10. 2001.

dabei auf zahlreiche prominente Verzichts-Kollaborateure in Deutschland verlassen, allen voran Helmut KOHL und Norbert BLÜM.[484] KOHL ließ schon Anfang der siebziger Jahre, damals noch Ministerpräsident von Rheinland-Pfalz, den Journalisten und Nahost-Experten Peter SCHOLL-LATOUR wissen, er wolle die Oder-Neiße-Linie anerkennen, wenn er Bundeskanzler würde.[485] Neuerdings sollen nach einer Vereinbarung der Deutschen und der Polnischen Bischofskonferenz die Kirchenbücher aus dem ehemaligen Osten »zurückgeführt« werden. »Durch diese ›psychologische zweite Vertreibung‹ sollen offenbar die deutschen Provinzen als absolut polnisch zementiert werden.«[486]

Ein eigenes Kapitel wäre die Nähe vieler katholischer Würdenträger – selbst von Päpsten wie etwa PAUL VI.[487] – zur Freimaurerei. In ihrem Schoß treffen sich atheistische und antideutsche Bestrebungen. »Schon Ende der 70er Jahre kursierte eine Liste mit 121 Namen von Freimaurern in Diensten des Vatikans. Jetzt haben zwanzig Vatikan-Prälaten die Unterwanderung des Kirchenstaats durch Freimaurer [in dem im Aufbau-Verlag erschienenen Buch *Wir klagen an*; d. Verf.] verurteilt. Danach gehören sogar etliche Kardinäle zur Freimaurerei.«[488 u. 489] Den Ratsvorsitzenden der Evangelischen Kirche Deutschlands (EKD), Präses KOCK, stört das offensichtlich nicht, wenn er eine »symbolische Anerkennung des Papstamtes durch die Protestanten für möglich« hält. »Zuvor müsse aber Rom endlich die Kirchen der Reformation als ›Kirchen‹ anerkennen (und) nicht mehr nur von ›kirchlichen Gemeinschaften‹ sprechen.«[490]

Gravierende Unterschiede trennen die beiden Konfessionen nur noch in ihrer Haltung zur Abtreibungsfrage. Während die evangelische Kirche voll auf Linkskurs segelt, zeichnen sich immer wieder katholische Würdenträger dadurch aus, daß sie sich dem

---

484 KNA, »Keine Gebietsansprüche mehr – Aus der Erklärung deutscher und polnischer Katholiken«, *CDA Soziale Erhebung*, 77/89, 19. 10. 1989.

485 »Peter Scholl-Latour verrät ein Geheimnis – Kohl, Weizsäcker und polnische Westgrenze«, in *Bild*, 22. 2. 1990.

486 Ruth BACHMANN (Leserzuschrift), »Verrrat an den Vertriebenen und Flüchtlingen – ›Kirchenbücher nach Polen‹«, in *Das Ostpreußenblatt*, 27. 10. 2001.

487 *Der Fünfzackstern »Markenzeichen« des Pontifikats Pauls VI.*, Durach 2000.

488 *Erneuerung und Abwehr*, Hg. Evangelische Notgemeinschaft in Deutschland e.V., Ausgabe April 2000, S. 22.

489 *Der Fünfzackstern*, aaO. (Anm. 487).

490 *Erneuerung und Abwehr*, aaO. (Anm. 488).

Zeitgeist in dieser Schicksalsfrage mit Nachdruck entgegenstellen. So bezeichnete Friedrich Kardinal WETTER (München) in seiner Silvesterpredigt 1997/98 in der Münchener Liebfrauenkirche das Abtreibungsgesetz als »Produkt einer orientierungslos gewordenen Gesellschaft, die nicht mehr weiß, was ein Mensch ist«. Und weiter: »Ist es nicht bedenklich, ja bedrückend, wie wenige gegen die Tötung der Ungeborenen öffentlich aufbegehren?«[491]

So verdienstvoll solche Töne sind, in einer anderen Überlebensfrage sind sich Protestanten und Katholiken wieder völlig einig. Beide läßt die rasante Ausbreitung des Islam in Deutschland völlig kalt. So durfte Iman Ibrahim BAYRAM in der Pfarrkirche Sankt Bonifatius zu Herne eine Lesung von Suren vornehmen.[492] Bei dieser »Begegnung zwischen Christen und Muslimen« wird übersehen, daß der Islam ein kämpferisches, tendenziell gegen das Christentum gerichtetes Bekenntnis ist und die Regeln des Korans häufig nicht nur mit denen des Christentums, sondern auch mit denen des Grundgesetzes kollidieren. Ein Moslem, der sich zum Grundgesetz bekennt, hört strenggenommen auf, ein Moslem zu sein. Am deutlichsten offenbart sich dieser Konflikt mit Blick auf die Stellung der Frau in der Gesellschaft. Folgt man dem Koran, dann muß die Frau ihrem Ehemann als Herrn dienen und kann von ihm gezüchtigt werden, wenn ihre Dienstbarkeit zu wünschen übrig läßt. Das Zentralkomitee der deutschen Katholiken läßt sich durch solche Details nicht irremachen und fordert unverdrossen immer neue Erleichterungen bei der Einbürgerung von Zuwanderern.[493]

Dabei ist die Vorstellung, man könne durch Einbürgerung die Assimilierung islamischer ›Mitbürger‹ in Deutschland fördern, vollkommen irrig. Peter SCHOLL-LATOUR weist in seinem 1999 erschienenen Buch *Allahs Schatten über Atatürk* darauf hin, »daß die Assimilation der millionenstarken nord-afrikanischen Minderheit Frankreichs keineswegs durch den Umstand gefördert [wurde], daß die große Mehrheit dieser Maghrebiner längst die französische Staatsangehörigkeit besitzt«.[494]

---

491 Gernot FACIUS, »Eine Klage, die keine Anklage war – Umstrittene Äußerung von Kardinal Wetter zur Abtreibung in der Kritik«, in *Die Welt*, 7. 1. 1998.

492 Ralf ENGEL, »Frieden und Freiheit«, in *Westfälische Rundschau*, 13. 11. 2001.

493 »ZdK für einfachere Einbürgerung«, in *FAZ*, 12. 6. 2001.

494 Hans THOMAS, »Globale Ziele – lokale Konflikte – Anmerkungen zu einigen Problemen der kommenden multikulturellen Gesellschaft«, in *Erneuerung und Abwehr*, 9/2001, S. 11.

Besondere Brisanz haftet der »islamischen Herausforderung« (so ein bekannter Buchtitel von Gerhard KONZELMANN) spätestens seit dem 11. September 2001 an, als sich islamistische Fanatiker beim Terroranschlag auf das New Yorker World Trade Center zumindest instrumentalisieren ließen. Der Geheimdienstkoordinator Ernst UHRLAU sieht in islamistischen Gewalttätern geradezu die »größte Herausforderung für die innere Sicherheit« in Deutschland. Allein in Nordrhein-Westfalen, so schätzen Sicherheitsexperten, wird an 140 Moscheen – grob: jeder dritten – fundamentalistisches Glaubensgut verbreitet.[495] Wohin das führen kann, machen die Ereignisse um den 11. September deutlich: Nach Erkenntnissen westlicher Geheimdienste wurden in afghanischen Lagern jährlich mehrere tausend Muslime für den Kampf gegen die »Ungläubigen« (auch in Deutschland) geschult.[496] Ungeachtet solcher Tatsachen hat das Verwaltungsgericht Berlin der vom Verfassungsschutz als extremistisch eingestuften Islamischen Föderation bedenkenlos die Erlaubnis erteilt, an zwei Berliner Grundschulen Religionsunterricht zu erteilen.[497]

Dabei geht es längst nicht mehr nur um die Freiheit des religiösen Bekenntnisses. Wie weit Sitten und Gebräuche Andersgläubiger inzwischen in den Alltag der bundesdeutschen Gesellschaft eingreifen, machte jenes nur schwer nachvollziehbare Urteil des Bundesverfassungsgerichts deutlich, das muslimischen Metzgern vor einigen Monaten das Recht auf Schächtung ihres Schlachtviehs zugestand. Dabei wird den Tieren die Halsschlagader durchtrennt, worauf diese qualvoll ausbluten. Wenn es darum geht, die ›multikulturelle‹ Gesellschaft auf deutschem Boden zu fördern, zählt plötzlich auch der Tierschutz nichts mehr. Kirchen und vorgeblich ›christliche‹ Parteien nahmen das Urteil des BVG widerspruchslos hin.

Verwaltung

Die deutsche Verwaltung war einmal vom preußischen Amtsethos geprägt. Pflichtbewußtsein, Akkuratheit und Unbestechlichkeit waren oberste Werte. Die ganze Welt beneidete Deutschland deshalb ob seiner Verwaltung. Doch diese Zeiten sind vorbei. Jahrzehnte fremder Besatzung und der fortschreitende Werteverfall

---

[495] A. FISCHER, »H. Wolf und WZE-Nachrichtendienst«, *Westdeutsche Nachrichten,* 19. 9. 2001.

[496] Hans THOMAS, aaO. (Anm. 494).

[497] »Extremistischer Sieg«, in *Das Ostpreußenblatt,* 8. 9. 2001.

im Inneren, mitverursacht durch das schleichende Gift der alliierten Umerziehung (68er!), haben die alten preußischen Tugenden längst unterhöhlt. Die sogenannten ›Eliten‹ sind seit langem kein Vorbild mehr, und auch in Deutschland bewahrheitet sich das alte Sprichwort: Der Fisch fängt am Kopf zu stinken an. Wer hätte sich früher einmal vorstellen können, deutsche Spitzenpolitiker führten »schwarze Konten« in Steuerfluchtländern, und das in Millionenumfang? Kein Wunder, daß solches Verhalten auf den Normalverbraucher abfärbt, frei nach dem Motto: »Wie der Herre, so's Gescherre.«

Die Folge ist, daß Deutschland immer korrupter wird. Nicht nur unter Politikern, auch unter Beamten und Geschäftsleuten grassiert mittlerweile die Bestechlichkeit. Im internationalen Vergleich sacken die ehedem für ihre Untadeligkeit bekannten Deutschen immer weiter nach unten. In den Statistiken der unabhängigen ›Organisation Transparency International‹ (TI), die Jahr für Jahr Korruption und Korruptionsanfälligkeit in den Ländern der Welt vergleicht, ist die Bundesrepublik von Platz 14 im Jahre 1999 über Platz 17 (2000) mittlerweile auf einen unrühmlichen 20. Platz abgerutscht. Der Vorsitzende des deutschen TI-Büros, Michael WIEHEN, beklagt, daß die hiesige Justiz aus Furcht vor der »Entdeckung, daß politische Entscheidungen käuflich sind, bewußt lasch ermittelt«.[498]

Nur am Rande sei erwähnt, daß die deutsche Verwaltung nicht nur immer bestechlicher wird, sondern inzwischen auch eine der teuersten der Welt ist. Das müßte nicht sein, rührt aber daher, daß in der Bundesrepublik immer noch am ›Juristenmonopol‹ festgehalten wird. Das schafft auf allen Ebenen – Bund, Länder, Kommunen – Kosten, die sich schnell reduzieren ließen.

Innere Sicherheit

Der 11. September brachte es an den Tag: Die Bundesrepublik ist wegen ihrer liberalen Verhältnisse zum idealen ›Ruheraum‹ ausländischer Krimineller geworden. Nicht nur international agierende Terroristen profitieren davon, sondern auch ganz ›normale‹ Ganoven aus aller Herren Länder. Über die Jahr für Jahr steigenden Zahlen im Bereich der Ausländerkriminalität – und das trotz massiver Einbürgerung! – kann sich deshalb eigentlich niemand wundern.

[498] »Immer korrupter«, in *Das Ostpreußenblatt*, 7. 7. 2001.

Da der schleichende Austausch der Bevölkerungssubstanz nach wie vor stillschweigendes Ziel der einschlägigen transatlantischen Einflußgruppen ist, sickern über das wahre Ausmaß der Ausländerkriminalität in Deutschland nur unvollständige Informationen an die Öffentlichkeit. Dasselbe gilt für Zahlen zur Ausländerarbeitslosigkeit und zur Belastung der deutschen Sozialhaushalte durch nichtdeutsche Leistungsempfänger. Die *Privat-Depesche* wies Mitte 2000 darauf hin, daß der Ausländeranteil an den in Deutschland lebenden Arbeitslosen bei stattlichen 19,5 Prozent liege. Otto Normalverbraucher macht sich darauf seinen eigenen Reim: Nach Ansicht von 39 Prozent der Mitteldeutschen sowie 33 Prozent der Westdeutschen gibt es in der Bundesrepublik zu viele Ausländer.[499] Nichtsdestotrotz versuchen uns die Meinungsmacher einzureden, Deutschland brauche immer noch mehr Zuwanderung. Der Souverän wird dazu gar nicht erst befragt. Lediglich die Wirtschaft meldet zumindest bestimmte Präferenzen an, etwa was die Qualifikation der Zuwanderer angeht.

Wohin der ungebremste Zuzug führen kann, verdeutlichen die Verhältnisse in Hamburg. Die Hansestadt ist inzwischen »nicht nur ein Tummelplatz der Kriminalität, sondern auch das Zentrum ungestörter Drogenhändler, Süchtiger, illegaler Asylanten, linksradikaler Extremisten, Graffitisprayer und einer verbrauchten Politikerkaste, die zur Erneuerung der Politik längst unfähig geworden« ist.[500] Der Wähler hatte vom Dauerchaos genug und wählte den rotgrünen Senat deshalb im September 2001 ab. Seither regiert in Hamburg eine Koalition aus CDU, Partei Rechtsstaatlicher Offensive (PRO – die Partei des langjährigen Amtsrichters Ronald Barnabas SCHILL) und FDP. Ausschlaggebend für den Kurswechsel wurde die SCHILL-Partei, die auf Anhieb 19,4 Prozent[501] der abgegebenen Stimmen erhielt, obwohl die Medien – vor allen die Öffentlich-Rechtlichen – vor der Wahl auch gegen diese neue Kraft am Parteienhimmel massiv Stimmung gemacht hatten (»Richter Gnadenlos«). Ob es dem neuen Senat gelingt, die dramatischen Sicherheitsdefizite in der Hansestadt zu beseitigen und wieder stabile Verhältnisse herzustellen, bleibt abzuwarten, zumal ja ein Gutteil des zur Verfügung stehenden Verwaltungsper-

---

499 »Sprengstoff für Deutschland: Der Ansturm aufs gelobte Land«, *Privat-Depesche,* 19. 7. 2000.

500 »Ein Wahlsieger steht in Hamburg schon fest: Richter Schills Partei liegt bei 15 Prozent«, in *Der Schwarze Brief,* 12. 9. 2001.

501 »Schill tritt bundesweit an«, in *General-Anzeiger* (Bonn), 20. 10. 2001.

sonals von den langjährigen linken Amtsinhabern übernommen werden mußte. Noch ist Hamburg nicht überall. »Das Risiko, etwa in Hamburg Opfer eines Straßenraubes zu werden, ist elfmal so hoch wie in München.«[502] Aber auch hier gilt es, den Anfängen zu wehren. Es muß nicht erst so weit kommen wie in der Elbmetropole.

Man weiß inzwischen, daß die Anschläge vom 11. September 2001 auch von Hamburg aus geplant wurden, von islamistischen ›Schläfern‹, die als unauffällige Studenten an Hamburger Hochschulen eingeschrieben waren. Niemand schöpfte Verdacht, weil alles von multikulturellen Harmoniegefühlen eingelullt war. Jetzt ist das Entsetzen groß, nicht zuletzt deshalb, weil Deutschland wieder einmal am Pranger der Weltöffentlichkeit steht – diesmal als ›Ruheraum‹ islamistischer Bösewichte.

Zwar gibt es inzwischen mehr als genug Indizien dafür, daß die Attentäter vom 11. September zumindest Mittäter innerhalb der USA hatten, doch bieten die Hamburger ›Schläfer‹ amerikanischen Politikern eine Steilvorlage dafür, von eigenen Versäumnissen abzulenken. So behauptete US-Justizminister ASHCROFT auf einer gemeinsamen Pressekonferenz mit Bundesinnenminister Otto SCHILY am 23. Oktober 2001: »Es ist klar, daß Hamburg jenen sechs Personen [Mohammad ATTA und sechs weiteren mutmaßlichen Terroristen; d. Verf.] als eine Ausgangsbasis für Operationen und ihre Rolle bei der Planung der Angriffe vom 11. September diente.« Das 15köpfige FBI-Team in Deutschland wurde inzwischen um 12 weitere Beamte verstärkt, die die ›Spuren‹ effizienter verfolgen sollen[503] als deutsche Sicherheitskräfte.

Auch die *New York Times* und andere führende amerikanische Blätter halten die ›deutsche‹ Fährte offenbar für aussichtsreicher als amerikanische Indizien. Dagegen machte der Geheimdienstexperte Udo ULFKOTTE in der *FAZ* darauf aufmerksam, daß schon seit Anfang März 2001 mehrmals vertrauliche Gespräche zwischen dem pakistanischen Militär-Geheimdienst ISI, dem Pentagon und einem der engen Berater des Taliban-Führers Mohammed Omar Sajjed Rhamatullah HASHEMI stattgefunden hätten.[504] Wer wußte also seit wann wovon? Ersichtlich ist, daß gewisse Hintergrund-

---

502 »Ein Wahlsieger steht in Hamburg schon fest«, aaO. (Anm. 500).

503 »Amerikanisch-deutsche Verstimmung über die Terroristenfahndung«, in *Neue Solidarität,* 31. 10. 2001.

504 Roger MOORE, »Vorschnelle Schuldzuweisung an Deutschland«, in *Neue Solidarität,* 3. 10. 2001.

kräfte lebhaft daran interessiert sind, ihre eigenen Spuren zu verwischen. Es wurde weiter oben schon darauf verwiesen, daß solche Vertuschungsaktionen in der amerikanischen Geschichte eine gewisse Tradition haben - man denke nur an den KENNEDY-Mord und seine Hintergründe. Auch die volle Wahrheit über den 11. September wird möglicherweise nie ans Licht kommen.

Unter den zahlreichen Beobachtern der Ereignisse, die sich die Frage nach den Hintergründen stellten, ist auch der US-Oppositionspolitiker Lyndon B. LAROUCHE. Er machte sich wegen seiner oft unkonventionellen Thesen schon in der Vergangenheit nicht nur Freunde. In einem Interview am 12. September 2001, nur einen Tag nach den Anschlägen, stellte LAROUCHE zwei plausible Gründe für die Anschläge von New York und Washington zur Diskussion:

1. »Einen simulierten Pearl-Harbor-Effekt hervorzurufen, um die USA in einen Krieg gegen Länder des Mittleren Ostens zu treiben.«
2. »Man will unter den eine Milliarde Moslems in der Welt eine Kettenreaktion der Gewalt auslösen. Dadurch soll Eurasien ins Chaos gestürzt werden, so daß niemand mehr in der Lage wäre, Eurasien durch wirtschaftliche Zusammenarbeit zu einigen.«[505]

Auch die *Kent Depesche*, Stuttgart, bohrte nach und konfrontierte ihre Leser schon bald mit der Information: »Wie durch kürzliche Recherchen ans Licht kam, pflegten die Familien-Clans BUSH und BIN LADEN eine langjährige und intensive Geschäftsbeziehung im texanischen Ölgeschäft.«[506]

Inzwischen häuften sich die Widersprüche in den offiziell verbreiteten Versionen vom Hergang der Ereignisse derart, daß schon aus Platzgründen nicht alle aufgeführt werden können. Bezeichnend ist freilich, daß die US-Regierung offenbar auch gar nicht daran interessiert war, die Wahrheit herauszufinden. Die Londoner BBC wußte, daß Washington einen Angriff gegen die Taliban und BIN LADEN bereits ab Juli 2001 geplant hatte - also lange vor den Anschlägen, die angeblich der Grund für die amerikanische Intervention waren. Niaz NAIK, vormals Staatssekretär im Aus-

---

[505] Lyndon H. LAROUCHE, Auszüge aus zwei Radiointerviews vom 12. September 2001, 1. mit dem Sender WGIR im US-Bundesstaat New Hampshire und 2. mit dem Sender CFRB im kanadischen Toronto.

[506] »›Bush-Laden‹ Eine langjährige Geschäftsbeziehung«, in *Kent-Depesche*, Stuttgart, Nr. 31/2001.

wärtigen Amt Pakistans, erfuhr von hochstehenden amerikanischen Politikern Mitte Juli, daß eine Militäraktion gegen Afghanistan bis Mitte Oktober durchgeführt werden soll.[507]

Auch *The Independent*, London, ließ sich nicht von der offiziellen Version überzeugen: »Wie man es auch dreht und wendet, der Angriff auf Amerika erfolgte nicht aufs Geratewohl, sondern muß Monate lang geplant worden sein. Wenn die Sache, wie es den Anschein hat, irgendwo im Mittleren Osten ersonnen wurde, müssen viele Menschen und die USA an den Vorbereitungen Teil gehabt haben.«[508]

Weitere Mutmaßungen steuerte die Moskauer *Prawda* bei: Nach Auffassung der Wirtschaftswissenschaftlerin Tatjana KORYAGINA ist der Anschlag nicht das Werk von 19 Terroristen, sondern vielmehr einer Gruppe »extrem mächtiger Privatpersonen«, die darauf aus seien, ihre Macht zu legalisieren und eine Weltregierung zu bilden.[509] Frau KORYAGINA ist hier zweifellos auf der richtigen Spur.

---

507 Ebenda, Nr. 28/2001.

508 *The Independant*, 12. 9. 2001 (einen Tag nach der Tragödie).

509 *Deutschlandbrief*, »Eine Verschwörungstheorie direkt aus Moskau«, Ausgabe Nov. 2001, S. 4.

Wohin marschiert die Bundeswehr?

Schon lange vor dem 11. September 2001 wurde in Deutschland lautstark über die Zukunft der Bundeswehr debattiert. Bei näherem Hinsehen stellt sich heraus, daß die ganze Diskussion aufs engste mit dem »2+4-Vertrag« und den dort kodifizierten Bestimmungen über die Zukunft des wiedervereinigten Deutschlands verknüpft ist.

Einen vorläufigen Abschluß fanden alle Überlegungen in den im Mai 2000 abgelieferten Vorschlägen der Wehrstrukturkommission unter Vorsitz von Alt-Bundespräsident Richard VON WEIZSÄKKER als ›Chefexperten‹, die ein 240 000 Mann-Heer empfahl. Seither überbieten sich Parteien, Politiker und ›Experten‹ mit immer neuen Schrumpfungsvorschlägen. Die zeitweilige Grünen-Sprecherin Antje RADCKE brachte die Zahl von 200 000 Mann ins Gespräch.[510]

Hinter den Kulissen bestimmen allerdings andere Vorgaben die Diskussion. Im Kern geht es darum, daß die Bundesrepublik in Zukunft über eine Armee verfügt, die in der Lage ist, entsprechend den neuen internationalen Verpflichtungen Deutschlands weltweit ›Verantwortung‹ zu übernehmen.

Die Marschrichtung ist klar: Die Bundeswehr soll zu einer hochprofessionellen und weltweit einsatzfähigen Interventionstruppe umgerüstet werden. Anders ausgedrückt: Deutschland wird wieder einmal, wie etwa zu Zeiten NAPOLEONS, je nach Interessenlage der Besatzer Militärkontingente zu stellen haben, die irgendwo in der Welt fremdem Befehl unterstehen und eines jedenfalls nicht tun: das »Recht und die Freiheit des deutschen Volkes verteidigen«, was nämlich das Grundgesetz über den Einsatz deutscher Streitkräfte vorsieht. Über das vielbemühte ›erweiterte Aufgabenspektrum‹ der ›neuen‹ Bundeswehr sagt das Grundgesetz dagegen überhaupt nichts aus.

Die politische Führung ficht das freilich nicht an. Längst denkt sie laut darüber nach, die Wehrpflicht bis auf symbolische Restposten abzuschaffen, andere wollen gleich ein Berufsheer.[511] Auch die Zahlen der künftigen Armee schrumpfen weiter – jedenfalls für diejenigen Teile, die auch im 21. Jahrhundert für die Landes-

---

[510] Peter FISCHER, »Weggetreten«, in *Das Ostpreußenblatt*, 27. 5. 2000.

[511] Hans RÜHLE, »Wegtreten! – Das Ende der Wehrpflicht«, in *FAZ*, 8. 2. 2002.

verteidigung vorgesehen sind.[512 u. 513] Deshalb besagt es auch nicht viel, wenn neue Planungen aus dem Verteidigungsministerium eine Stärke von 280 000 Mann[514] vorsehen, denn der weitaus größte Teil davon soll unter die künftigen ›Krisenreaktionskräften‹ fallen, das sind jene Kontingente, die ›*out of area*‹ (also außerhalb des eigenen Territoriums und auch außerhalb vom NATO-Gebiet) zum Einsatz kommen sollen. Unter dem Strich dürften für die eigentliche Landesverteidigung, zentrale Aufgabe jedweder deutschen Streitmacht, weniger Soldaten zur Verfügung stehen als in der Weimarer Republik. Wohlgemerkt: Das Versailler Diktat gestand Deutschland nur 100 000 Mann leichtbewaffneter Streitkräfte zu.

Die Ausstattung der zukünftigen Interventionsarmee dürfte sich nach den vorhandenen Haushaltsmitteln richten. Was zur Folge hat, daß sich schon jetzt eine Zwei-Klassen-Bundeswehr abzeichnet: Während die Heimatschutzeinheiten mit veraltetem und knappem Material abgespeist werden, erhalten die Krisenreaktions-Kontingente von allem das Beste. Schließlich sind sie das internationale Aushängeschild der deutschen Sicherheitspolitik.

Übrigens ist ›Heimatschutz‹ ein glatter Euphemismus. Wie soll eine Armee effektiv die Heimat gegen aggressive Nachbarn verteidigen, wenn sie zum erheblichen Teil gar nicht mehr unter nationalem Befehl steht? Tatsache ist, daß gegenwärtig kein Großverband der Bundeswehr mehr unter ausschließlich nationalem Kommando steht. Statt dessen werden immer neue multinationale Großverbände gebildet wie etwa die deutsch-dänisch-polnische, die deutsch-französische Brigade usw. Man kann mutmaßen, ob auch dies nur ein Übergangszustand ist, bis es in absehbarer Zukunft überhaupt keine ›deutsche‹ Armee mehr gibt – dann nämlich, wenn es auch kein Deutschland mehr gibt, das im Ernstfall zu verteidigen ist. Nur über die Zeithorizonte des durchsichtigen Spiels ist man sich jenseits des Atlantiks offenbar noch nicht ganz klar.

Jeder Experte weiß, daß Milliardeninvestitionen vonnöten wären, um die Bundeswehr nach Jahren der Auszehrung wieder auf den Stand einer einsatzfähigen Armee zu bringen. Da die Kassen

---

[512] Hans-Jürgen LEERSCH, »Scharping will Bundeswehr um 100.000 Mann verkleinern – Verteidigungsminister lehnt Weizsäcker-Vorschläge ab«, in *Die Welt*, 24. 5. 2000.

[513] Johann Michael MÖLLER, »Wohin marschiert die Bundeswehr?« in *Die Welt*, 24. 5. 2000.

[514] Hans-Jürgen LEERSCH, »SPD will Bundeswehr mit nur noch 280.000 Soldaten«, in *Die Welt*, 17. 5. 2000.

des Bundes aber gähnend leer sind, wird es diese Investitionen nicht geben. Von daher erübrigt sich jede Diskussion um die künftigen ›Strukturen‹ der Bundeswehr.[515] Es handelt sich dabei um typische Scheingefechte, die davon ablenken sollen, daß es in nicht allzu ferner Zeit überhaupt keine deutschen Verteidigungskräfte mehr geben wird.

Seit über zehn Jahren, seit der Wiedervereinigung, debattieren Politiker und Fachleute nun schon über die künftigen ›Strukturen‹ und ›erweiterten Aufgabenbereiche‹ der Bundeswehr. Ständig werden Aufgaben und Auftrag der deutschen Streitkräfte umdefiniert. Gleichzeitig wurde der Verteidigungsetat kontinuierlich abgesenkt, das heißt, die Bundeswehr wurde »schlicht finanziell ausgetrocknet«. Ein großer Teil ihres bestqualifizierten und bestmotivierten Personals auf allen Führungsebenen hat den Dienst quittiert, während Waffen und Gerät veralten.[516] Neuer Verteidigungsminister Peter STRUICK befindet sich in einer mißlichen Lage. Er muß Planungsvorgaben, die ihm seine eigene Regierung unter Bruch einer Koalitionsvereinbarung zumutet, nicht nur akzeptieren, sondern er muß auch öffentlich den Eindruck erwecken, als sei die Aufgabe lösbar.[517] Dabei mußte sein geschaßter Vorgänger SCHARPING gelegentlich über Leichen gehen – so etwa, als er unerachtet aller Finanzierungsengpässe und Proteste im Haushaltsausschuß des Bundestags die Anschaffung von 73 superteuren Airbus A 400 M verfügte, die die Bundeswehr zwar benötigt, wenn sie künftig *›out of area‹* unter amerikanischem Kommando weltweit zuschlagen will, deren Finanzierung aber völlig offen ist. Die Kosten für diesen Luxusposten werden auf mindestens 16 Milliarden D-Mark veranschlagt, während der Bundestag nicht mehr als 10 Milliarden locker machen will. SCHARPING berief sich auf eine den Vertragspartnern Frankreich und Großbritannien gemachte Zusage, um die Anschaffung durchzudrücken, ein Prozedere, das für Außenstehende kaum nachvollziehbar ist.[518] Der Fall beleuchtet schlaglichtartig, welche Unsicherheiten die bundesdeutsche Verteidigungspolitik seit langem kennzeichnen.

---

515 Michael LIEBIG, »Was die Bundeswehr jetzt braucht«, in *Neue Solidarität*, 17. 5. 2000.

516 Ebenda.

517 Karl FELDMEYER, »Die unfreiwillige Bescheidenheit des Verteidigungsministers«, in *FAZ*, 9. 3. 2001.

518 »Scharping bestellt 73 Militärtransporter«, in *General-Anzeiger* (Bonn), 13. 12. 2001.

Noch etwas Gravierendes kommt hinzu. Keine Bundesregierung befand es in den letzten Jahrzehnten für nötig, endlich das Problem der sogenannten UN-Feindstaatenklauseln aus dem Weg zu räumen. Schon elementarste Sicherheitsbelange machten es unabdingbar, daß Deutschland seine Mitgliedschaft in den Vereinten Nationen endlich mit der Forderung an die ehemaligen Siegermächte verknüpft, die Feindstaatenklauseln auch formell außer Kraft zu setzen. Denn rein formal ist bis heute jedes Land, das während des Zweiten Weltkrieges gegen Deutschland kämpfte, berechtigt, die Feindseligkeiten bei gegebenem Anlaß wieder zu eröffnen. Der Wortlaut der in Rede stehenden Klauseln lautet:

»Art. 53: (1)... Ohne Ermächtigung des Sicherheitsrates dürfen Zwangsmaßnahmen auf Grund regionaler Abmachungen oder seitens regionaler Einrichtungen nicht ergriffen werden; ausgenommen sind Maßnahmen gegen einen Feindstaat im Sinne des Absatzes 2, soweit sie in Artikel 107 oder in regionalen, gegen die Wiederaufnahme der Angriffspolitik eines solchen Staates gerichteten Abmachungen vorgesehen sind; die Ausnahme gilt, bis der Organisation auf Ersuchen der beteiligten Regierungen die Aufgabe zugewiesen wird, neue Angriffe eines solchen Staates zu verhüten.

(2) Der Ausdruck ›Feindstaat‹ in Absatz 1 bezeichnet jeden Staat, der während des Zweiten Weltkriegs Feind eines Unterzeichners dieser Charta war.«

Art. 107: Maßnahmen, welche die hierfür verantwortlichen Regierungen als Folge des Zweiten Weltkriegs in bezug auf einen Staat ergreifen oder genehmigen, der während dieses Krieges Feind eines Unterzeichnerstaats dieser Charta war, werden durch diese Charta weder außer Kraft gesetzt noch untersagt.«

Die Situation deutscher Soldaten im Angesicht bevorstehender weltweiter Einsätze unter NATO-Oberbefehl (*»The Germans to the front«*[519]) ist völlig inakzeptabel: Einerseits müssen Bundeswehrsoldaten jederzeit damit rechnen, daß sich ehemalige Kriegsgegner Deutschlands auf die Feindstaatenklauseln berufen. Andererseits wurde und wird der deutsche Soldat – einschließlich der Gefallenen beider Weltkriege – aus öffentlichen Mitteln diffamiert und muß sich auch noch von deutschen Gerichten bescheinigen lassen, die Parole »Soldaten sind Mörder« falle unter das Recht

[519] Historischer Befehl an das deutsche Expeditionskorps während des Boxeraufstandes in China.

auf freie Meinungsäußerung. Auch die sattsam bekannte Anti-Wehrmachtausstellung gehört hierher. Sie zieht neuerdings wieder durch die Lande, nachdem der ursprünglichen Fassung so viele sachliche Fehler nachgewiesen werden konnten, daß sie zeitweilig aus dem Verkehr gezogen werden mußte. Die fragwüdige Tendenz ist auch nach der Neueröffnung die gleiche geblieben.

Man muß sich manchmal wirklich fragen, wofür in Deutschland Steuergelder fließen – zum Beispiel für ein Zehn-Jahres-Stipendium für den professionellen Deutschenbeschimpfer Daniel GOLDHAGEN. Auch der Verkauf der deutschen Ausgabe des GOLDHAGEN-Machwerks über HITLERS »willige Vollstrecker« wurde praktisch von den öffentlich-rechtlichen Rundfunkanstalten durch ständige Diskussionsrunden zu besten Sendezeiten gesponsert, anstatt daß der Autor und sein dubioses Buch einfach ignoriert wurden. Dabei wird geflissentlich übersehen, daß es Wehrmachtsoldaten, mithin »willige Vollstrecker« waren, die die Bundeswehr aufgebaut haben. Ohne ihre Erfahrungen wäre das kaum gelungen. Nach Franz KUROWSKIS *Verleugnete Vaterschaft* dienten rund 40 000 Offiziere und Unteroffiziere der ehemaligen Wehrmacht in der Bundeswehr. Mehr als 800 von ihnen waren Ritterkreuzträger.

Damit nicht genug. Die rot-grüne Bundesregierung geht in ihrer Aversion gegen alles, was mit früheren deutschen Militärtraditionen zu tun hat, so weit, daß sie im Jahre 2000 selbst noch den bescheidenen Zuschuß für die Kriegsgräberfürsorge von DM 8,2 Millionen noch einmal auf DM 6,7 Millionen zusammenstrich.[520]

Aber nicht nur bei der Kriegsgräberfürsorge regiert der Rotstift. Auch der Zivilschutz fiel rot-grünen Friedens-Phantasmagorien zum Opfer.[521] »Der Deutsche Städtetag schlägt Alarm. Es fehlen Fahrzeuge, Ausrüstungen, Schutzräume und Kommunikationsmittel, moderne ABC-Spürfahrzeuge, Geräte und Einrichtungen zum Entstrahlen, Entseuchen, Entgiften sowie Bergegerät und Einsatzfahrzeuge aller Art. Allein an Rhein und Weser müßten Milliarden investiert werden, damit im Katastrophenfall wirksam geholfen werden kann.«[522]

---

[520] Jochen ARP, »Kräftig jenseits des früheren Auftrags«, in *Das Ostpreußenblatt*, 13. 10. 2001.

[521] Jan HEITMANN, »Es beginnt ganz harmlos . . . – Pest, Pocken, Ebola: Die Albträume aus den Biowaffen-Labors – Ein Blick in Teufels Küche«, in *Das Ostpreußenblatt*, 27. 10. 2001.

[522] Jochen WAGNER, »Notstand beim Zivilschutz«, in *Welt am Sonntag*, 11. 11. 2001.

Sind deutsche Politiker blind für die Bedrohungen des 21. Jahrhunderts? In den USA wurden nach den Anschlägen vom 11. September 2001 mehrere Angestellte von Nachrichtendiensten und Postverteilungsstellen mit dem Milzbrand-Erreger infisziert, es gab erste Todesfälle. Auch in Deutschland machte sich vorübergehende Hysterie breit. Allerdings verschickten bisher zum Glück lediglich ›Trittbrettfahrer‹ Postsendungen mit harmlosem weißen Pulver. *Nota bene:* Die Milzbrand-Waffe ist eine Erfindung der Briten, vorgesehen zum Einsatz gegen die deutsche Zivilbevölkerung. Sie kam nur deshalb nicht zum Einsatz, weil die britischen Militärs deutsche Vergeltungsmaßnahmen fürchteten. Nach Aussage des ehemaligen Leiters des Bereichs ›bakteriologische und chemische Kriegführung‹ in der britischen Armee, Rex WATSON, hätte der Einsatz bewirkt, daß eine Stadt wie Berlin »bis heute« unbewohnbar wäre.[523]

»Das Spektrum der verfügbaren biologischen Kampfstoffe ist groß. . . Als besonders wirksam. . . gelten die Erreger von Milzbrand, Brucellose (Maltafieber), Pest, Pocken, Q-Fieber (Balkangrippe), Gelbfieber, Typhus, Meningitis, Rotzkrankheit und Tularämie. Darüber hinaus gibt es noch eine Vielzahl von Erregern wie Bakterien, Pilze und Viren, die allerdings nur schwer zu kultivieren sind und besonderer Sicherheitslabors bedürfen. Hierzu gehören die Erreger viraler Fieber, die sich durch eine hohe Sterblichkeit auszeichnen und gegen die es kaum Impfmöglichkeiten gibt. Zu den biologischen Kampfstoffen gehören ferner biologische Toxine, die wesentlich giftiger sind als beispielsweise die giftigsten chemischen Kampfstoffe.«[524] Die Verwendung pflanzenschädigender Kampfstoffe in Vietnam durch die US-Luftwaffe war der bislang letzte Kriegseinsatz biologischer Waffen mit Langzeitwirkung. Danach beschränkten sich die USA auf die Weiterverbreitung von C-Kampfstoffen, die in amerikanischen Labors entwickelt worden waren – und während des ersten Golfkrieges vom Irak gegen die Iraner und die eigene Zivilbevölkerung eingesetzt wurden. Der Bumerang kommt jetzt zurück. Nicht zuletzt dank ihrer damaligen C-Waffen-Exporte müssen die USA jetzt fürchten, selbst Opfer chemischer und bakteriologischer Angriffe zu werden. Bislang freilich deutet alles darauf hin, daß die Milzbrand-Attentäter in den USA selbst zu suchen sind.

---

[523] Hans-Joachim VON LEESEN über bundesdeutsche »Geschichtspolitik«, aaO. (Anm. 163).

[524] Jan HEITMANN, aaO. (Anm. 521).

Ein nicht unerhebliches Risiko stellen auch die C-Waffen-Bestände in der ehemaligen Sowjetunion dar. Erst nach dem Ende des Kalten Krieges sprach sich im Westen herum, in welchem Ausmaß die Sowjets biologische Kampfstoffe entwickelt hatten. Dazu gehörten »Milzbranderreger, die gegen jedes Antibiotikum resistent sind; Pockenviren, gegen die kein Impfstoff hilft und gentechnisch aufgerüstete Ebolaviren, die mit Raketen verschossen werden können«. Niemand weiß bislang, »wo die Tonnen von russischen Biokampfstoffen geblieben sind«.[515]

Die rot-grüne Bundesregierung folgte in den letzten Jahren einem konsequenten bündnispolitischen Weg, um die Bundeswehr – unter amerikanischem Oberbefehl – schrittweise an Einsätze auch außerhalb des NATO-Bündnisgebietes heranzuführen. Als die USA die Anschläge vom 11. September 2001 nicht nur als »Angriff einer fremden Macht« (Artikel 5 der NATO-Statuts) interpretierten, der ihnen den Vorwand zur Ausrufung des Bündnisfalles bot, sondern darüber hinaus ultimative internationale Unterstützung im ›Kampf gegen den Terror‹ einforderten, kam das Echo aus Berlin prompt: Das Wort des Bundeskanzlers, Deutschland stehe in »uneingeschränkter Solidarität« zu den Ver-

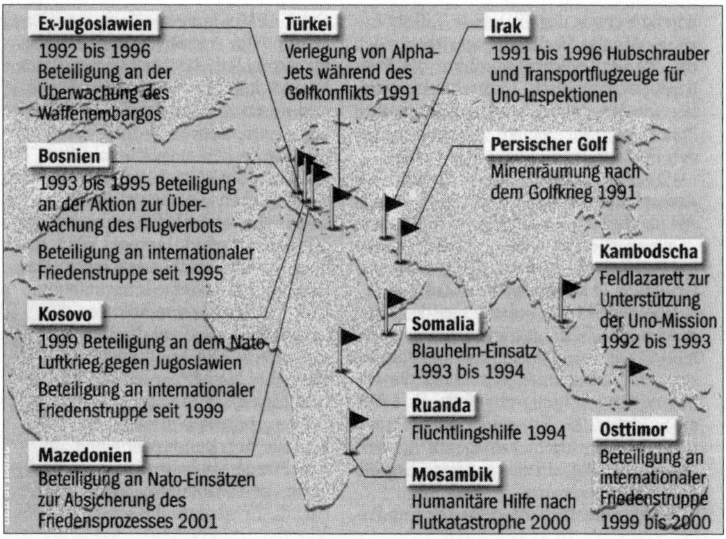

Abbildung 39. Wohin marschiert die Bundeswehr, wenn Deutschland in »uneingeschränkter Solidarität« zu den USA steht? (*Spiegel*-Graphik)

[525] Chr. SCHWÄGERL, »Mentale Abrüstung – Wie ein deutscher Forscher russischen Biowaffenexperten eine neue Perspektive gibt«, *FAZ*, 9. 11. 2001.

[526] *General-Anzeiger* (Bonn), 7. 11. 2001.

einigten Staaten, ist noch in guter Erinnerung. Damit freilich nicht genug. Über dieses Beistandsbekunden hinaus diente SCHRÖDER den USA eine Beteiligung der Bundeswehr am amerikanischen Afghanistankrieg regelrecht an, ohne daß von Washington eine entsprechende Aufforderung ergangen wäre.

Allerdings wird, folgt man der inzwischen eingestellten Berliner *Woche*, die vielgepriesene Allianz gegen den Terror mehr und mehr von moralischen Skrupeln angenagt. Für die USA als Führungsmacht ist es deshalb nur logisch, die wankelnden Alliierten straff an die Kette zu legen und durch ihre militärische Verstrickung in die amerikanische Intervention selbst zur Kriegspartei zu machen.[526] Im deutschen Fall lagen die Dinge dank SCHRÖDERS vorauseilendem Angebot einfach. Washington brauchte im November 2001 nur noch eine Zahl einzusetzen - die bekannten 3900 Soldaten.[527 u. 528] Wie es zu diesem Kuhhandel kam, ist allerdings umstritten. Der *FAZ* zufolge habe der US-Verteidigungsminister erklärt, »es habe gar keine formelle Anforderung von 3900 Soldaten gegeben«.[529] Wollte sich Bundeskanzler SCHRÖDER demnach mit seinem Anerbieten wirklich nur beim Großen US-Bruder anbiedern? Parteiübergreifend wurde SCHRÖDER, der selbst niemals gedient hat, daraufhin verdächtigt, er sei ganz erpicht darauf, deutsche Soldaten in den Krieg zu schicken. Washington spielte mit und reichte - auf Bitten der Bundesregierung - eine Erklärung nach, der zufolge es doch ein amerikanisches Hilfeersuchen gegeben habe.[530]

Allerdings blieb, folgt man der *Südwestpresse* (Ulm), auch jetzt ausdrücklich offen, wo, wann, gegen wen und zu welchem Ziel der Kriegseinsatz stattfinden solle.[531] Ein denkbar dünnes Fundament für einen bewaffneten Auslandseinsatz. Dem Kanzler freilich reichte es aus, die Entsendung der 3900 Soldaten im Bundestag durchzudrücken, wenn auch mit dünner Mehrheit in der eigenen Koalition und unter Einsatz des Druckmittels der Vertrauensfrage. Um die Mehrheit auch in der Regierungskoalition sicherzustellen, trat eine SPD-Abgeordnete, die sich nicht zur Zustimmung durchringen konnte, eben noch rechtzeitig aus der Fraktion aus.

---

527 »3.000 Soldaten für den Kampf gegen Terrorismus - Berlin kommt Anfrage Washingtons nach / Regierung will Entscheidungsvollmacht für Einsatz«, in *FAZ*, 7. 11. 2001.

528 Rüdiger FRANZ, »USA fordern 3.900 Bundeswehrsoldaten an«, in *General-Anzeiger* (Bonn), 7. 11. 2001.

529 Mark SIEMONS, »So was fragt man nicht - Das System Schröder und der Krieg der guten Gesellschaft«, in *FAZ*, 8. 11. 2001.

530 »Die Solidarität schrumpft«, in: ebenda.

Ein wenig Eitelkeit des Kanzlers spielte auch mit. Denn natürlich hätte eine breite Mehrheit im Bundestag für die Entsendung des deutschen Afghanistan-Kontingents gestimmt – Union und FDP waren vorbehaltlos dafür. Es mußte aber die eigene rot-grüne Mehrheit sein, und die hätte der Kanzler nicht ohne die Vertrauensfrage bekommen. Am Ende wog das Überleben der Fraktion für die Abgeordneten des rot-grünen Lagers schwerer als etwaige noch vorhandene pazifistische Vorbehalte.

Ein unguter Nachgeschmack bleibt dennoch. Denn die Vertrauensfrage setzte die Abgeordneten in einer außerordentlich wichtigen Entscheidung ungebührlich unter Druck. Zumal der grüne Koalitionspartner wurde auf kaltem Wege zur Preisgabe sämtlicher pazifistischen Grundsätze gezwungen, wollte er nicht die Koalition verlassen. Dazu freilich klebten die bündnisgrünen Abgeordneten dann doch zu sehr an ihren Sesseln. Das machten sie auch wenig später auf dem Rostocker Parteitag deutlich, als sie der Zustimmung, wiederum verbunden mit der Vertrauensfrage, gleich noch einmal die Zwei-Drittel-Mehrheit erteilten. Wie lange sich die grüne Basis solches Taktieren noch wird gefallen lassen, bleibt abzuwarten. Es ist für das Überleben einer politischen Partei nicht unbedingt von Vorteil, ihre Grundsätze nach Belieben über Bord zu werfen.

Die amerikanische Wirtschaft ist ins Stottern geraten. Schon aus diesem Grund verfällt Washington auf die alte Masche, den Militäreinsatz im ›Kampf gegen den Terror‹ auf möglichst viele Schultern zu verteilen. Schon jetzt stehen Spezialkräfte aus zehn Ländern an amerikanischer Seite im Einsatz.[532] Für deutsche Außen- und Sicherheitspolitiker ist das eine handfeste Ermunterung. Obwohl Geld und Ressourcen schon jetzt bei weitem nicht reichen, soll die Bundeswehr nach Auffassung der Regierung in Zukunft »weltweit militärisch mitmischen«. Ausgerechnet der SPD-Kanzler ist treibender Motor der Neuorientierung.[533] Natürlich ist man realistisch – und vermutlich auch komplexbeladen – genug, darin keinen »Schritt in die erste Reihe« zu sehen – wo käme man da hin bei dieser Vergangenheit. Zudem fiele es den Europäern vermutlich selbst dann schwer, sich globalpolitisch neben den USA, Rußland und China zu profilieren, wenn sie es endlich fertigbrächten, auf internationa-

---

531 *General-Anzeiger* (Bonn), 7. 11. 2001.

532 Udo ULFKOTTE, »Die Lasten auf viele Schultern verteilen«, in *FAZ*, 7. 11. 2001.

533 Andreas HOIDN-BORCHERS, Lorenz WOLF-DOETTINCHEM, »General Schröder«, in *Der Stern*, 18. 2. 2001, S. 38.

lem Parkett mit einer Stimme zu sprechen.[534] Die Beteiligung der Bundeswehr am amerikanischen Afghanistan-Krieg ist denn auch eine reine Schauveranstaltung. Deutschland ist und bleibt faktisch ein Protektorat unter US-Besatzung und hat im Zweifelsfall überhaupt keine Möglichkeit, irgend etwas selbst und in eigener Verantwortung zu entscheiden. SCHRÖDER mußte deshalb die Vasallenrolle ein wenig verschleiern, indem er der Öffentlichkeit weismachte, der Einsatz der Bundeswehr am Hindukusch läge im »deutschen Interesse«. Natürlich ist das reine Schaumschlägerei. Von einem solchen Interesse ließe sich allenfalls sprechen, wenn dieser Einsatz mit bestimmten Gegenleistungen Washingtons verbunden wäre, zum Beispiel dem Abzug der verbliebenen alliierten Besatzungstruppen in der Bundesrepublik. Davon ist jedoch nicht die Rede.

Im übrigen hatte das Afghanistan-Abenteuer zum Zeitpunkt der Bundestagsentscheidung noch nicht einmal die Billigung des UN-Sicherheitsrates gefunden. In dessen Resolutionen Nr. 1368 und Nr. 1373 vom 12. und 28. September 2001 werden weder Afghanistan noch das Taliban-Regime erwähnt.[535] Gut möglich, daß das der Präzedenzfall für eine ganze Reihe weiterer *›out of area‹*-Einsätze der Bundeswehr war: Man demonstriert »grenzenlose Solidarität«, sagt militärische Unterstützung zu – und weiß nicht einmal, gegen wen es geht. Das ist das Holz, aus dem Satrapen sind. Es ist nur eine Frage der Zeit, wann die nächsten Marschbefehle im Rahmen der Anti-Terror-Koalition ausgestellt werden. Vorsorglich erklärte die Bundesregierung über das gesamte NATO-Gebiet hinaus schon einmal die komplette arabische Halbinsel, Mittel- und Zentralasien sowie Nord-Ost-Afrika zu denkbaren Aufmarschräumen der Bundeswehr. Das ist nur folgerichtig: Überall in diesem riesigen Areal gilt es, amerikanische Rohstoffinteressen zu verteidigen.[536] Was Deutschland anbetrifft: natürlich ohne Gegenleistung. Das potentielle Menschenmaterial für diese Einsätze läßt sich davon offenbar nicht abschrecken. Obwohl die Zahl der Wehrdienstverweigerer seit dem 11. September 2001 wieder steil ansteigt, muß sich die Bundeswehr für ihre nächsten Auslandseinsätze keine Personalsorgen machen.[537]

---

[534] *Der Spiegel*, 15. 10. 2001, S. 22.

[535] Matthias HARTWIG, »Zur Rechtfertigung militärischer Gewalt nicht geeignet (Leserzuschrift)«, in *FAZ*, 10. 11. 2001.

[536] »Berlin und Washington um die Beseitigung eines ›Mißverständnisses‹ bemüht«, in *FAZ*, 8. 11. 2001.

[537] Ekkehard KOHRS, »Mehr Verweigerer und mehr Bewerber«, in *General-Anzeiger* (Bonn), 24. 11. 2001.

Die Nation

Die Familie

Der Augsburger Familienforscher Wassilios ETHENAKIS analysierte in einem Beitrag für *Die Welt* die Familienberichte der Bundesregierung aus den Jahren 1969 (Regierung Ludwig ERHARD, CDU/FDP), 1976 (Willy BRANDT, SPD/FDP), 1980 (Helmut SCHMIDT, SPD/FDP) sowie 1986 und 1994 (Helmut KOHL, CDU/CSU/FDP). Er stellte dabei markante Wandlungen des Familienbegriffs fest, die sich wie folgt thesenartig wiedergeben lassen (Zahlen geben die fortlaufende Reihenfolge der Familienberichte an):

1. Familie sollte sich ehedem in der Ehe als biologische Reproduktionsgemeinschaft zur Sicherung des Bevölkerungsstandes verstehen. Alleinerzieherschaft galt nicht als »Familie«.
2. Familie wurde als das Zusammenleben eines Elternpaares mit einem oder mehreren Kindern begriffen. Die Familie konnte »vollständig« oder, unter Berücksichtigung zunehmender Scheidungsraten, »unvollständig« sein.
3. In den Jahren nach der Regierung BRANDT rückte die ehebegründete Familie wieder stärker in die Rolle eines Leitbildes. Alternative Lebensformen wurden vorerst ausgeklammert.
4. und 5. Familie wurde unter Berücksichtigung verlängerter Lebenserwartung als soziale Einheit von drei oder mehr Generationen konzipiert. Zusätzlich wurde im
6. Familienbericht der Haushaltsbegriff eingeführt.[538]

Die deutsche Familie hatte sich in den Kriegs- und noch härteren Nachkriegsjahren als stabilisierende Sozialinstitution bestens bewährt. Weit härteres Ungemach als in den Bombennächten des Krieges drohte ihr in den Jahrzehnten danach, und zwar in Gestalt der berüchtigten Frankfurter Schule, jener Riege führender Umerzieher, die im Gefolge der amerikanischen Besatzung aus den USA nach Deutschland zurückkehrten, um die deutsche Gesellschaft praktisch auf den Kopf zu stellen. Nichts anderes hatten sich HORKHEIMER, ADORNO und wie sie alle hießen zum Ziel gesetzt. Im Mittelpunkt stand dabei der Angriff auf die traditionelle Familie.

Die Einzelheiten sind bekannt. »Die ›Konflikttheorie‹, das ›Hinterfragen‹ und Diffamieren aller bisherigen Werte«, die Forderung nach ›antiautoritärer Erziehung‹ und nicht zuletzt die mittlerwei-

---

538 Wassilios ETHENAKIS, »Familien sind nicht mehr alles«, in *Die Welt*, 13. 1. 2000.

le gesetzlich sanktionierte Homo-Ehe,[539] – das alles sind 68er-Errungenschaften. Die Spätwirkungen der Umerziehung sind heute mit Händen zu greifen und allgegenwärtig. Als im Jahre 2000 mehr als eine Million Menschen in Köln das größte ›schwul-lesbische‹ Fest Europas zelebrierten, gehörten zu den prominentesten Besuchern die bündnisgrünen Bundesminister Andrea FISCHER und Jürgen TRITTIN sowie SPD-Generalsekretär Franz MÜNTEFERING.[540]

Man darf sich keine Illusionen machen. Zwar steht die Familie auf dem Papier bis heute unter dem besonderen Schutz des Grundgesetzes. Doch in der bundesdeutschen Praxis ist diese Garantie längst ohne jeden Wert.[541] Die zunehmende Verwahrlosung der nachwachsenden Generationen, massenhafte Abtreibung, immer mehr Single-Haushalte und fehlender Nachwuchs sprechen eine traurige Sprache. Es ist auch nicht so, daß die Lehren der ›Frankfurter Schule‹ inzwischen längst widerlegt und überwunden wären. Im Gegenteil, das bundesdeutsche Establishment bekennt sich heute vollmundig zu den ›Errungenschaften‹ der 68er, was sich zum Beispiel daran ablesen läßt, daß am 14. Oktober 2001 der ›amtierende‹ Nachfolger HORKHEIMERS, der 68er-Chefideologe Jürgen HABERMAS, in der Frankfurter Paulskirche offiziell mit dem Friedenspreis des Deutschen Buchhandels geehrt wurde. HABERMAS gilt seit 1964 als führender Vertreter der Frankfurter Schule. Es war bezeichnend, daß ein anderer Geistestäter die Laudatio hielt: der von HABERMAS protegierte Jan Philipp REEMTSMA, sattsam bekannt als Finanzier der unsäglichen Anti-Wehrmachtausstellung. Mit Blick auf solche Seilschaften fällt es schwer, nicht von einer pathologischen Selbstmordsucht der deutschen ›geistigen Elite‹ zu sprechen. Die rot-grüne Bundesregierung besteht fast zur Gänze aus Zöglingen der Frankfurter Schule.[542] Über eine dementsprechend ›fortschrittliche‹ gesetzgeberische Arbeit darf man sich nicht wundern. Ehe und Familie sind unter Rot-Grün zum Abschuß freigegeben. Zwar gibt es »in Deutschland... eine Familienministerin, aber sogar ihr ist, wie es scheint, ... die Förderung der berufstätigen Frau wichtiger als die Familienförderung«.[543]

---

[539] »Der Tod der Familie – Auswirkungen der Konflikttheorie«, in *Euro-Kurier*, Tübingen, August 2001.

[540] »Die größte Schwulen-Parade Europas«, in *Die Welt*, 3. 7. 2000.

[541] GG Art. 6 Abs. 1 stellt die Ehe und Familie unter besonderen Schutz der staatlichen Ordnung.

[542] Ebenda.

[543] Carl-Wilhelm BUSSE, »Der säkulare Staat und sein ›ethischer‹ Liberalismus«, in *Westfälisches Volksblatt*, 23. 8. 1977.

In Zeiten ausbleibenden Nachwuchses tritt die große Schwäche des bundesdeutschen Rentensystems zutage: Das Umlageverfahren offenbart inzwischen einen nachgerade sozialistischen Umverteilungscharakter. ›Selbstverwirklichte‹ kinderlose Ehen oder – was ebenfalls immer mehr zur Regel wird – ›Partnerschaften auf Zeit‹ sind im Alter mit zwei Vollrenten eindeutig bessergestellt als kinderreiche Familien, in denen die Frau nur teilzeitig oder überhaupt nicht berufstätig sein konnte und dementsprechend weniger Rentenansprüche erworben hat. Mit anderen Worten: Kinderlosigkeit wird belohnt, die Familie mit Kindern wird benachteiligt. Kein Wunder, daß die demographischen Löcher in der deutschen Bevölkerung immer größer werden. Die Deutschen sterben aus. Nun sollen, um die Lücken in der einheimischen Bevölkerungspyramide zu schließen, Zuwanderer den gebärfaulen Deutschen aus der selbstverschuldeten Bredouille helfen. Eine besonders perfide Lösung. Sie liegt zu 100 Prozent auf der Linie des HOOTON-Planes, der in diesem Buch schon des öfteren erwähnt werden mußte.

An den Tatsachen läßt sich inzwischen nichts mehr herumdeuteln: Wer sich heute eine ausreichende Altersversorgung sichern will, sollte sich nicht – oder zumindest nicht mehr ausschließlich – auf das öffentliche Rentensystem verlassen und versuchen, den Lebensabend im eigenen Heim zu verbringen. Prognosen schätzen, daß so ein Anteil von bis zu 50 Prozent der benötigten Altersversorgung abgedeckt werden kann.[544]

Ein Ausweg aus der demographischen Katastrophe ist das natürlich nicht. Gesichertes Wohneigentum im Alter führt nicht zu mehr Kindern. Hier gilt es, nach den tieferliegenden gesellschaftlichen Fehlentwicklungen Ausschau zu halten. Eine davon zeigt sich im erschütternden Desinteresse vieler Eltern an den eigenen Kindern.[545] Wie will man Gewalt und Drogenkonsum unter Jugendlichen bekämpfen, wenn sich die Eltern nicht stärker engagieren? Auch der ungebrochene Trend zur gesellschaftlichen Atomisierung, der sich an der steigenden Zahl von Single-Haushalten ablesen läßt, ist nicht unbedingt auf die Bedürfnisse von Kindern zugeschnitten. Alleinerziehende – beileibe nicht nur, aber zum überwiegenden Teil Frauen – können sich schlechterdings nicht

---

[544] Klaus JAEGER, »Folgen der demographischen Veränderung«, in *Die Welt*, 27. 6. 1994.

[545] »Das Desinteresse an den eigenen Kindern ist erschreckend«, in *General-Anzeiger* (Bonn), 8. 12. 2001.

optimal um die Erziehung des Nachwuchses kümmern. München gilt unter Soziologen inzwischen als deutsche Single-Hauptstadt, gefolgt von Frankfurt am Main. Der Anteil der Ein-Personen-Haushalte lag in der Isarmetropole bereits Mitte der neunziger Jahre bei 52 Prozent, in Frankfurt am Main bei 49 Prozent. Die Ursachen für diese Entwicklung sind komplex: steigender Wohlstand, höhere Scheidungsraten, zunehmende Individualisierung.[546] Das Resultat ist eindeutig: Die Deutschen sind ein aussterbendes Volk.

Die demographische Zeitbombe

Zum Auftakt einer Sondersitzung der UN-Vollversammlung fünf Jahre nach der Weltbevölkerungskonferenz in Kairo (1994) richtete Generalsekretär Kofi ANNAN einen dramatischen Appell an die Vertreter der 179 Teilnehmerstaaten: »Wir müssen das Bevölkerungsproblem in den Griff bekommen.«[547] ANNAN warnte zum x-ten Mal vor der »Bevölkerungsexplosion« in weiten Teilen der Welt.

Fakten: Die Weltbevölkerung zählt mittlerweile etwas über sechs Milliarden Menschen, von denen sich zwischen 100 und 150 Millionen auf der Suche nach Arbeit und Brot ständig außerhalb ihrer Ursprungsländer befinden. Das bedeutet, daß heute weltweit mehr ›Migranten‹ unterwegs sind, als Deutschland Einwohner hat.[548]

In der Bundesrepublik wird auf diesen Umstand mit einer Art Vogel-Strauß-Politik reagiert. Jahrzehntelange Umerziehung hat den Blick für bevölkerungspolitische Belange gründlich umnebelt. Und die offizielle, *unisono* von Parteien und Medien propagierte Marschrichtung ist ohnehin klar: Deutschland muß Einwanderungsland werden.[549] Sowohl Unternehmen auf der Suche nach Arbeitskräften als auch inländische Rentenbezieher *in spe* setzen zur Lösung der demographischen Probleme nicht etwa auf eine verstärkte Förderung einheimischer kinderreicher Familien, sondern – ohne Rücksicht auf den Erhalt einer spezifisch ›deutschen‹ Bevölkerungssubstanz – auf massenhafte Zuwanderung aus aller

---

546 »Der Trend zum Single-Haushalt ist ungebrochen«, in *Die Welt,* 29. 10. 1996.

547 »Weltbevölkerung – Übervölkerung«, in *Fakten,* Nr. 7–8, 1999.

548 Klaus NATORP, »Volk ohne Bevölkerungsbewußtsein«, in *FAZ,* 12. 12. 2001.

549 Thomas BUSKE (Leserzuschrift), »Wirklich nie wieder?« in *Die Welt,* 27. 6. 1997.

Herren Länder. Gleichzeitig werden die Hürden für die Zuwanderung deutschstämmiger Aussiedler immer weiter angehoben, etwa durch Sprachtests usw. Während der Zustrom von Ausländern deshalb ungebremst ist, nimmt die Zahl von Spätaussiedlern kontinuierlich ab.[550]

Um sich die Folgen dieser Entwicklung zu veranschaulichen, bedarf es keiner großen Phantasie. Bereits um das Jahr 2030 wird die deutsche Bevölkerung fast zur Hälfte aus Ausländern bestehen, von denen die meisten schwer integrierbare muslimische Türken sind. Die Anzahl der in Deutschland lebenden Moslems liegt schon jetzt nach offiziellen Angaben bei über 3 Millionen. Und der Bevölkerungsdruck aus den Herkunftsländern, vor allem aus der Türkei, ist ungeheuer, weil sich dort praktisch jede Generation verdoppelt.[551] Rund zwei Millionen Ausländer in der Bundesrepublik sind nach Angaben der Dachorganisation türkischer Verbände in Deutschland bereits im Besitz der doppelten Staatsbürgerschaft. Das rot-grüne Staatsbürgerschaftsrecht und ein Kniff der türkischen Gesetzgebung kommen zuwanderungswilligen Türken dabei entgegen: Denn wenn auch zum Erhalt eines deutschen Passes die türkische Staatsangehörigkeit zunächst aufgegeben werden muß, erhalten türkische Ex-Bürger diese nach ihrer Einbürgerung in Deutschland vom türkischen Staat wieder zurück.[552] Natürlich bleibt dieser massenhaft angewandte Trick deutscherseits ohne Folgen. Auch der illegalen Zuwanderung aus der Türkei - zum Beispiel von angeblichen Familienangehörigen, die gar keine sind - ist auf legalem Wege schwer beizukommen, da in türkischen Behörden auch schwarze Schafe sitzen,[553] die sich von ihrem Schreibtisch aus mit Schleusergeschäften ein lukratives Zubrot verdienen. Großes Interesse an einer Abstellung der Mißstände scheint freilich in Deutschland ohnehin nicht zu bestehen. In einer seiner »Berliner Reden« erklärte Bundespräsident RAU im Jahre 2000 unser Land kurzerhand zum »Einwanderungsland«.[554] Und damit steht der höchste Repräsentant der Bundesrepublik nicht einmal allein.

---

550 »Zahl der Aussiedler nimmt weiter ab«, in *Die Welt,* 2. 6. 1998.

551 *Fakten,* aaO. (Anm. 547).

552 »Aktuelles zur Presse- und Meinungsfreiheit«, in *Das Freie Forum,* 1/1998, S. 12.

553 »In türkischen Behörden sitzen Schleuser«, in *Die Welt,* 1. 4. 1998.

554 Arno P. MÜLLER, »Mit dem Demographie-Argument bemäntelt«, in *FAZ,* 22. 5. 2000.

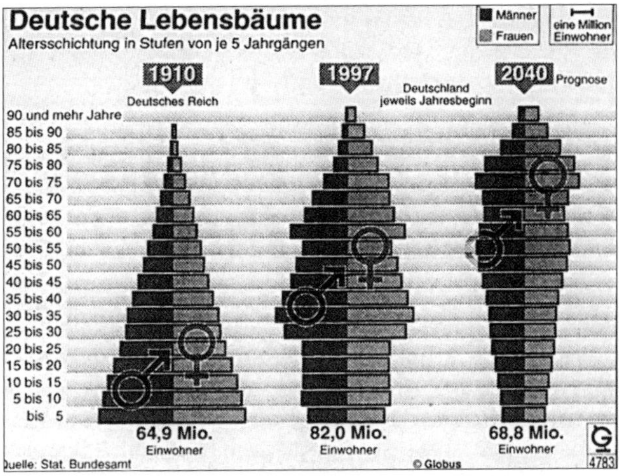

Abbildung 40. Bevölkerungsprognose für Deutschland.
Nach *Unabhängige Nachrichten*, 12/1995, S. 5.

Nach Angaben des Statistischen Bundesamtes verzeichnet Deutschland derzeit ein leichtes Bevölkerungswachstum von 0,2 Prozent.[555] Am europäischen Gesamttrend ändert das jedoch nichts. Auch daran nicht, daß Deutschland seit langem und ungebrochen auf den hinteren Plätzen im demographischen Vergleich mitspielt. Das Statistische Bundesamt prognostiziert, daß die Einwohnerzahl Gesamtdeutschlands im Jahre 2040 bei nur noch 76 Millionen liegen wird.[556] Seit Anfang der siebziger Jahre nimmt die in Deutschland ansässige Bevölkerung jährlich um rund 200 000 Menschen ab.[557] Da ist es ein schwacher Trost, daß außer den Deutschen auch noch die Schweden, Italiener und Griechen vor dem allmählichen Aussterben stehen. Am anderen Ende der Skala stehen Iren, Luxemburger, Franzosen und Niederländer.[558] Und auch beim Großen US-Bruder braucht man sich keine Nachwuchssorgen zu machen. Familie und Kinder stehen in der amerikanischen Werteskala wie eh und je ganz weit vorn.[559]

Bevölkerungswissenschaft war in Deutschland jahrzehntelang von einem politisch korrekten Tabu umgeben. Das bekannte »Hei-

555 »Bevölkerungsentwicklung in Deutschland«, nach *Die Welt*, 19. 7. 2000.

556 »Statistisches Bundesamt, Bevölkerungszahl geht weiter zurück«, in *Die Welt*, 1. 4. 1998.

557 »Deutschland bleibt Einwanderungsland«, in *FAZ*, 20. 10. 1999.

558 »Trauriger Rekord«, in *Das Ostpreußenblatt*, 1. 1. 2002.

559 H.-J. KAFFSACK, »Ehe und Familie ganz vorn«, in *Die Welt*, 23. 8. 1996.

delberger Manifest« (1981), in dem eine Reihe von Wissenschaftlern ihre Sorge um den Fortbestand des deutschen Volkes zum Ausdruck brachte und ihren Befund mit Zahlen und Statistiken absicherte, wurde als »rechtsradikal« und Schlimmeres diffamiert. Natürlich standen und stehen dabei linksgestrickte Ideologen stets in der ersten Reihe, verdanken sie ihre verquasten Programme doch mehr oder weniger ungefiltert den Vorgaben der Besatzungsmächte.[560] Besonders vehement wurde dabei von jeher für eine Legalisierung der Abtreibung gestritten. Mit traurigem Erfolg: Experten gehen davon aus, daß bis zum Jahre 1997 4,5 Millionen ungeborene Kinder (in 15 Jahren) abgetrieben wurden. Sowohl unter ethischen als auch unter sozialpolitischen Aspekten ist diese Zahl erschütternd. Die Deutschen arbeiten durch ihre Familienfeindlichkeit mit Hochdruck an ihrer eigenen Endlösung.[561 u. 562]

Dem Bonner Rechtsphilosophen und Strafrechtswissenschaftler Günther JACOBS ist beizupflichten, wenn er feststellt, daß Schwangerschaftsberatungsstellen, die Bescheinigungen ausstellen, letztlich Beihilfe zur rechtswidrigen, wenn auch straffreien Abtreibung leisten.[563] Ein unsäglicher Zustand. Währenddessen scheint die Vergreisung unseres Volkes unaufhaltsam. Die Lebenserwartung hat sich in Deutschland in den vergangenen 120 Jahren verdoppelt. Frauen werden heute durchschnittlich 79,6 und Männer 77,3 Jahre alt. 1871 bis 1881 lag der Durchschnitt noch bei 38,6 bzw. 35,7 Jahren.[564] In früheren Jahrzehnten wurde diese Entwicklung mit der Vokabel ›Volkstod‹ umschrieben. So plastisch würde man sich in Zeiten der *Political Correctness* nicht mehr ausdrücken. An den Fakten ändert das nichts.

Kampf um die nationale Identität

Eines der Hauptziele der alliierten ›*reeducation*‹ nach 1945 bestand darin, den Besiegten ihre nationale und kulturelle Identität zu

---

560 »Vom Wirklichkeitsverlust der Deutschen – Medien verbauen den Horizont«, in *Euro-Kurier* 5/2001.

561 Hans-Georg WIGGE (Leserzuschrift), »Wo schweigen töten hilft«, in *Westfälisches Volksblatt*, 4. 11. 1997.

562 Wolfgang BÜSCHER, Stefan REHDER, »Klappe auf, Klappe zu – Mehrere Babymorde werden derzeit vor Gericht verhandelt. Vereine von Hamburg bis Bayern bieten Hilfe an«, in *Die Welt*, 9. 3. 2000.

563 »Juristen gehen in Offensive: Beratungsschein – Beihilfe zur Abtreibung«, in *Privatdepesche*, 10. 5. 2000,

564 *Die Welt*, 1. 10. 1997.

nehmen. »Ein Volk, dem durch Fremdbestimmung oder durch Dekadenz die kulturellen Grundlagen zerstört werden, bricht zusammen und verschwindet früher oder später als Geschichtsgröße.[565] Von der Rolle der Frankfurter Schule bei diesem Prozeß war auf den vorangehenden Seiten bereits mehrmals die Rede. Leistung und Autorität galten als verpönt, die Anforderungen an Schüler und Lehrer wurden über Generationen hinweg immer weiter herabgesetzt. Das Ergebnis war eine Art »Kuschel-Pädagogik«[566], über die sich zwar linksalternative Bildungsexperten (?) freuen können, die Deutschland aber gleichzeitig beschämende Plätze in der bekannten PISA-Studie beschert hat.

Die Studie wollte erkunden, wie gut 15jährige Schüler auf die Herausforderungen der modernen Wissensgesellschaft vorbereitet sind. Schwerpunkt der Studie, die über mehrere Jahre lief, waren Lesekompetenz, mathematische und naturwissenschaftliche Grundbildung sowie fächerübergreifende Fähigkeiten. Insgesamt nahmen 32 Staaten teil. Dabei wurden im Frühjahr 2000 180 000 Schüler getestet, davon 5073 an 219 Schulen in Deutschland.[567] Die Ergebnisse sorgten in der Öffentlichkeit für Bestürzung. Das *Westfalenblatt* nannte Deutschland rundweg einen »Pflegefall in Sachen Lesen«.[568]

Als ob es nur ums Lesen ginge. Die deutsche Akademie für Sprache und Dichtung beklagt, daß »schlechtes einfaches Englisch« an den deutschen Universitäten die deutsche Muttersprache verdränge. »Bad simple English« (BSE) behindere die Entwicklung muttersprachlicher, also deutscher Sprachkompetenz gerade in zukunftswichtigen Bereichen der Wissenschaft. Gefordert wird deshalb neben einem »gepflegten Englisch« auch eine vertiefte Vermittlung der deutschen Wissenschaftssprache sowie ein besserer Deutschunterricht.[569]

Die Kultusministerkonferenz (KMK) beauftragte vor geraumer Zeit im Zusammenwirken mit der Bundesregierung das Berliner Max-Planck-Institut für Bildungsforschung, in allen Bundeslän-

---

565 »Zum sich verschärfenden Kampf der Kulturen«, in *Das Freie Forum,* 1/2001, S. 7.

566 Herbert Reul,» Kampfansage gegen Kuschel-Pädagogik«, in *Welt am Sonntag,* 16. 12. 2001.

567 »Viele Schüler in Deutschland auf unterstem Niveau«, in *FAZ,* 4. 12. 2001.

568 Dietmar Kemper, »Pflegefall in Sachen Lesen«, in *Westfälisches Volksblatt,* 6. 12. 2001.

569 »Von BSE befallene Sprache«, in *National-Zeitung,* 1. 2. 2002, S. 14.

dern eine Ergänzungsstudie durchzuführen. Auch deren Ergebnisse liegen seit Sommer 2002 vor. Der Befund ist vernichtend. Deutsche Schüler kommen demnach im internationalen Vergleich nur auf Platz 20. Selbst Bayern liegt mit Platz 12 allenfalls im Mittelfeld. Jetzt ist die Bestürzung groß. Aber blinder Aktivismus hilft hier nicht. Man kann ein in Jahrzehnten ruiniertes Leistungsniveau nicht von heute auf morgen wiederherstellen.[570]

Einer der Gründe dafür, warum deutsche Schulen so bescheidene Ergebnisse erzielten, ist auch im multikulturellen Alltag vieler Schüler zu suchen. In etlichen Großstädten – und beileibe nicht nur an den Hauptschulen – sind deutsche Schüler längst die Minderheit. Die Lehrkräfte sind durch das alltägliche Sprachen-Tohuwabohu schlichtweg überfordert. Immer mehr ausländische Schüler werden ohne ausreichende deutsche Sprachkenntnisse eingeschult, ein Defizit, das sich im Normalfall nicht mehr aufholen läßt.

Im Gesamtspektrum der rot-grünen Katastrophenpolitik macht es nur ein relativ kleines Mosaiksteinchen aus, daß deutsche Schüler natürlich auch nichts von den alten Ostgebieten erfahren. Das Verschweigen hat System. Die nachwachsenden Generationen sollen den jahrhundertealten historischen Siedlungsraum ihres Volkes möglichst »vergessen«[571] und nicht einmal mehr auf den Gedanken kommen, Fragen nach seinem Schicksal, nach seinem Verbleib und möglichen Entschädigungen zu stellen. Von dieser Totschweigetaktik deutscher Bildungsinstitutionen sind in besonderem Maße auch die Rußlanddeutschen betroffen. Systematisch werden in den letzten Jahren nicht nur den Verbänden der Heimatvertriebenen und Landsmannschaften die Mittel zusammengestrichen, sondern zum Beispiel auch dem VDA, dem ›Verein für deutsche Kulturbeziehungen im Ausland‹ (ehemals: Verein für das Deutschtum im Ausland), der auf eine über 100jährige Erfahrung in der Unterstützung von Auslandsdeutschen verfügt. Seit 1991 war er es, der im Auftrag der Bundesregierung für die kulturelle und bildungspolitische Betreuung der Rußlanddeutschen zuständig war. Auch nach der rot-grünen Regierungsübernahme 1998 suchte der VDA die Zusammenarbeit mit der Bundesregierung. Diese fand allerdings unter den neuen politischen Vorzeichen ein trauriges Ende. Ohne weitere Gespräche teilte Außenminister FISCHER Ende 1998 mit, daß es eine weitere Zusammenarbeit

---

570 Ebenda.

571 Wilhelm VON GOTTBERG, »Ostpreußen verpflichtet«, in *Das Ostpreußenblatt*, Neujahr 2002.

mit dem VDA zur Unterstützung deutscher Minderheiten – zumindest im Bereich der GUS – nicht mehr geben werde. Wer hinter diesem Kurswechsel steckte, läßt sich nicht mit Bestimmtheit sagen. Die Genossen von der PDS werden sich aber ins Fäustchen gelacht haben.[572]

Das bewußte Aussteigen aus der Geschichte des deutschen Ostens ist nur einer von zahlreichen schwarzen Flecken auf den Westen deutscher Bildungs(?)politiker. Ein anderer ist die völlig überflüssige Durchsetzung der sogenannten ›Rechtschreibreform‹, für die es keinerlei sachliche Gründe gibt. Auch sie kann unter dem Strich nur dazu beitragen, daß Anglizismen in der »deutschen« Umgangssprache weiter um sich greifen und die Sprachkompetenz deutscher Schüler weiter abnimmt. Die langfristigen Folgen sind verheerend. Wenn schon die Deutschen selbst nicht mehr richtig in ihrer Sprache zuhause sind, wie soll man dann Ausländer zum Erlernen des Deutschen motivieren? Man darf sich dann zum Beispiel nicht wundern, wenn in Osteuropa, wo das Deutsche noch immer eine Art ›*lingua franca*‹ für Millionen von Menschen ist, immer mehr das Englische an die Stelle des Deutschen tritt.

Aber der Kampf um den Erhalt des eigenen Kulturbiotops muß längst im Inland geführt werden. Unvergessen sind die monatelangen Querelen um die deutsche ›Leitkultur‹. Die CDU bemühte sich nach dem Abgang ihres langjährigen Übervaters Helmut KOHL, mit dem Beharren auf der ›Leitkultur‹ zumindest ein wenig politisches Terrain wiederzugewinnen. Prompt schaltete sich der Vorsitzende des Zentralrats der Juden in Deutschland, Paul SPIEGEL, ein, der solchen Überlegungen eine herbe Absage erteilte. *Die Welt* kommentierte wie gesagt: »Der Schlag sitzt. Und weil Paul SPIEGEL ihn ausführt, der Präsident des Zentralrats der Juden in Deutschland, ist die CDU verstummt.« Seither spricht niemand mehr von einer deutschen ›Leitkultur‹. Deutsche Identität hat gefälligst nicht stattzufinden. Und wenn schon Kultur, dann Multikultur. Soviel zum Thema ›Deutsche Identität‹.

Volk, Nation und kulturelles Erbe sind hierzulande zu unerwünschten Begriffen geworden. Die politisch Korrekten konnten es denn auch nicht lange mitansehen, daß am restaurierten Reichstagsgebäude in Berlin in großen Lettern die Inschrift »Dem deut-

---

[572] Elimar SCHUBBE (Leserzuschrift), »Fischers neue Schwerpunkte – Verliert des Auswärtige Amt die Rußlanddeutschen aus dem Blick?« in *Das Ostpreußenblatt*, 16. 1. 1999.

schen Volke« prangt. Da man sich bislang noch nicht dazu durchringen konnte, die unliebsame Losung einfach auszumeißeln, mußte zumindest ein deutlicher Kontrapunkt her. Dieser ist seit geraumer Zeit im Inneren des ehrwürdigen Gebäudes zu bewundern: ein großer Trog, mit Erde aus allen Bundesländern aufgefüllt und mit der gut sichtbaren Aufschrift versehen: »Der deutschen Bevölkerung«. Den Parlamentariern, von denen jeder mit Erde aus dem eigenen Wahlkreis zur Füllung des Troges beitragen sollte, ist vermutlich nicht bewußt geworden, daß sie sich mit dem dubiosen ›Kunstwerk‹ gründlich selbst entlarvt haben: Sie wollen eben nicht mehr ›Volksvertreter‹ sein, sondern, sozusagen wie Handelsvertreter irgendwelcher Markenartikel, nur noch ›Bevölkerungsvertreter‹.

Wirtschaft und Soziales (WISO)

Wie gut ist Deutschlands Wirtschaft?

Die USA befinden sich seit geraumer Zeit in einer wirtschaftlichen Talsohle, die von Experten längst nicht mehr nur als Rezession betrachtet wird, sondern die inzwischen handfeste Merkmale einer Depression aufweist. Der »größte Stellenabbau seit 21 Jahren« hat die Arbeitslosenquote Ende 2001 auf für amerikanische Verhältnisse besorgniserregende 5,4 Prozent ansteigen lassen.[573] Dieser Rückgang der Beschäftigtenzahlen ist aber keine Folge der Ereignisse des 11. September - lediglich die Fluggesellschaften wurden davon unmittelbar betroffen -, sondern hat längerfristige Ursachen. Schon in den eineinhalb Jahren zwischen März 2000 und September 2001 hatte die US-Wirtschaft einen Verlust an nominellen Aktienwerten von etwa 30 Billionen Dollar zu verzeichnen. Für den Zustand der amerikanischen Volkswirtschaft ist seit Jahren einerseits eine Hyperinflation von Finanz- und Währungstiteln, andererseits eine realwirtschaftliche Deflation von etwa 30 Prozent kennzeichnend.[574]

Natürlich schlägt diese Entwicklung sowohl infolge der politischen Vasallisierung Deutschlands als auch wegen der engen Exportverflechtungen mit den Vereinigten Staaten - vor allem im Bereich hochwertiger Investitionsgüter - voll auf die Bundesrepublik durch. Bereits das Jahr 2001 brachte mit rund 33 000 Unternehmenspleiten einen dramatischen Anstieg der Firmenzusammenbrüche. Dadurch verloren eine halbe Million Beschäftigte ihre Arbeit und Gläubiger an die 60 Milliarden DM an ausstehenden Forderungen. Überall, nicht nur in der Bauwirtschaft, kam es zu erheblichen Gewinneinbrüchen. Beinahe alle deutschen Großunternehmen mußten zum Teil herbe Rückschläge einstecken, was sich in der chronischen Abwärtsentwicklung des Dax widerspiegelt. Am schlimmsten traf es aber den Mittelstand.[575]

Prognosen, wann die US-Wirtschaftslokomotive wieder Fahrt aufnimmt, sind deshalb so schwer, weil sich unter Experten allmählich die Meinung durchsetzt, daß die amerikanischen Gleich-

---

573 »US-Arbeitslosenquote bei 5,4 Prozent«, in *General-Anzeiger* (Bonn), 3. 11. 2001.

574 »Lyndon LaRouche in Rom, Für einen Dialog der Zivilisationen«, in *Neue Solidarität,* 14. 11. 2001.

575 Lothar Komp, »Schönwetterwährung EURO ist kein Mittel gegen die Krise«, in *Neue Solidarität,* 9. 1. 2002.

laufschwankungen mehr sind als nur ein konjunktureller Abschwung, nämlich eine strukturelle Krise. Lange Zeit wollten das viele Unternehmensführungen und vor allem die Börsen nicht wahrhaben, weil man den optimistischen Parolen der Regierung zuviel Vertrauen schenkte. Infolge von insgesamt elf Zinssenkungen der Federal Reserve Bank, hieß es immer wieder, sei spätestens im ersten Halbjahr 2002 mit einem Aufschwung zu rechnen. Doch die Erholung läßt auf sich warten. Unabsehbar ist, »wie tief. . . das deutsche Geschäftsklima abstürzen [wird], wenn sich die erwartete Erholung der hoffnungslos überschuldeten US-Unternehmen und des restlos mit Konsumkrediten und Hypotheken zugedeckten US-Verbrauchers als reines Wunschdenken herausstellt?«[576] Bislang jedenfalls sind die Experten diesseits wie jenseits des Atlantiks ratlos. Nur in einem sind sich US-Börsianer, deutsche Spitzenmanager und Harvard-Professoren einig: daß die Rezession auf jeden Fall »lang und tief« wird.[577]

Auch für die Bundesrepublik sind die Perspektiven für die nächste Zukunft eher düster. Die Industrie mußte im Oktober 2001 Auftragsrückgänge um zehn Prozent unter dem Niveau des Vorjahres registrieren. Die mitteldeutschen Investitionsgüter-Produzenten meldeten sogar einen Rückgang um 22 Prozent. Das Institut der deutschen Wirtschaft fand bei einer Umfrage bei 44 Wirtschaftsverbänden heraus, daß der Pessimismus unter deutschen Unternehmern heute größer sei als zu irgendeinem anderen Zeitpunkt in den letzten neun Jahren. Die *Neue Solidarität* rechnet statt neuer Exportaufträge für die deutsche Wirtschaft eher mit einer Reihe von Bankenzusammenbrüchen in den USA, deren Folgen über Atlantik und Pazifik hinweg auch Europa und Asien in Mitleidenschaft ziehen dürften. Auch auf den Euro könnte dieses Szenario Auswirkungen haben. Schon jetzt fordern EU-Regierungen mehr oder weniger deutlich eine Aufweichung der Maastricht-Kriterien, weil sie ihre Haushaltsdefizite wegen schwindender Steuereinnahmen nicht innerhalb der Marge der Maastricht-Kriterien zu halten vermögen.[578] Deutschland, das mit der Preisgabe der D-Mark jedwede Währungshoheit aufgegeben hat, kann in dieser Situation nur hilflos abwarten und zusehen, ob der Euro, der bekannten Prognose von US-Notenbankchef Alan GREENSPAN

---

576 Lothar KOMP, ebenda.

577 Ralf FISCHER, »Rüttgers ist auf der Suche«, in *Westfälisches Volksblatt*, 10. 11. 2001.

578 Lothar KOMP, aaO. (Anm. 575).

zufolge, »wieder gehen wird«, nachdem er gegen den Willen der Deutschen eingeführt worden ist.

Eine besondere Situation liegt in Mitteldeutschland vor. Es war eine der Zielvorgaben der Teilvereinigung, daß Deutschland durch den Zusammenschluß von Bundesrepublik und DDR nicht zu stark würde. Es mußte deshalb unter allen Umständen verhindert werden, daß es in Mitteldeutschland nach der Befreiung vom SED-Kommunismus zu einem neuen Wirtschaftswunder käme. Regierung und Treuhandanstalt spielten ein perfides Spiel, um eine solche Entwicklung von Anfang an auszuschließen. Während Kanzler KOHL den Landsleuten in der Ex-DDR noch seine Vision von den »blühenden Landschaften« ausmalte, wurde gleichzeitig dafür gesorgt, daß das abgewanderte bzw. vertriebene unternehmerische Potential nicht wieder in die ehemaligen DDR-Unternehmen zurückkehrte.

Eine der zentralen Lügen bei diesem Spiel, derer sich KOHL und seine Mittäter – hauptsächlich Wolfgang SCHÄUBLE – bedienten, bestand deshalb darin, fälschlich zu behaupten, die Sowjets hätten es zur Bedingung der Wiedervereinigung gemacht, daß es nicht zu einer Rückgabe der durch Bodenreform und Enteignungen verstaatlichten gewerblich-industriellen Betriebe und Wohngebäude plus Grundstücken kommen dürfe. Auch das Bundesverfassungsgericht – über dessen Besetzung ja parteipolitischer Proporz entscheidet – hat sich diese Version mittlerweile trotz besseren Wissens zueigen gemacht und die Enteignungen der Kommunisten im Windschatten der Bundesregierung sanktioniert.

Kein Wunder, daß in den neuen Bundesländern beizeiten der Unmut wuchs. Denn den meisten der mitteldeutschen Neubürger geht es zwar infolge der Wiedervereinigung inzwischen viel besser als zu DDR-Zeiten – aber noch lange nicht so gut wie den ›Wessis‹, was man nicht zuletzt auf die Fortschreibung der Enteignungen zurückführt. Mittlerweile, über zehn Jahre nach der Vereinigung, ist eine Rückgabe der noch in Staatseigentum verbliebenen Werte politisch natürlich noch ungleich schwieriger, als sie es unmittelbar nach der Wende gewesen wäre. Die mitteldeutschen Landsleute werden sich wohl damit abfinden müssen, daß sie einerseits noch lange am westdeutschen Tropf hängen werden, während andererseits immer mehr Jugendliche nach Westdeutschland abwandern. Ein fataler Zustand, dessen Folgen sowohl unter ökonomischen wie unter politischen Aspekten schlimm sind. Die Verdrossenheit wächst – PDS-Ergebnisse um die 20 Prozent sind keine Seltenheit mehr –, und gleichzeitig reichen einige modernisierte Prestigebetriebe natürlich nicht aus, um die benötigten Arbeitsplätze und Lehrstellen in die neuen Länder zu bringen.

Die alte Bundesrepublik ist von der PDS-Chimäre bislang verschont geblieben. Auch Berlin mit seiner rot-roten Volksfront-Regierung konnte sich noch nicht zum Exportartikel für die übrige Republik mausern. Rot-Rot ist kein Modell für Deutschland. Zumindest nicht, so lange sich die Arbeitslosenquote ›nur‹ im Rahmen des Gewohnten bewegt.

Es ist eigentlich eine Binsenweisheit: Man kann ein marktwirtschaftlich-kapitalistisches Wirtschaftssystem, wie es nach dem Zweiten Weltkrieg in Westdeutschland aufgebaut wurde, nicht einfach aus dem Boden stampfen – schon gar nicht, nachdem die ehemaligen Unternehmer flächendeckend enteignet und vertrieben wurden. Das wäre ungefähr das Gleiche, als wollte man ein Floß aus Sand bauen. Auch die gesellschaftliche Mentalität in den neuen Bundesländern kommt echten privatwirtschaftlichen Verhältnissen wie im Westen bislang noch nicht genügend entgegen. Viele Ex-DDR-Bürger sind nach wie vor von der Überlegenheit des sozialistischen Wirtschaftssystems überzeugt – und wählen PDS. Das sind keine rosigen Zukunftsaussichten für die neuen Bundesländer.

Nachdem sich die Bundesregierung unter KOHL zur Fortschreibung der kommunistischen Enteignungen entschied, wird die vielbeschworene Angleichung der Lebensverhältnisse in Ost und West eine langwierige Angelegenheit. Mindestens zwei Generationen, schätzen Fachleute, wird es wohl dauern, bis das Wirtschafts- und Sozialgefälle zwischen West- und Mitteldeutschland auf Westniveau ausgeglichen ist. Ein Faktor ist bei alledem noch gar nicht berücksichtigt: Der Aufschwung kann natürlich nur dann stattfinden, wenn das vereinigte Deutschland in der Zwischenzeit nicht derart umgevolkt und EU-›integriert‹ ist, daß unsere volkswirtschaftliche Produktivität auf südeuropäisches Niveau absackt.

Wettbewerb – eine gute Sache

Die deutsche Wirtschaft wird von Spionagediensten nahezu aller unserer ›Partner‹ ausgeforscht. Das ist ein offenes Geheimnis. Selbst der Bundestag befaßte sich schon damit, allerdings ohne Konsequenzen. Die Lauschaktivitäten der ›befreundeten‹ Dienste stellen aber nicht nur eine erhebliche Beschneidung der staatlichen Souveränität der Bundesrepublik dar, sie bedeuten insbesondere auch für die betroffenen Unternehmen massive Einschränkungen ihrer Wettbewerbsfähigkeit.

Man muß allerdings gar nicht bis zu den Abhöraktivitäten der Partnerländer gehen, um nachhaltige Wettbewerbshindernisse für deutsche Unternehmen auszumachen. Ein solches liegt schließlich auch in den mannigfaltigen Tributleistungen des deutschen Steuerzahlers an die EU. Seit vielen Jahren ist die Bundesrepublik der mit Abstand größte Netto-Beitragszahler der Union. Eingetrieben werden diese Beiträge nicht zuletzt in Form von Steuern, die den Unternehmen aufgebürdet werden. Die deutsche Industrie erweist sich für ihre ausländischen Nutznießer übrigens immer mehr als ein unerschöpfliches Füllhorn. Als reichten Steuern und EU-Tribute noch nicht aus, wurden der deutschen Industrie ja erst vor kurzem weitere Milliarden abgepreßt - angeblich zur Entschädigung ehemaliger NS-Zwangsarbeiter. Die deutsche Industrie zahlte. Aber nur ein Narr konnte hoffen, sie werde sich dadurch künftige Rechtssicherheit vor weiteren Forderungen aus den USA erkaufen können.

Fazit: Deutschland bleibt Zahlmeister. Daran wird sich so lange nichts ändern, als die Bundesrepublik im völkerrechtswidrigen Status eines amerikanischen Protektorats verbleibt.

Mogelpackung Umweltschutz

Die Bündnisgrünen sind eine widersprüchliche Partei. Einerseits verdankt sich diese Partei der tatkräftigen Unterstützung transatlantischer ›Insider‹-Kreise, die damit ein Auffangbecken für Altlinke aller Couleurs ins Leben rufen wollten. Mit ihrer unverhohlenen Multikulti-Politik sollten sie außerdem einen gewichtigen Beitrag zur Verwirklichung der alliierten Nachkriegspläne für das besiegte Deutschland leisten. Schließlich sollten sie durch ihre vehemente Anti-Kernkraft-Politik auch sicherstellen, daß die Bundesrepublik ein Großabnehmer für Öl bleibt, worauf F. William ENGDAHL in seinem brisanten Buch *Mit der Ölwaffe zur Weltmacht* aufmerksam machte.[579] Mit ihrer rabiaten ›Ausstiegs‹-Politik spielen sie die Rolle einer Fünften Kolonne der internationalen Öl-Monopolisten, wobei sie mit allen nur erdenklichen umweltpolitischen Argumenten jonglieren, ohne daß in absehbarer Zeit erneuerbare Energiealternativen in nennenswertem Umfang in Aussicht sind. Einige wenige führende Köpfe wissen vermutlich, welches falsche Spiel die Grünen damit als Erfüllungsgehilfen der ›Insider‹ spielen. Das breite Fußvolk der Grün-Gläubigen mag sich

[579] F. William ENGDAHL, aaO. (Anm. 63).

allerdings tatsächlich der Illusion hingeben, mit Wind, Wasser und Sonne lasse sich genügend Strom erzeugen, um den deutschen Energiebedarf zu decken.

Der Hinweis auf die heimische Steinkohle geht fehl. Denn Steinkohle ist ein viel zu wertvoller Rohstoff, um ihn zur Stromerzeugung durch den Schornstein zu jagen. Leider geschieht das noch immer in großem Stil, und das trotz gewaltiger Subventionsabhängigkeit und allen Nebenwirkungen eines ungebremsten CO_2-Ausstoßes.

Anstatt Unsummen in die Subventionierung des Kohleabbaus zu investieren, wäre es rentabler, die Bergleute über Tage in industriell-gewerblichen Branchen zu beschäftigen und den heimischen Kohlebedarf billiger durch Importe aus Ländern zu decken, in denen die Kohleflöze nicht so tief unter der Erde verlaufen wie hierzulande. Für den Abbau der heimischen Kohlevorräte spricht eigentlich nur das psychologische Argument, daß auf diese Weise wenigstens ein kleiner Teil des deutschen Energiebedarfs durch einheimische Energieträger gedeckt wird. Doch für psychologische Spielchen ist die deutsche Steinkohle nun wirklich zu teuer. Da wäre es rationeller, die Kohlegewinnung in der Bundesrepublik gleich ganz einzustellen.

Anders liegen die Dinge wiederum beim Braunkohle-Abbau, der ein Tagebau ist. Hier geht es nicht nur um wirtschaftliche Fragen, sondern vor allem um politische. Die Nutzung der erforderlichen Flächen gerät regelmäßig zum Politikum. Grundbesitzer müssen enteignet, ja ganze Dörfer umgesiedelt werden. Auch das kann die Unzufriedenheit im Lande nähren.

Deutschland ist ein rohstoffarmes Land. Außer auf Kohlevorkommen kann es kaum auf eigene Rohstoffquellen zurückgreifen. Es ist deshalb durchaus nachvollziehbar, warum der Rückzug aus dem deutschen Kohleabbau so schwer fällt. Das Verständnis hört allerdings auf, wenn man weiß, daß nicht nur einheimische Kumpels von ihren Arbeitsplätzen im Kohlebergbau abhängig sind, sondern auch jede Menge ausländischer Arbeitnehmer. Spätestens hier wird Bergbau in Deutschland wirklich zur Farce. Teure Subventionsgelder, von denen ein Gutteil gar nicht in der Bundesrepublik bleibt? Deutsche Politiker sollten vielleicht wirklich entschiedener über den ›Ausstieg‹ nachdenken. Aber nicht über den aus der Kernkraft, sondern über den aus dem Kohlebergbau.

Der rot-grüne Beschäftigungsschwindel

Die Beschäftigungspolitik steckt in Deutschland in einem Dauer-Dilemma. Sie steht im ständigen Zielkonflikt mit anderen Vorgaben, die bundesdeutscher Politik von ihren Anfängen an gemacht sind. Eine dieser Vorgaben ist die langfristige Umwandlung Deutschlands in eine multikulturelle Vielvölker-Gesellschaft. Um diese herbeizuführen, hat sich die Regierung SCHRÖDER sowohl mit dem neuen Staatsbürgerschaftsrecht als auch durch die Eröffnung immer neuer Schlupflöcher für die Zuwanderung (Stichwort ›*Green card*‹!) zweifellos – fragwürdige! – Verdienste erworben. SCHRÖDERS Dilemma ist es allerdings, daß von ihm gleichzeitig eine einigermaßen effiziente Beschäftigungspolitik erwartet wird. Diese aber will und will sich nicht einstellen. Die Zahl der Arbeitslosen in Deutschland stieg um die Jahreswende 2001/2002 auf stattliche 4,7 Millionen. Neuerdings sind in dieser Zahl bereits die ersten ›*Green card*‹-Zuwanderer enthalten. Nichts könnte den Irrsinn rot-grüner Regierungspolitik drastischer veranschaulichen.

Aber auch ohne die negativen Folgen für den Arbeitsmarkt ist die Anwerbung ausländischen Kopfkapitals eine zweischneidige Angelegenheit (in Deutschland übrigens nicht weniger als in anderen Industrieländern wie etwa den USA). Denn jeder qualifizierte Kopf, der von Unternehmen in einem *High Tech*-Land angeworben wird, fehlt in seinem Heimatland. Die Industrieländer verursachen dadurch den Abzug von personellen Kapazitäten ausgerechnet aus jenen Ländern, die darauf viel dringender angewiesen sind als die reichen Länder, von der Verschwendung der finanziellen Mittel gar nicht zu reden, die für die Ausbildung dieses Kopfkapitals aufgewendet werden müssen; auch diese Kosten schlagen in armen Ländern ungleich mehr zu Buche als in unseren Breiten.

Auch in diesem Punkt befindet sich die rot-grüne Bundesregierung in einer besonders unangenehmen Zwickmühle. Denn einerseits wird Entwicklungshilfe an die armen und ärmsten Ländern von Rot-Grün ganz groß geschrieben. Andererseits betreibt Deutschland in Gestalt »selektiver Migration«, wie sie durch die ›*Green card*‹ propagiert wird, Raubbau an genau jenen Ländern. Und: Gleichzeitig hat die rot-grüne Regierung auch noch ihre personelle Hilfe für die Entwicklungsländer reduziert. Die bundeseigene Gesellschaft für Technische Zusammenarbeit (GTZ), die im Auftrag der Bundesregierung Hilfsprojekte in Entwicklungsländern durchführt, mußte infolge des Berliner Sparkurses inzwischen ein Fünftel ihrer Stellen streichen. Zwar läßt Entwicklungshilfeministerin WIECZOREK-ZEUL (SPD) verlauten, daß laufende Projekte noch zu Ende geführt werden sollen.[580] Unter dem Strich aber bleibt die Tatsache, daß ausgerechnet eine rot-grüne Bundesregierung einen beispiellosen Personalabbau im Entwicklungshilfesektor betreibt, der für die Betroffenen mit weniger Beratung, weniger Ausbildung, weniger Geld verbunden ist. In dieser Situation bedeutet die ›*Green card*‹ geradezu einen Faustschlag ins Gesicht jener Länder, die ohnehin schon von den Berliner Sparmaßnahmen betroffen sind. Es erstaunt immer wieder, wie schnell Linke, einmal zur Macht gelangt, ihre Prinzipien über Bord werfen. Rot-Grün bietet dafür jede Menge erschreckende Beispiele.

Das deutsche Sozialdilemma

Der deutsche Sozialstaat ist janusköpfig. Unbestritten ist, daß die deutschen Sozialstandards auf generationenlangen Leistungen beruhen, die Deutsche erbracht haben. Und nur sie, um das in aller Deutlichkeit zu sagen. Damit untrennbar verbunden ist - zum anderen - der Umstand, daß der deutsche Sozialstaat, genau wegen seiner hohen Standards, weltweit ungebrochene Anziehungskraft entfaltet hat. Asylanten, kriminelle Zuwanderer, Wirtschafts- und Sozialflüchtlinge aus aller Welt - alle zieht es in die Bundesrepublik. Einmal hier, profitieren sie in schöner Harmonie mit einheimischen Leistungsempfängern vom deutschen Sozialstaat. Und wer den Schritt über die deutschen Staatsgrenzen einmal geschafft hat, der kann mit einiger Wahrscheinlichkeit damit rechnen, daß er auch hierbleiben kann. Abschiebungen illegal Eingereister finden zwar statt, aber viel zu selten. Denn erstens vernichten Immigranten oft genug ihre Papiere, aus denen ihre Herkunft ersichtlich wäre. Und zweitens hat sich mit dem Schengener Abkommen, das bekanntlich die Aufhebung der innereuropäischen Grenzkontrollen festschreibt, für Zuwanderer die große Reisefreiheit eröffnet. Jeder, der es einmal nach Europa geschafft hat, kann dank Schengen problemlos nach Deutschland einreisen.

Einige EU-Länder spielen dieses Spielchen zu Lasten der Deutschen sogar noch tatkräftig mit. In Italien etwa lehrt die Erfah-

---

[580] Rolf OBERTREIS, »GTZ muss ein Fünftel der Stellen streichen - Entwicklungshilfe-Sparkurs der Bundesregierung zwingt Gesellschaft für Technische Zusammenarbeit zu massivem Personalabbau. Experten befürchten Know-How-Verlust«, in *General-Anzeiger* (Bonn), 18. 11. 2000.

rung, daß ein Großteil der jedes Jahr dort anlandenden Illegalen nur ein Ziel hat, nämlich nach Deutschland oder in andere nördliche Mitgliedsländer weiterzureisen. Da die italienische Polizei mit der Überwachung der langen Seegrenzen ohnehin hoffnungslos überfordert ist, haben sich die Behörden beizeiten etwas anderes einfallen lassen: Sie setzen Illegale konvoiweise in Autobusse und winken sie weiter nach Norden. Diese Masche flog auf, als bayerischen Grenzschützern immer häufiger Busse aus dem Süden auffielen. Die Insassen gaben treuherzig zu Protokoll, die Italiener hätten ihnen die Fahrt bezahlt.

Auch *in puncto* Ausländerpolitik hat sich die ›Faschismuskeule‹ als Wunderwaffe erwiesen. Schon aus Prinzip neigen deutsche Politiker dazu, immer und überall genau das Gegenteil von dem zu machen, was seinerzeit im Dritten Reich getan wurde. Das deutsche Asylrecht ist dafür ein Paradebeispiel: Weil viele Länder in den dreißiger und vierziger Jahren ihr Asylrecht recht selektiv ausübten und beispielsweise jüdische Emigranten aus Deutschland nicht aufnehmen wollten, mußte nach dem verlorenen Krieg natürlich das unbegrenzte Recht auf Asyl ins deutsche Grundgesetz. Es gehört schon ein gerüttelt Maß Naivität dazu, darauf zu hoffen, es würden infolgedessen nur Biedermänner Asyl in der Bundesrepublik beantragen.

Die Praxis lehrt, daß häufig genug das Gegenteil der Fall ist. Radikale aus aller Herren Länder finden in Deutschland mit seinen liberalen Zuwanderungsbestimmungen ein geradezu ideales Umfeld vor. Von den ungezählten ›normalen‹ Kriminellen gar nicht zu reden, die Jahr für Jahr die Polizeistatistiken bevölkern. Schon die Kosten, die Asylanten auch ohne die Verübung von Straftaten verursachen, sind sehr hoch. Und es ist ja so einfach, in den Genuß deutscher Sozial-Wohltaten zu kommen. Man muß sich nur in seinem Heimatland unbeliebt machen, und schon winkt Asyl in Deutschland. Es ist nicht übertrieben zu sagen, daß das deutsche Asylrecht auf diese Weise die selektive Migration von Ausländern begünstigt, auf die eigentlich niemand Wert legen kann. Ob islamistische Überzeugungstäter oder kommunistische Querulanten, denen in ihrer Heimat ein Putsch mißlungen ist – die rot-grüne Bundesrepublik nimmt sie alle mit offenen Armen auf.

Aber nicht nur durch die völlig überstrapazierte Verteilung von Leistungen an Empfänger aus aller Welt ist das deutsche Sozialsystem mittlerweile an die Grenzen seiner Belastbarkeit gelangt. Schon unter Helmut Kohl dehnte die Bundesregierung den Kreis der Leistungsempfänger überaus großzügig auf Personenkreise aus, die nie auch nur einen Pfennig in das deutsche Sozial- und Rentensystem einbezahlt hatten. Sogar die Presse berichtete seinerzeit von sogenannten ›versicherungsfremden Leistungen‹, die plötzlich aus dem deutschen Sozialtopf finanziert wurden (und werden!). In der Praxis geht es dabei um Zahlungen etwa an jüdischstämmige Zuwanderer aus der ehemaligen Sowjetunion.

Faktisch existieren die deutschen Sozialsysteme längst nur noch auf Pump. Ob Kranken-, Arbeitslosen- oder Altersversorgung – die Kassen sind leer. Da ist es ein allzu billiger Trick, wenn die Sozialpolitiker jetzt an die Eigenversorgung der Bürger appellieren. Kein Wunder. Die Renten waren nämlich noch nie so unsicher wie jetzt.

Dritter Teil

Europa quo vadis?

Europapolitik – Schein und Wirklichkeit

»Europa« ist ein großes Wort. Seit ihren Anfängen wird Europapolitik mit großem Pathos betrieben. Dabei leidet die Europapolitik praktisch seit Kriegsende daran, daß sie zu entscheidenden Teilen von Amerika aus gesteuert wird. Nicht der Wille der Europäer, sondern konkrete Einflußnahme der USA über Jahrzehnte hinweg hat die ›Integration‹ Europas bewirkt. Dabei ging es Washington nicht etwa darum, den Europäern sozusagen gegen ihren eigenen Willen zu größerem politischen Gewicht zu verhelfen. Im Gegenteil: Die Integration Europas in der bestehenden Form hatte vor allem das Ziel, jedes aufkommende europäische Gegengewicht gegen Amerika zu verhindern, die Europäer, wo es ging, gegeneinander auszuspielen und die EU insgesamt zu einem Satellitenbündel im Schatten Washingtons zu machen.

In der Praxis sah das so aus, daß den EU-Mitgliedsländern die Union nicht zuletzt mit dem Argument schmackhaft gemacht wurde, man könne Deutschland auf diese Weise besser kontrollieren. Da Deutschland militärisch ohnehin besetzt sei, könne durch seine Einbindung in die EWG sichergestellt werden, daß auf Dauer auch die deutschen Zahlungen weiterflössen. Natürlich mußte man damit rechnen, daß es selbst den Deutschen irgendwann einmal dämmern würde, daß ihnen ihre ›Integration‹ nur Nachteile und keinerlei Vorteile bringe. Für diesen Fall wurde mit der anhaltenden militärischen Besetzung vorgebaut. Und wer dennoch gegen den Status quo rebellierte, für den wurde das Etikett ›rechtsradikal‹ erfunden. Besondere Perfidie: Man konnte es nach und nach den Deutschen selbst überlassen, mit ihren eigenen ›Rechtsradikalen‹ fertigzuwerden. Die Umerziehung fruchtete. Und die charakterliche Eigenart der Deutschen garantierte (bis auf den heutigen Tag!), daß sich immer genügend Kollaborateure finden, die die Lebensinteressen ihres Landes gegen ein gutgepolstertes Abgeordnetenmandat oder lebenslange Beamtenversorgung, als Richter zum Beispiel, verraten. Im übrigen ist der Vorrat an solchen Kollaboranten praktisch unerschöpflich. Allein infolge der Wiedervereinigung kamen Hunderttausende hinzu, die ehedem für die Stasi Zuträgerdienste leisteten. Sie sind besonders gut erpreßbar und deshalb leicht zu führen.

Als ob das noch nicht genügte, wurden zusätzliche Sicherungsmechanismen eingebaut. Anders als in anderen EU-Ländern wurde den Deutschen von Anfang an hartnäckig jede Mitwirkungsmöglichkeit am politischen Prozeß versagt, sieht man von den Wahlen ab. Aber jede konkrete Willensbekundung bei zentralen politischen Fragen – etwa in Gestalt von Volksbefragungen – ist in der Bundesrepublik ausgeschlossen. Daß der Anteil der Wahlverweigerer infolgedessen immer größer wird, ficht die Inhaber der Macht nicht an. Das Schauspiel namens ›Demokratie‹ wird trotzdem durchgezogen. Kein Abgeordneter, kein Richter erhält deshalb geringere Bezüge.

Was haben wir von der Osterweiterung?

In der Diskussion um die anstehende Osterweiterung der EU wird der Öffentlichkeit immer suggeriert, der große Vorteil der Erweiterung liege im Fortfall aller Handelshemmnisse. Doch das ist ein Scheinargument. Erleichterungen im Güteraustausch mit den ehemaligen COMECON-Ländern hätte Deutschland – etwa wie die Schweiz – auch auf bilateraler Ebene und ohne Unterwerfung unter eine omnipotente, tendenziell deutschfeindliche Brüsseler Zentrale für sich herausholen können. Der angebliche Vorteil der Erweiterung ist also in Wirklichkeit überhaupt keiner. Die Frage muß vielmehr lauten: Wie kommt Deutschland, ohnehin schon seit vielen Jahren größter Netto-Beitragszahler der EU, eigentlich dazu, fast gewohnheitsmäßig Länder wie Spanien und Griechenland mit seinen Beiträgen über Wasser zu halten?

Und nun auch noch Polen. Dabei erweisen sich schon die bisherigen Empfängerländer – Spanien allen voran – als reichlich undankbar. Madrid stimmt nämlich zum Beispiel regelmäßig gegen Deutschland, wenn Berlin mit der zaghaften Forderung auf den Plan tritt, das Deutsche als dritte Arbeitssprache in der EU einzuführen.[581] Und was Polen anbetrifft, ist unvergessen, daß dessen Ex-Präsident und Friedensnobelpreisträger Lech WALESA die Bundesrepublik vor einigen Jahren unverhohlen mit der atomaren Vernichtung bedroht hat für den Fall, daß Deutschland wieder zum Problemfall würde; Deutschland müßte, wie bereits erwähnt, dann »vollkommen und einfach von der Landkarte getilgt« werden.[582]

Alles zusammengenommen, stellt sich das Interesse Deutschlands mit Blick auf die Osterweiterung ganz einfach dar: Wirt-

---

[581] Walter HAUBRICH, »Kommt uns spanisch vor – Sprachenkrieg: Madrid kämpft gegen Deutsch«, in *FAZ*, 19. 12. 2001.

[582] »AFP, Lech Walesa menace l'Allemagne si . . .«, in *Le Figaro*, 5. 4. 1990.

schaftliche Gründe sprechen mitnichten für eine Erweiterung. Sie verbietet sich geradezu, wenn man völkerrechtliche Aspekte ins Auge faßt. Denn es hieße die ›Raubstaaten‹ Polen und Tschechische Republik im nachhinein noch für ihre Verbrechen zu belohnen, machte sich Deutschland für diese Länder zum Türöffner in Brüssel. Prag wird nicht müde, auf die unveränderte Gültigkeit der BENESCH-Dekrete hinzuweisen, und führende tschechische Politiker besitzen die Frechheit, sich noch heute vor aller Welt zum Massenverbrechen an den Deutschen zu bekennen. Auch das gelegentlich zu hörende Argument, die BENESCH-Dekrete seien zwar noch in Kraft, hätten aber keinen Einfluß mehr auf die heutige Rechtsprechung, zieht nicht. In den letzten Jahren versuchten mehrfach ehemalige deutsche Grundeigner, ihren Besitz vor tschechischen Gerichten wieder einzuklagen. Fehlanzeige – wegen der BENESCH-Dekrete. In einem Fall wollte der frühere Besitzer, um einen Schlußstrich zu ziehen, sein vormaliges Gut sogar ausdrücklich den tschechischen Neu-Eigentümern schenken. Auch das ging nicht. Das zuständige Gericht argumentierte kaltschnäuzig, man könne nichts verschenken, was einem nicht gehöre.[583]

Die Schengen-Seifenblase

Vom sogenannten Schengener Abkommen, benannt nach einem kleinen Ort an der deutsch-niederländischen Grenze, war schon verschiedentlich die Rede. Das Abkommen ist einer der triftigsten Gründe dafür, warum die EU in ihrer derzeitigen Form von Deutschland nur abgelehnt werden kann. Denn seit ›Schengen‹ ist in Europa die große Reisefreiheit ausgebrochen – für Kriminelle und illegale Zuwanderer. Schengen ist der Grund dafür, daß es heute im gesamten EU-Binnenraum keine Grenzkontrollen mehr gibt. Menschenhändler, Asylbetrüger, Drogenkriminelle – sie alle haben Grund zum Jubeln. Wer es einmal geschafft hat, seinen Fuß auf europäischen Boden zu setzen, kann ohne weitere Unannehmlichkeiten von Südspanien bis an die Odergrenze durchreisen. Daß dabei die innere Sicherheit auf der Strecke bleibt – und zwar nicht nur in Deutschland –, versteht sich von selbst. Und im Osten warten schon die nächsten Hunderttausende, sich endlich an Europas Tischen bedienen zu können.

Will man den Umfragen glauben, dann sind inzwischen rund 80 Prozent der Deutschen für eine Wiedereinführung der Grenz-

583 Rudolf HILF (Leserzuschrift), »Schlicht eine Lüge: Die Benesch-Dekrete sind in Kraft«, in *FAZ*, 9. 2. 2002

kontrollen und die Abschaffung des Schengener Abkommens.[584] Daß die Deutschen damit nicht allein stehen, machten die jüngsten Wahlen in Frankreich deutlich. FN-Kandidat Jean-Marie LE PEN kündigte für den Fall seiner Wahl zum Staatspräsidenten an, unverzüglich die Grenzen wieder dichtzumachen. Eine Forderung, mit der man auch bei unseren Nachbarn Punkte machen kann.

Äußere Sicherheit – Fehlanzeige

Nicht nur die innere, auch die äußere Sicherheit ist in Deutschland längst unterhöhlt. Man darf ja nicht vergessen, daß der Feind seit weit über einem halben Jahrhundert im Land steht, auch wenn er sich heute nicht mehr als Feind zu erkennen gibt. Aber am Besatzungsstatus der Bundesrepublik hat sich auch im Jahre 2001 nichts geändert. Deutschland ist gezwungen, Kontingente seiner Streitkräfte für internationale Missionen unter fremdem Kommando zu stellen, und im Hintergrund werden die einzelnen Pläne der Alliierten für die Zeit nach dem Krieg abgespult. Schlimmeres, als den Deutschen im Zeichen der EU-Integration, der schleichenden Multikulturalisierung, der Globalisierung passiert, kann einem Land eigentlich nicht widerfahren.

Was ist zu tun? Nach Lage der Dinge können die Deutschen nur abwarten, daß der übermächtige Druck der USA irgendwann nachläßt, weil dort etwas Unvorhergesehenes passiert. Auch fehlt es bislang noch am Minimalkonsens unter den Europäern, der freilich unabdingbar ist, will man ein Gegengewicht zu den Vereinigten Staaten bilden. Die Stärke der USA beruht nicht zuletzt auf der deutschlandfixierten Zerrissenheit der Europäer.

Zu alledem muß man sich immer daran erinnern, was führende Architekten der amerikanischen Weltmacht immer wieder betont haben. Die USA haben schließlich zwei Weltkriege tatkräftig mitinszeniert, um Europa als Nabel der Welt abzulösen und sich als Kolonialmacht in seiner deutschen Mitte niederzulassen. Solche Besitzstände gibt man nicht ohne Not wieder auf. Ein Kinderspiel wird die Wiedererlangung der europäischen Souveränität jedenfalls nicht werden.

---

[584] *Politische Hintergrundinformationen*, aaO. (Anm. 394), S. A 132/2

Der Schwindel um die Währungsunion

Die Stabilität der Deutschen Mark war eine ureigenste Errungenschaft der Deutschen und Symbol des erfolgreichen Wiederaufbaus nach dem Krieg. Ihre Preisgabe gehört zu den großen und kaum wiedergutzumachenden Verzichtsleistungen von Ex-Bundeskanzler Helmut KOHL. Für Fachleute in aller Welt ist die von ihm durchgesetzte Abschaffung der D-Mark noch heute ein Rätsel. In der *Welt am Sonntag* war dazu zu lesen:

»Nachdem die D-Mark neben dem US-Dollar sich zur weltweit größten Reservewährung entwickelt hatte, sahen alle französischen Regierungen in der geplanten europäischen Währungsunion in erster Linie die Beseitigung der geldpolitischen Großmacht der Bundesrepublik Deutschland. . . [Nunmehr] hoffen die Franzosen, die EZB[585] ›politisieren‹ zu können, also zu einem Instrument nationaler Budgetpolitik« zu machen.[586] Wenn Noch-EZB-Präsident Wim DUISENBERG demnächst vorzeitig zurücktritt, dürfte sein Nachfolger mit großer Wahrscheinlichkeit ein Franzose sein, der versuchen wird, die Stabilitätspolitik der Zentralbank zugunsten französischer Budgetinteressen aufzuweichen. Auch ohne den Währungskonflikt mit dem Dollar stehen dem Euro damit unruhige Zeiten bevor.

Die Etablierten haben deshalb einigen Grund, ihr Spiel noch nicht für gewonnen zu halten. Unablässig hämmert Euro-Propaganda auf die europäischen Verbraucher ein. Und weil die Einführung ohne größere Schwierigkeiten über die Bühne ging, ist das noch lange kein Indiz dafür, daß sich die neue Währung auch bewährt. Die Mehrheit der Deutschen trauert der D-Mark nach und muß sich damit abfinden, daß der Euro seit seiner buchmäßigen Einführung im Januar 2000 innerhalb von zwei Jahren bereits 30 Prozent an Wert gegenüber Drittwährungen verloren hat.[587] Möglich, daß US-Notenbankpräsident GREENSPAN recht behalten wird mit seiner bekannten Prognose, wonach der Euro kommt, aber wieder gehen wird. Der amerikanische Nobelpreisträger für Nationalökonomie Milton FRIEDMAN gibt der Europäischen Währungsunion (EWU) bis zu ihrem Zusammenbruch zehn Jahre. Auch

---

585 Nach dem Modell der ehemaligen deutschen Bundesbank konzipierte Europäische Zentralbank.

586 Erich DAUENHAUER, »Deutschland am Ende?« *in Medienkompendium Funk,* 31. 1. 2002.

587 Erich DAUENHAUER, »Haben die Bürger den EURO wirklich akzeptiert?« in *Medienkompendium Funk,* 31. 1. 2002.

der Historiker Niall FERGUSON und der Wirtschaftswissenschaftler Laurence KOTLIKOFF machten Anfang des Jahres 2000 im renommierten US-Periodikum *Foreign Affairs* eine solche Prognose.[588] Wie dem auch sei, ein Verlierer steht schon jetzt fest: der deutsche Sparer.

Großbritannien, Dänemark und Schweden hatten gute Gründe, der EWU nicht beizutreten. Im Unterschied zur Bundesrepublik durfte in Dänemark das Volk über die Einführung der Euro-Währung abstimmen – und sprach sich prompt dagegen aus. In Schweden und Großbritannien wurde das Volk noch nicht befragt. Nur den Deutschen wurde die Preisgabe ihrer Währung gegen ihren erklärten Willen von ihren ›Volksvertretern‹ aufs Auge gedrückt. Auch hier muß die Frage erlaubt sein, wessen Interessen diese Damen und Herren eigentlich wahrnehmen – die des deutschen Souveräns jedenfalls nicht.

Im Griff der Überstaatlichen

Es gibt eine Vielzahl von überstaatlichen Organisationen, denen die Bundesrepublik seit Beginn ihres Bestehens beigetreten ist. Die meisten von ihnen sind keine deutsche Erfindung. Lediglich der Weltpostverein (heute eine UN-Sonderorganisation) ist auf Anregung des Deutschen Heinrich VON STEPHAN schon vor dem Ersten Weltkrieg (1874/75) gegründet worden. Alle übrigen Bestandteile der UN-Organisation stammen in ihrer heutigen Form aus der Nachkriegszeit.

Ein bezeichnendes Detail der Vereinten Nationen sowie aller ihrer Sonder- und Unterorganisationen liegt darin, daß die Höhe der Pflicht-Mitgliedsbeiträge nach dem Bruttosozialprodukt des jeweiligen Mitgliedslandes bemessen werden. Allerdings sind auch hier manche ›gleicher‹ als andere. Die USA nehmen sich fast gewohnheitsmäßig das Recht heraus, mit ihren Beitragszahlungen immer wieder erheblich in Verzug zu geraten. Auch die Personalquote, mit der ein Land in UN-Gremien vertreten ist, richtet sich nach der Höhe des Mitgliedsbeitrages. Demnach müßte Deutschland über ein stattliches Heer von UN-Bediensteten verfügen. Das ist jedoch nicht der Fall. Die Bundesrepublik ist in allen internationalen (d.h. nicht nur UN-)Organisationen bezeichnend

---

[588] Naill FERGUSON, Laurence KOTLIKOFF, »Die Enttarnung der Europäischen Währungsunion«, in *Foreign Affairs*, März/April 2000, hier zit. nach *Das Ostpreußenblatt*, 27. 5. 2000.

unterrepräsentiert. Das den Deutschen zustehende Personalbudget wird teilweise nur zu 60 Prozent ausgeschöpft, um den deutschen Einfluß gezielt klein zu halten.

Ein eigenes Kapitel ist der Sicherheitsrat der Vereinten Nationen, dem die USA, China, Rußland, Großbritannien und Frankreich als ständige Mitglieder mit Vetorecht angehören. Die übrigen UN-Mitgliedsländer stellen die restlichen Teilnehmer im Sicherheitsrat, allerdings ohne Vetorecht. Abweichend von der Generalversammlung, tagt der Sicherheitsrat nur bei Bedarf.

Es ist und bleibt ein handfester Skandal, daß die Bundesrepublik Deutschland (seinerzeit zusammen mit der DDR) Mitglied der Vereinten Nationen wurde, ohne diesen Schritt von der Aufhebung der Feindstaatenklauseln (Artikel 53 und 107 der UN-Satzung) abhängig zu machen. Damit besteht die Gefahr, daß Soldaten der Bundeswehr bei ihren Einsätzen unter US-Kommando – etwa in Afghanistan oder auf dem Balkan – ihres völkerrechtlichen Schutzes nach der Haager Landkriegsordnung oder der internationalen Konvention des Roten Kreuzes beraubt sind, weil jedes Land, das zwischen 1939 und 1945 mit Deutschland im Krieg stand, gemäß den ›Feindstaatenklauseln‹ die Kampfhandlungen wieder aufnehmen kann. Auch auf ihrem eigenen Territorium bleiben Deutsche so bis auf den heutigen Tag der Willkür Dritter ausgesetzt.

Noch weitere Szenarien sind denkbar. Etwa die unvermittelte Annexion und ethnische Säuberung des restlichen Deutschlands östlich der Elbe, wenn Polen als NATO-Land zur Besatzungsmacht in den neuen Bundesländern aufrückt. Ganz abwegig ist ein solcher ›Elbslawen- und Lausitzstaat‹ nicht, entsprechende Landkarten und Gebietsforderungen spuken bekanntlich gerne durch polnische Köpfe. Wird der Westen dann, wie ehedem bei der Entdeutschung der Ostgebiete, wiederum zusehen und stillhalten? In der anglo-amerikanischen Presse ist schon vor Jahren über ein polnisches NATO-Besatzungskontingent als Ersatz für die Ausdünnung der US-Streitkräfte auf deutschem Boden diskutiert worden. Muß man eine vorbereitende Maßnahme darin sehen, daß Papst JOHANNES PAUL II. bereits das Erzbistum Berlin freigemacht und Erzbischof Georg Kardinal STERZINSKY als polnischen Wegbereiter nach Berlin versetzt hat?

Immerhin: Warschau wird sich im Bedarfsfall darauf berufen dürfen, daß für Polen schon einmal eine Ausnahme vom klassischen Völkerrecht gemacht wurde – anders als im Fall des Slobodan MILOSEVIC, der wegen dessen angeblicher Verletzung des

Völkerrechts in Den Haag vor Gericht steht. Dabei tat der serbische Ex-Staatschef nichts anderes als Polen bereits seit 1919 und die Tschechei seit 1945 – beide straffrei. Man darf gespannt sein, was in Den Haag herauskommt.

Noch eine überstaatliche Organisation, deren Einfluß erheblich ist, muß erwähnt werden: der Internationale Währungsfonds (IWF). Seine Aufgabe ist es, sogenannte *stand by*-Kredite an Länder zu vergeben, die in Zahlungsschwierigkeiten geraten sind. Natürlich ist das ein vorzügliches Instrument, um politischen Druck auszuüben. Eines der jüngsten Opfer des IWF ist Argentinien. Man erinnert sich, daß Bundeskanzler SCHRÖDER im Februar 2002 der zahlungsunfähig gewordenen argentinischen Regierung anbot, sich beim IWF-Rat für Hilfsmaßnahmen zugunsten des lateinamerikanischen Landes starkzumachen. Doch solche Gesten besagen nichts. Denn Deutschland ist auch beim IWF ›Gebernation‹, ohne daß sich dies in irgendwelchen politischen Gegenleistungen der ›Weltgemeinschaft‹ niederschlüge. Andere Industrienationen wie etwa die USA zählen dagegen zu den Netto-Gewinnern, indem sie mit *stand by*-Krediten des IWF ihre Exporte in Länder finanzieren, die ansonsten nicht zahlungsfähig wären.

IWF-Kredite sind ein Knebelungsinstrument. Vor allem die USA üben immer wieder dezenten Druck auf den IWF aus, um weniger entwickelte Länder mit risikoreichen IWF-Krediten in amerikanische Abhängigkeit zu bugsieren. Diese Kredite und die mit der Vergabe verbundenen Risiken belasten dann nicht das amerikanische Budget, sondern die IWF-Gemeinschaft.

Jüngstes Beispiel, wie man mit IWF-Krediten Politik macht: »Nach Gesprächen in Washington zwischen Präsident BUSH und dem türkischen Ministerpräsidenten ECEVIT erhielt die Türkei am 4. Februar [2002] vom IWF 9 Mrd. Dollar. Die Türkei wäre Frontstaat in einem neuen Krieg gegen den Irak.«[589] Dabei will Ankara eigentlich gar nicht an der Seite der USA in einen neuen Krieg gegen Bagdad hineingezogen werden. Doch der IWF ist stärker.

---

[589] Jonathan TENNENBAUM, »Washington will einen neuen Irak-Krieg», in *Neue Solidarität,* 20. 2. 2002.

Ausblick:
Deutschland zwischen Hoffnung und Untergang

Es führt kein Weg um die Erkenntnis herum, daß Deutschlands Zukunft nicht zuletzt davon abhängt, ob es in absehbarer Zeit gelingt, die Besatzer loszuwerden oder nicht. Die Alternative ist, daß die Bundesrepublik den unausweichlichen Niedergang des amerikanischen Imperiums bis zu dessen Ende mit Besatzungsvasallen im eigenen Land durchsteht. Zeitliche Voraussagen sind für das eine wie für das andere Szenario reine Spekulation. Halten wir lediglich fest, daß die ersten Risse im amerikanischen Imperium lange vor dem 11. September 2001 sichtbar wurden. Mit welcher Geschwindigkeit und Intensität sich der Abstieg der »einzigen Weltmacht« in Zukunft vollziehen wird, läßt sich heute nicht sagen. Hier sind zu viele Faktoren im Spiel.

Man muß dem schon zitierten Emil SCHLEE bei seiner Feststellung zustimmen, wonach sich seit 1905 etwa alle 10 Jahre die politische Lage grundlegend verändert habe. Wer hätte 1905 vorhersagen können, in welcher Lage sich Deutschland 1915 befinden würde? Und dann 1925, 1935, 1945? Auch in den letzten Jahrzehnten setzte sich dieser Wandel rasch fort. Deutschland verdankt Michail GORBATSCHOW seine Teilvereinigung und den freiwilligen Abzug der sowjetischen Truppen aus Mitteldeutschland. Das hätte noch 1980, zehn Jahre vorher, niemand für möglich gehalten. Auch die Erschütterung der Vereinigten Staaten durch die Anschläge vom 11. September 2001 war für niemanden vorhersehbar. In der Vergangenheit hatte *»God's own Country«* stets andere Schlagzeilen gemacht – etwa mit spektakulären Präsidentenmorden oder aufsehenerregender Mondlandung. Hugo WELLEMS riet der »Supermacht USA« schon vor geraumer Zeit, Washington solle bedenken, »daß noch keiner Macht der Welt die Bäume in den Himmel wuchsen«.[590]

In Deutschland muß man sich davor hüten, von einem Regierungswechsel Bedeutsames zu erwarten. Amtsinhaber SCHRÖDER und Kanzlerkandidat STOIBER gleichen sich bis zur Austauschbarkeit. Gewinnt STOIBER, so wird auch ihn sein erster Amtsbesuch nach Washington führen, ehe er in Berlin seinen Amtseid ablegen

---

[590] Emil SCHLEE, *Pearl Harbor(s) – 1941 (2001) – Amerikanische Katastrophen – weltweite Wirkungen,* Manuskript 2001, 1. Kapitel »Hier sitzen Angler, Jäger und andere Lügner . . .«. S. 1.

darf. Der Rest ist vorhersehbar. Weitere vier Jahre ein »Kanzler der Alliierten«, diesmal zur Abwechslung einer aus Bayern. Ansonsten wird sich unter einer Unionsregierung nichts, aber auch gar nichts ändern. Wie sehr die sogenannten C-Parteien auch ohne Übervater Helmut KOHL kritiklos im Kielwasser der Vereinigten Staaten segeln, läßt sich an ihrem Verhalten in der Bundestagsdebatte um den Afghanistan-Einsatz der Bundeswehr ablesen. Treuere Verbündete als MERZ, MERKEL und Co. hat Washington in Deutschland nie besessen.

Das wirtschaftliche Argument ist in diesem Zusammenhang nicht besonders stichhaltig. Tatsächlich kann die CSU in Bayern vorzeigbare Leistungen vorweisen. Aber die große Schwesterpartei? Hinzu kommt, daß sie es nach dem unrühmlichen Abgang KOHLS bis heute nicht geschafft hat, sich in Partei und Fraktion von ihrem Ex-›Bimbeskanzler‹ zu trennen. KOHL-Mittäter SCHÄUBLE, einer der Hauptverantwortlichen für die Enteignungs-Sanktionierungs-Politik in den neuen Bundesländern, wird sogar unverhohlen als Hoffnungsträger gehandelt. Aber wer SCHÄUBLE wählt, kann gleich links wählen. Bleibt Angela MERKEL. Sehen so die großen Erneuerer aus, derer das deutsche Volk heute dringender bedarf als je zuvor?

Am Ende bleibt nur das Prinzip Hoffnung. Die Besatzer müssen weg, so oder so. Vielleicht kommt der Bundesrepublik dabei ein gütiges Geschick zur Hilfe, vielleicht nicht. Aber niemand soll glauben, in Deutschland könnten sich entscheidende Veränderungen vollziehen, solange die »einzige Weltmacht« (Z. BRZEZINSKI) mit hochgerüsteten Verbänden das Besatzungsstatut aufrechterhält.

Wir dürfen uns dennoch nicht entmutigen lassen, sondern haben viele gute Gründe, hoffnungsvoll in die Zukunft zu blicken. Wie der britische Historiker Paul KENNEDY in seinem *Aufstieg und Fall der großen Mächte. Ökonomischer Wandel und militärische Konflikte von 1500 bis 2000* (1987) überzeugend dargetan hat, sind auch die USA dem großen historischen Rhythmus unterworfen, der die Phasen »Aufstieg, Überdehnung, Erschöpfung und Abstieg« durchläuft. Die Sowjetunion mußte bereits von der Bühne der Geschichte abtreten.[591] Auch Amerika wird seiner Nemesis nicht entrinnen können. Für die Deutschen bedeutet das: Geduld haben – und durchhalten.

[591] Ebenda.

Personenverzeichnis

Dokument 1 (Auszug)

Vertrag zur Regelung aus Krieg und Besatzung entstandener Fragen (»Überleitungsvertrag«) (in der gemäß Liste IV zu dem am 23. Oktober 1954 in Paris unterzeichneten Protokoll über die Beendigung des Besatzungsregimes in der Bundesrepublik Deutschland geänderten Fassung) Amtlicher Text, BGBl. 1955 11 S. 405.

Die ursprüngliche Fassung des Vertrags zur Regelung aus Krieg und Besatzung entstandener Fragen vom 26.5.1952 (BGBl. 1954 11 S. 157) ist nicht in Kraft getreten.

Die Bundesrepublik Deutschland, die Vereinigten Staaten von Amerika, das Vereinigte Königreich von Großbritannien und Nordirland und die Französische Republik sind wie folgt übereingekommen:

Erster Teil
ALLGEMEINE BESTIMMUNGEN
Artikel 1

(1) Die Organe der Bundesrepublik und der Länder sind gemäß ihrer im Grundgesetz festgelegten Zuständigkeit befugt, von den Besatzungsbehörden erlassene Rechtsvorschriften aufzuheben oder zu ändern, sofern im Vertrag über die Beziehungen zwischen der Bundesrepublik Deutschland und den Drei Mächten oder in den in dessen Artikel 8 aufgeführten Zusatzverträgen nichts anderes bestimmt ist. Bis zu einer solchen Aufhebung oder Änderung bleiben von den Besatzungsbehörden erlassene Rechtsvorschriften in Kraft. Vom Kontrollrat erlassene Rechtsvorschriften dürfen weder aufgehoben noch geändert werden. Rechtsvorschriften, durch welche die vorläufigen Grenzen der Bundesrepublik festgelegt worden sind, oder die nach anderen Bestimmungen des Vertrags über die Beziehungen der Bundesrepublik Deutschland und den Drei Mächten oder der Zusatzverträge in Kraft bleiben, dürfen nur mit Zustimmung der Drei Mächte geändert oder aufgehoben werden.

(2) Die Drei Mächte übertragen hiermit auf die Bundesrepublik das Recht, nach jeweiliger Konsultation mit den Drei Mächten die Rechtsvorschriften des Kontrollrats innerhalb des Bundesgebietes außer Wirksamkeit zu setzen, die nicht nach anderen Bestimmungen des Vertrags über die Beziehungen zwischen der Bundesrepublik Deutschland und den Drei Mächten oder der Zusatzverträge oder auf Verlangen der Drei Mächte in Ausübung ihrer Rechte hinsichtlich Berlins und Deutschlands als Ganzem, einschließlich der Wiedervereinigung Deutschlands und einer Friedensregelung, auf die im Vertrage über die Beziehungen zwischen der Bundesrepublik Deutschland und den Drei Mächten Bezug genommen ist, in Kraft bleiben, und die in einer Mitteilung im Namen der Regierungen der Drei Mächte an den Bundeskanzler vom Tage der Unterzeichnung dieses Vertrags aufgeführt sind.

Artikel 2

(1) Alle Rechte und Verpflichtungen, die durch gesetzgeberische, gerichtliche oder Verwaltungsmaßnahmen der Besatzungsbehörden oder auf Grund solcher Maßnahmen begründet oder festgestellt worden sind, sind und bleiben in jeder Hinsicht nach deutschem Recht in Kraft, ohne Rücksicht darauf, ob sie in Übereinstimmung mit anderen Rechtsvorschriften begründet oder

festgestellt worden sind. Diese Rechte und Verpflichtungen unterliegen ohne Diskriminierung denselben künftigen gesetzgeberischen, gerichtlichen und Verwaltungsmaßnahmen wie gleichartige nach innerstaatlichem deutschem Recht begründete oder festgestellte Rechte und Verpflichtungen.
(2) Alle Rechte und Verpflichtungen, die aus den Verträgen und internationalen Abkommen herrühren, die von den Besatzungsbehörden oder von einer oder mehreren der Regierungen der Drei Mächte vor Inkrafttreten dieses Vertrags für eine oder mehrere der drei westlichen Besatzungszonen abgeschlossen wurden und die in der Anlage zu der Mitteilung der Alliierten Hohen Kommissare im Namen der Regierungen der Drei Mächte an den Bundeskanzler vom Tage der Unterzeichnung dieses Vertrags aufgeführt sind, sind und bleiben in Kraft, als ob sie aus gültigen, von der Bundesrepublik abgeschlossenen Verträgen und internationalen Abkommen herrührten.

Artikel 3

(1) Niemand darf allein deswegen unter Anklage gestellt oder durch Maßnahmen deutscher Gerichte oder Behörden in seinen Bürgerrechten oder seiner wirtschaftlichen Stellung nur deswegen beeinträchtigt werden, weil er vor Inkrafttreten dieses Vertrags mit der Sache der Drei Mächte sympathisiert, sie oder ihre Politik oder Interessen unterstützt oder den Streitkräften, Behörden oder Dienststellen einer oder mehrerer der Drei Mächte oder einem Beauftragten einer dieser Mächte Nachrichten geliefert oder Dienste geleistet hat. Das gleiche gilt zugunsten von Personen, die den Verbündeten der Drei Mächte bei ihren gemeinsamen Bestrebungen vor Inkrafttreten dieses Vertrags Sympathien bezeigt, Unterstützung gewährt, Nachrichten geliefert oder Dienste geleistet haben. Die deutschen Behörden haben alle ihnen zur Verfügung stehenden Mittel anzuwenden, um sicherzustellen, daß der Zweck dieses Absatzes erreicht wird.

Artikel 5

(1) Alle Urteile und Entscheidungen in nichtstrafrechtlichen Angelegenheiten, die von einem Gericht oder einer gerichtlichen Behörde der Drei Mächte oder einer derselben bisher in Deutschland erlassen worden sind oder später erlassen werden, bleiben in jeder Hinsicht nach deutschem Recht rechtskräftig und rechtswirksam und sind von den deutschen Gerichten und Behörden demgemäß zu behandeln und auf Antrag einer Partei von diesen in der gleichen Weise wie Urteile und Entscheidungen deutscher Gerichte und Behörden zu vollstrecken. . .

Artikel 7

(1) Alle Urteile und Entscheidungen in Strafsachen, die von einem Gericht oder einer gerichtlichen Behörde der Drei Mächte oder einer derselben bisher in Deutschland gefällt worden sind oder später gefällt werden, bleiben in jeder Hinsicht nach deutschem Recht rechtskräftig und rechtswirksam und sind von den deutschen Gerichten und Behörden demgemäß zu behandeln.
(2) Die deutschen Behörden werden Personen – mit Ausnahme der Mitglieder der Streitkräfte. . ., die von einem der in Absatz (1) dieses Artikels erwähnten Gerichte verurteilt sind oder künftig verurteilt werden oder in Untersuchungshaft gehalten werden, bis zur Beendigung ihrer Strafe in deutschen Haftanstalten in Haft halten.
(4) Die Kosten der nach diesem Artikel in deutschen Haftanstalten verbüßten Haft werden von den deutschen Behörden getragen.

(6) Die Bundesrepublik hat hinsichtlich von Deutschen (im Sinne des deutschen Rechts), die nach Absatz (2) dieses Artikels in deutschen Haftanstalten unter deutscher Kontrolle in Haft gehalten werden, das ausschließliche Recht, in allen Angelegenheiten der Beendigung oder Herabsetzung der Strafe, der Entlassung auf Ehrenwort, der Begnadigung und sonstiger Gnadenmaßnahmen endgültig zu entscheiden. Die Empfehlung des nach Absatz (5) dieses Artikels errichteten Gemischten Beratenden Gnadenausschusses ist vor jeder solchen Entscheidung einzuholen.
(7) Jede der Drei Mächte hat hinsichtlich aller Personen, die von ihren Gerichten verurteilt sind und nach Absatz (2) dieses Artikels in deutschen Haftanstalten unter deutscher Kontrolle in Haft gehalten werden – jedoch mit Ausnahme der in Absatz (6) dieses Artikels bezeichneten Personen – das ausschließliche Recht, in allen Angelegenheiten der Beendigung oder Herabsetzung, der Strafe, der Entlassung auf Ehrenwort, der Begnadigung und sonstiger Gnadenmaßnahmen endgültig zu entscheiden. Die Empfehlung des nach Absatz (5) dieses Artikels errichteten Gemischten Beratenden Gnadenausschusses ist vor jeder solchen Entscheidung einzuholen.

Artikel 8

Folgende Personen genießen in bezug auf Handlungen, die sie in Ausübung ihres Amtes vorgenommen haben, während ihrer Amtsdauer und nach deren Ablauf Immunität gegen gerichtliche Verfolgung im Bundesgebiet:
(a) Mitglieder der in Absatz (2) des Artikels 4 dieses Teils bezeichneten Gerichte;
(b) Mitglieder der in Absatz (1) des Artikels 6 des Dritten Teiles dieses Vertrags bezeichneten Gerichte, an deren Stelle das Oberste Rückerstattungsgericht tritt;
(c) von einer der Drei Mächte ernannte Mitglieder des gemäß Absatz (1) des Artikels 6 dieses Teils errichteten Gemischten Ausschusses und des in Absatz (5) des Artikels 7 dieses Teiles bezeichneten Gemischten Beratenden Gnadenausschusses;

Artikel 11

(1) Die von der Alliierten Hohen Kommission erlassenen Rechtsvorschriften über den Abschluß der Entflechtung und Liquidation der I. G. Farbenindustrie A. G. i. L. bleiben in dem Umfang, in dem sie im Zeitpunkt des Inkrafttretens dieses Vertrags gelten, in Kraft, bis die Liquidation der I. G. Farbenindustrie A. G. i. L. gemäß den genannten Vorschriften vollständig durchgeführt ist. In Satz 1 dieses Absatzes bezeichnete Rechtsvorschriften, die Rechtsverhältnisse regeln, welche die Beendigung der Liquidation der I. G. Farbenindustrie A. G. i. L. überdauern, bleiben bis zur vollständigen Abwicklung dieser Rechtsverhältnisse in Kraft.

Artikel 13

Um einen reibungslosen Übergang von dem Besatzungsregime zu normalen diplomatischen Beziehungen zu erleichtern und die Unterbringung der Botschaften und Konsulate des Vereinigten Königreichs, der Vereinigten Staaten und der Französischen Republik zu ermöglichen, wird den Regierungen des Vereinigten Königreichs, der Vereinigten Staaten und der Französischen Republik hiermit das Recht gewährt, vorbehaltlich einer Entschädigungszahlung in den in Betracht kommenden Fällen, das im Zeitpunkt des Inkrafttretens dieses Vertrags von ihnen genutzte Eigentum während einer Übergangszeit weiter zu benutzen, vorausgesetzt, daß dieses Eigentum für den Gebrauch der von ihnen zu errichtenden Botschaften und Konsulate benötigt wird.

Dritter Teil
INNERE RÜCKERSTATTUNG
Artikel 1

Dieser Teil bezieht sich auf

(a) die Rückerstattung feststellbarer Vermögenswerte an Opfer der nationalsozialistischen Verfolgung auf Grund folgender Rechtsvorschriften:

Artikel 2

Die Bundesrepublik erkennt hiermit die Notwendigkeit an und übernimmt die Verpflichtung, die in Artikel 1 dieses Teils erwähnten Rechtsvorschriften und die dafür vorgesehenen Programme für die Rückerstattung und Übertragung in vollem Umfange und mit allen ihr zur Verfügung stehenden Mitteln beschleunigt durchzuführen. Die Bundesrepublik wird eine Bundesdienststelle damit betrauen, die Erfüllung der in diesem Artikel übernommenen Verpflichtung unter Beachtung der Vorschriften des Grundgesetzes sicherzustellen.

Artikel 4

(1) Die Bundesrepublik verpflichtet sich hiermit:

(a) die Zahlung an Rückerstattungsberechtigte aus allen Urteilen und Entscheidungen nach Maßgabe des Absatzes (3) zu gewährleisten, die gegen das frühere Deutsche Reich auf Grund der in Artikel 1 dieses Teils bezeichneten Rechtsvorschriften ergangen sind oder ergehen werden; . . .

Artikel 5

Nachfolgeorganisationen und Treuhandkörperschaften, die auf Grund der in Unterabsatz (a) des Artikels 1 dieses Teils bezeichneten Rechtsvorschriften bestellt worden sind, ohne Rücksicht darauf, ob sie nach deutschem Recht errichtet sind, genießen gegenwärtig Steuerfreiheit in der Bundesrepublik. Soweit die Steuern ausschließlich dem Bund zufließen, genießen die Organisationen und Körperschaften diese Steuerfreiheit auch weiterhin. Sie sind ferner von allen Sondersteuern, -abgaben und -auflagen befreit, die sich tatsächlich auf das Kapital auswirken und ganz oder zum Teil zu dem besonderen Zweck auferlegt werden, Lasten zu decken, die aus dem Kriege oder aus Reparationen oder Restitutionen an eine der Ver

Vierter Teil
ENTSCHÄDIGUNG FÜR OPFER DER NATIONALSOZIALISTISCHEN VERFOLGUNG

(1) Die Bundesrepublik erkennt die Verpflichtung an, Personen, die wegen ihrer politischen Überzeugung, ihrer Rasse, ihres Glaubens oder ihrer Weltanschauung verfolgt wurden und hierdurch Schaden an Leben, Körper, Gesundheit, Freiheit, Eigentum, Vermögen oder in ihrem wirtschaftlichen Fortkommen erlitten haben (mit Ausschluß feststellbaren Vermögens, das der Rückerstattung unterliegt), eine angemessene Entschädigung nach Maßgabe der Bestimmungen der Absätze (2) und (3) dieses Teils sicherzustellen. Ferner werden Personen, die aus Gründen der Nationalität unter Mißachtung der Menschenrechte verfolgt wurden und gegenwärtig politische Flücht-

linge sind, die den Schutz ihres früheren Heimatlandes nicht mehr genießen, eine angemessene Entschädigung erhalten, soweit ihnen ein dauernder Gesundheitsschaden zugefügt worden ist.

Fünfter Teil
ÄUSSERE RESTITUTIONEN
Artikel 1

(1) Mit Inkrafttreten dieses Vertrags wird die Bundesrepublik eine Verwaltungsdienststelle errichten und ausstatten, die nach den in diesem Teil und dem Anhang dazu enthaltenen Bestimmungen nach Schmucksachen, Silberwaren und antiken Möbeln (sofern die einzelnen Gegenstände einen erheblichen Wert haben) sowie nach Kulturgütern zu forschen, sie zu erfassen und zu restituieren hat, falls diese Gegenstände und Kulturgüter während der Besetzung eines Gebiets von den Truppen oder Behörden Deutschlands oder seiner Verbündeten oder von deren einzelnen Mitgliedern (auf Befehl oder ohne Befehl) durch Zwang (mit oder ohne Anwendung von Gewalt), durch Diebstahl, Requisition oder andere Formen erzwungener Besitzentziehung erlangt und aus diesem Gebiet entfernt worden waren.

Sechster Teil
REPARATIONEN
Artikel 1

(1) Die Frage der Reparationen wird durch den Friedensvertrag zwischen Deutschland und seinen ehemaligen Gegnern oder vorher durch diese Frage betreffende Abkommen geregelt werden. Die Drei Mächte verpflichten sich, zu keiner Zeit Forderungen auf Reparationen aus der laufenden Produktion der Bundesrepublik geltend zu machen.
(2) Bis zu der in Absatz (1) dieses Artikels vorgesehenen endgültigen Regelung gelten die folgenden Bestimmungen.

Artikel 2

Das Kontrollratsgesetz Nr. 5 verliert, außer für die in dem Verzeichnis zum Gesetz Nr. 63 der Alliierten Hohen Kommission (abgeändert durch Entscheidung Nr. 24 der Alliierten Hohen Kommission) genannten Länder, im Bundesgebiet seine Wirksamkeit, darf aber ohne Zustimmung der Drei Mächte nicht weiter außer Wirksamkeit gesetzt oder geändert werden. Die Bundesrepublik wird das Gesetz Nr. 63 der Alliierten Hohen Kommission nur mit Zustimmung der Drei Mächte aufheben oder ändern. jedoch gilt Artikel 6 Absatz 1 des Gesetzes Nr. 63 als aufgehoben und Absatz 2 als dahin geändert, daß die danach der Alliierten Hohen Kommission zustehenden Befugnisse von der Bundesregierung ausgeübt werden.

Artikel 3

(1) Die Bundesrepublik wird in Zukunft keine Einwendungen gegen die Maßnahmen erheben, die gegen das deutsche Auslands- oder sonstige Vermögen durchgeführt worden sind oder werden sollen, das beschlagnahmt worden ist für Zwecke der Reparation oder Restitution oder auf Grund des Kriegszustandes oder auf Grund von Abkommen, die die Drei Mächte mit anderen alliierten Staaten, neutralen Staaten oder ehemaligen Bundesgenossen Deutschlands geschlossen haben oder schließen werden.

(2) Die Bundesrepublik wird die Bestimmungen über die Behandlung des deutschen Auslandsvermögens in Österreich hinnehmen, die in einem Abkommen enthalten sind, bei dem die gegenwärtigen Besatzungsmächte Osterreichs Parteien sind, oder die in dem zukünftigen Staatsvertrag mit Osterreich getroffen werden.

(3) Ansprüche und Klagen gegen Personen, die auf Grund der in Absatz (1) und (2) dieses Artikels bezeichneten Maßnahmen Eigentum erworben oder übertragen haben, sowie Ansprüche und Klagen gegen internationale Organisationen, ausländische Regierungen oder Personen, die auf Anweisung dieser Organisationen oder Regierungen gehandelt haben, werden nicht zugelassen.

Artikel 5

Die Bundesrepublik wird Vorsorge treffen, daß die früheren Eigentümer der Werte, die auf Grund der in Artikel 2 und 3 dieses Teiles bezeichneten Maßnahmen beschlagnahmt worden sind, entschädigt werden.

Siebenter Teil

VERSCHLEPPTE PERSONEN UND FLüCHTLINGE

Artikel 1

Die Bundesrepublik verpflichtet sich:

(d) die Fortführung der Arbeiten zu gewährleisten, die gegenwärtig vom Internationalen Suchdienst durchgeführt werden;

(e) die ordnungsgemäße Betreuung und Instandhaltung der Gräber alliierter ziviler Kriegsopfer (falls von den beteiligten Staaten nicht anderweitig vorgesehen), verschleppter Personen und nichtdeutscher Flüchtlinge im Bundesgebiet zu übernehmen und Pilgerfahrten von Angehörigen zu diesen Gräbern zu erleichtern;

(f) den Behörden der Drei Mächte und anderer beteiligter alliierter Staaten bei der Exhumierung und Überführung der Leichen von Kriegsopfern die gleichen Möglichkeiten wie bisher zu gewähren.

Artikel 2

Die Bundesrepublik wird für die ordnungsgemäße Betreuung und Instandhaltung der Gräber alliierter Soldaten im Bundesgebiet (falls von den beteiligten Staaten oder den diesen Zwecken dienenden Organisationen dieser Staaten nicht anderweitig vorgesehen) Sorge tragen und die Tätigkeit dieser Organisationen erleichtern.

Neunter Teil

GEWISSE ANSPRÜCHE GEGEN FREMDE NATIONEN UND STAATSANGEHÖRIGE

Artikel 1

Vorbehaltlich der Bestimmungen einer Friedensregelung mit Deutschland dürfen deutsche Staatsangehörige, die der Herrschaftsgewalt der Bundesrepublik unterliegen, gegen die Staaten, welche die Erklärung der Vereinten Nationen vom 1.Januar 1942 unterzeichnet haben oder ihr beigetreten sind oder mit Deutschland im Kriegszustand waren oder in Artikel 5 des Fünften Teils dieses Vertrags genannt sind, sowie gegen deren Staatsangehörige keine Ansprüche irgendwelcher Art erheben wegen Maßnahmen, welche von den Regierungen dieser Staaten oder mit ihrer Ermächtigung in der Zeit zwischen dem 1. September 1939 und dem 5. Juni 1945 wegen des in Europa bestehenden Kriegszustandes getroffen worden sind; auch darf niemand derartige Ansprüche vor einem Gericht der Bundesrepublik geltend machen.

Artikel 2

Vorbehaltlich der Bestimmungen einer Friedensregelung mit Deutschland bestätigt die Bundesrepublik, daß keine Regierungsansprüche im Namen Deutschlands wegen, Maßnahmen, welche von den Regierungen der in Artikel 1 dieses Teils bezeichneten Staaten oder mit ihrer Ermächtigung zwischen dem 1. September 1939 und dem 5. Juni 1945 wegen des in Europa bestehenden Kriegszustandes getroffen worden sind, vor den Verhandlungen über die Friedensregelung erhoben werden können.

Artikel 3

(1) Die Bestimmungen dieses Artikels gelten bis zum Inkrafttreten einer Friedensregelung mit Deutschland.

(2) Die Bundesrepublik erkennt an, daß sie oder die ihrer Herrschaftsgewalt unterliegenden Personen keine Ansprüche irgendwelcher Art gegen die Drei Mächte oder eine von ihnen oder gegen Organisationen oder Personen, die in ihrem Namen oder unter ihrer Autorität tätig waren, geltend machen werden wegen Handlungen oder Unterlassungen, welche die Drei Mächte oder eine von ihnen oder Organisationen oder Personen, die in ihrem Namen oder unter ihrer Autorität tätig waren, zwischen dem 5. Juni 1945 und dem Inkrafttreten dieses Vertrags mit Bezug auf Deutschland, deutsche Staatsangehörige, deutsches Eigentum oder in Deutschland begangen haben.

(3) Die Bundesrepublik übernimmt die Verantwortlichkeit für die Entscheidung über Entschädigungsansprüche für Besatzungsschäden, die zwischen dem 1. August 1945 und dem Inkrafttreten dieses Vertrags entstanden sind und für die nach den Bestimmungen des Gesetzes Nr. 47 der Alliierten Hohen Kommission (abgeändert durch Gesetz Nr. 79 der Alliierten Hohen Kommission) Entschädigung zu leisten ist, und für die Befriedigung dieser Ansprüche.

Zehnter Teil
AUSLÄNDISCHE INTERESSEN IN DEUTSCHLAND

Artikel 1

(1) Die Bundesrepublik wird, soweit dies nicht schon geschehen ist, alle erforderlichen Maßnahmen treffen, um sicherzustellen, daß die in Absatz (3) dieses Artikels genannten Staaten, Personen und Gesellschaften die Rückgabe ihres Eigentums in seinem jetzigen Zustand und die Wiederherstellung ihrer Rechte und Interessen im Bundesgebiet erlangen, soweit diese Güter, Rechte oder Interessen einer diskriminierenden Behandlung unterworfen waren. Diese Güter, Rechte und Interessen der in Absatz (3) genannten Staaten, Personen und Gesellschaften sind durch die Bundesrepublik von allen Beschränkungen und Belastungen jeder Art, denen sie infolge der diskriminierenden Behandlung unterworfen wurden, zu befreien. Bei der Rückgabe oder Wiederherstellung sowie bei der Beseitigung der Beschränkungen oder Belastungen dürfen keine Kosten erhoben werden. Um jedoch eine ungerechtfertigte Bereicherung der im Absatz (3) genannten Staaten, Personen und Gesellschaften zu verhindern, können der Billigkeit entsprechende Bedingungen auferlegt werden.

Artikel 2

(3) Anspruchsberechtigt auf Grund dieses Artikels sind:
(a) die Vereinten Nationen und ihre Staatsangehörigen,
(b) die Rechtsnachfolger dieser Staatsangehörigen und
(c) die Gesellschaften deutschen Rechts, an denen Staatsangehörige der Vereinten Nationen beteiligt sind, . . .

Artikel 3

Unbeschadet der Bestimmungen der endgültigen Friedensregelung mit Deutschland werden die Vereinten Nationen und ihre Staatsangehörigen in gleicher Weise wie deutsche Staatsangehörige, die ihren Wohnsitz im Bundesgebiet haben, nach Maßgabe der Rechtsvorschriften der Bundesrepublik und der Länder Entschädigungen für die Kriegsschäden erhalten, die sie an ihrem im Bundesgebiet gelegenen Eigentum erlitten haben, soweit es sich nicht um die Eingliederungshilfe und die Wohnraumhilfe handelt.

Artikel 4

Die Bundesrepublik bestätigt, daß nach deutschem Recht der Kriegszustand als solcher die vor Eintritt des Kriegszustandes durch Verträge oder andere Verpflichtungen begründeten Verbindlichkeiten zur Bezahlung von Geldschulden und die vor diesem Zeitpunkt erworbenen Rechte nicht berührt.

Artikel 8

(1) Das Gesetz Nr. 8 der Alliierten Hohen Kommission über gewerbliche, literarische und künstlerische Eigentumsrechte ausländischer Staaten und Staatsangehöriger in der durch die Gesetze Nr. 30, 39, 41 und 66 der Alliierten Hohen Kommission abgeänderten Fassung sowie die Erste und Zweite Durchführungsverordnung zum Gesetz Nr. 8 der Alliierten Hohen Kommission vom 8. Mai 1950 und vom 9. November 1950 (Bundesgesetzblatt Seite 357 und Seite 785) bleiben in Kraft.

(2) Die Vorschriften des Gesetzes Nr. 8 (in abgeänderter Fassung) der Alliierten Hohen Kommission über die Regelung von Streitigkeiten aus der Anwendung dieses Gesetzes gelten jedoch als abgeändert wie folgt:

(a) Gegen jede letztinstanzliche Entscheidung des Patentamtes oder seines Großen Senats sowie gegen jede erstinstanzliche Entscheidung der ordentlichen Gerichte kann im Einklang mit den Bestimmungen des Artikels 12 dieses Teils und der Satzung der Schiedskommission Berufung an die in Artikel 12 dieses Teils erwähnte Schiedskommission für Güter, Rechte und Interessen in Deutschland eingelegt werden. . .

Artikel 11

In der Erwartung, daß die Vereinten Nationen dieselbe Politik gegenüber der Bundesrepublik führen werden, erklärt die Bundesrepublik ihre Absicht, eine allgemeine Politik der Nichtdiskriminierung gegenüber den Vereinten Nationen und ihren Staatsangehörigen sowie gegenüber den Gütern, Rechten und Interessen dieser Nationen und ihrer Staatsangehörigen zu befolgen und in Angelegenheiten, die diese Nationen und ihre Staatsangehörigen und deren Güter, Rechte und Interessen auf dem Gebiete der Niederlassung und der Schiffahrt berühren, ihnen im allgemeinen dieselbe Behandlung wie den eigenen Staatsangehörigen und die Meistbegünstigung zu gewähren. Die Bundesrepublik erklärt sich ferner bereit, mit den Vereinten Nationen Verträge gemäß diesen Grundsätzen abzuschließen.

Dokument 2

Die ›friedenschaffenden Maßnahmen‹ der USA seit 1945 (aus: *UN* 8/99)

Kalter Krieg weltweit: 28.2.1946 bis 25. 12. 1991
Korea-Krieg: 27.6.1950 bis 27.7.1953
Suez-Krise: Ägypten, 26.7. bis 15.11.1956
Operation »Blue Bat.«: Libanon, 15.7. 1958 bis 20.10.1958
Taiwan-Straße: 23.8.1958 bis Juni 1963
Kongo: 14.7.1960 bis 1.9.1962
Laos: 19.4.1961 bis 7.10.1962
Operation »Tailwind«: Laos.1970
Operation »Ivory Coast/Kingoin«: Nord-Vietnam, 21.11.1970
Operation »Endsweep«: Nord-Vietnann, 27.1.1972 bis 27.7.1973
Operation »Linebacker 1«:Nord-Vietnam, 10.5.1972 bis 23.10.1972
Operation »Linebacker 2«: Nord-Vietnam, 18.12. bis 29.121972
Operation »Pocket Money«: Nord-Vietnam, 9.5. bis 23.10.1972
Operation »Freedom Train«: Nord-Vietnam. 6.4. bis 10.5.1972
Operation »Arc Light«: Südostasien, 18. 6.1965 bis April 1970
Operation »Rolling Thunder«: Süd-Vietnam, 24.2.1965 bis Oktober 1968
Operation »Ranch Hand«: Süd-Vietnam, Januar 1962 bis 1971
Vietnam-Krieg: Vietnam. 15.3.1962 bis 28.1.1973
Kuba-Krise: weltweit. 24.10.1962 bis Juni 1963
Operation »Powerpack«: Dominikanische Republik, 28.4.1965 bis 21.9.1966
Sechs-Tage-Krieg: Mittlerer Osten. 13.5. bis 10.6.1967
Operation »Nickel Grass«: Mittlerer Osten, 6.10.1973 bis 17.11.1973
Operation »Eagle Pull«: Kambodscha, 11.4. bis 13.4.1975
Operation »Frequent Wind«: Evakuierung aus Saigon, 29.4. 1975 bis 30.4.1975
Operation »Mayaguezc«: Kambodscha. 15. 5.1975
Operationen »Eagle Claw/Desert One«: Iran, 25.4.1980
El Salvador, Nicaragua: 1.1.1981, 1. 2.1992
Golf von Sidra: Libyen. 18.8.1981
US Multinational Force: Libanon. 25. 8. 1982 bis 1.12.1987
Operation »Urgent Fury«: Grenada, 23. 10.1983 bis 21.11.1983
Operation »Attain Document«: Libyen, 26.1.1986 bis 29.3.1986
Operation »El Dorado Canyon«: Libyen. 12.4.1986 bis 17.4.1986
Operation »Blast Furnace«: Bolivien, Juli 1986 bis November 1986
Operation »Praying Mantis«: Persischer Golf, 17.4. bis 19.4.1988
Operation »ErnestWill«: Persischer Golf, 24.7.1987 bis 2.8.1990
Operation »Prornote Liberty«: Panama, 31.7. 1990
Operation »Just Cause«: Panama, 20. 12. 1989 bis 31.1.1990
Operation »Nimrod Dancer«: Panama, Mai 1989 bis 20.12.1989
Operation »Ghost Zone«: Bolivien. März 1990 bis 1993
Operation »Sharp Edge«: Liberia, Mai 1990 bis 8.1.1991
Operation »Desert Farewell«: Südwest-Asien. ab 1.1.1992
Operation »Desert Calm«: Südwest-Asien, 1.3.1991 bis 1.1.1992
Operationen »Desert Sword« /Desert Sabre«: Südwest-Asien, 24.2.1991 bis 28. 2.1991
Operation »Desert Storm«: Irak. 17.1. bis 28.2.1991
Operation »Imminent Thunder«. November 1990.
Operation »Desert Shield«, 2.8.1990 bis 17. 1.1991
Operation »Eastern Exit«: Somalia, 2.1. bis 11.1.1991
Operation »Productiv Effort/Sea Angel«: Bangladesh. Mai bis Juni 1991
Operation »Fiery Vigil«: Philippinen. Juni 1991
Operation Victor Squared«: Haiti, September 1991
Operation »Quick Lift«: Zaire. 24.9. bis 7. 10. 1991
Operation Silver Anvil«: Sierra Leone, 2.5. bis 5.5.1992
Operation »Distant Runner«: Ruanda. 9.4. bis 15.4.1994
Operationen »Quiet Resolve«/»Support Hope«: Ruanda. 22.7. bis 30.9.1994
Operation »Uphold/Restore Democracy«: Haiti. 19.9.1994 bis 31.3.1995
Operation »Golden Pheasant«: Honduras, ab März 1988
Operation »Wipeout«: Hawaii, ab 1990

Operation »Support Justice«: Südamerika. 1991 bis 1994
Operation »Coronet Nighthawk«: Zentral- und Südamerika. ab 1991
Operation »Desert Falcon«: Saudi-Arabien. ab 1991
Operation »Southern Watch«: Irak, ab 1991
Operation »Provide Comfort«: Kurdistan, 5. April 1991 bis Dezember 1994
Operation »Provide Comfort II«: Kurdistan, 24.7.1991 bis 31.12.1996
Operation »Provide Hope 1-V«: GUS, 10. 2.1992 bis 10.5.1999
Operation »Provide Promise«: Bosnien, 3.7.1992 bis März 1996
Operation »Maritime Monitor«: Adria, 16. 7.1992 bis 22.11.1992
Operation »Sky Monitor«: Bosnien-Herzegowina. ab 16.10.1992
Operation »Maritime Guard: Adria, 22. 11. 1992 bis 15.6.1993
Operation »Desert Strike«: Irak, 17.1.1993, 26.6.1993, 3.9.1996: Cruise missile-Angriffe und Bombardements
Operation »Deny Flight«: Bosnien, 12.4.1993 bis 20.12.1995
Operation »Steady State«: Südamerika, 1994 bis April 1996
Operation «Quick Response«: Zentralafrikanische Republik, Mai 1994 bis August 1996
Operation »Able Sentry«: Serbien-Mazedonien, ab 5.7.1994
Operation »Vigliant Warrior«: Kuwait, Oktober 1994 bis November 1994
Operation »Sharp Guard«: Adria, 15.6.1993 bis Dezember 1995
Operation »Safe Border«: Peru/Ecuador, ab 1995
Operation »United Shield«: Somalia. 22. 1.1995 bis 2.7.1995
Operation »Nomad Vigil«: Albanien. 1. 7.1995 bis 5.11.1996
Operation »Quick Lift«: Kroatien, Juli 1995
Operation »Outermined Effort«: Bosnien, Juli 1995 bis Dezember 1995
Operation »Vigliant Gentinale«: Kuwait, ab August 1995
Operation »Deliberate Force«: Republika Srpska. 29.8.1995 bis 21.9.1995
Operation »Joint Endeavor«: Bosnien-Herzegowina, Dezember 1995 bis Dezember 1996
Operation »Decisive Enhancement«: Adria, Dezember 1995 bis 19. Juni 1996
Operation Decisive Endeavor/Decisive Edge«: Bosnien-Herzegowina. Januar 1996 bis Dezember 1996
Operation »Nomad Endeavor«: Taszar. Ungarn. ab März 1996
Operation »Laxer Strike«: Südafrika. ab April 1996
Operation »Assured Response«: Liberia, April 1996 bis August 1996
Operation »Desert Focus«: Saudi-Arabien, ab Juli 1996
Operation »Paelfle Haven/Quick Transit«: Irak -Guam, 15.9.1996 bis 16.12.1996
Operation »Guardian Assistance«: Zaire/Ruanda/Uganda, 15.11. bis 27.12. 1996
Operation »Determined Guard«: Adria, ab Dezember 1996
Operation »Northern Watch«: Kurdistan. ab 31.12.1996
Operation »Guardian Retrieval«: Kongo, März 1997 bis Juni 1997
Operation »Noble Obelisk«: Sierra Leone, Mai 1997 bis Juni 1997
Operation »Bevel Edge«: Kambodscha, Juli 1997
Operation »Phoenix Scorpion I«: Irak, November 1997
Operation »Noble Response«: Kenia. 21. 1. 1998 bis 25.3.1998
Operation »Phoenix Scorpion II«: Irak. Februar 1998
Operation »Shepherd Venture«: Guinea-Bissau, 10.6.1998 bis 17.6.1998
Operation »Determined Falcon« Kosovo/Albanien. 15.6.1998 bis 16.6.1998
Operation »Joint Force«: ab 20.6.1998
Operation »Joint Guard«: Bosnien-Herzegowina, 20.6.1998
Operation »Deliberate Force«: Bosnien-Herzegowina. ab 20.6.1998
Operation »Resolute Response«: Afrika, ab August 1998
Operation »Infmite Reach«: Sudan/Afghanistan, 20.8.1998
Operation »Determined Force« Kosovo, 8. Oktober 1998 bis 23. März 1999
Operation »Eagle Eye«: Kosovo, 16.10. 1998 bis 24.3.1999
Operation »Phoenix Scorpion III«: Irak, November 1998
Operation »Phoenix Scorpion IV«: Irak, Dezember 1998
Operation »Desert Fox«: Irak. 16.12.1998 bis 20.12.1998
Operation »Cobalt Flash«: Kosovo, ab 23. 3. 1999
Operation »Sustain Hope/Allied Harbour«: Kosovo, ab 5.4.1999
Operation »Shining Hope« Kosovo. ab 5.4. 1999
Die namenlose Operation: Seit Jahren regelmäßige Luftangriffe auf Ziele im Irak, die nicht mehr erwähnt werden.

Die wahren Hintergründe

Die vergebliche Suche nach dem Frieden

»Die Anschläge von New York und Washington haben den Traum von einer neuen Welt zerstört, in der die Probleme nur noch finanzieller oder kommerzieller Art sein würden. Der Terrorismus ohne Staat hat nunmehr die Mittel, gegen die Staaten Krieg zu führen.«

ALAIN DE BENOIST

Alain de Benoist

Die Welt nach dem 11. September

Der globale Terrorismus als Herausforderung des Westens

288 S., Klappenbr. Abb. ***€16.-***

ISBN 3-89180-065-7

Die Anschläge vom 11. September 2001 haben nach herrschender Meinung eine neue Dimension politischer Auseinandersetzung eröffnet. Weltweit operierende Terrorgruppen sollen die westliche Zivilisation bedrohen. Hat damit der Kampf der Kulturen begonnen? Bedroht nun der Islam die westliche Wertegemeinschaft? Sollte diese dagegen zum Angriff übergehen? Oder deuten Merkwürdigkeiten auf andere Hintergründe? Haben die USA mit ihrem Angriff auf Afghanistan nur einen Vorwand ausgenutzt, um wichtige strategische und wirtschaftliche Ziele zu erreichen? Hat die NATO den Amerikanern dabei zu helfen? Soll mit dem von US-Präsident Bush erklärten weltweiten Kampf gegen den Terrorismus unter ›Weiterentwicklung‹ des Völkerrechts den Vertretern der Globalisierung und der One World ein militärisches Eingreifen gegen unbotmäßige ›Schurkenstaaten‹ überall ermöglicht werden? Dieser aktuelle, brisante Sammelband bietet erste Antworten auf bristante Schicksalsfragen der Zukunft.

Mit Beiträgen von Alain de Benoist, Mansur Khan, Jürgen Schwab, Charles Champetier, Franz Uhle-Wettler, Kurt Stiele und Winfried Knörzer